Arnold Hiess

LEBEN AUF MESSERS SCHNEIDE

Die Memoiren von Cartouche, dem Meisterdieb

Impressum

Arnold Hiess

LEBEN AUF MESSERS SCHNEIDE
Die Memoiren von Cartouche, dem Meisterdieb

ISBN 978-3-95655-893-1 (Buch)
ISBN 978-3-95655-894-8 (E-Book)

Gestaltung des Titelbildes: Ernst Franta

Satz: MEDIENAGENTUR - Franta, 93462 Lam, Siedlerweg 5
www.medienagentur-franta.de · mail@medienagentur-franta.de

© 2018 EDITION digital®
Pekrul & Sohn GbR
Godern
Alte Dorfstraße 2 b
19065 Pinnow
Tel.: 03860-505 788
E-Mail: verlag@edition-digital.de
Internet: http://www.edition-digital.de

Wenn ich durch den Regenbogen gehe
und mein Licht zurückbleibt
in den Augen der Menschen.
Dann weine nicht um mich,
dein Herz muss weiterschlagen

Schau in das Innerste der Menschen,
dort, wo die Seele liegt.
Sie ist eine Schatzkiste
und muss geöffnet werden.

Darin liegt die Liebe, die wahre
die Güte, die wunderbare
das Mitleid, das echte.

Du bist der Schlüssel.
Öffne sie!
Wieder und wieder!

Kämpfe nicht gegen den Sturm,
denn du brichst daran entzwei.
Nutze den Fluss der Zeit,
er kann tragen so manche Last.

Eines Morgens wachst du auf,
wenn die Zeit reif ist.
Und du wirst wissen, was richtig ist.

Madame Clarot, Paris 1710

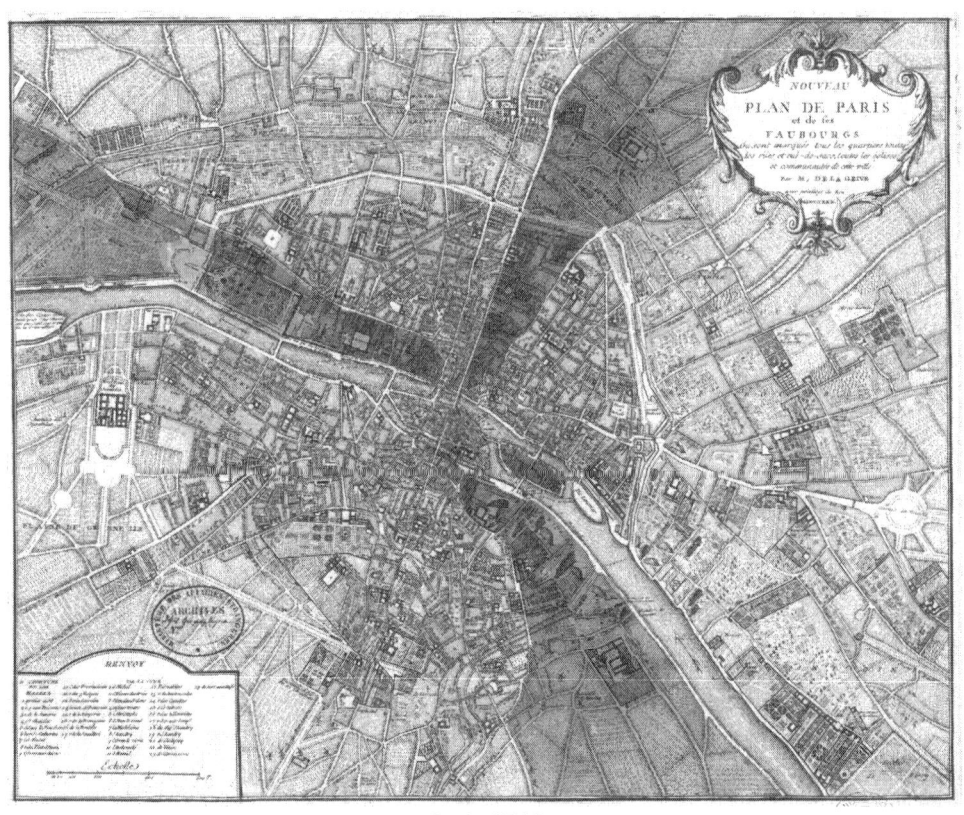

Paris 1740

Prolog

„Halt! Du verdammter Dieb!", schrien die Wachen in die kalte und finstere Nacht hinein.

Kurz davor versteckte ich mich in dem Schatten einer verlassenen Schreinerei.

Ich war völlig außer Atem und mein Herz raste, da ich mir eine wilde Verfolgungsjagd mit den beiden geliefert hatte. Nun kamen sie immer näher und näher; ich bemühte mich, so gut es ging, nicht zu atmen, und versuchte, mich nicht zu bewegen. Die Rüstungen der beiden waren schwer und machten furchteinflößende Geräusche. Sie wurden immer lauter. Hecheln und Schnappatmung war mittlerweile zu vernehmen und ich dachte, sie sollen bloß weiterlaufen. Bloß weiterlaufen ... Immer und immer wieder.

Ich hatte Glück. Ohne mich und das Haus eines Blickes zu würdigen, liefen sie mit tosendem Getrampel in die Dunkelheit hinein. Langsam beruhigte sich mein Herzschlag, und ich machte mich auf den Weg in eine nahe gelegene Scheune, in der ich meistens übernachtete.

Gierig packte ich nun den Laib Brot aus, den ich Stunden zuvor bei einem Festmahl der Reichen im Arrondissement Luxembourg in der Nähe des Palastes erbeutet hatte.

Hastig verspeiste ich ihn und biss mir, getrieben von meinem grenzenlosen Hunger, mehrmals in die Zunge.

Tagelang hatte ich nichts mehr zum Essen gehabt; und es war ein Festmahl ...

Eigentlich hatte ich eine lustige Kindheit, und ich trieb trotz der Not der einfachen Leute allerlei Schabernack. Wir wohnten etwas außerhalb der Pariser Stadtmauern, und mein Vater war Weinbauer. Er war ein großzügiger, warmherziger und dennoch sehr strenger Mensch. Meine Mutter liebte uns beide über alles – sie war die wichtigste Bezugsperson meines ersten Lebensabschnitts.

Im Jahre 1700 – ich war sieben Jahre alt – bekam ich die Pocken, eine widerliche Krankheit. Ich habe jedoch fast keine Erinnerungen mehr an diese Krankheit, da ich wochenlang fast nur schlief; doch meine Mutter war schwer in Sorge um mich. Viele mit denselben Symptomen starben, doch ich überlebte.

Ein Andenken an diese fürchterlichen Tage zierte von nun an mein Gesicht und Teile meines Körpers: Narben. Überall Narben.

Es schien alles so wunderbar zu sein; doch mein Leben sollte sich an jenem Junitag im Jahre 1705 völlig verändern. Ich ging früh zu Bett und war ein glückliches Kind. Meine Mutter sang mir vor dem Einschlafen noch etwas vor, küsste mich auf die Stirn, und löschte die Kerzen ...

„Wach auf!", schrie meine Mutter mit sich überschlagender Stimme, als sie mit donnerndem Getöse die Türe zu unserem Schlafgemach aufriss. Ganz verschlafen und verwirrt schweifte mein Blick durchs Zimmer, als sie das Fenster öffnete. „Was ist denn los, Mutter?", fragte ich. Sie beugte sich zu mir herab und weinte.

Die Tropfen kullerten in Strömen über ihre Wangen. „Keine Zeit mehr", sagte sie mit verängstigter und weinerlicher Stimme, während sie mir über die Wangen streichelte.

„Mein Sohn, du musst gehen. Lauf, so schnell du kannst, und ich hoffe, du verstehst es eines Tages", fuhr sie fort und drückte mir dabei einen Sack mit Lebensmitteln in die Hand.

In Windeseile zog sie mir Kniehose und Mantel über und zerrte mich ans Fenster.

„Du musst jetzt stark sein", sagte sie, um kurz darauf „Lauf, so schnell du kannst, LAUF, LAUF, LAUF … " schluchzend hinzuzufügen, als sie sich fahrig durch ihre volle, kastanienbraune Haarpracht strich.

„Egal, was passiert, egal, was geschieht, und egal, was du hörst – dreh dich nicht um. Lauf!", sagte sie mit versteinerter Miene und in bestimmendem Ton. „Versprich es mir!", fauchte sie mich an.

„Ja, Mutter, wie Ihr wünscht", antwortete ich ihr fast artig, und so kletterte ich durchs Fenster ins Freie.

„Je t'aime, meine Junge. Je t'aime … auf Ewig!", hauchte sie in die Nachtluft hinein, und schloss weinend und ganz erdrückt das Fenster, als sie mir mit ihren braunen Augen einen letzten Blick zuwarf.

Verwirrt, aber dennoch bei Sinnen befolgte ich die Anweisungen meiner Mutter und ging los.

In dieser Nacht herrschte große Dunkelheit und Stille, kein Mondlicht schien, dennoch konnte ich mir meinen Weg bahnen, und so streifte ich durch die angrenzenden Weingärten.

Ein laues Sommerlüftchen wehte, die Grillen zirpten, und es war noch immer angenehm warm.

Eigentlich schien es wie ein ruhiger Abendspaziergang, als plötzlich verängstigte, weinerliche Schreie und Gewinsel dieses Bild trübten.

Ich war bereits ein paar hundert Meter von unserem Anwesen entfernt, dennoch konnte man abscheuliches Geschrei und widerliches Stöhnen und Weinen vernehmen, ohne einen genauen Wortlaut zu verstehen. Eine dieser Stimmen war aber ganz klar die meiner Mutter. Sie schrie jetzt so laut, so durchdringend und schauderhaft ... Die Schreie sollten mich mein ganzes Leben verfolgen.

Trotz aller Bedenken setzte ich meinen Weg fort, schließlich hatte ich es versprochen.

Ich liebte meine fürsorgliche Mutter, ich konnte ihr keinen Wunsch abschlagen.

Außerdem hielt ich in meinem kindlichen Leichtsinn alles bloß für ein Spiel.

Einige Minuten später wurde das grauenvolle Getöse vieler Personen allmählich weniger und leiser. Lag es vielleicht daran, dass ich mich immer weiter und weiter von unserem Haus entfernte, oder kehrte nun Ruhe ein?

Immer weiter und weiter wanderte ich durch die mittlerweile wieder friedliche Dunkelheit, ehe ich zu einem riesigen Baum kam. Eine Eiche. Sie war so groß, dass man meinen mochte, sie wäre ein direkter Zugang zum Himmel. Ich kannte dieses monströse hölzerne Objekt. Hier machte mein Vater mit mir Halt, als wir von einer Geschäftsreise aus St. Denis voriges Jahr zurückkamen. Er war ebenso erstaunt und beeindruckt von diesem Wunder der Natur wie ich.

Zu diesem Zeitpunkt war mein Vater überglücklich und sprach immer davon, dass wir es bald geschafft hätten, wir bald vermögend sein werden. Er lachte und frohlockte tage- und wochenlang.

Im letzten halben Jahr sah ich ihn kaum, denn er arbeitete pausenlos. Wenn er mit uns am Tisch zu Abend aß, wurde er schnell jähzornig, und wenn ich etwas ausgefressen hatte, scheute er sich nicht, mir mehrere Backpfeifen zu verpassen. Dennoch liebte ich ihn sehr.

Nun hatte ich einen Anhaltspunkt, wenn ich mich auf den Rückweg machen würde, doch so weit war es noch nicht, und ich wanderte weiter gen Norden.

Meine Beine wurden immer schwerer und schwerer, ich versuchte aber weiterzumarschieren. Irgendwann brach ich vor Erschöpfung zusammen – und verfiel in einen Schlafzustand.

Am nächsten Morgen – es war schon hell – wurde ich von Hühnergegacker und Hundegebell geweckt. Ich hörte die Rufe der jagenden Sperber, die am azurblauen Himmel kreisten.

Verträumt rieb ich mir meine Augen und wischte mir übers Gesicht. Es dauerte einen Moment, bis ich realisierte, was geschehen war.

Ich richtete mich auf, war schmutzig vom vielen Umherirren. Ich befand mich auf einer großen Weide samt angrenzendem Bauernhof. Dieser Ort war mir völlig fremd, und so kundschaftete ich weiter meinen Standort aus. Da sah ich sie wieder – die Eiche, sie war nur einige hundert Meter weit entfernt.

Mein Anhaltspunkt war so riesengroß, dass man ihn eigentlich schon von fern sehen konnte.

Nun machte ich mich auf den Weg zu dem Baum, und aß einstweilen etwas Brot, das mir meine Mutter auf diese obskure Reise mitgegeben hatte.

Beim Baum angelangt, setzte ich mich, und legte eine kurze Pause ein. Darf ich zurückkehren? War es nur ein Spiel? Wieso? Viele Fragen schwirrten in meinem Kopf herum, doch ich entschloss mich, zurückzugehen.

Ich musste nachts stundenlang gegangen sein, denn als ich endlich in der Nähe unseres Hauses angelangt war, fiel bereits die Dämmerung ein. Fröhlich pfiff ich die Melodie des Liedes, das mein Vater immer sang, und freute mich, meine Eltern bald wiederzusehen. Doch mein Pfeifen endete abrupt, als ich bereits von weitem Rauch und Qualm aufsteigen sah.

Meine Schritte wurden schneller, und ich begann zu laufen.

Wie in Trance bewegte ich mich zu meinem Heim. Es war verbrannt. Alles verbrannt. Das Feuer züngelte zwar noch immer da und dort, doch es war bereits größtenteils verlöscht. Die Scheune, die Weingärten. *Alles zerstört.*

„Mutter?!" „Vater?!", fragte ich immer und immer wieder mit schluchzender und weinerlicher Stimme. Doch es antwortete niemand.

Schließlich brach ich weinend zusammen und war völlig aufgelöst.

Mein ganzes Leben, meine Existenz schien wie vernichtet.

Meine Eltern? Ich sollte sie nie mehr wiedersehen ...

Zwei Tage lang blieb ich bei meinem Haus, in der Hoffnung, es würde sich irgendwie alles zum Guten wenden. Ich war am Boden zerstört, starrte erschüttert immer wieder auf die Trümmer, die vor mir lagen. Ich war fassungslos und ohne Antrieb, hatte keine Ahnung, was mit mir passieren würde.

Doch der Hunger meldete sich, die Lebensmittel meiner Mutter neigten sich dem Ende entgegen.

So raffte ich mich auf, getrieben vom Hunger, mir etwas Essbares innerhalb der Stadtmauern von Paris zu besorgen. Ständig musste ich zurückblicken: Mein altes Heim, Zuflucht und Schutz zugleich. Dies war nun Vergangenheit. Doch was würde vor mir liegen? Angst und Ungewissheit machten sich breit, doch ich musste nach vorne blicken, denn sonst würde ich nicht lange überleben.

Der südliche Teil von Paris war durchsetzt mit Bauernhäusern und Weingärten. Einige Male war ich mit meinem Vater bereits hier gewesen, und so kannte ich mich ein wenig aus.

Ich zog gen Norden dieses Bezirks weiter, denn dort lag ein Markt, auf dem vielerlei Lebensmittel angeboten wurden. Vielleicht könnte ich mir etwas stehlen, dachte ich mir; es wäre nicht das erste Mal gewesen.

Am Markt angekommen, herrschte hektisches Treiben. Frauen und Kinder in teils schönen, bunten Gewändern kauften ein, die Markthändler prahlten mit ihren Waren. So viele Stimmen – man konnte fast nichts verstehen vor Lärm.

Ich schlenderte an den Marktständen vorbei und suchte einfach nach etwas Essbarem, um meinen Hunger zu stillen. Da! Ein Laib Brot! Relativ unbewacht lag dieser in einem Korb hinter einem der Stände. Zügig schnappte ich zu, hoffte, es würde niemand bemerken. Es gelang, und nun versuchte ich in der Menge zu verschwinden, um in sicheren Gefilden das Brot zu verspeisen.

„Halt, mein Junge!", hallte es zwischen den Menschen hervor, und ich dachte, ich wurde erwischt.

Doch als ich mich zur Seite drehte, um wegzulaufen, stand er vor mir. Gott sei Dank! Es war bloß Laurent, ein Freund meines Vaters. Wir besuchten ihn hin und wieder, und mein Vater und er unterhielten sich dann oft stundenlang.

„Was machst du so alleine hier?", fragte er mich erstaunt. Und ich entschloss mich, ihm alles zu sagen.

Nachdem ich mit meiner Geschichte fertig geworden war, beugte er sich zu mir herab, und packte mich fest an beiden Armen. Tränen standen in seinen Augen. „Junge, es tut mir so leid ...", seufzte er immer wieder.

„Wenn ich mehr Livre hätte, ich würde dich bei mir aufnehmen und versorgen, doch ich kann mich und meine Frau Marianne kaum selbst über Wasser halten!", sagte er leise. Nach einer kurzen Pause nahm er meine Hand, und wir gingen los. „Du kommst erst mal mit", sagte er.

Laurent war ein schmächtiger Mann und immer sehr frisch angezogen, er hatte schwarze Haare, zu einem Zopf zusammengebunden; dazu roch er auch nicht so faulig wie viele andere, die mir bis dahin begegnet waren. Er war immer sehr nett und höflich. Ich mochte ihn.

„Wo sind meine Eltern, Monsieur?", fragte ich ihn auf dem Weg zu seinem Heim. In dem Moment ließ er meine Hand los und sagte mit ernstem Ton: „Mein Kleiner, das ist schwierig zu beantworten. Ich weiß nicht genau, doch dort, wo sie jetzt sind, geht es ihnen wahrscheinlich viel besser als hier. Eines Tages wirst du vielleicht alles begreifen."

Doch ich vermutete schon damals, dass sie tot sein würden; vielleicht wäre es leichter gewesen, wenn ich es von jemandem direkt gehört hätte.

Nach ein paar Minuten Gehweg waren wir nun endlich bei seinem Haus angelangt. Er war Weinhändler und daher rührte auch die innige Freundschaft zu meinem Vater, der ihn schon einige Jahre belieferte.

„Besuch?", erklang es mit lieblicher Stimme aus einem der Fenster heraus. Es war Marianne, die Frau von Laurent. Sie war eine bildhübsche Dame, nett und liebevoll. Sie hatte eine blasse, weiche Haut, einen Porzellanteint, rehbraune Augen und hellblondes Haar. Auch sie mochte ich sehr gerne – ich spürte das – und wusste sofort, bei welch wunderbaren Menschen ich hier gelandet war.

Laurent sagte, ich solle einstweilen warten, während er mit Marianne sprechen würde, und ich gehorchte. Einige Zeit später bat er mich herein. Marianne war nun verändert. Sie war verängstigt, nahm mich aber hingebungsvoll in den Arm, streichelte über mein braunes Haar, und küsste mich immer wieder auf die Stirn. Sie wirkte wie versteinert, dennoch fühlte ich mich auf Anhieb wohl.

Ich durfte bei ihnen bleiben. Einen Platz zum Schlafen fand ich meistens in der Scheune, da das kleine Haus für drei Personen einfach viel zu eng wurde. In den Wintermonaten bat mich Laurent herein, und wir quetschten uns alle in ein Bett. Ohne diese beiden gütigen Seelen ... Vermutlich würde ich nicht mehr unter den Lebenden verweilen.

Laurent verdiente mit seinem Weinhandel nur leider sehr spärlich, konnte gerade eben sich und seine Frau mit Essen versorgen. So war ich meistens auf mich alleine gestellt, mir Essbares zu beschaffen.

Ich versuchte einiges, um an Nahrungsgüter und sogar Livre sowie hin und wieder an Wertsachen zu kommen, doch zu Beginn unternahm ich eine kleine Reise in Richtung des Bezirks Île de la Cité.

Unbedingt wollte ich diese wundervolle Kathedrale, von der nahezu jeder, den ich kannte, schwärmte, nun auch mit eigenen Augen sehen.

Ungefähr zwei Wochen nach meiner Ankunft in Paris stürzte ich mich nach Rücksprache mit Laurent nun in dieses kulturelle Abenteuer. Der Bezirk lag ziemlich genau in der Mitte der Stadt und so kam schon ein mittelprächtiger Fußmarsch auf mich zu. Doch dies störte mich nicht, denn so konnte ich mich wenigstens einmal kurz von den Geschehnissen meiner jüngeren Vergangenheit ablenken.

Paris war wunderschön anzusehen, und dabei hatte ich noch nicht einmal viel von dieser prächtigen Stadt zu Gesicht bekommen. Diese Stadt war so lebendig – so etwas hatte ich zuvor noch nicht erlebt. Menschenmassen, Geplauder, enge Gassen, Bäckereien, Metzgereien, Apotheken, Cafés, dazu wundervoll verzierte, bunte Gebäude.

Es war ein Fest der Sinne, doch erst viel später sollte ich diese Stadt in vollem Umfang genießen können, denn es waren viele unentdeckte Orte in dieser schier nicht mehr enden wollenden Metropole anzutreffen. Und so schlenderte ich nun über die Brücke, die nach Île de la Cité führte, und genoss einen kurzen Augenblick den Anblick der Seine, über der an diesem Tag ein leichter Nebelschleier lag – wie ein weißes Tuch, das sich über dem Fluss ausbreitete.

Ein wenig später zog ich weiter, und stand schon kurz darauf vor meinem Ziel.

Notre Dame. Hier stand ich nun und war zutiefst beeindruckt von diesem Bauwerk. 100 Jahre baute man daran, wie mir einst mein Vater erzählte; nun verstand ich, warum. Diese Kathedrale war außergewöhnlich. Mit offenem Mund bewunderte ich die schiere Unendlichkeit der beiden Glockentürme, die Verzierungen, die Dekorationen. Einfach alles. Ich umrundete die Kathedrale einmal – dies sollte länger dauern als mein bisheriger Fußmarsch, von solch monumentalem Ausmaßes war dieses Gotteshaus.

Währenddessen ertönten die Glocken. Ein gewaltiges Ereignis, das ich so bis zu diesem Zeitpunkt nicht kannte. Dann machte ich mich auf den Weg in den Innenraum der Kathedrale.

Fantastisch, großartig, dachte ich mir, als ich nun das erste Mal die Notre Dame von innen sah.

Das selbe Bild wie außen – ein absolutes Meisterwerk.

Nachdem ich mit dem Bestaunen dieses wunderbaren Bauwerks fertig geworden war, setzte ich mich endlich in eine Kirchenbank, faltete meine Hände, und begann zu beten, so wie es meine Mutter mich gelehrt hatte.

Ich betete für Vater, Mutter und sogar für Laurent und Marianne, die so gütig zu mir waren, und schöpfte viel Hoffnung aus dieser Tat. Währenddessen kamen immer wieder diese fürchterlichen, grausamen Schreie aus jener Nacht in mir hoch und die Tränen flossen in Strömen.

Als die Dämmerung einfiel, machte ich mich auf den Rückweg.

Die engen Gassen waren nun wesentlich weniger bevölkert und Dunkelheit machte sich breit.

Wo tagsüber reges Treiben meiner Mitmenschen herrschte, begegneten mir jetzt fast nur noch Ratten.

Stille machte sich breit, als ich spät abends endlich einige hundert Meter von meinem neuen Zuhause entfernt war. Doch plötzlich rannte mich jemand von einer dunklen Gasse heraus über den Haufen.

Ich fiel zu Boden, und als ich mich von meiner kurzzeitigen Desorientierung erholt hatte, bemerkte ich ein junges Mädchen mit dunkelblondem Haar, ein Mädchen, etwa in meinem Alter, das nun zügig und mit leisem Gekicher davonlief.

Als ich mich danach langsam aufrichtete und den Schmutz von mir abstreifte, bemerkte ich, dass die wenigen Livre, die ich in meiner Tasche hatte, fehlten. Dieses junge Ding musste mich bestohlen haben.

Aber, lieber Leser meiner Memoiren, dieses Mädchen sollte in meinem späteren Lebensverlauf eine unabdingbare Schlüsselrolle einnehmen.

Leicht erschrocken, doch dennoch gefasst, schlenderte ich nun in Richtung meiner Herberge und begab mich ins Heu zur Nachtruhe. Es war trotz dieser merkwürdigen wie denkbar ungünstigen Begegnung am Ende dieses Tages ein schier unfassbares kulturelles Erlebnis gewesen.

Die Tage in jenen Zeiten waren hart, und ich konnte froh sein, wenn ich jeden Tag etwas Essbares ergatterte. Die meiste Zeit arbeitete ich für Monsieur Lavanier, ein kräftiger Mann mit dichtem flauschigen Haar und Bart. Er war Fisch- und Fleischhändler, hatte sein Geschäft, seinen Stand direkt an der Seine aufgebaut, und war ein Freund von Laurent.

Seine Arbeit war kurzweilig und für ihn befriedigend. Die Aufträge, die er mir erteilte, waren meist nur Botengänge, die dennoch so lohnend ausfielen, dass ich mich meistens über Wasser halten konnte; doch an manchen Tagen reichte es trotz allem nicht einmal für ein Stückchen Brot.

An eben jenen Tagen musste ich mir, um zu überleben, Nahrung und sonstige Kostbarkeiten zusammenstehlen, und dieses Verhalten erfüllte mich bereits in jungen Jahren mehr als reelle Arbeit. Aus einem Grund, den ich zu diesem Zeitpunkt noch nicht in Worte fassen konnte.

Das Gaunern war nur leider schwieriger, als anfangs geglaubt. Hin und wieder wurde ich ertappt und hatte entweder Wachen oder die wütende Meute an meinen Fersen. Manches Mal entkam ich nur um Haaresbreite.

Aber im Verlauf meiner weiteren Kindheit wurde ich besser und geschickter in diesen Dingen und konnte so sogar Laurent und Marianne hin und wieder etwas von meiner Beute abgeben.

Sie fragten mich nie, von wo ich die Dinge herbekam, so froh waren sie über etwas mehr Münzen in ihrem Klingelbeutel.

Eines Tages rief mich Laurent zu sich, und er frohlockte von einer freudigen Botschaft, die Marianne und er mir mitteilen mussten.

Sie strahlten übers ganze Gesicht, als sie mir erzählten, dass es nun, nachdem sie es jahrelang erfolglos versucht hatten, endlich so weit war. Marianne war schwanger.

Trotzdem, so versicherten sie mir, durfte ich bei ihnen bleiben. Auch aus dem Grund, dass ich mittlerweile durchaus gut darin war, mich mit meinen Straftaten über Wasser zu halten, obwohl ich noch in Kinderschuhen steckte.

Und so vergingen einige Monate und die beiden waren glücklicher als je zuvor. Laurent sang nun viel und streichelte unentwegt Mariannes Bauch. Sie waren voll Vorfreude auf das Geschöpf Gottes, das ihrer großen Liebe entsprang.

Doch ihr neu gewonnenes und mit tiefer Liebe gesegnetes Lebensglück sollte zu diesem Zeitpunkt nur mehr von kurzer Dauer sein.

Laurent belieferte nämlich mit seinem Wein auch den königlichen Hof um König Ludwig XIV., der zu dieser Zeit Dutzende Feste für die Créme de la Créme, die Oberschicht, veranstaltete.

Doch in diesem Jahr war die Weinernte rund um Paris sehr, sehr spärlich ausgefallen, und so geschah es schließlich, dass Laurent mit seinen Lieferungen in Rückstand geriet.

Eines Nachts – ich schlief bereits friedlich in meinem Heugemach – riss mich ein Gepolter und Gebrüll aus meinen Träumen. Ohne dass sie mich sehen konnten, blickte ich auf das Treiben, spähte aus einem Loch in der Scheune auf Laurents Haus hinüber.

Es waren mehrere bewaffnete Wachen des Königs, die immer wieder „Aufmachen! Sofort Aufmachen!" brüllten, als sie auf die Vordertür hämmerten. Sie trugen wie meistens Kettenhemden und weiße Kniehosen, stülpten blaue Mäntel darüber und hatten Dreispitzhüte auf ihren Häuptern.

Nach einiger Zeit öffnete Laurent die Türe und es entwickelte sich ein kurzer Dialog, den ich nicht genau vernehmen konnte; aber ich verstand so viel, dass ich mir erklären konnte, was hier vor sich ging.

Kurze Zeit später stießen die Wachen Laurent zu Boden, und ich hörte widerliches Geschrei von Marianne. Minutenlanges, klägliches und furchtbares Geschrei hallte aus dem Haus hervor – so schrecklich, dass ich wie versteinert in meiner Scheune kauerte.

Einige Zeit später kamen die Wachen mit allem Wertvollem, was die beiden besaßen, aus dem Haus heraus und brüllten: „Da siehst du, was du davon hast, du Bastard! Einen König lässt man nicht warten!"

Nun zogen sie in die Nacht hinein, und die Lage beruhigte sich.

Einige Zeit später wagte ich mich ängstlich aus der Scheune, um zu sehen, wo Laurent und Marianne geblieben waren. Wo steckten sie bloß?

Anfangs hörte ich leises Gestöhne, und als ich das Haus betrat, sah ich einen der grauenvollsten Anblicke in meinem Leben.

Die gesamte Inneneinrichtung war zerstört, und das ganze Haus war mit Blut verschmiert.

Marianne hatte eine Fehlgeburt. Sie kauerte blutend sowie weinend in einer Ecke des Gebäudes. Laurent, der selbst geschändet war, versuchte, ihr zu helfen und sie zu trösten. Vor ihnen war eine Blutlache. Ihr noch nicht fertig entwickeltes und nicht zum Leben bereite Kind lag darin – das kleine Geschöpf war mit der Nabelschnur umwickelt, rührte sich kein bisschen; der Körper war voller Blut. Marianne und Laurent knieten vor dem Kind, weinten heftig.

Die Wachen mussten das kleine Wesen förmlich aus ihrem Bauch geprügelt haben. Marianne hatte wahrscheinlich das größte Glück überhaupt, denn sie überlebte diese grauenvolle Nacht. Aber wie die beiden, fast zu Tode geprügelt, schluchzend und verletzt auf dieses blutige, kleine Ding starrten, dem die Chance auf ein Leben auf grauenvollste Weise genommen wurde, war ohne jeden Zweifel einer der schlimmsten Anblicke, die ich in meinem Leben ertragen musste.

Einen Tag danach beerdigten wir dieses unvollendete Geschöpf hinter dem Haus.

Laurent und Marianne waren schockiert und traurig, so am Boden zerstört, dass ich nichts Näheres zu diesem Vorfall nachfragte.

Auch für mich sollte dieses schicksalhafte Ereignis im Spätherbst 1708 ein Wendepunkt in meinem Leben bedeuten, denn ich machte mir immer und immer wieder Vorwürfe, fragte mich, ob ich nicht doch die Wachen hätte aufhalten können. Irgendwie brachte ich es nicht mehr übers Herz, den beiden in die Augen zu blicken. Ihre Augen waren nämlich voller Leere, Kälte und völliger Emotionslosigkeit.

So entfernte ich mich immer mehr von diesen gütigen Menschen, die mir einst vielleicht das Leben gerettet hatten. Nur hin und wieder kam ich zurück zu ihrem kleinen Anwesen.

Ab jetzt begann für mich die Zeit des professionellen Stehlens, und so komisch es auch klingen mag, es erfüllte mich mit unglaublicher Freude, weil ich damit eventuell Leid lindern konnte. Der Hass, den ich in mir trug, richtete sich hauptsächlich gegen die gepuderte Oberschicht mit ihren feinen Mänteln und Gewändern sowie ihren glänzenden Häusern. Sie waren es, die armen Bürgern wie Laurent und Marianne das letzte Fünkchen Hoffnung im Leben raubten. Sie ließen ihre eigenen Mitmenschen im Stich. Was für eine Schande!

So begann ich alles, was ich erbeutete, auch aufzuteilen – zum Beispiel mit den Bettlern, aber auch Laurent und Marianne brachte ich ab und zu immer noch Wertvolles.

Im Bettlerbezirk Cour de Miracles, dem schäbigsten und heruntergekommensten Teil von Paris, hielt ich mich nun am häufigsten auf. Bettler und Arme gaben sich hier die Klinke in die Hand, nur Baracken gab es in diesem Bezirk – und Ratten, viele Ratten.

Dieser Teil von Paris war übersät von Leid, Schmerz, Armut sowie völliger Hoffnungslosigkeit.

Ständiges Jammern, Flehen und vor Schmerzen schreiende Menschen trübten das sonst so liebliche Bild von dieser Stadt ganz massiv.

Geprägt von diesem Elend, plante ich meine ersten Raubzüge. Es ging meistens in Richtung der Arrondissements Cité und Île de la Saint Louis.

Nahrungsgüter und Livre, aber auch goldene Schmuckstücke und weitere Kostbarkeiten waren Objekte meiner Begierde.

Livre war übrigens die französische Währung zu meinen Lebzeiten. Goldene Münzen, auf denen das Haupt unseres Monarchen, König Ludwig der XIV., prangte.

Ich beobachtete viel, und schlug zu, sowie eines meiner Opfer unachtsam war.

Schnell wie der Blitz ergriff ich meine vorher ausgespähte Beute, und verschwand in den sich tummelnden Menschenmassen. Leider war ich zu dieser Zeit in meinen Fähigkeiten noch ziemlich eingeschränkt, und so konnte ich weder in Häuser vordringen noch in die riesigen Paläste; somit beschränkte ich mich auf das Notwendigste und Einfachste – Taschendiebstähle.

Erwischt wurde ich zwar noch hin und wieder, doch zu meinem persönlichen Erstaunen konnte ich mich regelmäßig aus etwaigen prekären Lagen befreien, und flüchten.

Fürs Erste war ich aber vollends zufrieden damit, das Leid der Unterschicht, auch wenn es meistens nur eine Handvoll Bürger war, zu lindern.

Eines Abends schlenderte ich durch den Cour de Miracles, als mir ein kleines Mädchen mit feurig rotem Haar, etwa acht Jahre alt, ins Auge stach. Ich hatte sie zuvor noch nie hier gesehen, sie war völlig zerzaust, schmutzig und schäbig gekleidet.

„Was machst du hier?", fragte ich sie. Zitternd und mit weinerlicher Stimme antwortete sie mir, dass sie nicht wüsste, wo sie ist. Sie streife schon seit Tagen durch die Gassen von Paris und hungere.

Als ich sie nach ihren Eltern fragte, begann sie fürchterlich zu weinen, und ihr Blick wendete sich von mir ab. Kurze Zeit später bekam ich dann doch eine Antwort. Mit versteinerter Miene und schauderhaftem Gesichtsausdruck sowie leiser Stimme berichtete sie mir, dass ihre Mutter vor einigen Tagen bei lebendigem Leib verbrannt wurde. Am Place de Gréve, dem Platz für Hinrichtungen in Paris. Vermutlich wurde sie als Hexe zum Tode am Scheiterhaufen verurteilt.

Dieses kleine unschuldige Ding musste alles mitansehen. Ihren Vater kannte sie nicht.

Tief betroffen drückte ich das Mädchen an mich, und nahm sie mit zu meiner Schlafstätte, mitten im Bettlerbezirk gelegen. Hier sollte sie nun einige Zeit übernachten. Mein gesamtes erbeutetes Diebesgut übergab ich ihr, und alles, was ich in nächster Zeit erbeuten sollte, sollte ebenfalls ihr gehören.

Die meiste Zeit schlief das Mädchen – doch wenn sie einmal nicht träumte, war sie so in Gedanken versunken, dass man meinen konnte, sie träume noch immer. Vermutlich war sie geschockt und völlig überfordert mit dem Schicksal, dass das Leben für sie bereithielt.

Hin und wieder erwachte sie aus ihren Träumen. Schreiend und schweißgebadet, fing sie lauthals an zu weinen. Ich versuchte immer sie zu beruhigen, doch es dauerte einen Moment, bis sie sich wieder gefangen hatte. Dieses zerbrechliche Geschöpf war in einem ganz schlechten Geisteszustand, den ich so zuvor noch nicht erlebt hatte.

Alles Kostbare, was ich auf meinen Streifzügen durch Paris ergatterte, gab ich nun der kleinen Claire – so hieß sie nämlich, wie sie mir einmal aus freien Stücken erzählte.

Wochenlang häufte ich einen Vorrat an Lebensgütern und Wertsachen an, doch als ich eines Morgens aufwachte, war sie plötzlich spurlos verschwunden. Ich sollte sie nie mehr wiedersehen.

Bis heute frage ich mich, was wohl aus ihr geworden ist; aber zumindest die Wertsachen nahm sie alle mit ...

Bereits hier wurde mir klar, dass man im Leben nur auf Momente zählen sollte, denn Zukünftiges war nur schwer beeinflussbar.

Nun stand ich also da, mit leeren Taschen und leerem Bauch, da ich alles diesem unschuldigen Wesen geopfert hatte, und so entschloss ich mich, mir etwas Essbares zu besorgen.

Mit gerade einmal 16 Jahren versuchte ich nun, bei einem der unzähligen Festmähler im Arrondissement Luxembourg mir den Bauch vollzuschlagen, doch ich war noch nicht so gut im Stehlen, und so trieben mich die Wachen quer durch Paris. Und das alles geschah nur, weil ich einen Laib Brot stibitzte, wie ich am Anfang meiner Geschichte bereits erwähnte ...

Bist du bereit für meine Geschichten, werter Leser?

Bist du bereit für die Abenteuer und Geheimnisse von Cartouche?

Ja? Dann begleite nun den *König der Diebe* auf seiner Lebensreise ...

Kapitel 1: Madame Clarot

Am nächsten Morgen war ein herrlicher Tag in Paris. Es herrschte angenehme Wärme, aber es war nicht zu heiß, da ein laues Sommerlüftchen wehte. Man erblickte einen strahlend blauen Himmel, wolkenlos; der Tag schien mild zu werden. Ich kann mich gerade deswegen so genau an die Witterungsbedingungen dieses Tages erinnern, da an eben jenem sich für mich noch mehr ändern sollte.

Zuerst stattete ich Laurent einen kleinen Besuch ab; er war noch immer von einem Mantel der Traurigkeit umgeben, der seinesgleichen suchte.

Später wandte ich mich meinen Pflichten im Cour de Miracles zu, denn dort warteten viele Menschen auf mich, die auf fremde Hilfe angewiesen waren.

Nachdem ich einigen Bettlern ihre Wunden verbunden und ihnen etwas Trost gespendet hatte, wollte ich mich nun – endlich – auf Beutefang begeben.

Ich wollte heute abermals Richtung Palais de Luxembourg gehen, denn dieser Bezirk war voller Reichtümer, die ich mir aneignen konnte. Auf halbem Weg wurde mein Vorhaben aber abrupt beendet, denn hinter einer Hausmauer zischte eine Frau jüngeren Alters etwas hervor: „Psssst, Pssst, mein Junge", zischte sie in flüsterndem, aber bestimmendem Ton. Zuerst wollte ich mich abwenden, doch irgendein Gefühl sagte mir, dass ich zumindest mit ihr sprechen sollte – und somit ging ich vorsichtig auf sie zu. Sie war eine bildhübsche Frau, die so ganz und gar nicht in das Leben der Unterschicht passte.

Sie hatte blondes, langes Haar, offen getragen, das sich im Wind bewegte wie ein Weizenfeld vor der Ernte. Ihre blauen Augen waren so hell und klar, dass sogar ein Bergsee vor Neid erblassen müsste; dazu trug sie Kleidung von den feinsten Schneidern aus Paris, und der Duft von Kirschblüte umgab sie.

Zuerst war ich so erstaunt, dass ich kein Wort aus meinem Mund herausbekam – so verblüfft war ich über dieses anmutige Geschöpf in einer ganz und gar nicht anmutigen Umgebung.

„Du bist der Kleine, der sich Cartouche nennt, richtig?", fragte sie mich und schmunzelte.

Ich nickte, denn meinen wahren Namen benutzte ich schon seit langer Zeit nicht mehr. Nur Laurent und Marianne wussten, dass ich der kleine Louis-Dominique Bourguignon war.

„Du bist ein gewiefter und talentierter Bursche!", fuhr sie fort, um nach einem kleinen Knicks „Ich bin Madame Clarot" hinzuzufügen.

Sie sagte mir, ich solle doch so nett sein und sie begleiten, denn sie beobachte mich schon des längeren – und betört von ihrem Antlitz, gehorchte ich ihr.

Madame Clarot schlenderte nun mit mir durch die Gassen von Paris und es schien, wie wenn die Zeit stehengeblieben wäre; so erhaben war ihre Ausstrahlung und ihre Art, sich fortzubewegen.

Sie sagte, ihr Haus wäre in der Nähe der Notre Dame gelegen, und alles weitere würde sie mir später erklären. An diesem Tag herrschte reges Treiben auf den Straßen von Paris. Als wir zu einer größeren Menschenmenge kamen, fasste sie mich an der Hand, und wir drängten uns blitzschnell durch die sich tummelnde Masse.

„Dummer Bauer, das hast du nun davon, wenn du dem König verdorbenes Getreide lieferst!", war von einem der Wachen in lautem Ton zu vernehmen, als wir am anderen Ende der Menschenmenge angekommen waren. Ein bärtiger und blutverschmierter Mann wurde auf offener Straße von den Wachen des Königs schikaniert und gequält. So wie er aussah, wurde er schon seit geraumer Zeit gefoltert, denn sein nackter Oberkörper war übersät mit Hämatomen und Blut. Ein Häufchen Elend, übel zugerichtet, kauerte nun unter Tränen und vor unseren Augen auf dem Boden. Die Wachen schlugen allerdings immer noch auf diesen armen Kerl ein, und den Menschen rund um uns herum gefiel dieses schreckliche Schauspiel. Ein abartiger Anblick! Doch im Laufe meines Lebens musste ich immer wieder mitansehen, wie viel Freude es den eigenen Mitmenschen bereitete, wenn sie sich am Leid anderer ergötzen konnten. Erbärmlich ...

„Stopp! Aufhören! Ihr niederträchtigen Halunken! Seht ihr denn nicht, wie dieser Mann leidet?", brüllte nun Madame Clarot wie eine Löwin aus vollem Halse und in bestimmendem Tonfall. In diesem Augenblick veränderte sich etwas in der Menschenmenge – es wurde leiser.

„Was willst du denn, Schnepfe? Auf Geheiß unseres Monarchen König Ludwig XIV. müssen wir diesem Bauern seine gerechte Bestrafung zuteil werden lassen!", entgegnete ihr einer der Wachen.

Fuchsteufelswild ging sie nun auf den Bauern zu und versuchte, ihm auf die Beine zu helfen.

„Du verdammtes Weibsstück! Wir sind hier noch nicht fertig!", raunzte eine der anderen Wachen.

„Ihr werdet diesen Mann nun in Ruhe lassen! Er hat genug gelitten, und das alles wegen so einem Nonsens. Diese Männer arbeiten hart, können sich kaum selbst über Wasser halten, nur damit euer König und sein Hof noch mehr Lebensmittel verderben lassen. Ihr in euren prunkvollen Bauten bekommt doch nicht mal mit, dass auf den Straßen hier unzählige Menschen verhungern. Dieser Mann kommt nun mit mir!", fauchte Madame die Wachen an. Nach kurzer Stille wollte einer der Handlanger des Monarchen der Madame eine Backpfeife verpassen, doch ein anderer hielt ihn zurück, packte ihn an den Armen. Ohne weitere

Worte zogen die Männer des Königs überraschend ab, und auch die vor Freude tobende Meute rund um mich herum löste sich nun, da die Folterei ein Ende hatte, langsam auf.

Madame Clarot und ich stützten den geschundenen Mann, so gut es eben ging, und nahmen ihn mit zu ihrem Heim. Er humpelte, das linke Bein schien gebrochen zu sein. Blut tropfte aus Mund und Nase. Außerdem fehlten an seinen Händen mehrere Finger.

„Danke! Vielen Dank, Madame!", hauchte der Bauer ganz leise, ehe er danach wieder in argwöhnische Wortkargheit verfiel. Man konnte es ihm jedoch gar nicht verübeln, denn er bekam nur sehr wenig Luft und atmete sehr schwer. Womöglich waren auch mehrere seiner Rippen gebrochen.

Als die Dämmerung einfiel, standen wir dann endlich vor den Toren ihres Anwesens. Es war ein auffällig großes Haus, farblich in sonnengelb gehalten und sehr, sehr nobel. Madame war eine sehr wohlhabende Frau, das wurde mir in diesem Augenblick erst so richtig bewusst.

Ich konnte mir bis dato niemals vorstellen, jemals so ein wunderschönes Haus zu betreten – doch das Schicksal wollte es anders.

Im Erdgeschoss setzten wir den Mann auf ein Bett, und als sich Madame um seine Wunden kümmerte, staunte ich noch immer über das prunkvolle Innenleben dieses Gebäudes. Viele Gemälde hingen an den Wänden. Gold, Silber und Schmuckstücke verzierten die Möbel und die Wände, die weiß gestrichen waren. Holzparkett befand sich unter meinen Füßen, und links neben dem Eingang entdeckte ich eine Marmortreppe, die ins Obergeschoss führte – ich konnte noch immer nicht fassen, dass ich in einem Haus der Oberschicht stand ...

Madame sagte etwas später zu dem Bauer, dass er sich erholen solle und er gerne so lange bleiben könne, bis er gesund wäre.

Morgen würde sie auch einen Doktor zu sich holen, der sich seiner Verletzungen annehmen solle. Der Mann nickte und lächelte sogar ein wenig, als er versuchte, sich auszuruhen. An seiner Mimik konnte man klar ablesen, dass er sich nun sicher und geborgen fühlte; und das machte auch mich irgendwie glücklich. In dieser Sekunde wurde mir das erste Mal klar, welchen Menschen ich hier getroffen hatte. Madame Clarot wollte Leid lindern, Schmerz stillen und andere Menschen glücklich machen. Ich fühlte mich geborgen wie der geschundene Bauer, fühlte mich gut wie schon lange nicht mehr in meinem Leben.

„Komm mit nach oben", sagte sie leise zu mir und lächelte mich freundlich dabei an. Sie hatte ein sehr sonniges Gemüt, und jedes Mal, wenn ich ihr bildhübsches Gesicht erblickte, stockte mir der Atem; ich war so etwas ja gar nicht gewohnt.

Auch im ersten und zweiten Stock war dieses Gebäude sehr, sehr prunkvoll eingerichtet, und ich fragte mich immer mehr, was so eine Frau bloß von mir wollen würde.

„Setz dich, junger Mann", sprach sie, und gab mir eine Tasse Tee und ein Stück Weißbrot. Ich bedankte mich artig bei ihr, und gehorchte ihrem Anliegen, setzte mich auf einen gepolsterten Stuhl.

„Du wirst sicherlich wissen wollen, warum ich dich hierher geholt habe?", fragte sie mich, und ihr Lächeln war dabei so strahlend hell, dass sie damit die Nacht fast zum Tage machte. Ich nickte bloß, denn die Aura von Madame machte mich wortkarg und verlegen – Madame war ein Wesen, das ich selten in meinem Leben bestaunen durfte.

„Cartouche, du bist ein besonderer Bursche. Ich beobachte dich bereits seit geraumer Zeit, und wir haben dasselbe Ziel: Wir wollen den Menschen helfen und ihnen ein Stück Lebensfreude zurückgeben; denn wir leben in einer Zeit, in der viele Bürger einfach auf die Hilfe anderer angewiesen sind. Ich würde dir gerne helfen, deine Fähigkeiten in allen Bereichen des Lebens zu verfeinern, denn du bist in meinen Augen ein Rohdiamant, der noch geschliffen werden muss, der aber dann zu außergewöhnlichen Dingen fähig ist, die ich noch bei keinem anderen je gesehen habe. Deswegen bitte ich dich, eine Weile bei mir zu bleiben. Ich verspreche dir, dass du es nicht bereuen wirst. Ich will dir nichts Böses, junger Freund", fuhr Madame nun fort, und in ihren wunderbaren Augen war dabei ein Feuer, eine Flamme der Begeisterung zu sehen, die mich sofort mitriss. Obwohl ich leichte Zweifel hegte, bejahte ich ihr Angebot, ohne zu zögern.

Sie lächelte und strich mir gefühlvoll über die Wange. „Junger Mann, ich begrüße deine Entscheidung", sagte sie nun, begutachtete dabei meine Gesichtsnarben und fragte mich dann, ob ich die Pocken gehabt hätte und wo meine Eltern denn eigentlich steckten. Sie war mir ein wildfremder Mensch, und dennoch spürte ich ein Vertrauen zu ihr, wie wenn ich sie schon mein ganzes Leben gekannt hätte. Und so erzählte ich ihr alles, was mir bisher in meinem Leben widerfahren war. Sie war eine wunderbare Zuhörerin. Während meiner Geschichte kam keine Silbe über ihre vollen roten Lippen, nur bei der einen oder anderen Stelle veränderte sich kurz ihre Aura und Mimik, auch wenn sie geschickt darin war, sich nichts anmerken zu lassen.

Als ich fertig war, nahm sie mich ohne zu zögern in den Arm, und küsste mich unentwegt auf die Stirn. „Du hast viel durchgemacht, doch das Leben kennt kein Erbarmen und verläuft nicht immer rosig. Du wirst gestärkt aus all diesen Erlebnissen hervorgehen. Ich werde dir dabei behilflich sein", hauchte sie nun in mein linkes Ohr und wünschte mir eine gute Nacht, nachdem sie mir mein Bett gezeigt hatte, das im ersten Stock stand. Ihr Schlafgemach befand sich übrigens im zweiten Stock, und wenn ich ein Problem hätte, könnte ich jeder Zeit nach oben kommen, versicherte sie mir ganz vertrauensvoll.

Während ich mich von meinen schmutzigen Gewändern befreite, musste ich die ganze Zeit über dieses magische Wesen grübeln. Madame Clarot war außergewöhnlich: Sie konnte einem mit ihrem Äußeren auf unglaubliche Weise bezirzen, aber was mir viel wichtiger erschien, war, dass sie es mit ihrem sonnigen Gemüt und ihrer Ausstrahlung schaffte, den Ernst des Lebens für einen kurzen Moment vergessen zu können. Und mit ihren Worten hauchte sie einem so viel Selbstvertrauen ein, dass man nur staunen konnte. Eine unfassbare Erscheinung!

Nachdem ich meine Gedanken – endlich – fürs Erste gesammelt hatte, ging ich zu Bett. Es war das erste Mal, dass ich in so einem Bett der Oberschicht schlafen durfte, und ich fühlte mich wie im siebenten Himmel. Eine Nachtruhe, wie ich sie mir nie zu erträumen wagte, wartete nun also auf mich.

„Cartouche, Cartouche! Wach auf, mein Junge!" Mit diesen Worten in sanftem Ton weckte mich Madame Clarot am nächsten Morgen. Verträumt rieb ich mir die Augen. Ach, was war das für ein wunderbares Gefühl, in so einem Bett zu schlafen, und nicht in irgendwelchen Holzbaracken, auf Bänken oder in Heuhaufen.

„Junger Mann, auf dem Tisch stehen Kaffee und Frühstück für dich bereit", strahlte Madame mich an. „Du wirst dich sicherlich wundern, Cartouche, denn ich habe kein Gesinde – meine Besorgungen erledige ich lieber selber. Ich vertraue nur sehr wenigen Menschen, und das hat auch seine Gründe. Ich brauche weder Diener noch Zofen. Ich hole einstweilen einen Doktor für unseren Gast! Bis nachher …", fuhr sie fort und verschwand in Windeseile, aber mit einem Lächeln auf den Lippen aus dem Haus.

Meine Gewänder waren ebenfalls verschwunden. Stattdessen hatte sie mir eine neue und edle Kniehose sowie einen Mantel auf einem Stuhl bereitgelegt. Irgendwie konnte ich dies alles noch immer nicht fassen und fühlte mich wie in einen Tagtraum versetzt. Nachdem ich mit Anziehen und Essen fertig geworden war, begab ich mich ins unterste Stockwerk. Auch der Bauer hatte Frühstück von Madame bekommen, und als ich mich ihm näherte, aß er hastig vom matt glänzenden Klostergebäck. Ich für meinen Teil hatte bis dahin nur hin und wieder, zu feierlichen Anlässen, das Vergnügen, mir mit diesem gut schmeckenden Backwerk den Bauch vollschlagen zu dürfen. Zu teuer war es für den normalen Verzehr. Dem Bauer schien es ähnlich zu ergehen, denn er genoss jeden Bissen dieser Speise.

Als auch er mit dem Essen fertig geworden war, kam ich kurz mit ihm ins Gespräch, und er berichtete mir, dass er, bevor wir ihn aufgesammelt hatten, schon mehrere Tage im Gefängnis verbrachte und man ihn dort aufs Übelste gefoltert hatte. Seine Frau wartete zu Hause auf ihn – er musste schnellstmöglich zu ihr zurückkehren. Außerdem musste sie krank vor Sorge um ihn sein, wie er befürchtete, weil er schließlich schon einige Tage nicht zurückgekehrt war.

Meine Gedanken kreisten einstweilen nur um den König und seine Gefolgsleute. Mein Hass, mein Zorn, mein Ekel vor solchen Menschen wurde dadurch mehr und mehr geschürt. Dennoch konnte man nur wenig – vielleicht gar nichts – gegen den Monarchen ausrichten. Zu mächtig war der königliche Hof.

Ein paar Minuten später kam Madame zurück, und an ihrer Seite befand sich einer dieser ominösen Heiler oder „Quacksalber", wie ich immer über diese Gestalten zu sagen pflegte.

Auch er war wie seine Kollegen ganz in schwarz gekleidet und mit dieser Schnabelmaske ausgestattet. Eben jene wurde zu Zeiten der Pest eingeführt. Sie hatte einen schnabelartigen Fortsatz für Mund und Nase. In ihm befanden sich, entsprechend den in den Pestregimina zusammengefassten Empfehlungen, geruchsstarke Kräuter und Essigschwämme, die die Einatmungsluft filtrierten. Die Augen wurden durch eine Glasbrille geschützt, und dazu trug er Lederhandschuhe und leichte Lederstiefel.

Der Arzt begutachtete den Mann eine Weile. Später verband er ihm seine Wunden und gab ihm einige Heiltränke und Salben, um so die Schmerzen zu lindern. Die Rechnung beglich Madame Clarot.

Zwei Tage verweilte der Bauer noch bei uns, bis er sich schließlich auf den Heimweg zu seinem geliebten Eheweib machte. Bevor er ging, bedankte er sich höflich bei uns und versicherte, dass er uns das nie vergessen würde. Gott solle uns schützen! Madame war überglücklich, wieder etwas Gutes getan zu haben.

Eigentlich wollte ich sie zu diesem Zeitpunkt fragen, weshalb sie so vermögend sei und ob sie Mann und Kinder hätte. Doch irgendwie traute ich mich nicht, sie jetzt schon mit so persönlichen Dingen zu belästigen, und so schwieg ich fürs Erste.

Madame Clarot war aber keineswegs nur wunderschön und charakterstark, sondern sie war auch so gebildet und belesen, wie ich es nie wieder in meinem Leben bestaunen durfte. Tag für Tag lehrte sie mich Dinge wie Lesen und Schreiben sowie Historik, Politik und allerlei andere Dinge, auf die ich später noch eingehen werde. Nur durch sie kann ich heute diese Memoiren verfassen, die dem, der sie lesen möge, mein Leben näher bringen wird. Ohne sie würde ich keine einzige Zeile der Nachwelt hinterlassen können.

Wir übten jeden Tag und sie hatte dabei eine Geduld mit mir, die seinesgleichen suchte. Sie wollte unbedingt, dass ich eine gewisse Bildung, einfach Kenntnis erhalte, und so war ihr es auch vollkommen egal, wenn ich etwas länger brauchte, als sie es vielleicht in dem einen oder anderen Punkt vorsah.

Eines Tages öffnete sich die Türe zu meinem neuen Heim. Wir sprachen gerade über Königshäuser und Politik in anderen Ländern. Als sich unser Besuch bemerkbar machte, wusste ich sofort, dass ich diese Person bereits einmal getroffen haben musste. Ich erkannte die Stimme sofort wieder. Als sie bei uns im ersten Stock ankam, wusste ich auch schon, um wen es sich hierbei handelte. Sie ... Sie war es! Das dunkelblonde Mädchen, das mich vor Jahren auf meiner Heimreise von Notre Dame beklaut hatte. Sie stand nun vor uns, und schon damals hatte ich ein Gefühl, wie wenn ich sie schon ewig gekannt hätte, so als ob man seinen Seelenverwandten treffen würde. Sein Zuhause. Zuflucht. Schutz. Geborgenheit. All diese Dinge fühlte ich in ihrer unmittelbaren Nähe. Äußerlich hatte sie sich natürlich auch verändert: Sie war eine Frau geworden. Eine bildhübsche Frau. Ihre dunkelblonde Mähne, ihre braunblauen Augen, dazu ihre grazilen und anmutigen Bewegungen sowie ihr Lächeln. Dieses Lächeln! In meinem ganzen Leben hatte ich noch nie so etwas Wunderbares gesehen. Ihr gesamtes Wesen, ihre Art, ihre Aura und Ausstrahlung. Ich fühlte es ... Nur wusste ich damals noch nicht, was es war. Es war Liebe. Liebe auf den allerersten Blick.

Mein Mund blieb zu diesem Zeitpunkt stumm, doch ich erkannte an ihrem Blick, an ihrer ganzen Gestik und Mimik, dass sie ähnlich fühlte und dachte. Wie sie mich ansah! Es gab nur eine Person auf dieser Welt, die mich so ansah wie sie ... glänzende Augen, leicht geöffneter Mund und eine Leidenschaft in ihrem Gesichtsausdruck, so als ob sie sagen wolle: „DU! Nur DU!" Doch dieser kurze Moment wurde jäh gestört, denn Madame Clarot fragte sogleich, was denn los sei. Das Mädchen wollte weg aus Paris, denn ihr Bruder im Elsass war schwer erkrankt; sie musste zu ihm – so schnell wie möglich. Sie zeigte Madame Clarot einen Brief; Madame zögerte nicht lange und bereitete alles für eine Reise vor. Bereits nach kurzer Zeit war sie fürs Erste verschwunden. Zwei Herzen, die sich gefunden hatten, wurden abrupt getrennt, ohne auch nur jemals ein Wort miteinander gewechselt

zu haben. Dennoch wussten wir beide bereits zu diesem Zeitpunkt, was wir füreinander empfanden, und das Schicksal sollte
uns eines Tages wieder zusammenbringen. *Eines Tages ...*

Nachdem sich meine Auserwählte auf die Reise gemacht hatte,
erzählte mir Madame Clarot, dass das Mädchen Elá hieß und sie
ursprünglich aus dem Elsass stammte. Sie und ihre Eltern waren
Frankreichs Kriegsgefangene aus den Schlachten mit dem Elsass.
Ihre Eltern saßen im Gefängnis, der Conciergerie, im Westen Île
de la Cités gelegen. Elá befand sich zu Beginn ebenfalls hinter
Schloss und Riegel, doch Madame Clarot kaufte die damals
Vierjährige frei. Für ihre Eltern hatte sie leider nicht genug Geld
übrig. Ihr Bruder war alleine in der einstigen Heimat zurückgeblieben und führte dort einen Bauernhof. Dieses Wesen, Elá,
wurde ebenso wie ich von Madame Clarot aufgenommen und
geschult, sie verbrachte aber die meiste Zeit damit, sich bei ihren
gefangenen Eltern aufzuhalten. Doch nun musste sie zurück in
die Heimat, sie musste sich um ihren kranken Bruder kümmern ...

Madame Clarot war aufgelöst, völlig fertig, weil sie ihre Elá gehen
lassen musste; doch sie hoffte darauf, dass sie zurückkommt. Ich
persönlich hoffte ebenfalls, sie wiederzusehen, denn ich konnte
mir ab diesem Zeitpunkt nur mehr vorstellen, bei ihr zu sein. Ich
träumte von ihr, nachts, aber auch tagsüber. Ich dachte nur an
sie, sie hatte sich mir in die Seele gebrannt. Später wurde mir
auch bewusst, dass diese Frau die Liebe meines Lebens war, nur
zu diesem Zeitpunkt wäre ich bereits froh gewesen, wenn ich sie
wiedersehen könnte, denn damals verstand ich noch nicht ganz,
wer sie für mich sein könnte, was sie mir bedeutete und was ich
für sie fühlte. Zu eben jener Zeit konnte ich nicht in Worte fassen,
wer mir hier begegnet war, und so betete ich jeden Tag zu Gott,
dass ich sie wiedersehen durfte, nur um ihr zu sagen und zu
zeigen, was ich für sie empfand. Ich hoffte nur, dass es noch nicht
zu spät war. *Mon dieu!* Bitte, lieber Gott, lass sie zurückkehren,

damit ich ihr sagen kann, wie sehr ich sie liebe. Dies waren meine Gedanken – alles drehte sich in dieser Zeit nur um sie.

Unterdessen half mir Madame Clarot weiterhin, meine Bildung zu verbessern; doch eines Tages schnappte sie mich und wir gingen unter die Menschen. Sie erklärte mir, dass es nun – endlich – an der Zeit wäre, auch meine praktischen Fähigkeiten zu fördern. Denn nur wenn ich mein Geschick beim Stehlen verbessern würde, könnte ich nachhaltig der Unterschicht das geben, was sie dringend brauchte: Essen, Wertsachen, Livre, Kleidung. Diese Menschen hatten nichts, gar nichts, oft nicht mal ein Zuhause, und so waren sie auf die Güte anderer angewiesen. Es gab dabei nur ein Problem: Fast allen gut betuchten Mitbürgern unserer Zeit war es völlig egal, was mit den ärmeren Menschen passierte. Die meisten Menschen spuckten noch auf sie, zeigten mit den Fingern auf sie und lachten über sie. Abscheulich!

Somit kämen wir ins Spiel, wie Madame mir erklärte. Wir – und in erster Linie ich – sollten das zurückholen, von dem die Oberschicht zu viel besaß, um es den Bettlern, den Waisen, den Obdachlosen und den Armen zurückzugeben. Einfach, um das Leben für diese Menschen vielleicht peu á peu besser zu machen.

Sie sagte mir, ich hätte einzigartige Fähigkeiten: Beobachtungsgabe, Geschick, Teile des sechsten Sinns, schauspielerisches Talent, Redekunst und noch vieles mehr. Das Wichtigste für sie war aber, dass ich manche Dinge früher erfassen konnte als die meisten anderen Menschen, und das machte mich in ihren Augen so besonders – denn dadurch konnte ich prekäre Lagen viel schneller begreifen und mich rasch aus ihnen – sofern nötig – befreien.

Madame musste mich wirklich intensiv beobachtet haben, und schön langsam kam ich mir vor wie ein Auserkorener. Ein

Auserwählter. Vielleicht gab sie mir aber dadurch auch nur den nötigen Rückhalt und das Selbstvertrauen, um das zu verwirklichen, was sie mit mir scheinbar vorhatte.

Sie zeigte mir, wie man am geschicktesten in den Menschenmassen verschwinden konnte, wie man Verstecke findet, wie man Aufmerksamkeit von sich, aber auch auf sich lenkte, wie man das gesamte Umfeld nutzen konnte, um quasi unsichtbar zu werden. Alles, wirklich alles war ihr Spielplatz. Man musste es nur sehen, spüren und begreifen. Wie sie sich bewegte, war einfach famos. In Windeseile tauchte sie unter, verschwand im Nichts und löste sich buchstäblich in Luft auf. All diese Dinge musste ich nun nachmachen. Immer wieder, denn nur Übung machte den Meister, wie sie mir erklärte, und jeder sollte mit kleinen Dingen beginnen, bevor er zu den größeren übergeht. Als wir am Abend mit den Schulungen fertig geworden waren, fragte ich mich wie bereits so oft, wie sie das nur alles kannte und konnte, aber ich scheute weiterhin das Nachbohren zu ihrer Vergangenheit wie der Teufel das Weihwasser.

Die Tage wurden jetzt von Madame so gestaffelt, dass es vormittags Bildung für mich gab, und nachmittags Training. Dazwischen streute sie jedoch immer wieder Gespräche ein, die meinen Lebensalltag so enorm erhellten, dass ich hin und wieder mein Glück gar nicht fassen konnte, in ihrer Nähe zu sein. *Besonders!* Ja, sie war ein besonderer Mensch für mich.

Mit der Zeit wurde ich immer besser und besser. Ich lernte fleißig und befolgte jeden Ratschlag, den Madame mir erteilte. Mittlerweile konnte ich blitzschnell gefährliche Lagen erfassen und mich, ohne Aufmerksamkeit zu erregen, aus ihnen befreien. Mein gesamter Bewegungsapparat veränderte sich in nur wenigen Wochen. Ich konnte mich mittlerweile lautlos fortbewegen, mich nahezu geräuschlos an jemanden heranschleichen, auf Dächern und anderen Hindernissen problemlos balancieren. Ich konnte klettern wie eine Eidechse. Das Wichtigste überhaupt war aber, dass ich zu einem Meister der Tarnung wurde. In dem einen Moment noch für alle sichtbar, doch kurz darauf einfach verschwunden. In nur wenigen Sekunden konnte ich mittlerweile erfassen, wie und wo man am besten untertauchte.

Madame Clarot war hocherfreut über die Tatsache, dass ich all diese Dinge so schnell begriff, und sie strahlte so hell wie nie zuvor. Ich war froh darüber, sie glücklich zu sehen, denn so konnte ich ihr wenigstens etwas zurückgeben; immerhin hatte sie mich aufgenommen und lehrte mich all diese überlebensnotwendigen Feinheiten.

Ich war jetzt schon zwei Monate bei Madame Clarot. Während ich meinen Horizont und meine Fähigkeiten verfeinerte und erweiterte, musste ich fortdauernd an Elá denken. Jeder Augenblick, in dem ich an sie dachte, war kostbar. Sie gab mir Kraft. Sie gab mir Halt. Sie gab mir das untrügliche Gefühl, geliebt zu werden. Zwar war dieses liebreizende Ding weit entfernt, doch dennoch war sie ständig an meiner Seite. Ich spürte sie, sah sie. Unentwegt ... Ihre ovale Gesichtsform, die großen braunblauen Augen, der Schmollmund, die kleine Stupsnase, die volle dunkelblonde Mähne – sie war das Schönste, was auf dieser Welt für mich existierte.

Bei der zweiten Lektion, die auf mich wartete, wurde es nun erheblich schwieriger, denn nun musste ich meine neu gewonnene Fähigkeit des Verschwindens auch einsetzen, um Kapital daraus zu schlagen. Wir begannen mit dem, was ich bereits die Jahre zuvor gemacht hatte: Taschendiebstähle. Bei der Notre Dame waren ebenfalls immer einige vermögende Bürger auf den Straßen unterwegs, und so musste ich dort beginnen, denn die nobleren Gegenden waren noch zu schwierig, wie Madame klarstellte. Sie erklärte und zeigte mir, wie man an Wertvolles herankam, ohne dass die erspähten Opfer davon Wind bekämen; danach sollte ich blitzschnell untertauchen – und verschwinden.

Es funktionierte! Es funktionierte sogar so gut, dass ich am ersten Tag kein einziges Mal erwischt wurde. Niemand bemerkte, wie ich mich lautlos in den Trauben der Menschen heranschlich, meine Beute ergriff und quasi wie ein Adler davonflog. *Fantastique! Grand!* Mit diesen Fähigkeiten hatte ich von nun an keinerlei Probleme mehr, um auf den Straßen von Paris an Wertsachen zu kommen – doch mir standen noch viele weitere Lektionen bevor.

Als Erstes schickte mich Madame alleine los, um an diesem Tag eine gewisse Menge Livre zu erbeuten. Ohne Hilfe. Ohne ihr Zutun. Selbstständig musste ich meine Opfer erspähen und nach Mitteln und Wegen suchen, um an meine Beute zu gelangen. Ich hatte freie Hand bei meinen Vorgehensweisen, und meine klebrigen Finger huschten durchs Gewühl, fanden ihre Ziele – Börsen, Schmuck, Kleinkram. Von einem Gefühl der Freiheit getragen, ergatterte ich viel mehr, als mir aufgetragen wurde, und der Blick von Madame Clarot verriet es mir in jener Nacht: Sie war stolz auf mich. Alles Erbeutete teilten wir unter den Bettlern im Cour de Miracles auf. Nun wurde es erst richtig ernst, denn jetzt brachte sie mir bei, wie man in Häuser eindringen konnte.

Am nächsten Morgen brachen wir auf, gingen in eine nahe gelegene Schmiede, um dort einzukaufen. Die Schmiede, an deren Vordertür ein Glockenzug hing, war schlicht eingerichtet; man hörte das Hämmern des Schmieds und seiner Gehilfen, hörte ein lautes Zischen, als heißes Eisen in Wasser getaucht wurde, und der Geruch von erwärmten Eisen machte sich in der kleinen Stube breit. Der Schmied selbst war ein bärbeißiger Mensch mit einem flauschigen, braunen Bart und verschwitzter Glatze. Madame

Clarot schien ihn aber gut zu kennen. Sie kaufte Werkzeug, Messer und mehrere Dietriche. Diese Dietriche, die ich zu diesem Zeitpunkt das erste Mal sah, sollten mir mein ganzes weiteres Leben gute Dienste erweisen.

Auf dem Rückweg hörten wir – ganz plötzlich – die Stimmen zweier Männer, die bei einer Metzgerei verweilten und tuschelten: „Siehst du sie?! Madame Clarot mit ihrem neuen Lustknaben. Wenn das nur ihr Mann noch sehen könnte. Dreckiges Flittchen!" Schallendes Gelächter machte sich breit. In diesem Moment drehte sich Madame Clarot um, ging wutentbrannt auf die Männer zu, und brüllte: „Euch Schlappschwänze kenne ich doch! Große Klappe auf offener Straße, wenn ihr aber zu Hause bei euren Frauen seid, könnt ihr nicht mal mehr bis fünf zählen. Hütet eure erbärmlichen Zungen über mich, meinen Mann, über mein Tun und Handeln, denn sonst könnte es passieren, dass ihr ohne euer liebstes Stück nach Hause kommt." Plötzlich zückte Madame ein Messer, deren Klinge im Licht der Sonne aufblitzte, und hielt es einem der Männer genau zwischen die Beine.

Sie hatte recht. Es waren wirklich nur Großmäuler, denn sie murmelten Entschuldigungen und gingen verstört ihres Weges. Madame Clarot schüttelte sich kurz, und kam dann erhobenen Hauptes zu mir zurück. „Bitte Cartouche! Vergiss nie, wie man mit einer Dame umgeht, und wenn du jemals so etwas wie das hier sehen solltest, hilf ihr, denn nicht immer gehen solche Sachen so glimpflich aus wie hier und heute." Ich versprach ihr, dass ich alles, was in meiner Macht stand, unternehmen würde, wenn mir jemals eine solch wüste Rüpelei unter meine Augen kommen sollte.

Sie nickte und lächelte. „Du bist ein guter Junge!", hauchte sie mir danach mit seufzender Stimme ins Ohr, und wir zogen zu ihrem Anwesen weiter.

Dort angekommen, machte mich Madame Clarot nun mit Werkzeug und Dietrichen vertraut. Mit den Dietrichen war es kinderleicht, verschlossene Türen, Truhen oder sonstige Gegenstände zu öffnen. Sie sollten mir später dienlich sein, um in Häuser, Paläste und sogar Residenzen ein- und vorzudringen. Anfänglich tat ich mich richtig schwer und ich zerbrach mehrere Dietriche; doch Madame hatte wie immer eine Menge Geduld mit mir, und so hatte ich das richtige Zeitgefühl, um Schlösser zu knacken, irgendwann dann doch intus. Wir übten in ihrem Haus. An Truhen, Türen, Toren. Alles musste ich mehrmalig für sie aufbrechen, ehe sie zufrieden damit war. Endlich würde ich geschickt genug sein, um auch an schwierigere Beute heranzukommen.

Wenige Tage danach gab sie mir meinen ersten richtigen Auftrag: Ich sollte eines der Cafés im Arrondissement Île de la Saint Louis plündern. Im ersten Moment beschlich mich riesige Angst, denn so etwas hatte ich noch nie zuvor getan. Madame schaffte es jedoch wie immer, mir mit ihren guten Worten genügend Selbstvertrauen einzuhauchen, sodass meine Panik verstummte.

Spät abends war es nun so weit; mein erster richtiger Raubüberfall stand bevor. Ich war in schwarze Kleidung gehüllt und begab mich im Schutze der Nacht in die Richtung des Cafés. Die Nacht war klar, ein zunehmender Mond stand schon am Himmel, hell und strahlend wie eine Sichel aus feinstem Silber, auch etwas Wind huschte durch die Straßen. Die Gassen schienen leer gefegt zu sein, nur einige Ratten waren noch auf den Beinen.

Beim Café angekommen, kundschaftete ich zuerst die Lage aus. Ich lauschte. Große Stille. Als ich zum Entschluss kam, dass die Luft rein war, machte ich mich gleich an die Arbeit. Vorsichtig knackte ich mit einem Dietrich die Hintertür, und schlich mich dann ins Innere des Gebäudes. Es schien alles friedlich zu sein. Doch plötzlich! ... Es war nur ein Windstoß, der meinen Herzschlag stark erhöhte. Leicht erschrocken begab ich mich nun auf die Suche nach allerlei Wertvollem, was mir eben ins Auge sprang. Das Wichtigste war aber, die Einnahmen des Cafés zu plündern, und siehe da, mein Gefühl täuschte sich nicht. In einem der hinteren Räume, in dem sich ein großer, hölzerner Arbeitstisch, Bücherregale und opulente Wandteppiche befanden, stand sie – eine Schatulle – vollgefüllt mit Livre. Hastig stopfte ich nun alles in einen Leinensack und verschwand – auf leisen Sohlen – aus dem Gebäude.

Mein erster größerer Raubüberfall – er war gelungen! Es war aber auch nicht wirklich schwer, ein menschenleeres Haus mitten in der Nacht auszurauben. Im Verlaufe der Zeit hatte ich wesentlich schwierigere Herausforderungen zu meistern, dennoch war ich stolz wie schon lange nicht mehr, dass es mir gelungen war, meine Fähigkeiten so zu verbessern und meinen ersten Auftrag erledigt zu haben.

Alles Erbeutete teilten wir wie immer unter den Menschen in den ärmeren Bezirken auf. Diesmal war ein hübsches Sümmchen zusammengekommen. Marianne und Laurent stattete ich ebenso einen Besuch ab und übergab ihnen dabei einen Teil meiner Beute. Sie versuchten es zwar zu verbergen, aber ich sah es in ihren Augen: Sie waren noch immer tief getroffen und am Boden zerstört, weil man ihnen ihr Kind auf so abscheuliche Art und Weise entrissen hatte. Tiefe Trauer umgab die beiden. Ich versuchte, mir so wenig wie möglich anmerken zu lassen, und ging zurück zu Madame Clarot. Ich schaffte es nicht, länger als nötig bei ihnen zu bleiben. Ich konnte einfach nicht. So leid es mir heute auch noch tut – damals hatte ich diese grausamen Bilder aus jener prägenden Nacht noch längst nicht verarbeitet. Auf meinem Herzen lag große Schwermut.

In dieser Nacht träumte ich intensiv, aber dieses Mal nicht von meiner angebeteten Elá. Nein, ein schlimmer Albtraum verfolgte mich. Ich träumte von Mutter. Von Vater. Von unserem Haus. Alles schien friedlich zu sein, als sich plötzlich der Himmel verfinsterte und es zu regnen begann. Wie aus dem Nichts kamen in schwarz gekleidete Männer auf Pferden zu unserem Anwesen. Sie zerstörten alles, verbrannten alles und schändeten die Körper meiner Eltern. Mich würdigte dabei niemand eines Blickes. Ich konnte sie nicht aufhalten, stand wie angewurzelt da, musste alles mitansehen. Die Schreie meiner Mutter – sie waren klar zu vernehmen. *Kläglich. Weinerlich. Schmerzerfüllt.* Ihr Körper wurde auf die schlimmste Art und Weise geschändet und malträtiert. Ein Horrorszenario, das ich mitansehen musste, ohne etwas dagegen machen zu können. Als sich die schwarzen Männer umdrehten, sah ich ihre Gesichter. Skelette. Wandelnde Skelette waren für all dies verantwortlich. In diesem Moment des Schocks erwachte ich schweißgebadet und völlig angsterfüllt aus meinem Traum.

In den darauffolgenden Tagen war ich komplett verstört – bei allem, was ich tat. Ich befand mich zwar erst wenige Monate in der Obhut von Madame Clarot, aber ihr fiel sofort auf, dass irgendetwas mit mir nicht stimmte. Als sie mich um Aufklärung meiner Verwirrtheit bat, erzählte ich ihr von meinem Traum, der mich emotional völlig aufgewühlt hatte.

Sie zuckte nur kurz; setzte direkt danach wieder ihr hellstes Lächeln auf, und nahm mich in den Arm. Schockerlebnisse werden nie gänzlich verschwinden, man muss sie aufarbeiten, erklärte sie mir. Irgendwann wird dein Geist, deine Seele, dein Charakter und deine Person stark genug sein, um in diesen Traum einzugreifen. Wie lange ich dafür brauchen würde, hinge ganz von mir selbst ab, aber peu à peu würde ich den Traum verändern können, meinte sie. Ich hatte zwar Zweifel, mein Vertrauen zu ihr war jedoch mittlerweile so grenzenlos geworden, dass ich ihr das glaubte.

„Cartouche? Du wirst deinen eigenen guten Kampf führen und diesen eines Tages gewinnen. Du wirst schon sehen. Hör aber nie auf, deinen Weg zu gehen, hör nie auf, deinen Kampf zu kämpfen", sagte Madame in diesen Zeiten mehrmals. Sie erzählte mir auch von drei griechischen Wörtern für die Liebe – Agape, Eros, Philia – und später im Leben sollte ich noch begreifen, wie sie das mit den drei Wörtern und dem guten Kampf meinte. Fürs Erste brachte sie mir nur eine Atemübung bei, bei der ich die Augen schließen, meine Hände ausbreiten, und mich konzentrieren musste. Sie zeigte mir, wie man die Agape durch seinen Körper fließen lässt und somit die Energie und Liebe aufnimmt, die in unserer Welt vorhanden ist. Nach wenigen Stunden schon beherrschte ich diese Atemübung und war begeistert davon, wie leicht und stark man sich danach fühlte. Mein Geist war von Liebe und Energie erfüllt – die Agape durchflutete meine Seele. Weiteres zu diesen Wörtern und dem guten Kampf sollte mir das Leben selbst im Laufe der Dauer übermitteln, ich musste nur mein Leben leben.

Am Abend des gleichen Tages bat sie mich in ihr Schlafgemach, in dem ein riesiger, ovaler Spiegel stand, der mit Gold und Edelsteinen verziert war. In nächster Zeit musste ich meine schauspielerische Gabe sowie Redekunst verbessern, sogar Reimen und Dichten stand auf meinem Aufgabenplan. Viele Stunden verbrachte ich in diesen Zeiten vor diesem Spiegel, musste mich selbst betrachten und ihre teils vorgesagten, gezeigten und geschriebenen Texte üben. Redekunst, Mimik und Gestik wurde hier bis zum schieren Erbrechen mit mir durchgenommen. Im Verlaufe meines Lebens wurde mir aber klar, dass mich ihre Unterweisungen massiv weiterbrachten. Ich bin ihr bis heute noch unendlich dankbar dafür, denn es war in vielen Situationen schlicht von Nöten, sich exzellent artikulieren und in verschiedene Rollen schlüpfen zu können. Madame Clarot schaffte es immer mehr, den Rohdiamanten zum Glänzen zu bringen ...

Eines Tages sagte sie zu mir, dass auch die Romantik nicht zu kurz kommen sollte. Ich sollte wissen, wie ich eine Frau im Sturm erobern konnte, sollte wissen, wie man das Herz einer Frau für sich gewinnt. Wegen meiner Narben hatte ich einen gewissen Nachteil, auch wenn ich durchaus schnuckelig aussah, wie sie meinte.

Sie erklärte mir tagelang, was eine gute Frau in einem guten Mann sieht: Er sollte nett und höflich sein und sie stets beschützen, sollte da sein, wenn man ihn braucht, sollte aber dennoch nicht ständig an ihr kleben. Er sollte sie zum Lachen bringen, denn mit ihm sollte man den Ernst des Alltags vergessen können. Er konnte auch hin und wieder ein Kindskopf oder etwas hitzköpfiger sein; er sollte aber immer respektvoll, anständig, liebevoll, treu und aufrichtig zu seiner Auserwählten sein. Artikulieren müsste er sich gut können und auch eine gewisse Frechheit sollte er vielleicht an den Tag legen. Das Wichtigste war ihr aber, dass man sich entschuldigt, wenn man einen dieser Punkte nicht erfüllte, weil man vielleicht kurz den Überblick verloren hatte. Jede Dame würde ihrem Mann alles verzeihen, sofern sie ihn liebte.

Mit der Zeit begriff ich, dass alles, was sie sagte, der Wahrheit entsprach, und es sollte mir im Bereich des anderen Geschlechts sehr behilflich sein, auch wenn ich in meinem Leben hin und wieder Probleme damit hatte, Liebe erwidern und zurückgeben zu können.

In diesen Zeiten passierte es, ich verlor meine Unschuld. Richtig, an Madame Clarot! Wahrscheinlich war auch dieses Schauspiel nur eines von mehreren Lektionen, aber ich wurde so im Verlaufe der Zeit auch zu einem richtig guten Liebhaber.

Dass erste Mal den Akt zu vollziehen, war für mich nicht schwierig, im Gegenteil, es war ein Fest der Sinne. Sie roch wie immer nach Kirsche und als sich unsere Lippen zum ersten Mal berührten, wurde in mir eine aphrodisierende Explosion ausgelöst. Der erste Moment des Kusses war einzigartig, da ein Kuss viel wertvoller ist als der eigentliche Geschlechtsakt. Wie wild taumelten wir durchs Zimmer und befreiten uns von den leidigen Gewändern. Hektisch, gierig wären prägnante Begriffe dafür, wie sehr unser Äußeres zueinander wollte. Unsere Blicke trafen sich inständig, als unsere Körper sich aneinander schmiegten. Die pure Leidenschaft, die pure Lust war zu verspüren, als ich zärtlich über ihren Körper streifte. Ihr Geruch, ihre Stimme, ihre zarte Haut, ihre Weiblichkeit, ihre Leidenschaft – das alles führte zu einem Geschlechtsakt der aller ersten Güte. Ständig hielten wir unsere Hände, ständig sah ich ihre wunderschönen, blitzenden blauen Augen, ständig hauchten wir uns beide zärtliche Worte zu. Ich fuhr mit den Fingern durch ihre sich wallende, blonde Mähne, und immer wieder lag ihr Duft in der Luft. Jede Stelle, jede Pore, von der Haarspitze bis zum kleinen Zeh, wurde von uns beiden berührt. Unsere beiden Körper? Sie sollten an jenem Abend zu einem verschmelzen.

Dieses Schauspiel der intensiven Lust und Leidenschaft sollte von nun an zu unserem Alltag gehören. Je öfter wir uns liebten, desto mehr berauschten wir uns aneinander; und es lag eine erotische Magie an den Orten, an denen wir dies taten, dass einem Hören und Sehen verging. Die sexuelle Gier von uns beiden kannte stellenweise keine Grenzen. Alle möglichen Facetten des Aktes nahmen wir eng umschlugen durch. Phasenweise stundenlang, ohne damit aufzuhören. Die Zeit – sie schien stehen geblieben zu sein, so exzessiv und intensiv betrieben wir dieses Ereignis. Die Höhepunkte – sie waren so überwältigend, dass man meinen mochte, man wäre tatsächlich im siebenten Himmel. Mit einer Person, die einen zum Äußersten trieb ...

Madame Clarot zeigte mir für meinen weiteren Lebensweg somit auch, wie man mit einer Frau umging. In allen Lagen. Diese Frau brachte mir in nur kurzer Zeit alles bei, was ich – ein streunender, verwaister Junge aus ärmlichsten Verhältnissen – brauchte, um mein weiteres Leben so zu gestalten, dass ich mein Schicksal erfüllen konnte. So erschien es mir zumindest in diesem Moment und auch in vielen Augenblicken danach. Wäre dieses reizende Wesen nicht in mein Leben getreten, hätte sich für mich manches nie so entwickelt. Sie war wie ein Schlüssel. Ein Schlüssel, der mich zu dem machte und zu dem werden ließ, der ich heute bin.

Es war Winter geworden. Und in diesen Tagen der Kälte, die beißend und stechend auf mich einwirkte, begann nun die Phase, in der ich mich auf weitere Prüfungen von Madame einstellen musste, die mir aber für meine Zukunft unabdingbar erschienen.

Als Erstes schickte sie mich in einen der äußeren Bezirke, die noch bestens ohne großen Aufwand zu erreichen waren. Mehrere Höfe und Weingärten stellten dort nebst einfacheren Gebäuden das Bindeglied zur sonst so schimmernden Stadt dar. Ich sollte an jenem Abend einen der Wachposten für Madame ausrauben, Wachtürme, die an manchen Punkten von Paris ihren Standort hatten. Dieser ausgesuchte Turm, so sagte sie, war einer der Einfacheren, weil er nicht so schwierig zu erreichen erschien und bei weitem nicht so gut gesichert anmutete, wie sich die meisten anderen darstellten. Auch hier lagerten die Gefolgsleute des Königs Unmengen an Wertsachen.Viel zu häufig und sehr, sehr oft wurden sie unschuldigen Menschen entrissen. Skrupellos. Engstirnig. Grausam. Herzlos. Es war bezeichnend für das Vorgehen der Wachen gegenüber uns normalen Bürgern. Natürlich gehorchte ich und begab mich abends auf die Reise. Es war bitterkalt an eben jenem Abend und leichtes Schneetreiben herrschte. Bei jedem meiner Schritte knirschte das kalte, weiße Etwas unter meinen Füßen, auch wenn nur wenige Zentimeter Neuschnee lagen. Ich mochte Schnee nicht besonders, aber tapfer zog ich meinen Mantel enger an mich und marschierte vorwärts in dieser eisigen Nacht. Als ich endlich im Bezirk ankam, war bereits die Dunkelheit eingefallen und in den Fenstern der Häuser schimmerte jetzt wohlig warmes Kerzenlicht, das hell herausschien. Mich persönlich erwärmte dieser Anblick, weil ich auch in diesem Moment wieder an Elá denken musste. Allein der Gedanke an sie vermochte es, dass es mir besser ging, und ich konnte die Kälte für einen Moment vergessen.

Plötzlich hörte ich Schreie. Abstoßend. Weinerlich. Verängstigt. In dem Moment kamen die Erinnerungen an meine Mutter zurück. Diese Schreie! – Ich war nicht imstande, sie zu verdrängen. Ich konnte nichts Genaues vernehmen, also entschloss ich mich, diesen Lauten auf die Spur zukommen. Ich lief in die Richtung der akustischen Wahrnehmung und versteckte mich hinter einer Hausmauer.

Da waren sie! – Die Wachen des Monarchen. Sie schlugen einen älteren Weinbauern und einer von ihnen zerrte ein junges Mädchen aus ihrem Haus. Das unschuldige Ding weinte bitterlich und war völlig aufgelöst. „Wir wollen Spaß haben, alter Mann!", nörgelte einer dieser Widerlinge in die Richtung des Mannes. Der Bauer bettelte und winselte um Gnade, flehte darum, dass sie – bitte! – seiner Tochter nichts anhaben mögen. Doch die Dreckskerle lachten nur, als sie ihm wieder einen Hieb in die Rippen verpassten. Nun schnappte sich einer von ihnen das Mädchen und zerrte sie mit abscheulichem Gelächter ins Haus – die anderen verharrten angesäuert bei dem geschundenen Mann.

Ich kochte innerlich. Voller Wut und Hass ballte ich meine Hand zu einer Faust und wusste, dass ich nun eingreifen musste. Ich war nie der Stärkste, aber dank meiner Fähigkeiten und Schnelligkeit sowie meiner Handlungs- und Auffassungsgabe, die sich in letzter Zeit noch verfeinert hatten durch Madames übendes Zutun, heckte ich in Sekundenbruchteilen einen Plan aus. Insgesamt waren es drei Handlanger des Königs, und im Schutze der Dunkelheit schlich ich mich – auf leisen Sohlen – an den beiden vorbei und stieg durch ein Fenster in das Gebäude. Im Inneren angekommen, hörte ich nur weinerliches Gestammel und ein Geraunze. Mir war klar, dass sie das Mädchen vergewaltigen wollten. Das konnte ich unter keinen Umständen zulassen – ich musste dies verhindern. Ich schlich mich zum Raum, wo dieses übel riechende Monster sie nun hinbrachte, und sah, dass sich das junge Ding – heulend – nach Kräften wehrte. Dieses ekelhafte Stück Fleisch stand zum Glück mit dem Rücken zu mir, als er ihr die Kleider vom Leib riss. Ich zögerte keine Sekunde und schnappte mir einen kleinen Eisenbarren, der am Boden lag. Voller Wut und Ekel hämmerte ich nun diesem Mann mehrmals von hinten auf seinen Kopf. Wieder. Und immer wieder. Aufhören konnte ich nicht, denn mein Hass, der sich in mir aufstaute, war einfach zu groß. Der Mann war bereits bewusstlos, als ich mich endlich aufrichtete. Das Mädchen war völlig verstört, als ich ihr die Kleider zuwarf. Sie weinte. Sie schluchzte. Sie konnte keinen klaren Gedanken fassen. Ich sagte zu ihr, sie solle sich verstecken, denn um den Rest würde ich mich kümmern. Mit Tränen im Gesicht nickte sie, doch ein kurzes Lächeln war trotz allem erkennbar, und genau das bestärkte mich wiederum in meinem Vorhaben. Schon als Kind war ich für meine Streiche bekannt, und genauso wollte ich nun die anderen beiden weglocken. Ich zerrte die regungslose Wache zur Tür und riss diese in einem Zug auf. Kein Wort fiel in diesem Moment, die zwei Rüpel schienen nur entsetzt und erstaunt zu sein. Nun begann ich zu laufen – und natürlich folgten sie mir. Schnell wie der Blitz – ich war von Madame ja gut geschult worden – verschwand ich in der Dunkelheit. Ich kletterte auf ein höhergelegenes Gebäude, und beobachtete die Tölpel, während sie mich suchten. Sie wollten sich aufteilen – und das war eindeutig ein Fehler.

Den Ersten erreichte ich in nur wenigen Sekunden – ich sprang ihm von oben herab ins Genick – um ihm nun so lange ins Gesicht zu schlagen, bis auch er sich nicht mehr rührte. Ich spürte nur eins: Aggressivität. Warum? Weil ich durch den Gedanken geprägt war, was diese Mistkerle vorhatten!

Dem Zweiten lauerte ich nun einfach auf. Als er zum Schauplatz kam, wo der Erste lag, verfiel er irgendwie teilnahmslos in eine tiefe Schockstarre. *Rumms!* – Ich donnerte ihm die Rückseite einer Axt auf den Kopf, die ich mir schon eine Weile zuvor in einer Scheune geschnappt hatte. Beide zerrte ich nun zurück zu dem Haus, das glücklicherweise nur wenige hundert Meter entfernt war. Ich entwaffnete sie und riss ihnen ihre Kleider vom Leib. Danach band ich alle drei an einem Apfelbaum fest, der neben dem Gebäude stand. Sie waren noch immer regungslos, als ich sie mit einem Seil, das mir der gütige Weinbauer gegeben hatte, festzurrte. In eben jener Nacht hinterließ ich auch das erste Mal meine Duftmarke. Im Inneren des Hauses schnappte ich mir ein Stück Papier und schrieb mit einer Feder „Cartouche" darauf. Eben dieses Stück Papier legte ich auf die Beine der nun geknebelten und gefesselten Wachen; sie sollten wissen, wer das war. Eine gewisse Arroganz, die mich auch manchmal in Gefahr brachte, sollte mich mein Leben lang begleiten. Dem alten Weinbauern sagte ich, dass er verschwinden solle – er musste mit seiner Tochter flüchten. Wenn ihm eine Person jemals wieder so etwas antun würde, könnte er sich jederzeit an mich wenden. Er sollte vorsichtig sein, sobald er anderweitig Zuflucht gefunden hatte. Er wusste, dass er fürs Erste aus der Stadt raus musste, und packte alle wertvollen Besitztümer: Er lud alles, was für ihn wichtig war, in seine Kutsche. Irgendwann wollte er aber zurückkehren, so sagte er zu mir, denn dies hier war sein Heim. Und in diesem Heim verstarb sein Weib, vor einem Jahr, bei einer

Fehlgeburt. Mutter und Kind – beide tot. Dieser Mann hatte nur mehr sein erstgeborenes Mädchen.

Ich versicherte ihm, dass er eines Tages zurückkehren könnte, denn diese Halunken würden sich das Erlebte schon merken – ich hoffte es zumindest. Das Mädchen war noch immer völlig verstört, und wer konnte ihr es auch verdenken?! So unschuldig und rein! ... *Monster!* – Die Wachen waren scheußliche Monster.

Zu später Stunde, die noch dazu durch die kalte Jahreszeit geprägt war, mussten nun einfache Leute, denen das Leben sowieso schon übel genug mitgespielt hatte, ihr gewohntes Leben verlassen – um zu überleben. Ein abscheulicher Gedanke und eine abartige Wahrheit! Und dies passierte nur, weil des Königs Gefolge aus miserablen Menschen bestand.

Solche Szenarien waren meine Gründe, die mich immer mehr in mein zukünftiges Schicksal trieben. Ich konnte es einfach nicht mitansehen, wenn Mitmenschen leiden mussten, und so wusste ich, dass ich auf den Pfaden von Madame Clarot richtig war. Genau dieser Weg sollte meiner sein – ich wollte helfen – und dies wurde mir in solchen Momenten richtig bewusst. Ich hoffte und wünschte es mir – aus ganzem Herzen –, dass die beiden fürs Erste Geretteten nun endlich Ruhe und etwas Glück fanden – denn sie verdienten dies.

Spät in der Nacht wandte ich mich nun endlich meinem eigentlichen Ziel zu: dem Wachposten. Einige hundert Meter entfernt befand sich die Beobachtungswarte, und man konnte sie nicht verfehlen. Mein Raubort war eine Art steinerner Turm, der mit einigen Fackeln bestückt war. Dieser wurde nur von drei Wächtern bewacht, und genau jene hatte ich durch eine Fügung menschlicher Natur bereits umgangen. Im obersten Stockwerk, in das eine kleine Wendeltreppe hinaufführte, lagerten zu dieser Minute vielerlei Reichtümer. In erster Linie horteten sie Schmuckstücke und Livre, die in einer hölzernen Truhe aufbewahrt wurden. Mit meinen Dietrichen öffnete ich diese und das Erbeutete steckte ich in einen Leinensack, den ich oben vorgefunden hatte. Mit einem Messer ritzte ich auch hier wieder meinen Namen in die Truhe. Von nun an sollte jeder wissen, wer hier sein Unwesen trieb. Cartouche. Der Räuber.

Mit Genugtuung trat ich nun, da meine Aufgabe erfüllt war, den Nachhauseweg an. Die Kälte machte mir zu schaffen. Ich fröstelte und bibberte, aber dennoch wusste ich, wer ich in dieser Nacht geworden war. Von nun an hegte ich keinerlei Zweifel mehr, ob ich das Falsche machte. Im Gegenteil, mir wurde klar, dass in unseren Zeiten das Falsche auf seine Art und Weise das Richtige bedeutete. Völlig fertig von den Erlebnissen und verschmutzt, kam ich irgendwann mitten in der Nacht vor den Toren des Anwesens von Madame Clarot an. Ich war so erschöpft, dass ich sofort zu Bett ging. Kurze Zeit später schlief ich ein.

Am nächsten Morgen war das Erste, was ich tat, mich an Madame zu wenden. Ich erzählte ihr alles Geschehene und zeigte ihr das erbeutete Diebesgut. Sie war sehr zufrieden mit mir. Aber nicht nur, weil ich ihre Aufgaben erfüllt hatte. *Nein!* Ihr gefiel es, dass ich Menschen in Not geholfen hatte, denn ich hätte es mir auch einfach machen und schnurstracks zum verlassen Wachposten gehen können. Sie lächelte und küsste mich, weil ich einem Mädchen geholfen hatte, das sich in einer schlimmen Notsituation befand. In ihrer Wahrnehmung hatte ich wahrscheinlich weit mehr getan, als sie von mir zu diesem Zeitpunkt verlangt hätte. Das Einzige, was ihr sauer aufstieß, war meine Arroganz. Sie sagte aber bloß, dass mir hoffentlich nie Schlimmes widerfahren wird, wenn ich meinen Namen hinterlassen würde. Es sei zwar meine Entscheidung, so zu handeln, aber es gibt viele heuchlerische, verleumderische, hinterhältige Menschen in unserer Welt. Auch Freunde können oft ganz schnell Feinde werden, und hoffentlich bringt mich so etwas nicht irgendwann in sehr gefährliche Situationen. Sie wollte, dass ich mir diese Arroganz abgewöhne, doch sie wusste ganz genau, dass ich das nicht konnte. Später im Leben begriff ich, dass sie sehr wohl recht damit hatte, aber damals hatte ich noch diesen jugendlichen Leichtsinn in mir, den ich seinerzeit unmöglich abstellen konnte.

Meine eigenen Gedanken drehten sich in diesem Moment eher darum, wie ich es bloß schaffen konnte, drei bewaffnete Wachen so einfach bloßzustellen. Ich merkte und spürte, dass die wenigen Monate bei Madame nun erste Früchte trugen. Ich wurde zu einem richtigen Mann. Ein Mann, der jetzt vieles konnte und vieles schon wie blind verstand. Der Rohdiamant – er begann zu funkeln.

Viele Tage musste ich darüber nachdenken, wie ich diese Situation scheinbar spielend gelöst hatte, und ich konnte mir selbst nicht so ganz erklären, wie ich diesen Auftrag gemeistert hatte. Madame Clarot meinte nur, dass dies vorhersehbar war. Es brauchte nur Talent und die dazugehörige Übung. Sie war hellauf begeistert davon, dass ich mich in ihrer Obhut so gut entwickelte.

In den darauffolgenden Tagen wandte ich mich wieder einmal Laurent und Marianne zu. Ich konnte sie nicht so einfach vergessen, und somit brachte ich bei jeder Beute, die ich machte, auch ihnen ein Stück vom Diebesgut. Jetzt, in dieser kalten Jahreszeit, hatten sie es vielleicht noch nötiger als sonst. Ich machte das gerne, auch wenn mich ihr Anblick noch immer in tiefe Traurigkeit verfallen ließ. Noch immer fragte ich mich, ob ich dieses Unglück damals hätte verhindern können. Die Vorwürfe mir selbst gegenüber waren noch längst nicht erloschen.

Das Wichtigste war aber zu sehen, dass es ihnen nun wieder etwas besser ging. Marianne hatte ihr Lächeln zurückgewonnen, und in diesem Moment war ich zu Tränen gerührt. Ich wünschte mir nur, dass sie dieses derbe Szenario irgendwie verarbeiten konnten. Aber ihre Traurigkeit war weiterhin greifbar – man spürte regelrecht, dass die beiden ihr ganzes Lebensglück verloren hatten.

Ein paar Tage nach meinem Besuch bei den beiden und nach weiteren Trainingseinheiten mit Madame Clarot, vor allem bezüglich der Bildung, nahm ich mir einen Tag Auszeit, um durch die Gassen von Paris zu schlendern. Leichtes Schneetreiben herrschte und ich fröstelte etwas. Eine dicke, bleigraue Wolkendecke verhüllte die Sonne, klebte am Himmel wie Weinsauce an den Gewändern des jungen Mannes, der an mir vorbeistapfte. Ich ging zum Palais des Tuileries. Dort hatte nämlich Maria de' Medici im Jahre 1616 eine Art Schaugarten erschaffen. Bäume, große, gepflegte Grünflächen, in Form gebrachte Hecken, Tausende exotisch anmutende Blumen. Alles pflanzlich Schöne dieser Welt schien hier zu wachsen. Der König hatte den Platz, wo der Garten lag, sogar noch weiter ausbauen lassen. Es war ein wunderbarer Anblick, und man konnte hier schon mal seine Alltagssorgen vergessen. So ein Platz für eine Auszeit war jetzt genau das Richtige für mich – ich brauchte Ruhe.

Dummerweise war Winter zu diesem Zeitpunkt, und so sollte ich den vollkommenen Anblick des Gartens erst viel später in meinem Leben genießen können.

Ich schlenderte in Gedanken versunken stundenlang durch die tadellos beschnittenen Baumalleen und auch durch andere erholsame Gebiete, saß auf einer hölzernen Bank und fütterte mit altem Brot Gänse, die schnatternd zu einem kleinen Weiler watschelten. Die Bürger um mich herum, die feine Gewänder und gepuderte Perücken trugen, würdigten mich die meiste Zeit nicht einmal eines Blickes.

Sie waren fast alle in ihrem Alltagsgeschehen gefangen und bemerkten nicht mal selbst ihr hektisches Treiben. Am späteren Nachmittag ging ich in den Cour de Miracles, um zu sehen, wie es den Ärmeren unter uns so erging. Es war jedes Mal ein schauderhafter Anblick, aber in der kalten Jahreszeit war es manchmal noch schwerer für die Mittellosen. Viele hatten nur wenig Kleidung und schliefen dort in schäbigen, zugigen Holzbaracken oder gar im Freien auf dem Boden. Manche hatten offene Wunden, viele sogar erfrorene Gliedmaßen. In den ärmeren Bezirken war es gang und gäbe, Tote vorzufinden. Den Reichen war dies aber völlig egal. Wenn ich so manches Mal diese Menschen der Oberschicht belauschte, war nur Hohn und Spott zu hören. Doch ich verstand einfach nicht, wie man nur so über seine eigenen Brüder und Schwestern sprechen konnte. Prinzipiell waren wir doch alle gleich. Alle nur Menschen ...

Auch heute stach mir wieder einiges Tragisches ins Auge, doch je öfter ich dort war, desto mehr gewöhnte ich mich an diese Bilder. Mein Ziel war nur, so viel wie möglich für diese armen Personen zu tun.

Ich ging an diesem Tag in eine alte, verlassene Schmiede, um mich etwas aufzuwärmen. Vieles in dem alten Gemäuer war nicht mehr funktionstüchtig, doch zumindest war es wärmer. Zu meiner Überraschung war sie menschenleer, niemand schützte sich dort vor der Kälte. Wenige Minuten darauf bekam ich auch den Grund geliefert. Ich hörte schon seit längerer Zeit wildes Gebrüll, und ich versteckte mich alsbald in einem staubigen Schrank. Kurz darauf war es so weit: Die Eingangstür der Schmiede öffnete sich, und fünf Männer mittleren bis älteren Alters begaben sich in das Gebäude. Ich beobachtete alles aus einem winzigen Loch heraus, das in diesem Schrank vorhanden war. Ich wusste zwar damals noch nicht, wer unter ihnen verweilte, doch später im Leben sollte auch ich selbst mit ihm Bekanntschaft machen: dem Bettlerkönig.

Er war ein Mythos. Viele glaubten nicht, dass es ihn gibt. Er war praktisch der Anführer der Unterschicht. Sein Reich war die Pariser Kanalisation, der große Untergrund. Er – sollte man gewissen Menschen glauben schenken – sackte einen Großteil des Geldes der Bettler ein, und pflegte auch Kontakte zum Königshaus. Er regierte über die Armen. Bis zu diesem Zeitpunkt dachte ich, dies wäre ein übler Scherz, doch hier sah ich diesen komischen Kauz das erste Mal. Er war schäbig gekleidet, trug eine Art Zylinder auf dem Kopf und einen lumpigen schwarzen Mantel; seine Haare waren grau und sein faltiges Gesicht voller Narben. Ein großer Mann mit einem wilden Äußeren, ein Mann, dessen Mund nur faulige Hasstiraden ausstieß. Eine grauenvolle Erscheinung! Er war von drei Wachen umgeben, riesige, stämmige Kerle, bei denen man meinen mochte, sie wären ausgehungerte Bären. Furchteinflößende Gestalten! Wahrlich!

Bei diesem ersten Treffen mit dem Bettlerkönig, bei dem niemand von meiner Anwesenheit Kenntnis hatte, musste ich ein schreckliches Schauspiel mitansehen, ohne eingreifen zu können. Die fünfte Person war nämlich ein verwundeter, schmächtiger Bettler, der vor Kälte nur so bibberte.

„Du bringst mir zu wenig Geld, du Hurensohn!", fauchte ihn der König der Gosse an. Der Bettler versuchte sich panisch herauszureden, doch da fuhr ihn der Krösus der Armen nochmals an: „Willst du, dass ich dir deine vorlaute Zunge herausschneiden lasse? Willst du das?"

Kurz machte sich Stille breit, bis sich der arme Tropf auf Knien bei ihm entschuldigte und ihm versicherte, dass er sein Bestes gäbe. Es half aber nichts. Der Bettlerkönig befahl seinen Männern vor meinen Augen, dass sie ihm den linken Unterschenkel absägen sollen. So sollte er in Zukunft mehr Geld erbetteln können, da sich die Betuchten noch mehr um ihn erbarmen würden. Er sagte das in einer Tonlage, bei der mir sofort bewusst wurde, dass dies bei weitem nicht die erste Anordnung dieser Art gewesen war. Dieser Mann war der personifizierte Teufel, angetrieben von Gier, eigenem Ruhm und Macht.

Der Zylinderträger setzte sich auf einen Stuhl, grinste, und nun begann das kranke Schauspiel – seine Männer packten den zitternden Bettler und schmissen ihn auf einen alten Schmiedetisch. Unter ärgstem Geschrei hielten zwei seiner Lakaien den armen Mann fest – und der dritte sägte sich Stück für Stück durch das Glied. Blut spritzte, der Knochen zersplitterte. Der Bettler winselte, schrie, zappelte; versuchte sich zu wehren – doch es nutzte nichts. Schmerz. Leid. Pein. Alles war in diesem Raum zu vernehmen. Als sie ihm den Unterschenkel zur Hälfte abgesägt hatten, fiel der Mann in Ohnmacht. Ich befand mich in absoluter Schockstarre, und konnte nichts gegen dieses Drama ausrichten, denn ohne Tricks gegen vier Männer war mir zu diesem Zeitpunkt einfach viel zu viel. Hätte ich mich zu erkennen gegeben, wäre ich vermutlich an diesem Tage gestorben, denn anscheinend war diese Schmiede Eigentum des Bettlerkönigs, und ich war zwar zufällig, aber unbefugt eingedrungen. Ich musste alles mitansehen, alles mitanhören: jeden Schnitt, jedes Knacken des Knochens – und das Rattern der Säge. Das Blut floss in Strömen aus dem abgetrennten Bein. Als sie fertig waren, fragten die Handlanger, was sie nun machen sollten. Der König erwiderte, dass sie das Bein den Hunden zum Fressen geben und dem Bettler die Wunde ausbrennen sollen. Die Blutung müsse stoppen. Danach sollten sie ihn mit Riechsalz aus der Ohnmacht holen und ihn auf die Gosse werfen. Beim nächsten Mal wolle er mehr Geld sehen, sonst verliere er noch mehr Stücke seines Körpers, denn ein Krüppel kriegt einfach mehr gespendet als ein gesunder Bettler.

„Und wenn er stirbt?", fragten seine Wachen. „Werft ihn als Ganzes den streunenden Hunden vor! Ihr macht das doch nicht zum ersten Mal!", raunzte dieser widerliche Bastard nur, und verschwand in einem Zug aus dem Gebäude. Kurz darauf machten sich auch seine widerlichen Gefolgsleute aus dem Staub und schleiften den ohnmächtigen Bettler hinter sich her. Ich verblieb noch minutenlang in dem Schrank, verharrte dort in tiefer Schockstarre. Was war hier gerade passiert? Was geschah denn hier? Das konnte doch nicht die Wirklichkeit gewesen sein? *Doch!* Das war wirklich passiert, nur brauchte ich minutenlang, um das vollends zu erfassen.

Ich sollte später noch mehr mit diesem blutrünstigen Monster zu tun haben, damals wünschte ich mir jedoch, ihn niemals wiederzusehen. Dieser selbst ernannte König der Gosse war die fleischgewordene Gestalt des Satans, und ich hatte Angst – Angst vor ihm und seinem Gefolge. Doch eines Tages musste ich mich auch dieser Angst stellen. Aber dieser Tag war noch nicht gekommen.

Als ich mich nach einiger Zeit aus meinem Versteck wagte, war ich noch immer völlig verstört.

Ich wollte nur eines: schnellstmöglich zurück nach Hause. Schnellstmöglich zurück zu Madame Clarot.

Diesen Vorfall, den ich mit eigenen Augen begutachten musste, erwähnte ich ihr gegenüber mit keiner Silbe. Ich wollte einfach fürs Erste meine Ruhe haben und die Erlebnisse für mich selbst verarbeiten. Es dauerte tagelang, bis ich die Bilder halbwegs aus meinem Kopf verbannen konnte. Fragen, viele Fragen schwirrten durch meinen Kopf. Wer ist so grausam? Wer kann so etwas Mörderisches befehlen? Wer ist dieser Teufel in der Gestalt eines Menschen? Was steckte dahinter? Immer wieder kamen diese abscheulichen Bilder in mir hoch, und ich hatte panische Angst davor, den Bettlerkönig jemals wiederzusehen.

Gott sei Dank gab es aber noch Madame Clarot, die mich mit ihrem Wesen immer wieder aufs Neue positiv stimmen konnte, und mit ihrer Zärtlichkeit schaffte sie es, dass ich mich dann doch irgendwie warm und geborgen fühlte. Ihre Nähe, sei es beim

Liebesspiel oder einfach nur in Gesprächen, war wie eine wohltuende Oase für mich – eine sonnige Aufheiterung meiner Seele.

Viele kleinere Aufträge und auch Botengänge musste ich zu dieser Zeit für sie erledigen. Und eines Tages kam sie wieder mit einer größeren Herausforderung. Es war mittlerweile wieder Frühling geworden, und meine heißgeliebte Sonne brachte die Wärme zurück in die Stadt, ließ den Schnee schmelzen. Madame meinte nur, es wäre wieder an der Zeit, die Bürger zu beklauen, die zu viel Reichtum besaßen, und sie wusste auch ganz genau, wo ich diesmal hin sollte.

Im Bezirk Le Quartier Latin, direkt neben Île de la Cité und an der Seine gelegen, stand eine kleine Kirche. Wie mir Madame erzählte, befand sich neben dieser ein kleiner Friedhof. Am hinteren Ende des Totenackers gab es einen geheimen Eingang, der in den Untergrund führte, und genau dort hortete König Ludwig XIV. vielerlei Schätze. Ich sollte mich im Schutze der Nacht in dieses Versteck begeben, die Wachen umgehen und so viel wie möglich an mich nehmen. An diesem Tage fragte ich Madame das erste Mal nach ihrer Vergangenheit und ihrem unfassbaren Wissen: die Standorte, die Verstecke, die Vorgehensweisen, ihr Können. Wie kam sie bloß zu solch unfassbarer Kenntnis? Sie lächelte nur verschmitzt, und sagte, dass es noch nicht an der Zeit wäre, mir dies zu verraten. Vielleicht gäbe es gar nie einen richtigen Zeitpunkt, um alles aufzuklären, aber eines Tages würde ich eventuell manch Geheimnis verstehen.

Das Wichtigste war ihr, dass ich das erfüllte, was sie von mir verlangte. Doch ein Satz von ihr, den sie damals sprach, bohrte sich in mein Gedächtnis und in die Tiefe meiner Seele: „Möge der Vater des Verstehens dich leiten! Es ist alles erlaubt! Nichts entspricht der Wahrheit!" Bis heute denke ich über diese Wörter nach, ohne auf eine genaue Lösung zu stoßen. Vielleicht ein Dogma?!

Natürlich gehorchte ich und marschierte spät in der Nacht Richtung Kirche. Es ging hierbei nicht nur um mich und meine Fragen, sondern in erster Linie um die Beute. Die Bettler und Notleidenden brauchten es viel notwendiger als diese gut betuchten Menschen, die nicht mal mitbekamen, wenn ihresgleichen zuhauf auf den Straßen verstarben. Auf meinem Weg machte ich die Atemübung, die Madame mir gezeigt hatte, und spürte sogleich, wie Begeisterung in mir aufflammte. Ich war überzeugt davon, den richtigen Weg zu gehen, begeistert davon, den Armen helfen zu können.

Es war mitten in der Nacht, als ich ankam, und ich hatte mir mit Madame einen Plan zurechtgelegt. Unter dem Friedhof befand sich eine Art Tunnel, eine Kammer, ein altes Lager, das meistens zur Aufbewahrung von Wein und sonstigen Gütern genutzt wurde. Doch seit ein paar Jahren hatte der König hier auch Wertgegenstände und Livre gelagert. Diese unterirdische Kammer bewachten gewöhnlich mehrere Gefolgsleute unseres Monarchen, in der Nacht jedoch schliefen die meisten von ihnen – unter anderem, weil sich einige von ihnen mit dem edlen Tropfen Wein volllaufen ließen, der ebenfalls noch dort gelagert wurde. Ich war in schwarze Kleidung gehüllt, huschte nun leise an der Kirche vorbei und begutachtete meine Umgebung. *Nichts!* Es lauerte dort keine Gefahr.

Am Friedhof angekommen, suchte ich mehrere Minuten nach dem versteckten Eingang. Durch meine Auffassungsgabe bemerkte ich rasch, dass ein Deckel nicht gänzlich auf einem der Gräber lag. Und genau dort war der Eingang! Leise, als wäre ich ein Spion des Königshauses, schob ich ihn zur Seite, und fand keine Leiche, sondern eine Treppe vor. Sie führte in das Versteck hinunter.

Ganz langsam tappte ich mich vorwärts, pirschte mich an meine Aufgabe heran. Unten angekommen, entdeckte ich einen mittelgroßen Raum, als Gewölbe gemauert; brennende Fackeln, die in den steinernen Wänden steckten, spendeten Licht. Es war kein allzu großes Lager, aber ein sehr gutes Versteck für Wertgegenstände. Die Situation, die ich vorfand, war simpel: Es waren vier Wachen zugegen, die blaue Mäntel, schwarze Dreispitzhüte und Lederstiefel trugen, und alle von ihnen schlummerten tief und fest; sie kauerten am Boden. Madame hatte recht – sie tranken Wein, sehr viel Wein. Kelche – richtige Monstranzen aus Gold – lagen auf dem Boden, und es roch penetrant nach Wein, den sie in ihrer Trunkenheit in rauen Mengen verschüttet hatten. Relativ schnell erblickte ich in der rechten hinteren Ecke eine große, eisenbeschlagene Truhe, in der mit ziemlicher Sicherheit Wertvolles eingeschlossen war.

Lautlos, aber entschlossen tastete ich mich Stück für Stück an den betrunkenen, schlafenden Wachen vorbei und bemerkte, dass einer von ihnen einen Schlüssel am Gürtel hängen hatte. Zwei Herzschläge später stand ich vor ihm, und ohne zu zögern, nahm ich ihm den Schlüssel für die Truhe ab – geräuschlos, so wie Madame es mich lehrte. Vorsichtig bewegte ich mich vorwärts, schloss die Truhe auf, nahm die Beute an mich, stopfte viele Goldmünzen in meine Taschen, und ritzte danach wieder meinen Namen in die Truhe. Die Wachen schliefen, schnarchten; brabbelten vor sich hin. Wachsam ging ich mit des Königs Hab und Gut nun wieder nach oben. Niemand bekam mit, was in dieser Nacht geschehen war. Ich war wie ein Phantom. Ein Phantom, das Glück gehabt hatte, dass des Königs Gefolge sehr gerne einen Becher über den Durst trank. Als ich die steinerne Platte wieder über den Eingang schob, konnte ich mir ein Grinsen dennoch nicht verkneifen. Denn in diesem Augenblick stellte ich mir vor, wie diese übertölpelten Trunkenbolde morgen aussehen würden, wenn sie feststellten, dass die Truhe leer war und sie ausgeraubt wurden. *Fous!* Ich grinste schelmisch über beide Ohren.

Bei Madame Clarot angekommen, übergab ich ihr das Diebesgut und ging zu Bett. Sie teilte das Gold wie immer am nächsten Morgen unter der Unterschicht auf. Mittlerweile war sie mächtig stolz auf mich. Ich konnte geräuscharm und durch Geschick, aber auch manchmal mit Aggressivität meine Ziele erreichen. Alles, was sie mir beibrachte, konnte ich nun perfekt in Szene setzen, alles, was sie mir zeigte und lehrte, konnte ich nun definitiv auch in unserem rauen Alltag umsetzen. Ich war nun nicht mehr der kleine Taschendieb, sondern war zu einem richtigen Dieb geworden, der mit schier endlosem Potenzial ausgestattet war.

Wichtig war ihr aber auch, dass sie einen netten und hochintelligenten Burschen aus mir machte. Geistige Fortbildung schien für sie genauso wichtig zu sein, wie meine vorhandenen Räuberfähigkeiten weiter zu verfeinern.

Wir schrieben jetzt das Jahr 1710, mittlerweile war ich 17 Jahre alt geworden, und ich befand mich nun bereits seit über einem Jahr bei Madame Clarot. In diesen Tagen zeigte sie mir die Kunst des Schwertkampfes, wir übten sehr viel im Erdgeschoss ihres Hauses – die Klingen klirrten, der Schweiß tropfte; aber sie brachte mich wie immer rasch voran. Nicht einen einzigen dieser Tage, die ich in ihrer Obhut verbringen durfte, habe ich in meinem Leben bereut. Alles, was sie für mich bereithielt, war wie ein Traum, alles, was sie für mich tat, war wichtig für mein weiteres Leben, alles, was sie mir zeigte, sollte mich weiterbringen. Als Mensch, als Person, als Charakter – und sogar als Liebhaber.

Zu dieser Zeit – ein paar Wochen nach dem Überfall auf das verborgene Friedhofslager – ging ich mal wieder zu Laurent und

Marianne. Ich wollte ihnen abermals etwas Schmuck und Livre schenken. Doch als ich fröhlich pfeifend zu ihrem Heim schlenderte, ahnte ich noch nicht, dass ich dies zum letzten Mal tun würde. Die aufgehende Sonne, die zwischen den Häusern bereits hervorstrahlte, blendete mich etwas, und mit zusammengekniffenen Augen betrachtete ich bei meinem Fußmarsch die Umgebung: mehrere vergoldete Kutschen der Oberschicht, die von weißen Pferden gezogen wurden und knarrend über das Straßenpflaster polterten, eine goldene Sänfte, die von vier Dienern in weißer Kleidung getragen wurde und in der gepuderte, parfümierte Würdenträger saßen, ein rundlicher, betrunkener Mann in einer dunkelgrünen Pluderhose, der die ganze Nacht durchgezecht hatte und lallend aus einer Schenke torkelte, mehrere Frauen, die weiße Bundhauben und purpurfarbene Kleider trugen und vor einer Apotheke auf Einlass warteten. Wie gewöhnlich herrschte hektisches Treiben in den Straßen, und wenige Atemzüge später stand ich vor Laurents Anwesen.

Ich pochte an die Eingangstür, Fingerknöchel auf hartes Holz, zweimal, schnell hintereinander – doch niemand rührte sich. Ich probierte es abermals – vergebens. Ich suchte sie danach in der Scheune, in ihrem kleinen Weingarten und an allen möglichen Orten. Ohne Erfolg. Sie waren einfach nicht aufzufinden. In meiner damaligen Verwirrtheit setzte ich mich einen Moment auf den Boden vor dem Haus und sammelte meine Gedanken. Nach kurzen Überlegungen kletterte ich nun durch ein offenstehendes Fenster in meine frühere Zuflucht und Heim. Es schien alles so wie immer zu sein, nur die meisten Einrichtungsgegenstände waren verschwunden. Auch die kleine braune Kutsche und die Pferde sowie alle Weinbaugeräte und Materialien und Gegenstände für den Weinhandel waren weg. Nach stundenlangem Umherirren fand ich nun – endlich – auf einem kleinen Tisch im Haus einen Brief – adressiert an Louis-Dominique Bourguignon, mich. Hastig öffnete ich den Umschlag, und stellte beim Lesen traurig fest, dass dies ein Abschied war. Ein Abschied für die Ewigkeit. Die Freunde meiner Familie, die mich, als das Schicksal mir so übel mitspielte, ohne zu zögern aufnahmen, waren weggezogen.

Ich las voller Wehmut: „Liebster Louis!

Wir müssen dir leider hier und heute offenbaren, dass wir wegziehen werden. Unsere Gedanken kreisen schon lange um diese Sache. Unser Schmerz, unsere Trauer, unsere Verbitterung nimmt für uns an diesem Ort kein Ende. Wir haben hier das schönste und beste Geschöpf verloren, das uns Gott wahrscheinlich je gegeben hat. Wir haben hier unser Leben und Glück verloren. Jede weitere Sekunde in diesem Haus macht nichts rückgängig; es lässt auch alte Wunden nicht heilen. Außerdem wird nichts besser. Der Weinhandel ist spärlich und wir können so nicht weitermachen. Wir bitten dich, dass du uns verstehst.

Wir bitten dich, dass du verstehst, dass an diesem Ort für uns ein Leben nicht länger möglich ist. Wir danken dir. Wir danken dir aus tiefstem Herzen. Wir wissen, was du durchmachen musstest, und wir nahmen dich bei uns auf. Keinen einzigen Tag davon bereuen wir. Du hast uns auf deine Art Glück geschenkt. Du hast uns bereichert. Du gabst uns so viel. Aber nicht nur Gold und Livre! Nein, du hast uns deine Liebe geschenkt. Wir sind froh, dich kennen zu dürfen, denn du bist ein fantastischer junger Mann geworden. Du hast es geschafft, dich in dieser Stadt zurecht zu finden, und hast uns sogar mit deinen Wertgegenständen immer wieder geholfen. Versteh bitte einfach, dass wir nach reiflicher Überlegung nicht mehr in der Lage sind, an diesem Ort zu bleiben, wo uns unser Kind gestohlen wurde. Es ist nicht mehr möglich. Wir werden gehen – zu Laurents Bruder, der einige Kilometer von Bordeaux entfernt wohnhaft ist. Er hat dort einen riesigen Hof, Arbeit für Laurent, und freut sich darauf, uns bald zu sehen. Wir wollen neu beginnen und alles, was passiert ist, von uns abstreifen. Wir können so einfach nicht weitermachen. Verzeih uns bitte, dass wir dir das nicht direkt – von Angesicht zu Angesicht – sagen konnten. Es schmerzt uns einfach zu sehr, dich zu verlieren. Doch wir wissen, du hast deinen Platz in dieser Stadt gefunden. Unserer wurde aber an jenem Abend des Leides gestohlen. Du wirst immer bei uns sein, wirst immer unser kleiner Freund bleiben. Wir werden dich nie vergessen und dich in unserem Herzen tragen. Wir wünschen dir das Beste! Bleib bitte genauso, wie du bist ...

dein Laurent und deine Marianne"

Mit diesen Zeilen verabschiedeten sich zwei Personen aus meinem Leben, die mich zu Beginn gerettet hatten – gerettet vor allem Möglichen. Es traf mich mit der Heftigkeit eines am Boden aufschlagenden Baumstammes. Diesen beiden Seelen hatte ich so viel zu verdanken; nun waren sie verschwunden – und dennoch sollte unser aller Leben weitergehen. Ich trug tiefe Trauer in jenem Moment mit mir herum, und kniete mich vor das Grab ihres Kindes. Ich betete. Minutenlang. Für Laurent und Marianne. Für ihr Kind. Für ihr aller Glück. Währenddessen weinte ich. Ich weinte mir buchstäblich die Seele aus dem Leib. Die Geschichte rund um diese Familie bestürzt mich bis an den heutigen Tag, an dem ich diese Memoiren verfasse, bis ins tiefste Mark, und ich ertrage es bis jetzt nicht, mich mit diesem Thema zu viel auseinanderzusetzen. Ich wusste nur eines: Ich würde diese beiden wunderbaren Menschen und ihr Kind mein Leben lang in meinem Herzen tragen. Ich wünschte ihnen das Allerbeste, und zog von dannen, ohne zurückzublicken. Ich hoffte, dass für sie nun endlich alles gut werden würde, hoffte, dass sie endlich ihren inneren Frieden fanden und wieder glücklich sein konnten. An ein baldiges Wiedersehen mit ihnen glaubte ich in diesem Moment nicht mehr – oder sollte ich nochmals von den beiden hören? *Ach,* die Zeit würde es mir zeigen.

Ich war tief betroffen und bestürzt und ging nun mit gesenktem Kopf und in Gedanken versunken zurück zu Madame Clarot. Irgendwie hatte ich das Gefühl, meine Familie verloren zu haben, obwohl es nicht meine leiblichen Verwandten waren. Sie waren immer so gut zu mir, und dennoch musste ich nun damit umgehen können, sie zu verlieren.

Dieser Tag war ein seltsamer Tag, denn ein Zurück gab es nun nicht mehr – Laurent und Marianne waren nun Vergangenheit. Mir blieb nur mehr eines: Madame Clarot.

Ich erzählte ihr von den traurigen Neuigkeiten, und sie nahm mich in den Arm. Sie baute mich auf, versuchte mir aber klarzumachen, dass ich nun erwachsen werden müsste. Ich sollte mich nicht von Personen abhängig machen, auch wenn es schwer fällt. Sie würden ihr Glück bestimmt finden, und ich sollte mein Leben weiterhin so gestalten, wie ich es für richtig empfand.

Sie wusste aber über meine Trauer Bescheid, und empfahl mir, die nächsten Tage einfach meine Seele baumeln zu lassen.

Das kam mir sehr gelegen, denn unter diesen Umständen war mir damals wirklich nicht nach Lernen, Üben oder Rauben zumute. Die nächsten Tage und Wochen verbrachte ich damit, nur durch die Stadt zu streifen. Meistens hielt ich mich im Bezirk Ventre de Paris auf. Aber auch im Louvre Bezirk und anderen Stadtteilen versuchte ich, mich unter die Leute zu mischen und meine Gedanken und die Traurigkeit in den Griff zu bekommen. Ich versuchte, die Stadt näher kennenzulernen. Jeder Stadtbezirk hatte seine eigenen Tücken und Gefahren, jeder war irgendwie anders. Die Bauwerke, die ich mir immer wieder zu Gemüte führte, waren kolossal – diese Stadt war ein absolutes Meisterwerk. Und mittlerweile glaubte ich fest daran, dass ich auch die Unterschiede der verschiedenen Gebiete erkannte. Ich war zwar damals noch nicht annähernd in allen Bezirken gewesen, dennoch merkte ich, dass es für mich in Zukunft wichtig sein würde, so viel wie möglich von ihnen zu sehen. Es ging mir hierbei auch um mögliche Fluchtwege für zukünftige Raubüberfälle. Und auch um die Herangehensweisen, wenn man einen Überfall plante.

Eines Tages entdeckte ich einen jungen Mann; er war taubblind und saß tagtäglich auf einer hölzernen Bank. Er konnte zwar nichts hören oder sehen, doch Gott hatte ihm eine große Gabe geschenkt: Trotz seiner physischen Einschränkung konnte der junge Mann Texte verfassen. Ich staunte. Er hielt eine Feder in der rechten Hand und schrieb all seine Gedanken und Geschichten auf einigen Blättern Papier nieder. Es war wie ein Wunder; er schrieb einfach fantastisch. Einige Tage lang beobachtete ich ihn, und musste mitansehen, wie viele andere Mitmenschen ihn verspotteten, hänselten, erniedrigten oder quälten, ohne dass er dies oft alles mitbekam. Sie nahmen ihm seine Blätter weg, verschmierten sie mit Dreck und Unrat, lachten über ihn und seine Geschichten, zerstörten sein Werk, trampelten auf seinen Sätzen und Wörtern herum. Sie verstanden weder ihn noch sein Werk, spotteten und lachten lieber, anstatt ihn zu unterstützen. Der junge Mann sah und hörte sie jedoch nicht – aber er fühlte es. Ich bemerkte, wie fortwährend Tränen in seine Augen schossen, und ein paar Tage darauf verweilte er nicht mehr auf seiner hölzernen Bank. Etwa zwei Jahre später veröffentlichte der taubblinde Junge, in dem eine große Gabe schlummerte, sein erstes Werk. Es wurde ein voller Erfolg und strafte all seine Neider Lügen. Der Junge, der noch viele weitere erfolgreiche Werke verfasste, konnte zwar nichts hören oder sehen, aber in seinem Wesen schlummerten Geschichten, Bilder, ganze Welten, Emotionen, Gefühle und sehr viel Liebe zu dem, was er tat. Er machte genau das, was er liebte: schreiben, erzählen, Geschichten erfinden, seine Gedanken transportieren, ohne Rücksicht auf das zu nehmen, was andere darüber dachten. Und auch die schlechten Menschen in unserer Welt konnten seinen Werdegang nur kurzfristig verhindern. Gib niemals auf, mach immer weiter, auch wenn alles gegen dich läuft, lass dich nicht unterkriegen – es wird dich eines Tages zu deinen Zielen führen. Der taubblinde Junge, der seine Peiniger weder sehen noch hören konnte, schaffte es. Und seine früheren Unterdrücker mussten schließlich später neidisch mitansehen, wie ein taubblinder Junge zu einem der größten Literaten in ganz Frankreich wurde. Ich freute mich für ihn, denn er hatte dies nach allen Qualen, die er durchmachen musste, obwohl er sie nur gespürt hat, auf alle Fälle verdient.

Viele Menschen sehen, hören und fühlen nicht – sie gehen immer nur von ihrem eigenen Standpunkt aus, verstehen oftmals nicht, was Kunst auch bedeuten kann, wollen andere Menschen verbiegen, auch unterdrücken, und haben sehr, sehr oft sogar noch Spaß daran. Widerlich! Das war nie mein Weg, denn das ist kein Weg. *Liberté*!

Nach einiger Zeit schien ich mich wieder gefangen zu haben, und suchte ein intensives Gespräch mit Madame. Wie so oft blieb es nicht nur bei einem angeregten Wortwechsel, denn auch unser sexuelles Leben kam in diesen Phasen nie zu kurz. Auch wenn vielleicht niemals richtige Liebe zwischen uns im Spiel war, so verspürten wir dennoch eine Gier und Lust aufeinander, die ihresgleichen suchte.

Eines Tages war es nun so weit: Ich saß gerade auf einer rot gepolsterten Bank, die im Erdgeschoss meines neuen Heimes stand. Madame setzte sich abrupt zu mir und sagte bloß: „Du bist bereit." Anfangs konnte ich ihr nicht folgen, doch sie erklärte mir danach, dass nun wieder ein Stück Leben zurückgeholt werden und ich in den Palais de Luxembourg eindringen sollte. Ich zuckte nur ungläubig mit den Schultern, und sagte immer wieder, dass das unmöglich sei. Der Palast war nämlich ein wahnsinnig großer Gebäudekomplex mit einer mächtigen Grünanlage, ein Schloss, das gut gesichert anmutete und in dem eine Vielzahl von Wachen patrouillierte. Es gab kaum Möglichkeiten, dort einzudringen. Diese Mission erachtete ich als puren Nonsens, Selbstmord nannte ich es sogar. Es gab viele Paläste in Paris, und bei allen war es richtig schwer, hineinzukommen, geschweige denn sie auszurauben. Ich hielt es zu diesem Zeitpunkt für unmöglich, dass ich das auch nur ansatzweise bewältigen konnte.

Madame lächelte bloß, und schaffte es dann doch irgendwie, mich zu überreden. Ich wollte es zumindest versuchen. Sie sagte mit lieblicher Stimme, dass ich sowieso irgendwann viel größere Überfälle angehen würde und das hier nur der Einstieg sei. Ich sollte dadurch meine Zweifel verlieren und sehen, dass nichts unmöglich war, sollte sehen, dass ich es konnte, begreifen, dass ich auch bei größeren Aufgaben meine Duftmarke hinterlassen konnte.

Es war allerdings kein großer Auftrag. Ich musste für sie nur einen goldenen Dolch, der ursprünglich ihr gehörte, aus einem der oberen Stockwerke zurückholen. Wenn mir jedoch das ein oder andere Wertvolle ins Auge stach, konnte ich es ruhig mitnehmen, meinte Madame, denn im Cour de Miracles würde das Leid sowieso fortdauernd vorherrschen und jeder einzelne Livre würde den Leuten dort weiterhelfen.

Ich bejahte, und wollte das umsetzen, was sie von mir verlangte, wollte mir jedoch einen eigenen Plan austüfteln, wie man in den Palast am besten eindringen konnte, und so sagte ich zu ihr, dass ich mir zuerst etwas einfallen lassen würde. Madame war begeistert davon, dass ich selbst und völlig eigenständig versuchen wollte, mir Gedanken zu machen, wie ich zu meinem Ziel kommen konnte. Sie sprach davon, dass ich den einen oder anderen Tag nutzen und mich bei dem Gebäude umsehen sollte. Danach musste ich ihr mitteilen, was ich vorhatte. Sie erwartete mit Spannung meine Ideen.

Ganze drei Tage beobachtete ich nun das Treiben rund um das Gebäude. Ein Eindringen schien fast unmöglich zu sein, denn der Palast und der Garten war mit drei bis vier Meter hohen Mauern umgeben. Tagsüber durfte jeder Bürger den riesigen und phänomenal gestalteten Garten betreten – die Tore des Palastes blieben allerdings für Unbefugte verschlossen und nachts durfte man auch nicht einmal mehr in den Garten gehen. An jedem Eingang waren nämlich Wachen postiert, und auch innerhalb des Palastes waren Dutzende Soldaten anzutreffen. Dies alles erspähte ich bereits am ersten Tag. Es war ein schier uneinnehmbarer Palast, an dessen äußeren Wänden etwas Efeu und wilder Wein wucherte und in dessen gigantischem Garten tadellos beschnittene Bäume, Sträucher, Büsche sowie Skulpturen, Brunnen und Kunstwerke anzutreffen waren. Im Inneren des Palais de Luxembourg mussten mindestens 100 Zimmer sein – ein atemberaubender Palast. Eine wahrhaft prunkvolle Anlage, die ich da beobachtete. Die Wachen patrouillierten durch den Garten und durch das Schloss. Im ersten Moment sah ich überhaupt keine Möglichkeit, meine Mission erfüllen zu können. Ich wusste nur, dass ich in das oberste Stockwerk an der Ostseite des Palastes gelangen musste. Dort, so sagte Madame Clarot zu mir, war ein Arbeitszimmer und ziemlich sicher befand sich auch ihr Dolch in diesem Raum. Sie kannte den neuen Besitzer ihrer Klinge, und wusste ungefähr, was er mit solchen Objekten machte, tat und wo er sie aufbewahrte.

Irgendwann am dritten Tag meiner Beobachtungen fiel mir auf, dass tagsüber immer ein Fenster geöffnet wurde. Genau in dem Bereich, wo meine Beute untergebracht sein musste. Dies könnte mein Eingang sein. Nachts war es sowieso unmöglich, meinen Raub durchzuführen, denn man bekam selbst in der Morgen- und Abenddämmerung nicht einmal die Möglichkeit, in den Garten zu gelangen. Ich studierte die Pfade und Wege der Wachen – es war immer dasselbe Muster: Der Trupp Soldaten marschierte durch den ganzen Garten, drehte dann ab und kam zum Palast zurück.

Wenn ich schnell genug wäre, an den Balustraden, Dekorationen und der Fassade des Palastes hochzuklettern, während die Wachen, die durch den Garten patrouillierten, mir den Rücken zuwandten, hätte ich eine Chance. Alle weiteren Wachen waren nicht in diesem Sichtfeld – dies war die einzige Möglichkeit. Was mich im Inneren erwarten würde, konnte ich mir nur ansatzweise vorstellen. Doch ich entschied mich für diese Option. In gewisser Weise war sie aber auch die Einzige gewesen.

Nun berichtete ich Madame von meinen Entdeckungen und Beobachtungen, erklärte ihr auch, was mein Vorhaben war und wie ich versuchen wollte, den Dolch zurückzubekommen.

Sie strahlte. Sie war glücklich, glücklich darüber, dass sie es geschafft hatte, mich zu einem absoluten Profi auszubilden. Sie sagte nur, ich solle es genauso machen, wie es mir mein Gefühl vermittelte. Zukünftig sollte ich allerdings noch mehr Möglichkeiten ausloten, immer mit Köpfchen und einem gewissen Schuss Vorsicht agieren. Wenn ich dies umsetzen würde, könnte mich niemand mehr aufhalten. Nur ich mich selbst, wenn mein Charakter etwaige Schwäche zeigen würde.

An diesem Tag war Madame Clarot aber auch verändert. Koffer und Reisegepäck standen im Erdgeschoss herum, und ich fragte sie, ob sie vorhätte zu verreisen. „Nein, Nein!", wimmelte sie mich kurzerhand ab. Sie wolle nur in nächster Zeit mal ein bis zwei Tage bei einem Freund nach dem Rechten sehen. Nichts Außergewöhnliches, betonte sie. Dennoch überkam mich das Gefühl, dass irgendetwas nicht stimmte. Sie wischte allerdings alles mit ihrer überragenden Art zu reden beiseite, und ich schenkte ihr Glauben.

Als ich das Anwesen verlassen wollte, um meinen Auftrag zu erfüllen, packte sie mich schlagartig an der Hand und küsste mich so enthusiastisch und hingebungsvoll wie selten zuvor. Sie nahm mich in den Arm und flüsterte mir Sätze ins Ohr: „Deine Zeit wird kommen. Du wirst zurecht kommen. Du bist so weit." Viele solcher Dinge tuschelte sie mir zu, und ich wusste nicht recht, was das alles sollte. Ich machte einfach das, was ich immer tat: Ich gehorchte ihr, ging nun zum Palais de Luxembourg – und wollte meine Mission erfüllen.

Am Osttor des Palastes angekommen, begrüßte ich wie die Tage zuvor die beiden Soldaten, die das Tor bewachten, und sagte ganz charmant, dass sie ihre Arbeit einfach fantastisch machten, sagte, dass dieser Garten einfach traumhaft wäre und man jeden Tag hierher kommen müsse, um seine Probleme vergessen zu können. Die Soldaten nahmen diese Sätze wie immer mit Wohlwollen zur Kenntnis. Nun schlich ich mich leise zur Ostseite des Palastes und versteckte mich in einem Busch. Das Fenster war bereits geöffnet worden, wartete nur darauf, dass ich einstieg. Der Zeitpunkt für die Klettereinlage musste perfekt abgepasst werden, denn ich hatte nur wenige Minuten Zeit, bis mich die patrouillierenden Wachen im Garten wieder im Blickfeld hatten. *Jetzt!* Als es endlich so weit war, begann ich an den Dekorationen und Verzierungen hinauf zu hechten, kletterte an der Palastwand hoch. Es war wesentlich schwieriger als vermutet, und manchmal stürzte ich nur um Haaresbreite nicht hinunter. Die Wachen drehten sich zu meinem Glück kein einziges Mal um, meine Beobachtungen hatten sich ausgezahlt. Schweiß stand auf meiner Stirn, rann mir dann die Brust hinab – die Kletterei kostete Kraft. Als die patrouillierenden Soldaten kurz davor waren, ihren Rundgang in meine Richtung fortzusetzen, hatte ich es endlich geschafft – ich war beim Fenster angelangt. Um zu sehen, ob die Luft rein war, spähte ich kurz ins Innere. Ich hatte Glück. Keinerlei Personen waren in diesem Moment im Flur zugegen. Ich zog mich nun durch das Fenster in den Raum, und versteckte mich hinter einer überaus großen Vase, die genauso prunkvoll war wie der Rest der Inneneinrichtung. Ich sollte zwar hier und heute nur den Flur und das Arbeitszimmer zu Gesicht bekommen, doch ich erkannte sofort, welch unglaublichen Reichtum dieses Schloss beherbergte. Alles glitzerte, funkelte und strahlte. Edle rote Teppiche lagen am Boden, die feinsten Möbelstücke standen herum, Gold glänzte an jeder Ecke. Ich ruhte mich einen Moment aus, um mich zu erholen, schnaufte durch. Leise, wie ein unsichtbarer Geist, der über dem Boden schwebt, huschte ich dann durch den Flur, begab mich auf die Suche nach dem Dolch. Er musste anscheinend in dem ersten Raum sein, wie Madame Clarot mir erklärt hatte. Zuerst horchte ich vorsichtig an der Tür, und spähte dann durch das Schlüsselloch. Ich hörte niemand, sah niemand, also entschloss ich mich, die Tür langsam zu öffnen. Ich trat ein, stickige Luft kam mir entgegen – ich stand nun in dem Arbeitszimmer, das ich suchte, und keinerlei Personen verweilten in dem Raum. Ich erblickte Fahnen, die von der Decke baumelten; sie erstrahlten in Grünspan und Zinnober. Ich schnellte nach links, durchsuchte hastig, aber dennoch leise alle Schränke und Schubläden. *Nichts!* Die Schmuckstücke, Broschen, Livre und Ringe, die ich allesamt vorfand, steckte ich zwar in meine Taschen, der Dolch von Madame war aber einfach nicht auffindbar. Ich suchte weiter, forschte an den Wänden sogar nach versteckten Schaltern, Hebeln oder Ähnlichem. Plötzlich fiel mir auf, dass sich im Boden des Raumes ein kleiner Hohlraum befand. Genau unter einem großen, hölzernen Tisch und unter einem roten Teppich. Ich erkannte sofort, dass dort etwas gelagert war, dass man dort etwas scheinbar Wertvolles versteckt hatte. Ich rollte den Teppich nun komplett zur Seite, und öffnete dieses kleine Versteck. In dem kleinen Hohlraum befand sich eine kleine, goldene Schatulle, in die ein seltsames, rotes Kreuz eingearbeitet worden war. In dieser Schatulle war er – ich hatte den Dolch gefunden. Konzentriert nahm ich die Waffe an mich, legte die Schatulle zurück, machte das Bodenversteck wieder zu und legte den Teppich darüber. Ich hatte es wirklich geschafft – ich hielt den Dolch von Madame in den Händen. *Doch da!* Plötzlich hörte ich Stimmen im Flur. Ich lauschte. Murmelndes Gerede. Schritte. Mir war sofort bewusst, dass ich mich schnellstmöglich verstecken musste. Es gab hier nur leider kein geeignetes Versteck! Ich drehte mich nach links, dann nach rechts, suchte eilig nach einem Ausweg. Mein Herz und meine Gedanken rasten um die Wette. Was sollte ich jetzt bloß tun? Doch als die Türe zum Arbeitszimmer knarrend aufging, war ich bereits verschwunden.

Ich war durch ein Fenster geklettert, das ich zuvor geöffnet hatte, und nun zurück auf der Palastmauer, hing an einer der Dekorationen, die in die Außenwände eingearbeitet waren. Ein Mann in feinem Zwirn schloss in diesem Moment das Fenster, erblickte mich jedoch nicht. Nun befand ich mich gut zwanzig Meter über dem Boden, hing an der Südseite des Palastes. Eine Windböe rüttelte an mir – und meine Hand rutschte etwas ab! *Mon Dieu!* Doch ich konnte mich gerade noch festhalten. Behutsam versuchte ich mich nun hinunterzuhangeln, und irgendwie gelang es mir, ohne zu stürzen, den Boden zu erreichen. Ich hoffte nur, dass niemand meine Klettereinlage bemerkt hatte, denn die Südseite des Palastes konnte man von der Straße aus ganz gut überblicken. Wahrscheinlich hatte ich einfach Glück, denn niemand entdeckte mich. Und mit einigen Ringen, Livre, Broschen und Goldmünzen in den Taschen verließ ich das Areal. Das Wichtigste war aber, dass sich der Dolch nun in meinem Besitz befand, und somit war meine eigentliche Mission erfüllt.

Auf dem Rückweg zu Madame Clarot begutachtete ich den Dolch, den ich für sie zurückholen musste. Es war eine kleinere Waffe, ein absolutes Meisterwerk. Hohe Schmiedekunst! Aufs Allerfeinste gearbeitet! Die Klinge, so scharf wie ein Rasiermesser, blitzte im Licht der Sonne, und am Griff, der wunderbar in der Hand lag, waren seltsame Verzierungen vorzufinden. Am unteren Ende des goldenen Griffs war ein Löwenkopf eingearbeitet, und es war auch wieder dieses seltsame, rote Kreuz eingearbeitet, das ich bereits auf der Schatulle entdeckt hatte. Ein Familienname war auch im goldenen Griffstück zu lesen: „Famille Clarot" stand inmitten des Griffs, direkt unter dem sonderbaren, roten Kreuz. Was hatte es bloß damit auf sich? War es ein Erbstück? Ich hatte einige Fragen, und ich hoffte, dass ich in wenigen Augenblicken Antworten bekam.

Ich zog nun durch die Straßen von Paris, kam an Schenken und Marktständen vorbei, lauschte den Stimmen und den fröhlichen Liedern der Bürger, die ich antraf. In der Ferne erblickte ich die Glockentürme der Notre Dame, die Ehrfurcht gebietend in den wolkenlosen, blauen Himmel ragten. Am Seineufer verweilte ein ausländischer Maler, der vor seiner Staffelei stand und ein Bild des Flusses malte; eine Handvoll Bürger der Oberschicht standen um ihn herum, begutachteten seine künstlerischen Fähigkeiten. Der junge Maler, der auf Kosten unseres Königs das erste Mal nach Paris gekommen war, um sich die Zeit damit zu vertreiben, Bilder der französischen Hauptstadt zu malen und bei unzähligen Festmählern in der Obhut des Adels angeblich interessante Dinge von sich zu geben, hatte beschlossen, seine reichen Freunde, die um ihn herum standen, mit einem Scherz zu amüsieren, über den diese hochgestochenen Intellektuellen herzlich lachen konnten. Ich zog die linke Augenbraue hoch, blickte skeptisch auf dieses Treiben, marschierte dann festen Schrittes weiter, wollte schnellstmöglich nach Hause kommen.

Als ich vor dem sonnengelben Anwesen von Madame stand, hielt ich einen kurzen Moment inne, atmete tief ein und tief aus, und betrat kurz darauf meine Bleibe. Ich suchte Madame, wollte ihr davon berichten, dass ich ihren Auftrag erledigt hatte. Ich suchte nach ihr, zuerst im Erdgeschoss, dann in den oberen Stockwerken. Madame war jedoch nicht auffindbar. Zuerst dachte ich, ich hätte sie verpasst und sie wäre noch um Erledigungen in die Stadt gegangen.

Doch kurz darauf fand ich in meinem Bett mehrere Schriften und einen Brief – an mich adressiert. Ich öffnete den Brief, und was ich hier lesen musste, verschlug mir gänzlich die Sprache.

„An meinen Knaben! An meinen Cartouche!

Wenn du nun diesen Brief in Händen hältst, nehme ich an, dass du es geschafft haben wirst, meinen Dolch zurückzuholen. Dieser Dolch ist seit langer Zeit im Besitz unserer Familie – er wurde uns vor Jahren entrissen. Wenn du es nicht geschafft hast, würdest du sonst höchstwahrscheinlich diese Zeilen nicht lesen. Ich bin aber überzeugt davon, dass du deine Aufgabe gemeistert hast. Du bist nun so weit, ich weiß es. Du bist so weit, und kannst alleine dein Leben gestalten. Kannst nun so ein Leben führen, wie ich es dich lehrte. Du wurdest zu einem außergewöhnlichen jungen Mann – der Rohdiamant leuchtet nun. Die Fähigkeiten, die ich dich lehrte, die Bildung, die ich dir beibrachte, den Charakter, den ich versuchte zu formen – dies alleine bist du. Nutze alles, was ich dir beigebracht habe, mit Bedacht. Mit Vorsicht. Tu zukünftig genau das, was ich immer wollte. Es wird allerdings von nun an alles deine Entscheidung sein. Dein Handeln, dein Tun, dein Schaffen – alles, was du machen wirst, bist alleine du. Ich bitte dich nur eines: Mach weiter. Hilf den Bedürftigen, hilf den Menschen, die es am Dringendsten benötigen. Alles, was du bist, alles, was du kannst, bist du. Ich? Ich werde eine Weile nach Marseille übersiedeln, denn ich habe dort einen weiteren Wohnsitz und nun ist es an der Zeit, dich mit deinem Können alleine zu lassen. Die Türen meines Hauses in Paris stehen dir allerdings offen, bis zu meiner eventuellen Rückkehr ist mein Heim dein Heim. Alle möglichen Schlüssel habe ich dem Brief beigelegt. Auch eine Karte. Diese Karte zeigt dir in Paris viele Standorte von geheimen Verstecken und sonstigen Geheimnissen. Ich hoffe, dass sie dir gute Dienste leisten wird. Meinen Dolch schenke ich dir hiermit. Doch benutze ihn mit Bedacht, du wirst ihn sicherlich eines Tages brauchen. Solltest du jemals etwas von meiner Elá hören, dann kümmere dich bitte um sie. Diese junge Dame hat so viel durchgemacht und verdient so viel Rückhalt wie nur möglich. Ich bitte dich inständig darum, dass du dich um sie kümmerst, wenn sie zurückkehren sollte. Sie ist so ein toller Mensch – ihr beide habt viel gemeinsam. Außerdem wirst du jemanden treffen; er wird dich über einiges aufklären.

Nach über einem Jahr trennen sich fürs Erste unsere Wege. Ob wir uns wiedersehen, liegt in der Hand des Schicksals. Auf jeden Fall hast du mir mein Leben zurückgebracht. Cartouche? Ich weiß, dass du alles umsetzen wirst, was ich dich lehrte. Möge der Vater des Verstehens dich leiten ...

In Liebe

Madame Clarot"

Innerhalb weniger Wochen hatten mich nun alle wichtigen Personen verlassen, auf die ich baute. Ich war geschockt und wie versteinert. Das Haus, der Dolch und die Karten waren mir in diesem Augenblick völlig egal. *Zum Teufel mit dem Zeug!* Das Einzige, was mich interessierte, war, ... ich war alleine. Ich war auf mich alleine gestellt, und das machte mir irgendwie Angst. Ich dachte nie daran, dass mich Madame Clarot einmal aus heiterem Himmel verlassen könnte – und trotzdem passierte es. Es traf mich wie ein Faustschlag ins Gesicht. Im Nachhinein muss ich dennoch behaupten, dass sie auch das wahrscheinlich von Beginn an geplant hatte. Ich war ihrer Meinung nach zu diesem Zeitpunkt ausreichend ausgebildet, und somit ließ sie mich bewusst alleine. Ich sollte das umsetzen, was sie mir zeigte und mich lehrte, und meinen eigenen Weg dabei gehen. Von nun an sollte ich selbst über mein Schicksal bestimmen. Ohne Rat und Tat. Ohne fremde Hilfe. Madame befand sich nun in Marseille, und ich war mutterseelenallein in Paris zurückgeblieben. Die

Person, die so viel aus mir machte, die Person, die mich formte, die Person, die mich lehrte – diese Person war nun verschwunden. Und ich wusste auch nicht, ob und wann sie zurückkam. Für mich war fürs Erste ein Kapitel zu Ende gegangen – das Kapitel mit meiner großartigen Lehrmeisterin, Madame Clarot.

Kapitel 2: Die Liebe und der Bettlerkönig

Das nächste Jahr sollte für mich kein gutes werden. Ich hatte Zweifel an mir selbst. Alle wichtigen Personen hatten mich verlassen und ich wusste auch nicht, ob und wann Madame Clarot wiederkehren würde. Auch meine geliebte Elá, an die ich tagtäglich denken musste, war weit weg, und mittlerweile gab ich auch hier die Hoffnung auf, sie jemals wiederzusehen. Ich musste zwar nach wie vor fortwährend an sie denken, im Verlaufe der Zeit vertraute ich aber auch hier nicht mehr darauf, dass sie zurückkommen würde.

Ich begann zu trinken, gab mich der Freude des Alkohols hin. Ich war fortdauernd berauscht, frönte diesen Zuständen, erfreute mich daran, dass ich meinen Schmerz, meine Angst und meine Selbstzweifel dadurch einen Moment vergessen konnte. Fast täglich klapperte ich einige Tavernen in ganz Paris ab, um mich von meinem Frust zu befreien.

Auch Karten und Glücksspiel gehörten in dieser Zeit zu meinem Alltag.

Meine Aufgabe, den Ärmeren zu helfen, vernachlässigte ich zu dieser Zeit vollkommen. Ich stahl nur hin und wieder Schmuck und Livre, um selbst zu überleben und für meine Vergnügungen aufkommen zu können. Es war eine schlimme Zeit.

Am Anfang dieser Tage entdeckte ich an einer Hausmauer einen Steckbrief. Der König hatte meine bisherigen Raubzüge wohl bemerkt, und setzte ein kleines Kopfgeld auf mich aus. Er kannte aber nur den Namen: Cartouche. Es war zwar nur eine winzige Summe, die er für meine Ergreifung bezahlen wollte, doch irgendwie erfüllte mich das ganz schön mit Angst. Ich hatte niemanden mehr, der mir beistand, und somit führte mich dies alles nur in eine Richtung, in Tavernen. Nur um zu trinken, zu zechen und mich zu amüsieren. Selbst Bordelle suchte ich nun regelmäßig auf, hatte wilden und hemmungslosen sexuellen Verkehr ohne größere Bedeutung.

Ich driftete völlig von meinem Weg ab. Hätte mich Madame Clarot in diesem ersten Jahr, nachdem sie gegangen war, so gesehen, wäre sie wahrscheinlich ziemlich enttäuscht von mir gewesen.

Ich konnte allerdings nicht anders. Die vielen Schicksalsschläge, die ich verkraften musste, konnte ich einfach nicht verarbeiten, und mittlerweile war niemand mehr bei mir, der mich wieder aufrichtete. Ich verlor völlig den Halt unter meinen Füßen, stand die meiste Zeit unter Alkoholeinfluss, einfach weil mir somit alles sehr viel leichter fiel. Ich musste in diesen Rauschzuständen nicht darüber nachdenken, was alles geschehen war, und wandelte deshalb von einer rauschenden Nacht zur nächsten. Es war wahrlich eine sündige Zeit!

In den Tavernen herrschte immer hektischer Betrieb. Es wurde gesungen und getanzt; Essen und Wein sorgten rundum für das leibliche Wohl. Manchmal waren sogar Barden, Minnesänger und Unterhaltungskünstler anwesend, nur um für gute Laune unter der Bevölkerung zu sorgen.

Es herrschte inständig eine mitreißende Stimmung – und es gefiel mir. Vor allen Dingen deshalb, weil ich somit alles vergessen konnte, was in meiner Vergangenheit vorgefallen war.

In den Bordellen wurde man behandelt wie ein Gott, wenn man mit etwas Münzen klimperte. Die hübschen Mädchen umtänzelten die Gäste, so sehr, dass man sich wie im siebenten Himmel fühlte. Die Lust und Leidenschaft kannte keine Grenzen, es war ein erotisches Fest, ich war in ständiger Erregung. Man konnte mit den Huren alles machen, was und wie man wollte. Einmal ging ich sogar mit drei Prostituierten gleichzeitig auf ein Zimmer, nur um meine Lust zu bändigen. Ich packte die Mädchen, drang mit festen Stößen tief in sie ein – sie stöhnten. *Chaud! Erotique!*

An manchen Tagen wachte ich nach solchen Nächten völlig verkatert auf, und fragte mich, warum ich nicht einfach das tat, was Madame Clarot von mir verlangt hatte, warum ich nicht das tat, worauf sie mich vorbereitet hatte. Ich wusste es aber nicht. Wahrscheinlich fiel ich ohne sie zu dieser Zeit einfach in ein sehr tiefes Loch. Allerdings wurde ich mit diesem Leben nicht glücklich. Ich feierte und feierte, aber immer wieder kam eine Stimme in mir hoch, die mir sagte, dass meine Bestimmung eine andere wäre und ich noch sehr viel zu tun hätte.

Das Jahr 1711 brach an. Mittlerweile war ich mir im Klaren darüber, dass sich etwas ändern musste. Ich wollte nun wieder eine andere Richtung einschlagen, denn fast ein Jahr hatte ich nur nächtelang durchgezecht und gefeiert, überall und alles, was diese Stadt zu bieten hatte, gekostet. Ich wollte jetzt irgendwie umkehren, nur wusste ich anfangs nicht wie, und verfiel stets wieder in alte Strickmuster und ging in Tavernen und Bordelle, um meinen Spaß zu haben.

An einem Sommerabend sollte ich jedoch jemanden kennenlernen, der mir wieder Zuversicht gab und mich aus meinem Wahnsinn herausholte.

Ich saß gerade in der Taverne „Rote Göttin" im Bezirk Île de la Cité und wettete auf Hunde- und Hahnenkämpfe. Die Tiere kämpften, die Menschen brüllten vergnügt. Manchmal gewann ich und dann und wann verlor ich – es machte aber immer sehr großen Spaß. Als ich an diesem Abend aus der Taverne verschwinden wollte, packte mich allerdings ein junger Mann an der rechten Schulter. Sturzbetrunken wie ich war, konnte ich kaum sprechen, er meinte bloß, dass ich im nüchternen Zustand am nächsten Abend wiederkommen sollte.

Nach langem Zögern erfüllte ich ihm diesen Wunsch und gesellte mich am nächsten Abend zu ihm. Er war ein schmächtiger

Bursche, hatte kurze, schwarze Haare und einen Dreitagebart. Er sprach mit italienischem Akzent, denn er kam aus Venedig. Kaufmann war er von Beruf und hielt sich momentan in Paris auf, um neue Geschäfte anzubahnen. „Und was willst du gerade von mir?", fragte ich ihn. Er lächelte nur verschmitzt, wir setzten uns an einen Tisch und tranken Wein.

Nun begann er zu erzählen, dass er Claudio heiße und mich beobachtet hätte.

Ich würde viel wetten, und genau das gefiel ihm. Er war ein Lebemann, und so fragte er mich, ob ich ihn heute Abend begleiten würde. Man konnte nämlich auch auf Faustkämpfe wetten. Diese Schlägereien waren lukrativer, aber meist in Tavernenkellern versteckt – denn niemand wollte Ärger mit der Justiz haben. Ich bejahte, wollte mitkommen, und wir zogen los, gingen in eine andere Taverne. Dort angekommen, gab es im Keller eine Art Ring. Hier wurden die Faustkämpfe ausgetragen, die von König Ludwig nicht erlaubt wurden. Die Menschen im Keller grölten, die verqualmte Luft war zum Schneiden, aber alle amüsierten sich – es stank fürchterlich nach Schweiß.

Wir wetteten die ganze Nacht hindurch und konnten uns schließlich beide über ein hübsches Sümmchen freuen, das wir gewonnen hatten. Außerdem erzählte er mir sehr viel über Venedig – er hatte etwas Heimweh. Doch schon in ein paar Tagen konnte er sich endlich auf den Nachhauseweg machen, denn mittlerweile war er schon einige Zeit in Paris gewesen und seine Geschäfte hatte er nun allesamt gut abgewickelt. Er schwärmte von der Rialto Brücke und vom Palazzo Ducale, dem Dogenpalast, fantasierte von den Gondeln, die auf dem Wasser durch alle Kanäle der Stadt glitten, von vielen schönen Gebäuden und Denkmälern. Auch über die italienischen Frauen wusste er nur das Beste zu berichten: Heißblütig. Unzähmbar. Wild. Unberechenbar. Es musste schön sein dort, in Venedig, in seiner Heimat.

Ich hörte ihm gerne zu, denn wenn er redete, gestikulierte er sehr viel, sprach mit Händen und Füßen. Er war ein netter Mensch. Genau das, was ich in jenem Moment brauchte: Einen Menschen, der mir zeigte, dass ich auch wichtig bin, und der mich irgendwie akzeptierte und mich mochte, wie ich war.

Die weiteren Tage bis zu seiner Abreise verbrachte ich ebenfalls mit ihm, und er erzählte und erzählte. Ich schwieg meistens, aber es tat gut, dass jemand mit mir befreundet sein wollte, ohne eine Gegenleistung zu erwarten. Als er nach Venedig aufbrach und wir uns verabschiedeten, hatte ich nun wieder mehr Zugang zu mir selbst – es wurde mir bewusst, dass ich so nicht weiterleben konnte wie bisher.

Auch eine Idee hatte ich fürs Erste: Ich wollte kämpfen, im Ring. Genau das war es, was ich nun wollte – meine Angst und Selbstzweifel wollte ich buchstäblich wegschlagen. Nachdem ich nun durch Claudio wieder zu Besinnung kam, wollte ich endlich in einem Ring kämpfen, um mein Selbstwertgefühl zu steigern. Ich musste gewinnen, wollte sehen, dass ich gut genug war, brauchte Selbstvertrauen. Denn genau das war es, was mir die ganze Zeit gefehlt hatte: Selbstvertrauen. Und ein Mensch, der ohne jegliche Gegenleistung mein Freund sein wollte – Claudio.

Ich trainierte nun wieder hart, um meine Fähigkeiten Stück für Stück wieder hervorzuholen; ich trainierte Tag für Tag. Als ich glaubte, wieder so weit zu sein, begab ich mich zu den Wettkämpfen und ließ mich dort einschreiben.

Der erste Kampf war ein absolutes Desaster. Die Menge grölte und brüllte, und mein erster Herausforderer war ein muskelbepackter Schlächter, den ich mit meiner Geschwindigkeit etwas fordern konnte, aber ein einziger Schlag genügte und er schickte mich auf die Bretter.

Ich hatte verloren und die Menge bespuckte mich; sie schimpften und beleidigten mich. Ans Aufgeben dachte ich nun aber nicht mehr. Die Wochen danach trainierte ich weiter und weiter, immer härter und härter, machte mehrmals die Atemübung, die Madame mir gezeigt hatte, und spürte, wie Begeisterung, Agape, meine Seele durchflutete. Ich übte jedoch nicht nur das, was mich Madame Clarot alles gelehrt hatte, nein, ich versuchte nämlich auch, Deckung, Parieren und Zuschlagen im richtigen Moment einzustudieren. Meine Flinkheit war ein Vorteil, den ich mir zu Nutze machen wollte, um gewinnen zu können. Eines Abends schrieb ich mich wieder für die Kämpfe ein – und dieses Mal sollte ich als Sieger hervorgehen. Mein Gegner war ungefähr in meiner Gewichtsklasse, und somit kam meine Schnelligkeit bei diesem Kampf weniger zum Tragen, dennoch schaffte ich es, ihm nach langem Kampf einen solch kräftigen Schlag zu verpassen, dass er zu Boden sank und ich gewann. Die Menge jubelte; feierte mich. Ein stattliches Preisgeld und Achtung waren nun der Lohn für mein hartes Training.

Dieses Schauspiel wiederholte ich nun mehrere Male, und ich stieg fast immer als Sieger aus dem Ring. Egal ob es viel größere und stärkere Kerle als ich waren – mittlerweile hatte ich den Dreh raus und konnte mir die Vorteile meiner Geschwindigkeit richtig zu Nutze machen.

Eines Tages gab es ein Turnier. Ich hatte mir nun einen großen Ruf erarbeitet und durfte daran teilnehmen.

Die stärksten der stärksten, die besten der besten Kämpfer versammelten sich im Le Invalides Bezirk, dem Militärbezirk, um gegeneinander anzutreten.

Es war ein etwas abgelegener Ort, wo die Kämpfe stattfanden, und sie waren vom König natürlich nicht erlaubt oder abgesegnet worden, doch ich wollte unbedingt zeigen, wer ich war und was ich konnte.

Bis zum möglichen Sieg musste man gegen fünf Kämpfer antreten. Ausdauer und Krafthaushalt schienen dabei ebenso gefragt zu sein wie reine Muskelkraft.

Im ersten Kampf bekam ich es mit einem Riesen zu tun. Ich blendete alle Zweifel aus und tänzelte durch den Ring. Ich bot ihm keine Gelegenheit, seine Attacken durchzubringen – ich setzte auf Zermürbungstaktik. Irgendwann war mein Gegner so müde und erschöpft, dass ich ihm nur noch den letzten Schlag verpassen musste.

Im zweiten Kampf kam ein Bulle von Mann auf mich zu, etwa einen Kopf größer als ich, ein Hüne, der selbst mit bloßen Händen vielleicht Löwen hätte erdrücken können.

Ich versuchte, seinen Hieben auszuweichen und ihn von hinten zu attackieren. Es funktionierte. Alsbald konnte er nicht mehr richtig parieren – und verlor den Kampf.

Mittlerweile wurde ich von Euphorie und der tobenden Menge getragen, und der dritte Kampf schien somit ein Kinderspiel zu werden. Es war zwar die selbe Gewichtsklasse wie ich, aber ich parierte die gegnerischen Schläge, entwischte seinen Hieben und schlug selbst so schnell zu, dass auch dieser Widersacher sich irgendwann geschlagen aus dem Ring schleppen musste.

Beim vierten Kampf hätte ich beinahe verloren. Mein Gegner war größer und leicht muskulöser als ich, blitzschnell, und ich musste eine Menge einstecken. Der Kampf dauerte lange, und ich war mehrmals angezählt, doch auch er schien sichtlich mitgenommen zu sein. Mit allerletzter Kraft konnte ich ihm den Schlag verpassen, der ihn schließlich zum Aufgeben zwang. Die Menge war aufgebracht; tobte, grölte, feierte.

Ich hatte es wirklich geschafft – ich stand im Endkampf eines großartigen Turniers.

Mein Gegner im Finalkampf war ein Bär von einem Mann, gleichzeitig schlau und flink. Bei uns beiden hatten die vorangegangenen Kämpfe mächtige Spuren hinterlassen, wir waren beide erschöpft. Doch es überwog bei ihm und auch bei mir nur ein Gedanke: der Sieg. Wir taumelten wie wild durch den Ring. Ausweichen, Parieren, Schlagen – immer wieder dasselbe Spiel. Zwei erschöpfte, aber ebenbürtige Kämpfer standen sich hier gegenüber, ein langer Kampf stand uns bevor. Wir schwitzten fürchterlich und bekamen kaum noch Luft. In den Phasen, in denen mich meine Kraft verließ, versuchte ich nur auszuweichen, um den richtigen Moment abzuwarten. Doch dann erwischte er mich, schmetterte seine Faust mitten in mein Gesicht. Ich war einen Moment völlig regungslos, Sterne tanzten vor meinen Augen. In dem Moment dachte ich, ich hätte verloren, aber ich spürte, wie der Kampfeswille in mir aufflammte, und ich konnte weitermachen. Stärke zog ich aus einem Gedanken, dem Gedanken an Elá. Mein Gesicht blutete stark, ich spürte starke Schmerzen, überall an meinem Körper. Doch ich gab nicht auf. Und es sollte Früchte tragen, denn mein Kontrahent wurde jetzt immer müder und müder. Als ich einem seiner Schläge auswich, wandte ich mich blitzschnell hinter ihn und schlug ihm von hinten auf den Kopf. Er war sichtlich verwirrt, drehte sich um, und ich boxte ihm zuerst mit der linken, dann mit der rechten Faust mitten ins Gesicht. Blut spritzte, Zähne flogen durch die Luft. Die Menge applaudierte nicht, sie tobte, sie stampfte, brüllte und jubilierte, ein Hexenkessel; und mittendrin stand ich als der große Held – mein Gegner lag vor mir, ich hatte gesiegt. Die Menschen feierten mich wie einen Volkshelden. Ich hatte es wirklich geschafft – der Turniersieg gehörte mir.

Achtung. Anerkennung. Selbstvertrauen. Dies war mein Lohn, nebst einem sehr, sehr großzügigen Preisgeld. Ab diesem Zeitpunkt hatte ich wieder genug Vertrauen in mich selbst, wusste, dass ich alles schaffen konnte, wenn ich mein Ziel bedingungslos verfolgte, wusste, dass ich niemanden brauchte, um zu erreichen, was ich wollte. Ich war wieder ich selbst. Diesmal brauchte ich allerdings von anderen Menschen keinerlei Unterstützung mehr. Meine Selbstzweifel und Ängste wurden im Soge des Triumphs getilgt. In dem Moment schien es mir so, als wäre ich neu geboren worden. Madame Clarot brachte mir alle möglichen Fertigkeiten und Fähigkeiten bei – jetzt konnte ich endlich mit all dem weitermachen, für das mich meine Lehrmeisterin auserwählt hatte: Ich wollte nun wieder Leid lindern und den Schwachen und Armen helfen. Mein erstes Ziel war der Cour de Miracles, wo ich lange nicht mehr gewesen war. Das gewonnene Preisgeld gehörte ganz alleine den Bettlern, Witwen, Waisen und Armen. Sie sollten sich davon etwas zu essen kaufen und zumindest für den Moment aufhören können zu hungern.

Ich hatte mein angestrebtes Ziel erreicht: Ich war wieder Cartouche. Ich war wieder der Mensch, der den Armen helfen wollte, der Mann, den Madame Clarot vor Zeiten auserwählt hatte, um für diese Menschen Gutes zu tun. Von nun an versuchte ich wieder denen wegzunehmen, die zu viel besaßen, um es denen zu geben, die zu wenig hatten. Ich bin der, der ich bin, weil ich bin, wie ich bin.

Zu diesen Zeiten träumte ich wieder. Ich träumte oft, meistens von Elá, doch eines Nachts suchte mich abermals dieser ominöse Albtraum mit Mutter und Vater heim. Madame sagte mir einst, wenn man stärker werden würde, könnte man in seine Träume eingreifen, und hier fiel mir das erste Mal auf, dass sie recht damit hatte – auch wenn ich noch immer nicht stark genug war, in meinem Traum viel zu ändern. Es begann wieder damit, dass ich zu Hause war, bei meinen Eltern. Sie lachten. Sie konnten mich sehen. Mutter nahm mich in den Arm und küsste mich auf die

Wange. Vater legte seine Hand auf meine Schulter und nickte mir zu. Es war wunderschön, bei ihnen zu sein. Ich fühlte mich wohl, fühlte mich geliebt, fühlte mich geborgen. Plötzlich verfinsterte sich wie im ersten Traum der Himmel sehr schnell. Die schwarzen Reiter – sie kamen wieder. Diesmal konnte ich mich bewegen. Ich sah erneut ihre Skelettgesichter – Skelette, in schwarze Mäntel eingehüllt. Ihre schwarzen Pferde hatten glutrote Augen und wieherten nicht, sondern gaben ganz abscheuliche Laute von sich: *Geräusche der Hölle.* Unter den Reitern befand sich ein Skelett mit einer Krone auf dem Haupt. Es befahl seinen Unterge- benen etwas, was ich nicht genau vernehmen konnte. Mutter und Vater verwandelten sich in dem Moment zu Steinfiguren. Eben noch lebendig, jetzt aus Stein. Die Skelette gingen gerade- wegs auf sie zu. Ich stellte mich wehrhaft gegen sie, doch sie lachten nur grauenvoll. Sie gingen durch mich hindurch wie durch Luft – und zerschlugen die steinernen Abbilder meiner Eltern. Ich hörte meine Mutter so grauenhaft weinen und schrei- en wie in jener damaligen Nacht. In diesem Augenblick erwachte ich wieder schweißgebadet und völlig erschöpft aus meinem Traum.

Alles war furchterregend und grausam. Dennoch konnte ich mich in dem jetzigen Traum frei bewegen. Allerdings konnte ich abermals nichts verhindern. Noch nicht! Der Traum war ein Abbild meiner eigenen Persönlichkeit. Je stärker ich selbst werden würde, desto besser würde ich mich in dem Traum zurechtfinden. Vielleicht musste ich einfach herausfinden, was damals wirklich geschehen war, um dem Albtraum ein Ende zu setzen. Nur dachte ich an dem Tag, dass ich dies nie schaffen würde, dass ich den Traum nie richtig kontrollieren könnte. Ich musste dennoch wieder mein Leben so leben, wie Madame es von mir verlangt hatte. Vielleicht sollte sich eines Tages alles von ganz alleine lösen. Zumindest hoffte ich das ...

Am nächsten Tag ging ich in eine Schmiede, ganz in der Nähe der Kathedrale Notre Dame gelegen. Ich wollte mir neue Dietriche besorgen und meine Messer schleifen lassen. Ein Funktionsgürtel mit mehreren Taschen und Halfter für meine Werkzeuge sollte auch angefertigt werden.

Der kahlköpfige und bärbeißige Schmied kam meinen Wünschen nach und begab sich an die Arbeit. Er war ein Meister seines Fachs, und meine Anliegen wurden im Nu von ihm erfüllt.

Ich bezahlte den Schmied und hatte nun endlich wieder perfektes Werkzeug für meine Vorhaben. Der gewünschte Gürtel mit den Taschen und Halftern, den ich eng anliegend am Körper tragen und unter meiner Kleidung verstecken konnte, war wunderbar geworden. Er war unter meinen Gewändern nahezu unsichtbar, einfach perfekt, denn niemand sollte merken, welch Werkzeug und Ausrüstung ich mit mir herumschleppte. Auch für den Dolch von Madame hatte ich nun Platz am Gürtel, und es waren auch noch zwei kleinere Taschen vorhanden, um Livre und Schmuckstücke verstauen zu können. Für größere Beute musste ich dennoch weiter mit Säcken und Taschen hantieren, so viel Platz war schließlich auch nicht vorhanden. Es war ja auch nur ein Gürtel, trotzdem war ich sehr zufrieden damit.

Bei einem Schneider erstand ich noch mehrere Gewänder für mich. Dunkleren Stoff liebte ich, aber nicht nur. Ich dachte mir, dass ich vielleicht häufiger die Kleidung tauschen müsste. Ich durfte nicht auffallen, niemand sollte mich zu schnell erkennen können. Weder am Tag noch in der Nacht.

Als ich mir am nächsten Tag am Ufer der Seine mein Gesicht und die Hände wusch, bemerkte ich einige Frauen, die neben mir am sandigen Seineufer verweilten. Sie trugen schlichte, braune

Kleider und weiße Bundhauben, hielten Waschbretter in den Händen, mit denen sie die verschmutzten Gewänder ihrer Männer und Kinder wuschen. Sie lachten, hatten offensichtlich Spaß an ihrer Arbeit. Während die Oberschicht Wasser scheute, sich nur puderte und parfümierte, versuchte sich die Menschen der Unterschicht mit den wenigen Möglichkeiten, die sie hatten, ständig sauber zu halten und auch zu waschen. Es war eine komische Zeit, in der ich lebte. Ich dachte nach. Wo sollte ich dieses Mal rauben? Was war mein Ziel? Ich hatte Madame Clarots Karten studiert, und mir fiel Sonderbares dabei auf. In den Karten waren viele geheime Verstecke unseres Monarchen eingezeichnet. Auch die Wachtürme und Paläste, mit riesiger Beute ausgestattet, waren gekennzeichnet. Lieferungen und Kutschentransporte wurden ebenfalls in den Karten und Schriften festgehalten, ich entdeckte aber auch viel Rätselhaftes und Geheimnisvolles, das ich in diesen Zeiten noch nicht ansatzweise verstand. Insgesamt hatte ich jedoch hilfreiche Schriften zur Verfügung, die zumindest die Standorte meiner Beute anzeigten; die Vorgehensweisen musste ich allerdings selbst austüfteln. So viele Möglichkeiten hatte ich zur Verfügung, und doch konnte ich mich für keine entscheiden. Ich ging somit vorerst zum Markt, wollte mir Essbares besorgen, um meinen übergroßen Hunger zu stillen. Dort angekommen, kaufte ich mir einen Laib Brot, Käse und etwas Wurst. Es herrschte geschäftiges Treiben zwischen den Ständen; das Wichtigste war aber, dass ich ein Gespräch zweier Wachen belauschen konnte. Ich spitzte die Ohren.

Sie tuschelten zwar, doch mein Gehörsinn war fein, und so konnte ich die wichtigsten Details akustisch vernehmen. Morgen sollten mit einer Kutsche Steuergelder, die aus den um Paris liegenden Dörfern stammten, direkt in die Stadt gebracht werden. Die Kutsche war anscheinend auch nur spärlich bewacht, und genau deswegen wurde ich hellhörig. Sie sollte am westlichen Stadttor eintreffen und eine Truhe mit Schmuck und viele Livre beherbergen. Nun hatte ich mein Ziel: eine leicht bewachte Kutsche mit ein oder zwei Wachen. Es stand zwar sehr, sehr viel in Madames Schriften und Karten, aber die Steuereintreibungen des Königs waren natürlich nicht darauf verzeichnet. Ich entschied mich, einen Überfall zu wagen; die Truhe in der Kutsche musste unbedingt mein Eigentum werden!

Am nächsten Tag wanderte ich einen Feldweg entlang, ich befand mich außerhalb von Paris. Ein goldener Riese, der mein Gesicht erwärmte, stand am stahlblauen Himmelszelt, und mehrere weiße Wölkchen verbanden sich zu seltsamen Fantasiewesen. Die Hände tief in den Manteltaschen vergraben, schritt ich den Weg entlang. Meine Finger berührten einen Feuerstein und etwas Katzengold, Hilfsmittel, die ich in meinen Taschen verstaut hatte. Zu meinen Lebzeiten benutzte man diese beiden Steine, um ein Feuer zu entfachen; man schlug mit ihnen die Funken. Die Bevölkerung versuchte aber, die Glut in ihren Öfen über Nacht zu erhalten, um sich das mühselige Feuerschlagen zu ersparen. *Hatschui!* Noch ehe ich in einem kleinen Wäldchen ankam, musste ich niesen. Aber, lieber Leser, du musst dir keine Sorgen um meine Gesundheit machen, denn ich hatte nur leichten Schnupfen zu dieser Zeit. Das kleine Waldstück, in dem ich mich jetzt befand, war mein Zielort. Mir kroch die Waldluft in die Nase, und ich verspürte einen zarten Windhauch im Gesicht. Sonnenstrahlen tasteten sich durch den Wald – wie feine Fäden, die sich ihren Weg durch das Geäst bahnten. Ein Distelfink, der in einem der unzähligen Haselnusssträucher sein Nest gebaut hatte, sang vergnügt seine Lieder, und mehrere Hasen verschwanden hakenschlagend in Büschen. Ich machte mich an die Arbeit, denn die Kutsche sollte schon bald eintreffen.

Mein Plan war simpel: Ich wollte die Kutsche außerhalb von Paris abfangen, noch bevor sie in der Stadt ankam. Nur nicht zu viel Aufmerksamkeit erregen, dachte ich mir. Wo war hier der geeignete Schauplatz, um in einem überraschenden Moment zuzuschlagen?

Und da kam mir die Idee mit dem Waldstück, das der perfekte Ort für einen Hinterhalt war. Genau dort war der Platz, um die Kutsche einige hundert Meter vor Paris abzufangen.

Ich überlegte und überlegte, tüftelte an einem Plan, musste die Kutsche zum Stillstand bringen. Kurz darauf hatte ich die zündende Idee: Ich verbarrikadierte einfach den schmalen Hohlweg. Steine, Geröll, kleinere Baumstämme und viele trockene Äste – ich schleppte alles auf den Weg. Dann schlug ich mit meinen Steinen, die ich in den Taschen verstaut hatte, Funken, entfachte ein kleines Feuer, um die Pferde damit aufzuscheuchen. Wie ich vernommen hatte, musste die Kutsche zur Mittagsstunde hier vorbeikommen. Sie sollte mit leichter Verspätung eintreffen.

Ich versteckte mich in Büschen, wartete geduldig, bis der königliche Transport eintraf. Und da kam die Kutsche! Sie polterte über den Waldweg. „Brrrr!", schrie der Kutscher, als das Gefährt immer langsamer wurde und vor der Barrikade stehen blieb. Die braunen Pferde wieherten, bäumten sich ständig auf, waren unruhig. Zwei Wachen stiegen aus der Kutsche und begutachteten verdutzt die missliche Lage, während der Kutscher die Pferde beruhigte. Mein Überraschungsmoment – es war nun gekommen. Lautlos, als wäre ich ein todbringender Meuchelmörder, schlich ich mich ans hintere Ende der Kutsche, wollte eine der Wachen hinterlistig überwältigen. Madame Clarot hatte mir einen Trick gezeigt, mir einen speziellen Griff beigebracht, mit dem man Menschen in Ohnmacht befördern konnte. Die Wache kam, ich verharrte hinter der Kutsche. Summend schlenderte der Gefolgsmann des Königs nach hinten – und in einem Ruck sprang ich aus meinem Versteck, drückte fest auf seine Halsschlagader, hatte ihn im Bruchteil einer Sekunde überwältigt. Nun schleppte ich die wehrlose Wache zur Rückseite der Kutsche, niemand hatte etwas bemerkt, gesehen oder gehört. Ich wartete. Als die zweite Wache dann endlich nach hinten kam, um zu sehen, wo sein Kumpane geblieben war, huschte ich abermals blitzartig um die

Ecke und schlug ihm drei, vier Mal so fest ins Gesicht, dass auch er in Regungslosigkeit verfiel. Der Kutscher bekam den zweiten Streich leider mit, und stieg vom Kutschbock. Doch er kniete sich bloß nieder und winselte verängstigt um Gnade.

Ich sagte damals lediglich, dass ich ihm nichts tun werde, sagte, er solle jetzt bloß ruhig sein und dem Königshaus ausrichten, wer dies getan hatte – wer für diesen Raub verantwortlich war. Ich sagte einfach: „Dies tat Cartouche. Cartouche, der Räuber." Meine Arroganz hatte wie immer die Oberhand, und ich genoss es irgendwie, dem König auf der Nase herumzutanzen. Heute, im Alter, weiß ich, dass das ein schlimmer Fehler war; ich hätte diese Arroganz nicht nötig gehabt. Aber so war es nun einmal ...

Nach meiner Vorstellung beim Kutscher verlangte ich den Schlüssel für die Truhe, und mit zittrigen Händen übergab er mir den Schlüssel. Ich öffnete sie hastig, und stopfte dann den Schmuck und die meisten Livre in einen Leinensack. *Schnöder Mammon!* Danach verschwand ich im Laufschritt vom Tatort.

Hocherfreut, dass es geklappt hatte, stolzierte ich in die Richtung eines Dorfes. Hinter einem kleinen Hügel kamen mir mehrere Männer entgegen, bewaffnet und sehr aggressiv. Ich konnte vernehmen, dass sie es eilig hatten. Sie waren seltsam gekleidet, doch ich erkannte diese Gewänder. Graue Mäntel und weiße Kniehosen, verschlissen – die Männer des Bettlerkönigs trugen dieselbe Kleidung. Was wollten seine Männer hier? Waren sie es überhaupt? Ich hatte Fragen, verwarf diese aber wieder und wanderte weiter den Feldweg entlang. Auf meinem Weg kam ich an saftigen, grünen Wiesen und einem unheimlichen Dornengestrüpp vorbei, das wie eine knöcherne Hand aus dem Erdboden ragte. Ich hörte Vogelgesang und das Quaken der Frösche, die sich in den feuchten Wiesen tummelten. Etwas später kam ich in einem Dorf an, und suchte Zuflucht in einem Bauernhaus.

Die Steuergelder, die ich erbeutete, stammten nämlich aus den Dörfern rund um Paris; und ich wollte den Menschen das Gold still und heimlich wieder zurückgeben.

Mehrere Tage klapperte ich nun die Dörfer ab. Die Leute waren erstaunt, als ich ihnen alles zurückgab, was ihnen der König abgenommen hatte. Ich bat immer wieder nur um eines: Sie durften niemals verraten, dass sie es zurückbekommen hatten, denn dies wäre fatal gewesen. Wahrscheinlich hätte sich unser Monarch somit auch an ihnen gerächt, und genau das war es, was ich unter allen Umständen verhindern wollte. Sie sollten zwar ihr Geld zurückbekommen, durften aber niemals in Gefahr geraten.

Die Leute waren jedoch nicht nur erstaunt, sondern auch höflich und ausgesprochen nett zu mir. Auch für mein leibliches Wohl wurde in jedem dieser Dörfer gesorgt – es sollte mir an nichts fehlen.

Natürlich kam es nicht alle Tage vor, dass ein guter Samariter wie ich ihnen Gold überbrachte, und somit war auch klar, warum sie mich so gut behandelten. Es machte mir Freude, ihnen allen etwas Glück zu schenken. Das Schönste, was ich zu sehen bekam, als ich all diesen Menschen ihr Steuergeld zurückgab, waren aber die Kinder. Dieses Glänzen in ihren Augen war unbezahlbar. Ich wusste somit ganz genau, dass ich auf dem richtigen Pfad war, wusste, ich machte das Richtige.

Nachdem ich meine Pflicht getan und den Bürgern ihr Gold zurückgegeben hatte, machte ich mich auf den Weg zurück nach Paris. Ich hatte wieder Gutes vollbracht, und das machte mich glücklich. Die Menschen versorgten mich mit Speis und Trank, wir feierten manch rauschendes Fest, und viele amüsante Dinge waren mir widerfahren. Auch eine junge Bauerntochter hatte ich eines Nachts verführt – sie war so ein wunderhübsches Ding, ich konnte einfach nicht widerstehen. Ich merkte, dass alles, was Madame Clarot mir beigebracht hatte, funktionierte. Glücklich und frohen Mutes kam ich nach einer Weile in der französischen Hauptstadt an – ich war nach Paris zurückgekehrt.

Die Stadt war wie immer: hektisches Treiben auf den Straßen. Kutschen, Arme, Reiche, Wachen, Märkte. Alles wie immer. Keiner von ihnen wusste, wer ich war und was ich getan hatte. Auch den Dorfbewohnern außerhalb von Paris sagte ich nicht die ganze Wahrheit. Ich war zwar arrogant, aber nicht gänzlich bescheuert. Erstens ging es mir darum, die Dorfbewohner zu schützen, und zweitens hätte mich auch irgendwann jemand verraten können, wenn ich mich bei ihnen oder in ihrer Nähe aufhielt. Bei den Dörflern benutzte ich kein einziges Mal meinen Namen. Und sie würden auch keine Silbe verraten, denn sie wussten, dass auch sie Schwierigkeiten bekommen hätten, wenn sie lauthals und überall herumerzählt hätten, dass ihr Steuergeld zurückgebracht wurde. Das Stillschweigen, das ich mit ihnen vereinbart hatte, wurde eingehalten. Hier, in Paris, wusste sowieso niemand von meinem Raub Bescheid, aber zum König und seinem Gefolge musste alles und unter allen Umständen durchdringen. Und dank dem Kutscher passierte dies auch. Vielleicht war dies in meinen jungen Jahren ein ganz gravierender Fehler. Die Arroganz, dem König zeigen zu wollen, dass ihm jemand die Stirn bieten konnte, war höchstwahrscheinlich falsch. Doch ich konnte nicht anders. Ich war Cartouche, derjenige, der den König beraubte, derjenige, der sich gegen ihn auflehnte. Sie mussten es wissen, unbedingt. Doch hätten sie meinen Namen niemals gehört, wäre womöglich einiges anders abgelaufen. Allerdings neigt jeder junge Mensch zu Fehlern, und so erging es auch mir in dieser Zeit. *Stupide!*

Ich ging zurück zu Madame Clarots Anwesen und ruhte mich dort aus. Einige Tage verbrachte ich in ihrem Haus, um wieder zu Kräften zu kommen. Als ich das erste Mal wieder in der Öffentlichkeit auftauchte, sollte ich positiv und negativ überrascht werden.

Zuerst bemerkte ich am Marktplatz in der Nähe des Anwesens erneut einen Steckbrief. Diese Hinweise wurden in ganz Paris verteilt, mein Name stand wieder darauf, und es wurde vom Königshaus abermals ein Kopfgeld auf mich ausgesetzt. Es war jedoch noch immer ziemlich klein, und somit machte ich mir vorerst keinerlei Gedanken darüber. Sie wussten zwar, wie ich hieß, doch kennen würden sie mich nicht. Auch wo ich mich aufhielt, wusste niemand, und deswegen fühlte ich mich einigermaßen sicher. Trotzdem beschlich mich so ein Gefühl. Ein Gefühl, als ob mich jemand beobachtet hätte. An diesem Tag drehte ich mich mehrmals um, einfach um sicher zu gehen, dass mir niemand folgte.

Ich weiß nicht, was es war, aber es fühlte sich an, als ob ständig jemand an meinen Fersen geklebt und als ob mich fortdauernd jemand im Auge gehabt hätte. Trotzdem machte ich mir nur wenig Gedanken darüber und spazierte weiter durch die Straßen.

Ich schlenderte durch die belebten Straßen, um mich etwas abzulenken, und als ich in die Nähe eines Cafés in Île de la Cité kam, war es nun so weit. Wie aus heiterem Himmel tauchte sie auf, ganz plötzlich sah ich sie.

Sie war zurück. Sie befand sich einige Dutzend Meter vor mir und ich konnte sie zwischen den Menschen deutlich erkennen. Ich strahlte, ich lächelte in dem Moment. Elá! … Sie war der Mensch, den ich einfach nicht vergessen konnte, die Person, für die ich ein Gefühl hegte, dass ich mir selbst nicht genau erklären konnte. Ihr Aussehen, ihre Art und ihr Charakter – ich erkannte sie sofort wieder, auch wenn mittlerweile einige Zeit vergangen war. Ich blieb in der Menschenmenge regungslos stehen, schaute nur auf sie. Obwohl sie noch ein gutes Stück von mir entfernt war, fühlte ich mich ihr doch so nah, als berührten wir einander.

Sie wirkte wie immer auch eine Spur verängstigt und erschrocken, drehte sich mehrmals um, und zeigte dabei auch eine gewisse Schüchternheit. Ich wusste zwar nicht, was ihr früher eigentlich passiert, was ihr widerfahren war, aber es gefiel mir. Genau dieses teilweise angstvolle Gehabe dieser für mich einzigartigen Mademoiselle gefiel mir, weil ich damals schon sah, wie stark sie eigentlich war. Sie wusste und glaubte dies allerdings noch nicht. Ich war hocherfreut, dass ich endlich ihr Antlitz wiedersehen durfte. Es war ein Gefühl wie im Himmel, ein Himmel voller Geigen, ein Gefühl, als ob man vor Glück einfach ständig weinen müsste. Ich hatte die Hoffnung schon aufgegeben, doch das Schicksal sollte sie zurück nach Paris bringen. Dieser Moment war für mich einer der Schönsten in meinem Leben, weil ich spürte, wie es sich anfühlt, wenn man jemanden vermisst und diese Person dann doch zurückkommt. Ich fühlte, dass ich diesen Menschen über alles liebte. Ich wollte nur sie. Für den Rest meines Lebens. Warum? Ich konnte es nicht erklären; ich wusste es einfach.

Trotzdem stand ich weiterhin regungslos und wie angewurzelt mitten auf der Straße. Um mich herum tummelten sich die Menschen. Und da sah ich es: Ein Mann mit längeren schwarzen Haaren, jüngeren Alters und frisch angezogen, kam auf sie zu. Er küsste sie. In diesem Moment zerbrach mein Herz, in diesem Moment erstarb alles in mir, was ich mir jemals erträumt hatte. Alles, was ich für sie spürte und fühlte, war wie vernebelt. Ich war verwirrt und enttäuscht, wusste nicht, was ich machen sollte, und suchte verlegen nach einem Ausweg. In dem Augenblick trafen sich unsere Blicke. Sie sah mir von weitem direkt in die Augen. Der gleiche Gesichtsausdruck wie damals bei Madame Clarot begleitete sie dabei: ein leicht geöffneter Mund und ein atemberaubendes Funkeln in ihren wunderschönen Augen. Dieser Moment war jedoch nur von kurzer Natur, denn ich wandte mich sogleich ab. Ich blickte nur noch einmal zurück, und sah, wie die beiden Hand in Hand ihres Weges zogen.

Dieser Mann war mit Sicherheit ihre Liebschaft, und wahrscheinlich hatte sie ihn aus ihrer Heimat mit hierhergebracht. Ich spürte in dieser Sekunde lediglich Enttäuschung und war zutiefst verletzt. Die Person, die mir nicht aus dem Kopf ging, die Person, die mir ohne ihre Anwesenheit Kraft schenkte, die Person, von der ich träumte – genau diese Person war zurückgekehrt. Aber dieser wunderschöne Augenblick wurde gestört, von der Tatsache gestört, dass sie mich vergessen hatte. Sie hatte jemand anderen gefunden, und ich konnte es ihr nicht einmal verübeln. Ich war bloß enttäuscht und verwirrt, spürte Leere und große Sinnlosigkeit. Ich wollte nur eines: nach Hause.

Dort angekommen, dachte ich an die Worte von Madame: dass ich mich um sie kümmern sollte. Dies tat nun augenscheinlich jemand anderes. Ich spürte keinen Neid oder Eifersucht, allerdings war ich am Boden zerstört. Meine Enttäuschung überwog alles andere in diesem Moment.

Nach einigen Stunden fing ich mich halbwegs und versuchte zu verdrängen. Ich versuchte das zu verdrängen, das ich liebte. Ein schwieriges Unterfangen ... Ich schaffte es auch nur kurz, denn über die Dauer klappte dies einfach nicht. Ich musste immer wieder an sie denken.

An diesem Abend ging ich verstört zu Bett, aber irgendwie wollte und musste ich es schaffen, weiterzuleben. Es war meine Pflicht, weiterzumachen und das fortzuführen, was Madame Clarot mir aufgetragen hatte, und genau deswegen versuchte ich jetzt Elá auszublenden.

In dieser Nacht sollte ich leider nicht friedlich ruhen, in dieser Nacht sollte ich eine böse Überraschung erleben. Ich schlief bereits, als plötzlich ein polterndes Geräusch zu mir ins obere Stockwerk drang. Es klang, als ob jemand meine Türe aufgebrochen hätte. Ich hatte keine Ahnung, was es war, und begab mich verschlafen und noch ganz verträumt in der Dunkelheit auf die Suche. Doch weit sollte ich nicht kommen. Ich sah nur seltsame Schatten, die an den Wänden tanzten, und plötzlich verpasste mir jemand heimtückisch von hinten einen Schlag. Ich sank auf die Knie, verfiel in tiefe Ohnmacht. Alles, was danach passierte, weiß ich nicht mehr. Mir war nur noch schwarz vor Augen. In dieser Nacht verschafften sich mehrere Männer Zutritt zu meiner Behausung und entführten mich hinterhältig und klammheimlich in ein mir bis dato völlig unbekanntes Terrain. Den Weg dorthin kann ich nicht beschreiben, in dieser Zeit hörte, sah und spürte ich nichts. Es fühlte sich an wie eine Lücke. Eine Lücke im Gedächtnis.

Eine Lücke im Leben.

Als ich zu mir kam, wusste ich nicht, ob es Tag oder Nacht war. Auch wie lange ich in Ohnmacht lag, wusste ich nicht genau. Ich hatte fürchterliche Kopfschmerzen, Schwindel und Übelkeit plagten mich. Über meinen Kopf war eine Art Sack gestülpt und ich sah bloß Finsternis. Meine Hände waren an irgendeinem Rohr über mir zusammengebunden worden; ich war angekettet. Ich wusste nicht, wo ich war, und konnte mich auch nur sehr spärlich bewegen. Es stank. Es roch faulig und nach Moder. Wo war ich hier gelandet? Was wollte man von mir? Wer waren meine Entführer? König Ludwig XIV.? Seine Männer? Ich hatte viele Fragen, doch eine Antwort fand ich nicht – mir blieb nichts anderes übrig, als abzuwarten. Währenddessen versuchte ich, meine Hände zu befreien. Immer wieder versuchte ich, mich aus der Fesselung zu lösen – doch es gelang mir nicht.

Viele Stunden verbrachte ich in dieser eigentümlichen Situation, und ich hatte keine Ahnung, was mit mir geschehen würde.

Nach dieser ewigen Warterei – es fühlte sich nach einem guten halben Tag an – hörte ich unvermittelt, wie sich eine Tür öffnete.

Die Tür knarrte und ich vernahm, dass sich mir einige Personen näherten. Ihre Schritte und ihre Atmung – genau dies nahm ich wahr. Einer von ihnen kam mir ganz nahe. Ich roch seinen fauligen Atem, und merkte, dass er mich begutachtete. „Unser Freund hier ist endlich wach!", knurrte er. In dem Moment versetzte er mir zwei Schläge in die Rippen. Ich hatte Schmerzen, doch ich versuchte, mir so wenig wie möglich anmerken zu lassen. „Holt den Meister!", ließ er nun, nachdem er mich geschlagen hatte, folgen, und ich hörte, wie sich die anderen aus dem Raum begaben.

Stille kehrte ein. Der Mann stand aber noch immer direkt vor mir. Nach einiger Zeit knarrte abermals die Tür, und es betraten wieder mehrere Personen den Raum. Der Kerl vor mir ging nun zurück, doch dafür stellte sich ein anderer direkt vor mich hin. Nach wenigen Sekunden riss er mir den Sack vom Kopf, und ich erschauderte bei dem Anblick, den ich sah – der Bettlerkönig! Genau dieser abscheuliche Mann stand einen halben Meter vor mir. In diesem Moment rutschte mir das Herz in die Hose, ich hatte panische Angst, war so erschrocken, dass ich anfangs nicht einmal meine Umgebung inspizierte.

„Du bist Cartouche, richtig?", fragte er mich in einem seltsamen Tonfall. Ich versuchte, meine Angst zu unterdrücken, und schwieg vorerst. „Nicht sehr gesprächig, der Kerl", grölte er, und alle Männer im Raum begannen zu lachen. Er versetzte mir einen Schlag in die Magengrube – so heftig, dass ich keinen Ton aus mir herausbrachte und ihm nicht antworten konnte. „Antworte mir, du Dreckskerl!", fauchte er mich an. Ich nickte, da meine Angst immer größer wurde. „Wir kennen dich. Du hast einige Dinger gedreht in den letzten Jahren, mit dem Höhepunkt, dass du unsere Beute stahlst. Das Steuergeld wollten wir haben, du Stück Dreck!", raunzte er mich an. Sein Gesicht war schauderhaft: Viele Narben prägten sein Gesicht, und auf seinem Kopf trug er wieder diesen Zylinder. Er hatte auch nur ein Auge, das zweite schien aus Glas zu sein. Er roch nach Dreck, Schweiß und Wein – er war ein richtig widerliches Geschöpf. „Du fragst dich sicher, von wem wir das wissen?! Einer deiner Bettler-Freunde im Cour de Miracles hat dich verraten. Der liegt nun zerstückelt am Grund der Seine. Außerdem sahen dich meine Männer, als du mit einem Sack aus dem Wald kamst. Du hast von der Hure gelernt – Madame Clarot. Der Bettler hat uns alles erzählt, als wir ihm Glied für Glied abnehmen wollten. Als er fertig war mit dem Plaudern ... taten wir es trotzdem", wetterte er mit rauer, bestimmender Stimme und in ekelerregendem Tonfall. Ich verdrängte kurz meine Angst und spuckte ihm voller Wut ins Gesicht. Er grinste, wischte die Spucke langsam ab. Danach begann er wie wild auf mich einzuschlagen. Als er mit mir fertig war, spuckte ich erneut. Blut! Sehr viel Blut. Dieses Mal aber auf den Boden.

„Lasst ihn hängen für die nächsten Stunden. Ich komme später wieder", knurrte er seine Leute an und verschwand aus dem Raum. Auch die anderen verließen dann die Kammer, die einem Verlies ähnelte. Nachdem ich mich gesammelt und meine Schmerzen nachgelassen hatten, konnte ich mich endlich umsehen. Ich war im Untergrund von Paris, in der Kanalisation. Der Bettlerkönig musste sich hier eine Behausung erschaffen haben. Es stank, und die steinernen Wände waren glitschig, nass und voller Schimmel – ein widerlicher Unterschlupf! Dieser Raum, in dem ich mich befand, war zwar nicht groß, sie benutzten ihn aber als Kerker. In der Wand steckte eine Fackel, die Licht spendete, auf einem hölzernen Tisch gegenüber lagen Folterapparate, zwei Leichen ein paar Meter weiter auf dem Boden. An den Toten fraßen sich gerade die Ratten satt. Es wimmelte nur so von ihnen. *Ein grauenhafter Anblick!* Manchmal kamen auch welche von den Tierchen zu mir; sie versuchten an mir zu nagen, doch meine Beine waren nicht gefesselt worden und somit konnte ich sie fernhalten. Der Großteil der Ratten kümmerte sich jedoch nicht um mich, sie nagten lieber das Fleisch der Toten von den Knochen.

Eine kleine Zelle mit Gitterstäben umgab mich. Es war wie in einem Gefängnis, ein Gefängnis unter Paris.

Nachdem die meisten Ratten sich satt gefressen hatten, verkrochen sie sich in ihren Behausungen. Sie hatten Löcher in die Leichen gefressen. Es war ein abartiger Anblick. Trotz meiner vorhandenen Angst wollte ich stur bleiben, wollte unter keinen Umständen, dass der Bettlerkönig sah und wusste, wie viel Panik ich eigentlich vor ihm hatte – er durfte dies auf gar keinen Fall bemerken.

Stundenlang war ich alleine, und immer wieder tropfte Wasser von der Decke. Ich hatte Durst und Hunger, litt unter der Ungewissheit, was mit mir passieren würde.

Irgendwann – ich hatte gar kein Zeitgefühl mehr – öffnete sich wieder die Tür. Der selbst ernannte König kam alleine herein und stellte sich grinsend vor mich hin. In normaler Tonlage erzählte er mir, dass er Madame Clarot schon lange kennen würde – sie war ihm immer ein Dorn im Auge. Dass sie den Armen helfen wollte, war für ihn kompletter Nonsens. Er wollte die Armen unterdrücken und selbst große Beute machen. Alles, was die Bettler geschenkt bekamen, gehörte zum Teil ihm. Dennoch musste er über die Jahre hinweg Madame Clarot gewähren lassen. Sie hatte anscheinend eine mächtige Familie im Rücken, gegen die er sich nicht stellen wollte. Er hatte auch Angst vor ihr, zumindest kam es mir in dem Moment so vor. Ich war nun alleine; genau das wusste er, und von mir wollte er sich keinesfalls in Zukunft mehr betrügen lassen. Madame und er hatten anscheinend klare Abmachungen getroffen, festgelegt, wie sie vorgehen durfte, und ich begab mich mit dem Steuergeld-Coup auf sein Terrain. Er wusste, dass ich von Madame ausgebildet worden war, und wollte mich überzeugen, sich seiner Sache anzuschließen. Ich hätte Talent und Fähigkeiten, von denen alle seine Männer nur träumen konnten – er wollte mich in seinen Reihen haben. Ich sollte für ihn rauben und die Armen weiter leiden lassen; das

Geld sollte ihm und uns allen hier gehören, die Armen auch Mittel zum Zweck sein. Ich sollte meine Fähigkeiten und Fertigkeiten für ihn einsetzen und Madame Clarot und ihr Gerede vergessen.

Während er dies alles erzählte, ging er immer auf und ab. Ich schwieg, wollte aber niemals einem Bastard wie ihm dienen. Schon gar nicht, da ich wusste, mit welchen Absichten er seine Ziele verfolgte.

Er war grausam, herzlos und völlig verrückt. Seine Ziele waren nicht von guter und edler Natur. Er wollte nur eines: Reichtum. Hierfür wäre er über Leichen gegangen und ging dies bereits.

Er war von Gier und Hass zerfressen – ein grauenvoller Mensch.

Ich weigerte mich, bei seinen Machenschaften mitzumachen. Ich hatte zwar Angst, dass mir der Tod nun kurz bevorstünde, doch dennoch widersetzte ich mich, bei seinen Plänen sein Werkzeug zu sein. Ich wollte nicht aus Selbstzweck plündern, wenn andere es viel dringender brauchten.

Er brach in schallendes Gelächter aus. „Du wirst dies bereuen", meinte er. Doch dennoch wollte er mich nicht aufgeben: Und die nächsten Tage sollten für mich sehr, sehr schmerzvolle werden.

Nachdem er den Kerker verlassen hatte, kamen zwei seiner Männer zu mir. Sie flößten mir einen Krug Wasser ein, steckten ein Stück Brot in meinen Mund und lachten dabei. Sie sagten lediglich, dass ich es mir schmecken lassen solle, denn ab morgen würde für mich dieser Ort zur Hölle auf Erden werden.

Schlafen konnte ich nicht, denn ich hatte keine Ahnung, was mir noch alles bevorstand, und da ich nach oben hin gefesselt worden war, war es auch nicht gerade leicht, einzuschlafen. Bei so einer ehrenlosen Sache, wie der Bettlerkönig sie betrieb, nur um sich selbst zu bereichern, konnte und wollte ich dennoch nicht mitmachen. So etwas war mir einfach fremd geworden, nach all der Zeit bei Madame Clarot, die nur Gutes im Kopf hatte.

Am nächsten Morgen begann die schreckliche Prozedur, die auf mich warten sollte. Man wollte mich brechen. Der Bettlerkönig wollte mich mit aller Macht unter seinen Leuten wissen. Ich musste Eindruck hinterlassen haben, denn sonst hätte er mich auch einfach töten können.

Als Erstes hielt mir eine Wache des Bettlerkönigs einen Eimer voll Wasser unter das Gesicht und ein zweiter drückte meinen Kopf so lange unter Wasser, bis ich fast ertrunken war. Es war schrecklich. Dieses Prozedere wiederholten sie mehrere Male. Immer und immer wieder. Mir wurde schwarz vor Augen, ich konnte nur schwer verhindern, ohnmächtig zu werden. Diese Folter wurde von Hieben in die Rippen begleitet, in den Magen und ins Gesicht. Nach Stunden der Qual bekam ich – endlich – meine Ruhe.

Ich war so sehr geschwächt, dass ich kaum noch atmen konnte. Das Einzige, das mir Kraft verlieh, war der Gedanke an Elá. Vielleicht überlebte ich diese Tage auch nur deswegen. Ich schöpfte aus ihrem Antlitz Kraft. Ihre Art, ihr Wesen, ihre Ausstrahlung, ihre Wärme – ich hatte sie die ganze Zeit bildlich vor Augen, und deswegen konnte ich weit mehr Schmerz ertragen, als ich eigentlich aushalten konnte. Wegen ihr. Wegen dem Gedanken an sie. Ich wollte sie unbedingt noch einmal sehen, auch wenn sie vielleicht eine andere Entscheidung getroffen und einen anderen Mann an ihrer Seite hatte. Aus diesem Grund kämpfte ich wie ein Löwe um mein Leben; ich wollte sie einfach wiedersehen. Die Folter – sie begann aber erst.

Am Abend kamen die Männer wieder, und sie prügelten mich beinahe ins Jenseits. Hämatome und Blut kennzeichneten meinen Körper. Sie schlugen ununterbrochen und mit voller Wucht auf mich ein; ich hatte Schmerzen, die ich selbst heute nicht beschreiben kann.

Über die Nacht hinweg hatte ich zwar meine Ruhe, aber ich war damit beschäftigt, meine Wunden zu verdrängen. Dies sollte der Anfang für ein paar Tage absoluten Horrorszenarios sein.

Am nächsten Morgen knarrte die Tür, die Schergen des Bettler-königs traten ein. Sie bespuckten, beschimpften und schlugen mich als Erstes. Danach gossen sie mir kochend heißes Wasser über meinen Kopf und Leib – die Schmerzen waren unerträglich. Am selben Tag ließen sie mich barfüßig über glühend heiße Kohle gehen. Kurze Pausen waren dazwischen, in denen sie mich auspeitschten. Ich wollte zwar vor Schmerz schreien, konnte es aber einfach nicht mehr – mein gemarterter Körper war völlig am Ende. Nachdem sie mir abends Wasser und Brot in meinen Leib eingeflößt hatten, sackte ich in meinem Verlies wie ein nasser Sack zusammen und wurde ohnmächtig.

Am nächsten Morgen wurde ich mit Riechsalz aus meiner Bewusst-losigkeit geholt – und der Bettlerkönig stand vor mir. Er grinste, fragte nur, ob ich endlich Einsicht hätte. Ich war komplett malträtiert, gedemütigt, und konnte kaum etwas antworten – also lachte ich bloß. Zumindest versuchte ich es. In dem Moment schlug er mich fast aus dem Leben, und verschwand wieder. Er meinte lediglich, dass es keine Alternative gäbe, und wenn ich nicht hören wolle, würden sie mich so lange foltern – bis ich sterbe.

An dem Tag wurden mir mit einem Brandeisen im oberen Brustbereich horrende Schmerzen zugefügt, ich spürte unent-wegt das erwärmte Eisen auf meinem Fleisch, während ich qualvoll schrie. Dann wurde ich auf einem kleinen Streckapparat in die Länge gezerrt. Meine Pein dauerte so lange an, bis ich den Tod kurz vor Augen hatte. Aber nein, ich konnte und wollte nicht nachgeben, mich nicht beugen – es musste eine andere Lösung geben.

Die Tage darauf übergab ich mich ununterbrochen, während sie mich folterten. Seine Wachen – sie hatten mächtig Spaß an meinem Leid. Ich stammelte hin und wieder einen Namen: Elá. Die Banditen fragten in diesen Momenten, ob das meine Hure sei. Daraufhin schrie ich, ich tobte und versuchte mich zu wehren. Sie zu schlagen. Zu entkommen. Es ging nur nicht – ich war gefesselt und meine Peiniger in der Überzahl. Eines Nachts kam ich zu dem Entschluss, dass ich mich beugen musste. Ich hatte keine Wahl – sie hätten so lange weitergemacht, bis ich gestorben wäre.

Am darauffolgenden Tag schlitzten sie mir mit einem Dolch kleine Schnitte in meinen Körper. Auch Zehen und Finger wollten sie mir abnehmen, als plötzlich wieder der selbst ernannte Herrscher der Armen das Verlies betrat. Er wollte nur wissen, ob ich mich jetzt beuge, denn bald wäre es Zeit für mich zu sterben. Mein ganzer Körper und mein Gesicht waren geschändet: Blut, Hämatome, Knochenbrüche. Ich konnte nicht mehr. Ich nickte. Ich schloss einen Pakt mit dem Teufel. Ich wollte nur eines: leben!

Ich hatte allerdings Bedingungen, die dieser Schurke aber im ersten Moment gar nicht hören wollte. Er befahl nur, mich abzuketten und mich in einen anderen Raum zu bringen.

Dort standen ein Bett und Schränke, auch Wasser und Essbares wurde in diesem Zimmer bereitgestellt. Die nächsten Tage hatte ich Ruhe, und ich schlief fast ununterbrochen vor Erschöpfung. Das Prozedere der Gewalt und Folter gegen mich hatte ein Ende.

Dennoch hatte ich das Gefühl, das Falsche getan zu haben. Es wäre besser gewesen zu sterben, als diesem Narren zur Seite zu stehen. Nur konnte ich nicht anders: Ich wollte leben, um noch einmal die Augen von Elá zu sehen, wollte leben, um doch Leid zu lindern und Madames Vorhaben zu erfüllen, wollte leben, um herauszufinden, was mit Mutter und Vater geschah – ich wollte einfach nur leben.

Nachdem ich mich halbwegs erholt hatte, wurde ich zum Bettlerkönig zitiert. Er hatte sich eine Art Geschäftszimmer eingerichtet: Schränke, Kästen, Tische, Stühle und sehr viele Wertgegenstände waren dort vorzufinden. Er gammelte in einem alten Stuhl, mit rotem Stoff überzogen, herum, und wollte wissen, was ich für Bedingungen hätte. Er meinte bloß, wenn er sie nicht erfüllen könnte, würde ich auf der Stelle sterben. Er würde mir mein Herz herausschneiden und es dann den streunenden Hunden zum Fraß vorwerfen lassen. Ich hatte zwar noch immer panische Angst vor ihm, doch einschüchtern wollte ich mich nicht mehr lassen.

Ich wollte nicht ständig hier unten – in der Kanalisation – sein, sondern weiterhin an einer sonnigen Oberfläche mein Zuhause haben, wollte mit meinem Anteil der Beute machen können, was ich will – es den Armen geben. Ich wollte nichts mit seinen Straftaten zu tun haben, und nur bei großen Coups mitwirken – den Reichen nehmen. Ich wollte mein eigenes Leben so führen und planen können, wie ich es mir vorstellte, auch wenn ich mich nun unter dem Joch des Bettlerkönigs befand. Für dies würde ich ihm meine vollste Loyalität und Untergebenheit zusichern. Er grübelte einen Moment – und nach kurzer Pause willigte er ein. Er wusste, dass er mit mir sehr reich werden konnte, und genau diese Gier nach Reichtum machte ich mir zu nutze, denn durch meine Forderungen konnte ich ein normales Leben wie bisher führen und musste nur bei Bedarf bei ihnen sein und für sie rauben. In gewisser Weise war ich somit doch frei, auch wenn ich von nun an ein Vasall des abscheulichen Gossenkönigs war. Er knüpfte dies aber auch an Bedingungen; ich musste ihm Gehorsam schwören. Einem Verräter würde etwas viel Schlimmeres als meine bisherige Folter bevorstehen, und König Ludwig XIV. würde ihm ohnehin nie ein Haar krümmen. Weshalb der Monarch nichts gegen ihn unternehmen würde, wollte er mir nicht offenbaren, doch er sagte das in einem Tonfall, dass man es glaubte. Zugleich sollte ich ihm sehr, sehr viel Reichtum bescheren, er wollte sprichwörtlich im Gold baden. Auch ich willigte ein, mir wäre allerdings auch nichts anderes übrig geblieben. Mein einziger Vorteil war, dass ich wusste, wie sehr er mich haben wollte; ich kannte seine Gier nach monetären Mitteln, und für ihn war ich der Schlüssel dazu.

Bevor ich mich nun unter weiterhin bestehenden Schmerzen wieder an die Oberfläche von Paris begab, wollte ich aber noch die Behausung des Bettlerkönigs inspizieren. Man konnte von hier unten fast alle Winkel von Paris unterirdisch erreichen, und das Versteck des Bettlerkönigs lag ziemlich genau unter der Notre Dame. Insgesamt gab es sieben größere Räume in diesem glitschigen Gemäuer. Kerker, Wohnräume, eine Art Speisesaal, Sitz des kriegerischen Königs der Bettler und ein paar weitere. Er hatte ein paar Dutzend Männer an seiner Seite – große, wilde Kerle, die mächtig Kraft in den Schultern hatten, faulig rochen und meistens sehr viel Wein tranken. Sie waren ihm aber treu untergeben, hatten jedoch keine wirkliche Führungsperson in ihren Reihen. In den Gedanken des Bettlerkönigs sollte ich diese Person sein; momentan waren seine Männer allerdings noch nicht begeistert von meiner Wenigkeit. Sie verfluchten mich regelrecht, konnten kaum glauben, dass ich ihr neuer Wortführer sein sollte. Riesige Skepsis schlug mir in den steinernen Gemäuern des Verstecks entgegen, während ich die Räumlichkeiten erforschte, die von brennenden Fackeln gespenstisch erhellt waren.

Ich dachte mir lediglich, dass ich diese Bastarde und Halunken von meinen Fähigkeiten schon noch überzeugen würde, und wandte mich dann nochmals den Gemächern des Bettlerkönigs zu.

In seinen Räumlichkeiten befand sich eine Art Bibliothek. Bücher und Schriften verbargen sich in dieser nassen und fauligen Kammer. Als ich ihn danach fragte, blaffte er mich nur an, meinte, das ginge mich einen feuchten Dreck an. Er hatte sich auch eine Art Schatzkammer in diesem Raum eingerichtet, in der er alles Wertvolle aufbewahrte. Gold, Silber, Livre – sein ganzes Diebesgut war hier vorzufinden. Und genau diese Besitztümer sollte ich für ihn vermehren, seine Gier nach Materiellem war schier grenzenlos. Auch eine Karte von Paris hing an einer der Wände, eine Karte, auf der strategisch wichtige Punkte vermerkt worden waren. Löchrige Sitzgarnituren und ein großer Schreibtisch, auf dem vielen Schriften lagen, waren ebenso wie ein riesiger roter Wandteppich im Raum vorzufinden.

Der Bettlerkönig war zwar der personifizierte Teufel, aber er schien sogar gebildet zu sein. Ich wusste zwar nicht, wie ein so satanisches Wesen zu guter Bildung kommen konnte, er besaß allerdings wesentlich mehr Intelligenz und Wissen als seine Gefolgsleute.

Für die Verpflegung wurde in einer anderen Kammer gesorgt; Weinfässer und Essbares wurden dort ebenso gelagert wie Diebesgut von ihren Raubzügen und Plünderungen. Die Schlafplätze seiner Untergebenen waren allesamt alte Teppiche und Heuhaufen, nur der König hatte sein eigenes Bett.

Nachdem ich mich ein paar Stunden umgesehen hatte, wollte ich nun zurück an die Pariser Oberfläche gehen. Der Bettlerkönig gestattete mir dies, aber wenn er mich bräuchte, würde er mich auf der Stelle holen lassen. Bloß keine Dummheiten, meinte er, denn sonst würde ich mich zerstückelt am Grund der Seine wiederfinden. Ich nickte und ging los. Der Ausgang war eine Art versteckte Schiebetür, die sich im eigentlichen Gewölbe der Kanalisation befand. Von außen war die Tür kaum zu entdecken. Wenn man nicht wusste, wo sie war, konnte man sie auch nur schwerlich finden. War man dann im eigentlichen Gewölbe der

Kanalisation angelangt, befand man sich in einem unterirdischen Tunnelsystem. Hier unten gab es unzählige verborgene Höhlen, Tunnel und Stollen; in manchen befanden sich unterirdische Steinbrüche, andere Tunnel leiteten das Regenwasser direkt in die Seine. Man stapfte zwar somit mancherorts durch knöchelhohes Abwasser, konnte sich aber unter der Stadt fortbewegen, ohne viel Aufmerksamkeit zu erregen. Der gesamte Untergrund war fast wie eine Stadt unter der Stadt. Es gab mehrere Ein- und Ausgänge, die in den Untergrund hinein und wieder hinaus führten, der schnellste Fluchtweg ins Freie lag aber bei der Notre Dame, da das Geheimversteck des Bettlerkönigs direkt unter der Kathedrale erschaffen wurde. Als ich wieder Tageslicht zu Gesicht bekam und frische Luft meine Atemwege erreichte, wurde mir so richtig klar, was das für eine grässliche Behausung war, die man sich im unterirdischen Gewölbe erschaffen hatte. Faulig. Stinkig. Nass. Dunkel. Grauenhaft. Dies waren prägnante Begriffe für das Leben im Untergrund von Paris.

Ich schlenderte durch die Straße, an mehrstöckigen Wohnhäusern, einer Apotheke und einer Schenke vorbei, und betrachtete meine Umgebung: ein barfüßiger Bauer, der ein Butterfass in die Schenke schleppte, ein weiterer Bauer, der mit einem Pferdekarren, beladen mit Getreidesäcken, an mir vorbeifuhr, ein Liebespärchen, das vor einem Rosenbusch stand und sich in dem Moment küsste, eine alte grauhaarige Frau, die auf einer Treppe saß und Kleidung flickte, und viele weitere Bürger, die scheinbar gedankenverloren durch die Straße zogen. „Monsieur! Monsieur! Darf ich Ihnen die Schuhe putzen? Ich mache sie blitzblank. Kostet nicht einmal einen halben Livre!", sprach ein junger Schuhputzer, braun gewandet, der vielleicht dreizehn Winter zählte, an meinen dreckigen Gewändern zupfte und dann auf seinen hölzernen Schuhputzerstuhl zeigte. Ich lächelte, streichelte über seinen Kopf. Diese Menschen fristeten ein erbärmliches Dasein. Während sie hart arbeiten mussten, damit sie überleben konnten, lebte die faule, gepuderte Oberschicht in Saus und Braus.

Rasch angelte meine rechte Hand nach einer Börse, die sich in der Manteltasche eines betuchten Mannes versteckte – ich war erfolgreich und drückte meine Beute dem erstaunten Schuhputzer in die Hand. „Kauf dir davon etwas Schönes, Junge!", sagte ich und schlenderte weiter. Ich war froh, dass ich dem jungen Knaben etwas unter die Arme greifen konnte.

Noch immer schwer gekennzeichnet von mehreren Tagen der Folter, schleppte ich mich nun zu Madame Clarots Heim und ruhte mich dort einige Zeit aus. Meine Gedanken drehten sich in diesem Moment nur darum, ob ich flüchten sollte: Weg aus meiner Heimat. Weg aus Paris. Weg aus den Fängen des Bettlerkönigs. Sollte ich verschwinden? Ich wusste es nicht. Einerseits hätte ich alles aufgegeben, um nicht für dieses Scheusal arbeiten zu müssen, doch auf der anderen Seite wollte ich Madame Clarot nicht enttäuschen; und auch Elá wollte ich unbedingt wiedersehen. Ich hatte zwar Panik, aber ich entschied mich dafür, hier zu bleiben und zu versuchen, das Richtige zu tun. Ich blieb, auch wenn das bedeutete, dass ich in der Obhut der schrecklichsten Person meines Lebens verweilen sollte. Vielleicht war es aber auch gut, dass ich dies tat, denn wer wusste schon, was für Macht dieser Wüstling besaß?! Womöglich hätte er mich eines Tages aufgespürt, mich geschnappt, und ich hätte für meinen Ungehorsam teuer bezahlt: nämlich mit meinem Leben!

Nachdem ich nun einige Tage Ruhe genossen und wieder zu mentaler Stärke zurückgefunden hatte, überbrachte ich der Familie meines Verräters im Cour de Miracles einige Wertgegenstände und Livre. Er hatte eine Frau und zwei kleine Kinder, die nun ohne Vater aufwachsen mussten. Er hatte mich zwar an den Teufel in Person ausgeliefert, ich wollte ihnen aber dennoch helfen. Für ihn selbst betete ich, hoffte, dass es ihm dort besser gehen möge, wo er sich jetzt befand, und dass Gott seiner Seele gnädig wäre, hoffte nur, dass es ihm gut gehen möge. Seine

Familie wollte nun aus Paris verschwinden, und ich konnte dies gut verstehen: eine arme Frau mit zwei Kindern, eine Familie, die ohne Mann auskommen musste – es stand ihnen eine schwierige Zeit bevor. Ich wünschte der Familie alles erdenklich Gute und ging zurück zu Madame Clarots Behausung.

Mein erster Gedanke, als ich zurück war, war, dass ich Elá finden musste. Ich musste sie unbedingt sehen, sie unbedingt spüren, musste einfach wissen, ob es ihr gut ging.

Tagelang streifte ich durch die Bezirke und Gassen von Paris. *Nichts!* Sie war wie vom Erdboden verschluckt, und meine Sinne waren wie vernebelt. Ich wusste, dass sie jemand anderen gefunden hatte, doch ich musste sie sehen – komme, was wolle! Warum das so war? Weil ein kurzer Augenblick mit ihr so kostbar war, so kostbar wie nichts anderes auf dieser Welt.

Sie war mir praktisch noch immer ein wildfremder Mensch, doch ein Gefühl und ein Gespür sagten mir, dass ich sie suchen, eine innere Eingebung, dass ich sie finden musste. Vielleicht war es auch nur Unsinn, den ich mir einbildete. Dummheit. Verrücktheit. Doch ich konnte nicht anders – ich musste sie finden. Eines Tages zu dieser Zeit trank ich Wein in einer Taverne, die in der Nähe des Place de Gréve gelegen war, als ich sie plötzlich wiedersah. Ich konnte es kaum fassen, als ich aus den Fenstern blickte und sie vorbei stolzierte. Sie hielt einen geflochtenen Korb in ihrer rechten Hand und ging die Gasse entlang. Ich folgte ihr sofort, ohne Aufmerksamkeit zu erregen. Sie hatte sich überhaupt nicht verändert, war noch immer die gleiche Person wie früher – die gleiche Person, die mich im Kindesalter beraubt hatte, die selbe Person, die mich beim ersten echten Aufeinandertreffen zutiefst beeindruckte, die selbe Dame, die ich einfach nicht vergessen konnte und wollte, die identische Mademoiselle, in die ich mich verliebt hatte.

Alles, was sie an sich hatte, raubte mir förmlich den Verstand.

Ich beobachtete, wie sie in einem grünen Haus verschwand, und blieb wie angewurzelt stehen.

Jeden Tag sollte ich von nun an hier sein, jeden Tag sollte ich sie von nun an begleiten – meine Sinne waren total vernebelt. Es war eine komplette Verrücktheit, aber ich konnte nicht anders.

Ich wusste zwar, dass sie einen anderen Mann an ihrer Seite hatte, doch ich begann in meiner Trance Briefe zu schreiben.

Liebesbriefe, die ich Tag für Tag verfasste und ohne Absender immer an ihre Türschwelle legte. Auch Blumen, die ich zuvor in einer kleinen Wiese gepflückt hatte, deponierte ich manches Mal bei ihrem Heim. Ich schaffte es nicht, das offene Gespräch mit ihr zu suchen, und blieb somit vorerst im Schatten, ich versteckte mich vor ihr. Alles, was ich zu dieser Zeit tat, war meines heutigen Erachtens ein Fehler. Vielleicht hätte ich sie einfach in Ruhe lassen sollen ... Aber ich konnte nicht! Warum? Weil ich sie liebte ... Und genau diese Liebe wollte ich ihr auf die dümmste Art und Weise beweisen. Zu dieser Zeit war ich besessen. Besessen von dem Gedanken an sie. Besessen von ihr. Alles, wirklich alles drehte sich in meiner Welt nur um sie.

Für mich persönlich war dies eine grauenhafte Zeit, denn ich liebte jemanden, den ich nicht an meiner Seite hatte, und dennoch wollte und konnte ich sie einfach nicht gehen lassen. Ich schrieb jeden Tag, versuchte, irgendwie Aufmerksamkeit zu erhaschen, und merkte dabei nicht einmal, dass dies eigentlich ein fataler Fehler war. Eines Tages hielt sie sich zur Mittagsstunde bei einem der nahe gelegenen Marktplätze auf. Ich verweilte – zufälligerweise – ebenfalls an jenem Ort und beobachtete sie. Sie war unglaublich. Ihre Regungen, ihre Balance, ihre Geschmeidigkeit, mit der sie durchs Leben wandelte – alles an ihr raubte mir förmlich den Verstand! Ich verfolgte sie ein Stück, und dann sah ich ihren Begleiter. Sie küssten sich – und mein Herz brach neuerlich entzwei. *Ach ...* Als ich sah, wie er eine andere Richtung einschlug und ohne sie weiterzog, verfolgte ich ihn. In meiner Wut und Emotionalität machte ich einen großen Fehler: Ich stellte ihn zur Rede, beleidigte ihn sogar. Einen Mann, der mir bis dato völlig unbekannt war. Einen Mann, den ich nie aus nächster Nähe gesehen hatte. Ich schimpfte auf ihn ein, dass er nicht gut genug wäre, bepöbelte ihn mit der schlimmsten Ausdrucksweise, sparte nicht mit Kraftausdrücken und drohte ihm sogar Gewalt an. Er war außer sich, kochte innerlich, sagte aber nur, dass ich nicht ganz richtig im Kopf wäre – und ging. Erst kurze Zeit später dämmerte mir, was ich hier eigentlich getan hatte. Meine Sinne und meine Intelligenz waren in den Momenten, in denen es sich um Elá drehte, wie ausgelöscht. Ich reagierte völlig emotional und irrational, bildete mir ein, dass dieser Mann niemals gut genug für sie wäre. Niemals! Unter keinen Umständen! Und so passierte es, dass ich, getrieben vom Wahnsinn, weitermachte und weitermachte und gar nicht bemerkte, dass ich selbst in diesen Tagen und Wochen die größten Schmerzen ertrug und dabei war, zugrunde zu gehen. Ich vermisste sie nämlich. Ganz enorm.

Ich benahm mich wie ein Kleinkind, in meinen Briefen war nur ein Gedanke vorhanden: der Gedanke, dass ich sie unbedingt haben wollte. Mit allen Mitteln. Ohne Rücksicht zu nehmen, dass sie mich nicht richtig kannte. Ohne Rücksicht zu nehmen, dass sie jemand anderen gefunden hatte und ohne ihr zu zeigen, was ich eigentlich wirklich für sie empfand: *Liebe.*

Es gab Tage, an denen ich damit aufhören wollte, an sie zu denken, doch immer wieder kam eine Stimme in mir hoch, die mir sagte, dass sie zu mir gehöre, und somit konnte ich sie einfach nicht vergessen. Ich hatte allerdings zu dieser Zeit auch gelernt, dass es im Leben nicht darauf ankommt, wie viel man austeilen kann – *nein* – es kommt darauf an, wie viel man einstecken kann.

Irgendwann in dieser Zeit war ich vollkommen zerstört – ich war ein gebrochener Mann und total am Ende mit meinen Kräften.

Dennoch schrieb ich ununterbrochen Briefe, die ich weiterhin an ihre Türschwelle legte, und eines Tages sollte ich sie in der Nähe ihres Hauses von Angesicht zu Angesicht treffen. Ihr Begleiter stand an ihrer Seite, unsere Blicke trafen sich – sie schien verängstigt zu sein. Es schien so, als ob alles, was sie früher über mich dachte, wie weggeblasen wäre. Ihr Gefährte zeigte auf mich, als sie noch einige Meter von mir entfernt waren. Schlagartig veränderte sich ihr Wesen. Sie kam fuchsteufelswild und jähzornig direkt auf mich zu und packte mich am Kragen. Sie schimpfte mich, fragte, was das alles solle; ich würde sie doch gar nicht kennen. Ob ich ihr Leben zerstören wolle, fragte sie mich völlig aufgebracht. Keinen Pieps brachte ich jetzt aus mir heraus. Sie fauchte weiter, minutenlang brüllte sie mich entrüstet und zornig an. Ich fragte dann mit leiser Stimme, ob sie mich noch kennen würde. Sie bejahte – aber sie schien so, als hätte sie sich in mir völlig getäuscht.

Als sie ging, senkte sie ihren Kopf und hatte Tränen in den Augen. Ich blieb völlig regungslos stehen und sah, wie Elá mit ihrem Mann in den Menschenmassen verschwand, sah, wie der Mensch, der mir am meisten fehlte, weiterging, sah, wie der Mensch, den ich am meisten liebte, von dannen zog. Ich hatte sie verloren, hatte alles verloren. Es traf mich. Heftig. Als wäre ich mitten in einen Schneesturm geraten. Eiskalt. Schneidend. Doch irgendwie konnte ich Elá auch verstehen.

In meiner ersten Emotion spürte ich nur Leere und Antriebslosigkeit. Ich stürzte mich völlig erschüttert in eine Taverne und trank – ich trank bis zur absoluten Besinnungslosigkeit.

Würde ich meinen Liebeskummer überstehen? Ich wusste es nicht. Ich war aber am Leben. Noch.

Als ich am nächsten Morgen völlig verkatert aufwachte, war ich mir im Klaren darüber, was ich angestellt hatte. In diesem Augenblick und in nächster Zeit wurde mir bewusst, dass ich Elá enttäuscht und verängstigt hatte, diejenige, die einst eine ganz andere Person in mir sah. Ich hatte den Menschen verletzt, den ich am meisten liebte. Durch meine Engstirnigkeit, durch meinen Egoismus, durch meine Dummheit und Verrücktheit – alles war meine Schuld. Meine Sinne waren zwar die meiste Zeit völlig vernebelt, wegen der Gedanken an sie, dennoch war alles mein Verschulden. Ich bedrohte ihren Mann, schrieb ihr andauernd Briefe, obgleich ich sie nicht einmal richtig kannte. Und manchmal, wenn ich sie sah, versuchte ich, einfach nur in ihrer Nähe zu sein. Ich belästigte sie, hatte keinerlei Respekt, Akzeptanz und Anstand ihr gegenüber gezeigt. Alles, was sie einst in mir sah, hatte ich mit meiner Dummheit ausgelöscht. Ich tat dem Menschen am meisten weh, den ich am meisten liebte. Nur ... so wie ich agierte, konnte ich ihr das unter keinen Umständen zeigen und beweisen. In dieser Phase war ich am Boden zerstört und zugleich war mir jetzt bewusst geworden, dass ich sie in Ruhe lassen musste. Vielleicht sollte uns das Schicksal nochmals eine Chance geben, vorerst hatte sich aber meine größte Liebe des Lebens in den größten Schmerz meines Lebens verwandelt. Durch mein eigenes Zutun! Der Depp, der war ich selbst gewesen.

Just in diesem Moment kamen zwei Lakaien des Bettlerkönigs in mein Heim. Sie hatten einen Auftrag für mich, und ich musste zurück in den Untergrund. Irgendwie kam mir der Zeitpunkt sehr gelegen, denn somit konnte ich all jenes, was mir mit der Frau meines Lebens passiert war, kurzfristig ausblenden. Es fiel mir schwer, sie zu vergessen; und die Tatsache, dass Elá fürs Erste fort war und jetzt ein anderes Leben führte, bedrückte mich. So schleppte ich mich in das faulige und kalte Nest des Bettlerkönigs zurück; zwei seiner Männer befanden sich an meiner Seite.

Auf dem Weg dorthin machte ich mir Gedanken – Gedanken über Elá. Ich traf für mich selbst eine definitive Entscheidung, einen Entschluss, den ich schon viel länger hätte anstreben sollen. Von nun an sollte ich ihr gegenüber mit Anstand und Respekt auftreten. Ich wusste zwar nicht genau, ob ich sie jemals wiedersehen würde, aber sollte dies sein, würde ich ihr Glück, das sie gefunden hatte, akzeptieren. Ich wollte nur mehr, dass sie sieht und merkt, dass es nicht stimmt, dass sie sich in mir so getäuscht hatte. In diesem Augenblick hoffte ich nur, dass ich ihr das noch zeigen durfte. Ich wusste aber nicht, ob ich sie jemals wiedersehen sollte, und genau dies berührte mein Herz am meisten. Ich war immens frustriert, weil ich dem Menschen weh getan hatte, der für mich alles in meinem Leben bedeutete: Sie war der Klebstoff, der für mich alles zusammenhielt. Der Boden unter meinen Füßen und der Himmel über mir. Der Grund, warum ich morgens aufstand. Der Grund, warum ich lebte. Es bereitete mir unerträglichen Schmerz.

Wir marschierten nun zur Notre Dame. Ein junger Musiker, der einen mit Pelz verbrämten Mantel trug, spielte vor der Kathedrale auf seiner Flöte; und vor ihm versammelten sich einige Bürger, die seiner Musik lauschten. Einer der Lakaien des Bettlerkönigs grinste seltsam und bleckte dabei krumme Zahnstummel, so braun wie Grabsteine auf einem uralten Friedhof. Wir stiegen dann bei der Kathedrale eine steinerne Treppe hinunter, die in den Untergrund führte. Auf unserem Weg kamen uns mehrere Männer entgegen, bärtig, dreckig und abgearbeitet. Diese Männer arbeiteten normalerweise in den unterirdischen Steinbrüchen, in den Stollen, doch heute inspizierten sie die Kanalisation auf etwaige Schäden; hatten ihr Tagwerk aber bereits vollbracht, gingen nun nach Hause. Schon seit den Gründungstagen dieser Stadt wurden unterirdisch Steine – die auch für den Bau der Stadt erforderlich waren – und sogar Gips und Ton abgetragen. Im Verlaufe der Jahrhunderte wurde ein sehr großes Stollennetz erschaffen, das sich aber bloß unter den äußeren Bezirken der

Stadt erstreckte. Unter der Seineinsel Île de la Cité, wo sich das Versteck des Bettlerkönigs befand, gab es nur die Kanalisation. Und dort angekommen, marschierten wir geradewegs zur Geheimtür, die wir dann leise und vorsichtig aufschoben. Aus dem Inneren des Verstecks kam mir muffige Luft entgegen; die Fackeln, die in den steinernen Wänden steckten, flackerten und warfen gespenstische Schatten auf das glitschige Gemäuer ringsum. Wir bewegten uns vorwärts, ich sah, wie Dutzende Männer rund um den Bettlerkönig standen und einer Rede lauschten. Als er bemerkte, dass ich eingetroffen war, hämmerte er mehrmals mit seiner Faust auf einen Tisch und verscheuchte seine Mannen. Er wollte alleine mit mir sprechen. Wild gestikulierend erklärte er mir mit tiefer und bestimmender Stimme, dass wir einen Wachposten ausrauben mussten. Er hatte eine Information zugesteckt bekommen – im Louvre Bezirk werde gerade eine Menge Gold gelagert, das wir uns schnellstens aneignen sollten. Für diesen Diebstahl brauchte er mich. Ich sollte einen Plan austüfteln, wie wir die Palisade und Wachen von König Ludwig XIV. umgehen oder austricksen konnten. Es war eine Art befestigtes Areal, und einige Männer waren zum Schutze des Goldes abgestellt – die schwierigste Aufgabe, die ich bis jetzt zu bewältigen hatte.

Einige Männer wollte mir der Bettlerkönig zur Verfügung stellen, und ich sollte ihr Wortführer sein. Ich sagte ihm, dass seine Männer mir sicher nicht gehorchen würden; er erwiderte lediglich, dass das nicht sein Problem wäre und ich mir den Respekt selbst verschaffen müsste. Wenn es mir nicht gelingen würde, seine Krieger zu führen, wäre ich sowieso verloren. Falls diese Mission scheiterte, würden alle, die daran teilnahmen, in den Kerker von König Ludwig XIV. wandern und danach wahrscheinlich mit dem Tode bestraft werden. Wenn sie uns schnappten, gäbe es kein Entkommen!

Ich atmete tief durch und fragte ihn, wann es so weit wäre. Als Antwort bekam ich nur Gelächter und ein: „Ich dachte, du wärst schon zurück! Wunderknabe von Madame Clarot!"

Er war und blieb ein widerwärtiger Mensch. An diesem Abend begab ich mich unter die Männer, die ich führen sollte. Sie waren wild und ungehobelt, besaßen nur wenig Intelligenz, aber dafür sehr viel Muskelkraft. Sie stanken regelrecht, waren total ungepflegt, und standen allesamt meistens unter schwerem Alkoholeinfluss. Ich entschied mich schon vorher, dass ich nur sechs Personen mitnehmen würde. Ich wollte nicht zu viel Aufmerksamkeit erregen, und außerdem sollte diese Anzahl auch genügen, wenn wir im Schutze der Nacht und per Überraschungsmoment zuschlagen würden. Ich wählte sie sehr sorgfältig aus: Ich brauchte drei stämmigere Kerle – dies waren Jacques, Christophe und Patrice. Und drei schnellere und etwas cleverere Leute – sie hießen Eric, Franck und Babette. Eben jene Babette war die einzige Frau unter den circa zwei Dutzend Gefolgsleuten des Monarchen der Armen. Mit ihr unterhielt ich mich an jenem Abend am längsten und angeregtesten. Sie beeindruckte mich. Sie war das Kind einer Hure und wuchs auf der Straße auf, bevor sie sich diesen Männern anschloss. Sie war flink und clever. In ihr sah ich etwas, was alle anderen nicht hatten, ich war mir absolut sicher, dass genau sie der Schlüssel für viele meiner nächsten Taten sein könnte. Rein äußerlich gefiel sie mir ebenfalls – sie hatte dunkelblondes Haar und wirklich schöne rehbraune Augen. Sie wirkte ein wenig von Sorgen gezeichnet, aber ich fand sofort den nötigen Draht zu ihr. Außerdem imponierte mir ihr Durchsetzungsvermögen. Alleine unter so vielen Widerlingen, und sie schaffte es trotzdem, sich den nötigen Respekt zu verschaffen. Sie nahm kein Blatt vor den Mund und konnte der hiesigen Männerwirtschaft richtig den Marsch blasen. Sie war allerdings auch nett und liebevoll – ein toller Charakter und Mensch. Aber auch etwas Dunkles, Unerklärliches umhüllte ihre Seele – wie ein schwarzer Mantel, der Vergangenes verbarg. Und

120

eines Tages würde ich auch noch herausfinden, was sie bedrückte, denn Babette sollte in meinem Leben noch eine wichtige Rolle spielen.

Die anderen fünf Begleiter dieser Mission standen mir allesamt sehr skeptisch gegenüber. Sie wussten zwar, dass sie auf mein Kommando – zumindest bei diesem Coup – hören sollten, doch sie taten dies nur sehr ungern. Neid überwog – sie konnten sich nicht vorstellen, dass ein dahergelaufener Bursche ihnen plötzlich Befehle geben würde, konnten sich einfach nicht vorstellen, dass ich ihr Anführer sein sollte. Am liebsten hätten sie mich gleich getötet und in die Seine geworfen. Der einzige Vorteil, den ich hatte, war ihr Herrscher. Der Bettlerkönig kannte mein Potenzial und wusste, dass ich der perfekte Mann war, um aus seinen hörigen Mannen eine absolute Eliteeinheit zu formen. Außerdem war er sich im Klaren darüber, was Madame Clarot mir alles beigebracht hatte. Nur aufgrund seiner Anweisung folgten sie mir; sie hatten Angst vor ihrem eigentlichen Herrscher – Respekt musste ich mir erst verdienen. Die Einzige, die mir von Anfang an sicher blind vertraute, war Babette. Nur sie sah mich von Anfang an als den an, der ich hier noch werden sollte – der Bandenchef einer Räubergilde unter dem Banner des Bettlerkönigs.

„Habt ihr keinen Wein für mich, ihr widerlichen Halunken?!", grölte der Bettlerkönig derb, als er den Speisesaal in seinem Versteck betrat. Er hielt einen roten Apfel in seiner rechten Hand, schubste mehrere Männer weg, und marschierte geradewegs auf ein Weinfass zu. Er musterte mich. „Na, Goldkehlchen?! Weißt du schon, wie wir an unsere Beute kommen? Oder muss ich dir vorher noch eine Tracht Prügel verpassen?", fragte er mich mit abscheulicher Stimme, während er teuflisch grinste. Seine Untertanen begannen allesamt lauthals zu lachen. Von den Steinwänden kam mehrfach das Echo der lachenden Meute zurück. *Widerlich.* Meine behandschuhte Rechte griff rasch nach einem

Pfeil und einem Bogen, die in einer Ecke standen. Noch ehe mich jemand daran hindern konnte, legte ich den Pfeil an die Sehne, spannte den Bogen, zielte kurz – und feuerte. Der Pfeil durchbohrte den roten Apfel, den der Bettlerkönig in seiner rechten Hand gehalten hatte. Das Lachen ebbte ab, der Krösus der Armen wurde kreidebleich. Er zitterte. Ich wischte mir über meine Gesichtsnarben, drehte mich um – und ging. „Morgen Abend raubst du für mich! Verstanden? Hörst du?! MORGEN! Sonst bist du tot, du widerlicher Bastard!", krächzte mir der Bettlerkönig hinterher. Ich antwortete ihm aber nicht, und machte mich auf den Weg zu Madames Anwesen.

Als wir am nächsten Abend aufbrachen, um den großen Raub durchzuführen, hatte ich Zweifel. Wie bereits so häufig hatte ich Angst, wusste nicht, ob ich meiner Aufgabe gewachsen war – aber ich ließ mir nichts anmerken. Mittlerweile hatte ich so viele Aufgaben gemeistert – der Gedanke an Madame Clarot ließ meine Skepsis im Verlaufe unseres Weges durch den Pariser Untergrund verstummen.

Wir wagten uns am Kanalisationsende in der Nähe der Seine aus dem Gewölbe. Es war eine mondlose Nacht und bereits dunkel – so dunkel, dass man kaum die eigene Hand vor Augen sehen konnte. Vorsichtig, als befänden wir uns tief im Feindesland, näherten wir uns dann dem Areal, in dem unsere Beute angeblich auf uns wartete. Es war Herbst geworden. Kühle Winde fegten durch die Straßen und wirbelten das goldbraune Blattwerk auf, das wie ein Teppich auf den Straßen lag. Immer wieder schlug uns der Wind eine Handvoll Blätter ins Gesicht. Wir zogen unsere Mützen tiefer, und strebten unaufhaltsam vorwärts. Als ich meine Mitstreiter jetzt in meinen Plan einweihte und sie nun in der Ferne die kleine mit Holz befestigte Anlage sahen, beschlich alle Zweifel. Jacques und Eric meinten, dass dies Selbstmord wäre, wollten unter keinen Umständen in den Kerker geworfen oder gar getötet werden. Ich sagte damals lediglich, dass wir das schaffen werden. *Basta!* Stille machte sich breit. Ich wiederholte meine Worte, wurde in meinem Tonfall lauter – doch es half nichts: Meine beiden Mitstreiter verweigerten mir den Gehorsam. In diesem Moment sprang mir Babette zur Seite. Sie schrie, fauchte, sprach davon, dass sie beide Feiglinge wären. Sie wiederholte mehrmalig, dass sie auf mich hören sollten, dass ich schon wissen würde, was ich tat. Es half alles nichts – Jacques und Eric quittierten mir den Dienst. Sie machten sich auf den Nachhauseweg, marschierten zurück in den Unterschlupf, meinten nur, dass ich ein Narr sei und dass sie auf Narren nicht hören würden – sie wünschten uns noch viel Spaß beim Sterben.

Nun waren wir nur noch zu fünft, aber auch Franck, Christophe und Patrice waren von meinem Plan nicht gänzlich überzeugt – aber sie wollten zumindest bleiben. An meinem mir zurechtgelegten Plan wollte ich dennoch festhalten, es musste auch mit dieser geringeren Anzahl an Leuten funktionieren. Meine Hoffnung war, dass zumindest Babette das umsetzen konnte, was ich insgeheim von ihr erwartete.

Die Männer und ich versteckten uns dann in der Nähe unseres Ziels in Büschen, während Babette auf mein Zeichen wartete. Es war jetzt eine ruhige Nacht, der Wind hatte aufgehört, ein Teil der Wachen war sicher bereits müde geworden, oder schlief vielleicht schon. Wir mussten eine hölzerne Palisade und mehrere Wachen überwinden.

Als ich durch einen Pfiff Babette die Anweisung gab, dass nun der Zeitpunkt des Überfalls gekommen war, fing sie an zu laufen – sie rannte direkt vor die Tore des Wachpostens. Sie brüllte. Sie quietschte. Sie schrie. Mein Plan sah vor, dass sie um Hilfe schreien sollte, weil einige Banditen hinter ihr her wären. Es funktionierte. Sie machte es grandios, sie wirkte weinerlich und verängstigt, spielte Todesangst vor; ich war begeistert von ihr. Die Wachen öffneten sofort das Tor der Palisade. Sie sprach dann davon, dass sie verfolgt und belästigt wurde, von Dieben und Mördern. Sie bräuchte schnellsten Hilfe. Ganze fünf Wachen begleiteten sie nun, und so sollte sie unsere Widersacher weglocken. Dass sie es schaffte, fünf Wachen wegzulocken, begeisterte mich ungemein – sie erledigte ihre Aufgabe meisterhaft. In diesem Augenblick kam unser Zeitpunkt. Franck und ich kletterten geräuschlos über die hölzerne Palisade, kundschafteten die Lage aus und erspähten weitere fünf Soldaten im Inneren der Anlage. Zwei der Männer hatten wir bereits überwältigt, als wir eingedrungen waren. Lautlos beförderten wir sie in tiefe Ohnmacht – genauso stellte ich mir das vor. Danach öffneten wir wachsam das Tor, und Christophe und Patrice schlichen herein. Wir hatten jetzt nur mehr wenig Zeit, die andere Hälfte der Wachen sollte schon bald zurück sein. Schon vorher hatte ich einen Hinterhalt ausgetüftelt: Christophe und Patrice versteckten sich in Büschen; ich ging derweil zu den drei verbliebenen Wachen, die vor dem Wachturm saßen und vor sich hin dösten. Wir mussten an ihnen vorbei, jemand musste sie ablenken. Ich wunderte mich, dass diese Drei so unbeeindruckt blieben, vom Geschrei seitens Babette. Vielleicht konnten sie vor Weinseligkeit gar nichts mehr begreifen. Ich stellte mich direkt vor sie hin und wünschte ihnen einen guten Abend, sagte ihnen, dass sie hier und heute ausgeraubt werden. Von Cartouche, dem Räuber. Dabei machte ich einen Knick und grinste sie schelmisch an.

Die drei Kerle staunten nicht schlecht, als ich mit meiner Ansprache fertig war. Sie waren völlig verwirrt und schauten entgeistert.

Einer stammelte die ganze Zeit etwas und rieb sich verträumt die Müdigkeit aus den Augen. „Wie? ... Was? ... Wo?", huschte es in erstauntem Tonfall über seine Lippen. Nun drehte ich mich um und rannte weg. Spurtete genau zu den Büschen, in denen sich Christophe und Patrice versteckt hatten. Die Wachen folgten mir, klebten an meinen Fersen, doch plötzlich sprangen meine

Kumpanen aus ihren Büschen und überwältigten im Bruchteil einer Sekunde zwei der drei Wachen. Der dritte Soldat stand nun unbewaffnet, schockiert, erschüttert und ganz erstaunt vor mir und meinen zwei Mitstreitern. Ich setzte abermals mein schönstes Grinsen auf, zupfte an seinem flauschigen, braunen Schnurrbart herum, stahl ihm seinen schwarzen Dreispitzhut, und sagte ihm vergnügt, dass wir ihn nun – leider, leider – verlassen werden. Ich bedankte mich für die Gastfreundschaft, die Großzügigkeit und die goldenen Gastgeschenke, die sie uns überlassen hatten. Cartouche. Dies tat Cartouche. In diesem Moment kam Franck zurück; er verschloss die hölzerne Tür vom Wachturm, die Tür, die windschief in den Angeln hing, und gesellte sich zu uns. Während wir uns mit den drei Wachen beschäftigt hatten, sackte er in der Zwischenzeit das gesamte gelagerte Gold ein. Ich zupfte noch einmal am Bärtchen der letzten verbliebenen Wache und lächelte schelmisch. Dann verschwanden wir aus der Befestigung und schlossen das Tor der Palisade. *Succsess!* Der gestohlene Dreispitz flog durch die Luft!

Wir eilten zurück zum Kanalisationseingang und warteten dort auf Babette. Nach ein paar Minuten kam sie zu unserem vereinbarten Treffpunkt und sprang mir in die geöffneten Arme. Sie lachte. Sie strahlte. „Du hast es wirklich geschafft!", wiederholte sie mehrmals, als sie mich mit funkelnden Augen ansah. Sie war begeistert. Allerdings war ich auch von ihr ziemlich angetan. Sie hatte es nämlich geschafft, die Hälfte unserer Widersacher wegzulocken, und ließ dann alles wie ein Missverständnis aussehen. Sie tat so, als hätte sie sich darin getäuscht, dass sie verfolgt wurde. Ich wusste, dass sie das konnte, doch dass sie so gut darin war, königliche Wachen zu blenden, das verschlug sogar mir die Sprache. Sie war fantastisch, sie war mein Schlüssel. Ich dankte Gott, dass ich sie an meiner Seite hatte.

Als wir endlich im Kanalisationsversteck angekommen waren, erkannte ich bereits von weitem, wie erstaunt und schockiert die

Mannen des Bettlerkönigs waren: Schockiert über die Tatsache, dass ich es wirklich geschafft hatte, diesen Raub erfolgreich durchzuführen und zu meistern. Erstaunt über meine Fähigkeiten, die mir niemand zugetraut hatte. Es kehrte völlige Stille ein. Kurze Zeit später kam der Bettlerkönig zu uns. Er lachte laut und klopfte mir mehrmals auf die Schulter. „Unser Wunderknabe ist ja doch zu etwas nutze!", brüllte er in lautem Ton, und alle begannen zu lachen. In diesem Moment begutachtete ich Eric und Jacques. Die beiden Männer, die mir den Dienst quittierten, wandten sich mit ernstem Gesichtsausdruck ab. Ihr Neid war spür- und greifbar, sie konnten es nicht fassen, dass ich es auch ohne sie geschafft hatte.

Sie waren neidisch, gehässig, und konnten nicht begreifen, wie ich diesen Raub bloß erledigen konnte. Als ich Babette beobachtete, sah ich das genaue Gegenteil. Ihre Augen funkelten nach wie vor, sie mochte mich, war sehr positiv gestimmt. Es kam mir so vor, als ob sie sich freute, jemanden wie mich zu treffen, als ob sie sich freute, jemanden wie mich jetzt an ihrer Seite zu wissen.

Der Bettlerkönig übergab mir kurze Zeit später meinen Anteil der Beute, und sagte, ich solle nicht so dumm sein und meinen Anteil den Armen geben. In diesem Augenblick kam keine Silbe über meine Lippen, denn ich wusste ganz genau, dass ich das nicht tun konnte. Ich musste meinen Anteil den Ärmeren übergeben; musste dies einfach tun. Zuerst stand allerdings eine rauschende weitere Nacht vor der Tür. Nach solchen Beutezügen wurden im Untergrund großartige Feste, quasi Siegesfeiern, veranstaltet. Alkohol, Huren – alles war dabei. Der eigentliche Herrscher dieser Mannen zog sich zwar zurück, aber seine Gefolgsleute zelebrierten diese Nacht, als wäre es die letzte in ihrem Leben gewesen. Sie tranken, sangen, tanzten, feierten. Ich selbst schloss mich ebenfalls diesem wunderbaren Ereignis an, ohne es jedoch zu übertreiben. Ich trank ein wenig Wein an dem Abend und sprach ausgiebig mit den Männern. Mittlerweile hatte ich das Gefühl, dass einige von ihnen mir nun mehr vertrauten. Vor allem jene, die mit mir diesen Überfall gemeistert hatten.

Zumeist interessierte ich mich aber für Babette. Ich wollte mehr über sie wissen, und so erzählte sie mir einen Teil ihrer Lebensgeschichte. Bevor sie hier unten ihr Leben weiterführte, versuchte sie sich in mehreren Berufen. Sie hatte allerdings keinen großen Erfolg dabei, wurde oft beschimpft und hintergangen, mehrmals mitten in der Nacht aus ihren Bleiben geworfen. Ihre Mutter hatte sie schon lange nicht mehr gesehen, ihren Vater kannte sie nicht einmal. Es gab kaum jemanden, der sich richtig um sie kümmerte. Dann berichtete sie mir von ihrem früheren Mann, es war furchtbar schmerzvoll für sie, die Geschichte ging ihr nahe. Sie liebte ihn scheinbar noch immer, wahrscheinlich konnte sie ihn nie vergessen. Tränen flossen über ihr Gesicht, als sie mir mit weinerlicher Stimme erklärte, dass sie mit ihm viele Monate zusammen und auch viel Gutes dabei passiert war. Noch erschütterter wirkte sie, als sie mir schilderte, dass er sie eines Tages zu schlagen begann und sie auch betrog. Etwas später flüchtete sie vor ihm. Sie flüchte vor dem Menschen, den sie am meisten liebte und der ihr gleichzeitig am meisten weh getan hatte, seelisch und körperlich. In diesem Moment umarmte ich sie. Ich konnte nicht anders, spürte, wie bitter notwendig sie diese Umarmung hatte, und wusste auch von mir selbst, wie sich ein solcher Schmerz anfühlt. Als sie sich etwas erholt und sich ihre Tränen abgewischt hatte, merkte ich, dass sie noch immer mit ihren Gedanken und Herz bei ihrem früheren Lebensabschnittspartner war. Sie wollte zwar, dass ich nichts merkte; ich fühlte und spürte jedoch, dass sie sich tief in ihr drin noch immer wünschte, nochmals mit ihm zusammenzukommen. In diesem Augenblick tröstete ich sie, wischte ihr Tränen aus dem Gesicht, und wir beide tranken etwas Wein. Das war es also, was sie so bedrückte – ein Mann aus ihrer Vergangenheit!

Später an diesem Abend fiel mir auf, dass Babette in ihrem Verhalten und Gebaren auch sehr freizügig war. Sie war eine äußerst leidenschaftliche Person, voller sexueller Gier und Emotionen – eine enorm heißblütige Frau. Zuerst machte sie mir immer wieder kleinere Andeutungen, dass sie durchaus Gefallen daran finden könnte, ihre Bekanntschaft mit mir zu vertiefen; doch auf ihre Avancen stieg ich an eben jenem Abend nicht ein. Zu tief war meine Erinnerung an Elá. Zu tief saß der Stachel, dass ich ihr weh getan hatte. Zu tief war meine Liebe zu ihr.

Babette war clever, und in Windeseile erkannte sie dies auch. Danach mischte sie sich unter die Männer, und wenige Minuten später verschwand sie mit einem stämmigen jungen Burschen in einem der weiteren Räume. Anscheinend machte sie dies oft, wenn sie ihre weibliche Lust und Leidenschaft überkam. Doch dennoch wurde sie von allen geschätzt und geachtet. Vielleicht gerade deswegen, nicht, werter Leser? Was ich persönlich an diesem Abend noch bemerkte, war, dass sie für mich ein komisches Gefühl hegte, das sie selbst noch nicht in Worte fassen konnte. Ein Gefühl, das sie selbst noch nicht begriff und verstand. Auch ich hatte eine ähnliche Emotion in ihrer Gegenwart, fühlte etwas für sie. Bei mir überwog aber der Gedanke an jemand anderes – Elá. Sie war die Frau, die ich liebte.

Am nächsten Morgen machte ich mich auf den Weg Richtung Cour de Miracles. Ein dunkles Wolkenband wanderte über den Himmel und verdeckte die Sonne; kühler Wind wirbelte Staub und Blätter auf. Ich kam an mehrstöckigen Wohnhäusern vorbei, sah etwas später zwei Metzger, die vor ihrem Betrieb mit langen Messern ein totes Schwein zerlegten, und ein paar Menschen der Oberschicht, die in feine, seidige Kleidung gehüllt waren und an mir vorbeischlenderten. Minuten später kam ich im Cour de Miracles an, wollte dort den Bettlern meinen Anteil der Beute spenden. Viele hungernde und bedürftige Bürger kamen zu mir, als ich wie ein Marktschreier rief, dass ich etwas für sie dabei hätte. Es waren viel zu viele Menschen. Einigen von ihnen konnte ich leider nichts mehr abgeben, konnte ihnen nur mehr etwas Trost spenden und versichern, dass sie beim nächsten Mal an der Reihe wären. Von meinem Anteil der Beute kaufte ich zuvor bereits Brot für die Armen; sie verspeisten hastig alles an Ort und Stelle. Jedes Mal, wenn ich hier auftauchte, hatte ich riesiges Mitleid mit der Unterschicht. Die meisten kannte ich bereits seit geraumer Zeit. Elend herrschte hier in diesem Stadtteil, und ich war stets froh, wenn ich etwas helfen konnte!

Ich stand gerade vor einigen Bettlern, als ich plötzlich hinter mir eine bekannte Stimme vernahm. „Was machst du hier?", fragte sie in vergnügtem Ton. Es war Babette. Sie hatte mich verfolgt und beobachtete mich bereits seit geraumer Zeit. Sie fragte mich abermals, warum ich dies tun würde, warum ich meinen Anteil spendete. Daraufhin erklärte ich ihr meinen Standpunkt, erläuterte, wieso ich den Menschen helfen wollte. Mich selbst zu bereichern war weder mein Ziel noch das von Madame Clarot. Babette lächelte nur verschmitzt; und ich fragte sie, was so vergnüglich sei. Als Antwort bekam ich nur ein: „Nichts. Du bist aber ein wunderbarer Mensch." Etwas später schlenderten Babette und ich durch die Gassen von Paris, und begaben uns kurz darauf in ein Café.

Den gesamten Nachmittag plauderten wir – sprachen über Zukünftiges und Vergangenes, Wichtiges und Belangloses.

Diese Zeit, die ich mit ihr verbrachte, war wunderschön. Genau aus dem Grund, weil man sich mit ihr einfach richtig gut verstehen und gut reden konnte. Doch als wir wieder über ihren einstigen Mann sprachen, verfinsterte sich ihre Miene. Ihre Augen wurden kalt, ihre Mimik steifer, ihre Emotion eisiger. In diesem Moment versprach ich ihr, dass ich mit ihm reden würde, wenn er uns jemals über den Weg laufen sollte. Sie wollte nicht – niemals würde sie um ihn kämpfen. Doch ich bestand darauf, und

Babette sah es ein. Wo er sich jetzt aufhielt, wusste sie allerdings nicht, und somit war es eigentlich unmöglich, ihn zu finden. Vielleicht sollte ich ihm aber irgendwann begegnen; wer weiß …

Ich wollte wissen, ob es möglich war, die beiden unter normalen Bedingungen wieder zusammenzubringen. Eines wusste ich nämlich ganz genau: Sie liebte ihn noch immer und konnte ihn nicht vergessen. Trotzdem hatte er ihr mächtige Schmerzen zugefügt, die sie ebenfalls noch in ihrem Herzen trug. Dennoch wollte ich mein Möglichstes tun, wenn mich das Schicksal eines Tages zu ihm führen sollte. Danach sprach sie an diesem Tag kein Wort mehr über ihn, und auch ich scheute weitere Fragen zu dem Thema wie der Papst den Besuch in einem Bordell.

Am Abend des gleichen herbstlichen Tages musste ich Babette begleiten, sie wollte mir jemanden vorstellen. Wir gingen in eine Gaststätte namens „Zum Wirte" und dort wartete ein Freund auf sie. Der Freund war allerdings kein Mensch – es war ihr Hund. Ein wunderschönes, großes, weißes Tier – ein weißer Schäferhund! Als er sie sah, begann er freudig zu bellen. Wie sie mit ihm umging, das verschlug mir die Sprache und raubte mir für einen kurzen Augenblick völlig den Atem.

Sie knuddelte ihn, und er hörte auf alles, was sie ihm sagte – ein rührender Augenblick! Auch aus dem Grund, weil man sofort erkannte, was die beiden miteinander verband: innige Freundschaft, ja Liebe zueinander. Es war ein glücklicher Moment, die beiden so zu sehen.

Als ich ihn zu streicheln begann, sagte Babette zu mir, dass er mich mögen würde, und tatsächlich spürte ich von Beginn an, dass auch ich zu dem Hund gleich eine tiefere emotionale Bindung bekam.

Sie sagte, dass er Lucas heißen würde und ihr jedes Mal, wenn sie traurig war, geholfen hatte, ihre Sorgen zu vergessen. Lucas schenkte ihr immer wieder neue Lebensfreude und löschte ihren Kummer; Lucas erwärmte ihr alle kalten Tage, auch wenn diese noch so hart gewesen waren. Als sie dies alles von Lucas erzählte, strahlte sie über beide Ohren. Sie war einfach nur glücklich darüber, dass sie einen so tollen tierischen Freund an ihrer Seite haben durfte. In diesem Moment fiel mir das erste Mal auf, dass ich sie wirklich mochte – als Mensch. Sie war einzigartig, ein ganz eigener Typ. Sie konnte liebevoll, aber auch grimmig sein, war leidenschaftlich und auch manchmal ruhig. Ich dachte nur eins: Diese Person hat es verdient, glücklich zu sein. Was und wie ihr Glück aussah, wusste ich zu diesem Zeitpunkt noch nicht, doch ich wollte ihr unbedingt behilflich sein, einen guten Lebenssinn zu erreichen.

Ihr war viel Schlimmes widerfahren und sie hatte auch Schreckliches miterleben müssen; sie vergaß aber nie, woher sie kam, wirkte dabei immer fröhlich. Unter anderem diese Facette beeindruckte mich an ihr.

Wir beschäftigten uns noch eine Weile mit Lucas, und sie erzählte mir, dass er hier seine Unterkunft hätte.

Sie bezahlte die Gaststätte dafür, dass er hier sein durfte, wenn sie keine Zeit für ihn aufbringen konnte.

Jeden Tag kam sie für mehrere Stunden hierher, um bei ihm zu sein. Er war ihr als Welpe zugelaufen, als sie noch bei ihrem früheren Liebhaber verweilte. Als sie nach dessen Erniedrigungen aus der damaligen Behausung floh, nahm sie ihn mit. Als Welpe wäre er einmal fast gestorben, doch sie pflegte Lucas gesund. Es gab kein anderes Geschöpf auf Erden, das sie so ins Herz geschlossen hatte wie ihn.

Sie war unfassbar glücklich darüber, dass sie diesen Hund hatte.

Später an diesem Tag gingen wir zu Madame Clarots Anwesen. Ich zeigte ihr mein Heim, und wir ruhten uns ein wenig aus. Ich erzählte ihr einen Teil meines Lebens; gespannt lauschte sie meiner Stimme. Nachdem sie in einem der Betten eingeschlafen war, beobachtete ich sie. Sie schlummerte tief und fest. Ruhig. Sorgenfrei. In diesem Moment dachte ich mir, dass es schön sei, sie jetzt in meinem Leben zu haben. Einfach, weil Babette eine wunderbare Person war. Kurze Zeit später wandte ich mich selbst meinem Bett zu und schlief ebenfalls sofort ein.

Am nächsten Morgen ging Babette zurück in den Untergrund. Ich wollte sie nicht länger aufhalten und bestärkte sie in ihrem Vorhaben. Wenn mich der König des Untergrunds brauchen sollte, müsste man mich nur rufen. Einstweilen wollte ich aber noch hier bleiben. Sie lächelte und brach auf.

Meinen weiteren Tag verbrachte ich damit, durch die Pariser Gassen zu schlendern. Manches Mal plünderte ich die Taschen und Börsen gut betuchter Bürger, ohne Aufmerksamkeit zu erregen. Ich schlug zu wie eine diebische Elster, die zuvor ihre glänzende Beute ausgespäht hatte. Abends überbrachte ich das Diebesgut einigen Bettlern. Mitten in diesem Getümmel sah ich abrupt, wie zwei Lakaien des Bettlerkrösus einen Mann in eine Baracke schleiften. Sofort ging ich der Sache auf den Grund. Als ich mich an die geöffnete Türe schmiegte, hörte ich, wie sie sagten, dass er mehr Gold einbringen müsse. Sie wollten ihm einen Finger abnehmen, der arme Tropf schrie um Hilfe. Augenblicklich sprang ich voller Wut in die Baracke hinein, und schlug einen der beiden bewusstlos. Der Zweite starrte mich entsetzt an. „Verschwinde!", rief ich dem Bettler zu, und er befolgte sofort meine Anweisung. Nun begann ich auf den anderen Lakai des Bettlerkönigs einzubrüllen: „Was soll das? Wenn ich so etwas noch mal sehe, töte ich euch. Wenn so etwas noch mal passiert, gibt es keine Gnade. Diesen Leuten geschieht nichts! Verstanden?"

Der Mann schien jedoch gegen meine Worte völlig resistent zu sein, meinte bloß, dass ich überhaupt nichts zu melden hätte und ich von Glück reden könne, wenn er dem König diesen Vorfall nicht schildern würde. In diesem Moment zückte ich Madames Dolch und hielt ihm die Klinge wutschnaubend an den Hals. Er wurde schlagartig einsichtiger, meinte, ich solle mich beruhigen. Ich ließ von ihm ab, er packte seinen bewusstlosen Kameraden – und flüchtete. Eigentlich wollte ich kochend, aufgeladen und emotionalisiert nun in den Untergrund stürmen, um dem Bettlerkönig die Leviten zu lesen. Doch als ich mich umdrehte, sah ich plötzlich, dass eine junge Dame vor den Stadtwachen flüchtete.

Ich verfolgte sie, kletterte in der mittlerweile stockdunklen Nacht auf die Dächer der Häuser, und beobachtete das Schauspiel. Es dauerte nur einen kurzen Moment, bis sie die Mademoiselle in einer Gasse gestellt hatten. Sie riefen sie Diebin, schrien, sie solle den gestohlenen Apfel zurückgeben. Einer der beiden packte sie an den Hüften und sagte, sie könne dafür etwas anderes in die Hand nehmen. Sie drückte ihn weg und keifte, dass er aus dem Mund stinke wie ein Esel aus dem Hinterteil. Als er nun in der dunklen Gasse zu einer Backpfeife ansetzte, knallte ihm plötzlich ein großer Stein auf seinen Schädel.

Nachdem ich den ersten somit ausgeschaltet hatte, sprang ich mit einem Satz auf den Boden und richtete mich auf. Der zweite Wächter war noch immer verstört, als ich ihm einen schönen Abend wünschte. Ich verneigte mich und sagte, dass ich Cartouche sei. Es war das erste Mal, dass einer der königlichen Wachen meinen Namen kannte, denn genau dieser Diener von Ludwig XIV. sprach sofort davon, dass ich der Dieb von dem Wachposten-Coup gewesen wäre, ich der wäre, auf den ein Kopfgeld ausgesetzt sei. Ich zögerte keine Sekunde und schlug ihm ins Gesicht. Nach kurzem Kampf hatte ich auch ihn überwältigt. Als alles vorbei war, kam die junge Dame aus ihrem Versteck, das sie aufgesucht hatte. Ich schmiss ihr von weitem den Apfel zu und wünschte ihr eine gesegnete Mahlzeit. Kichernd und begeistert lief sie weg. Ich für meinen Teil grinste und legte zwischen die regungslosen Wachen ein Stück Papier, natürlich mit meinem Namen versehen. Danach eilte ich zu Madame Clarots Haus, zog mich zurück, versuchte mich auszuruhen.

In dieser Nacht träumte ich wieder von Elá. Diesmal war es aber kein schöner und erwärmender Traum. Ich ging im Traum durch einen Nebelschleier, der eine Allee umhüllte, hörte, dass sie ein Lied sang. Ich begann, sie zu suchen. Als ich sie endlich sehen konnte, bemerkte ich, dass sie tanzte und ein schneeweißes Kleid trug. Niemand war bei ihr. Als ich mich ihr näherte, lief sie vor mir weg. Dieses Prozedere wiederholte sich mehrmals – ich kam näher, sie lief weg. Wie aus dem Nichts stand sie aber plötzlich vor mir.

Sie lächelte. Ich wollte sie umarmen, als auf einmal ihr Gesicht schmal und ganz faltig wurde. Sie starrte mich an. Schockiert. Ihr Kleid wurde abrupt löchrig und ihre Harre weiß. Ich erschauderte bei diesem Anblick, blieb regungslos stehen. Augenblicklich begann sie zu weinen. Ich hörte ihre Stimme. „Wie konntest du mir nur so etwas antun? Ich habe Angst vor dir!" Dics wiederholte sie mehrmals. Kreischend packte sie mich am Hals und würgte mich. Sie würgte mich so lange, bis ich kaum noch Luft bekam. Aus ihrer Nase floss Blut. „Du weißt, wie dumm du bist?", fragte sie mich unentwegt. Ich bekam keinen Ton aus meiner Kehle. Sie schrie weiter. Inständig und erbarmungslos. „Ich liebte dich …", schluchzte sie. In diesem Moment sackte sie zu Boden. Als ich ihr auf die Beine helfen wollte, sah sie mich verängstigt an und löste sich abrupt in Luft auf. Danach begann ich ihren Namen zu rufen. Immer wieder. Es half nichts. Kurze Zeit später hörte ich durch die Bäume ein Flüstern: „Es ist zu spät. Viel zu spät." Ich schrie, dass das nicht stimmen würde. Ich bekam aber keine Antwort. Augenblicklich sackte ich selbst völlig aufgelöst zusammen.

Schlagartig spürte ich einen Windhauch, und in der Ferne sah ich ein Licht, das durch den Nebel schimmerte. Blitze zuckten am Himmel; Donner grollte. Und unvermittelt wachte ich orientierungslos in meinem Schlafgemach auf.

Völlig verwirrt rieb ich mir den Schlaf aus den Augen und begann mich aufzurichten. Ich beschäftigte mich jedoch nicht lange mit dem Traum, denn er verstörte mich bloß. Außerdem hatte ich auch noch eine Aufgabe vor mir: Ich musste zurück zum Bettlerkönig und ihm sagen, dass ich es nicht dulden werde, wenn Bettlern Gliedmaßen abgetrennt werden. Trotzdem raubte mir dieser Traum von Elá Kraft. Ich wusste nicht, was er zu bedeuten hatte, und war etwas hilflos in diesem Augenblick. Ich hoffte nur, dass ich ihr nicht zu viel Schmerz bereitet hatte, hoffte bloß, dass ich es wieder gutmachen konnte. Wie dann auch immer ...

Verstört und verzweifelt machte ich mich nun auf den Weg in den Untergrund. Je näher ich der Behausung der Räubergilde kam, desto mehr überwog meine Wut über die Schandtaten des Herrschers der Armen. Im Versteck angekommen, drückte ich einige Männer zur Seite. Und riss in einem Zug die Tür zu den Gemächern des Bettlerkönigs auf. Er stand schockiert und fassungslos auf. Voller Wut und Ekel packte ich ihn am Hals, schmetterte ihn in die Richtung eines Bücherregals. Sein Zylinder flog ihm vom Kopf, seine fettigen grauen Haare kamen zum Vorschein. Als ich ihn nun voller Hass anstarrte, bemerkte ich, dass er Angst vor mir hatte. Dies hätte ich nie gedacht! Ich schrie ihn an: „Du grausamer Mistkerl wirst nie wieder solche Befehle erteilen! Den armen Menschen im Cour de Miracles geschieht nichts! Nie wieder! Das ist ekelhaft!" Stille. Ich wiederholte meine Erwartung, schrie noch lauter als zuvor. Und endlich begann er zu sprechen. Leise, aber doch bestimmend meinte er bloß, dass ich hier keine Befehle zu erteilen habe. Danach schrie er nach seinen Männern. Blitzschnell packten mich zwei von seinen

Schergen und zogen mich weg. Sie hielten mich fest, während sich der selbst ernannte König der Armen aufrichtete, seinen Zylinder aufsetzte und an seinen lumpigen Gewändern zupfte. Er schien nervös zu sein. Schlagartig verwandelte er sich wieder in das tyrannische Monster – er bespuckte mich und verpasste mir einen Hieb in die Magengrube. Wenn ich das nochmals tun würde, gäbe es keine Gnade mehr. Er würde mich auf der Stelle töten lassen. Er wäre hier der Herrscher, sonst niemand. Dann erteilte er seinen Männern den Auftrag, mich auszupeitschen. Als sie mich aus seinen Räumlichkeiten schleiften, meinte er nur noch, dass mir das eine Lehre sein solle, und lachte teuflisch.

Seine Untertanen brachten mich in den Kerker. Peitschenhiebe auf Peitschenhiebe folgten. Schmerzen. Qualen. Minutenlang. Es war die reinste Hölle. Als sie – endlich – damit fertig waren, entschuldigten sie sich bei mir. Ganz verdutzt blickte ich auf, traute meinen Ohren nicht. Ich merkte aber, dass sie die Anweisung ihres Herrschers anscheinend nur ungern befolgten – mein Ruf innerhalb der Gilde war mittlerweile doch etwas besser geworden. Obgleich noch sehr jung, war ich zu ihrem neuen Wortführer aufgestiegen. Als ich mich aus dem Kerker begab, wartete der Zylinderträger schon auf mich. Er grinste teuflisch, meinte bloß, dass ich mir das hoffentlich merken würde. Mein Mund blieb stumm, keines Blickes würdigte ich ihn, als ich an ihm vorbeiging. Das Einzige, was ich mir dachte, war, dass ich ihm nur auf die Pelle rücken könnte, wenn ich seine Macht verringern würde – wenn ich es schaffen würde, seine Mannen mehr und mehr auf meine Seite zu ziehen.

Ich verblieb vorerst in der Kanalisation und begann zu trinken. Etwas später setzte sich Babette völlig aufgebracht neben mich. Sie fragte mich, ob ich dämlich wäre, ob ich verrückt wäre, weshalb ich denn den Bettlerkönig angegriffen hätte. Kein Wort kam aus meinem Mund, ich spürte nur Zorn. Spürte Zorn auf unseren gemeinsamen Unterdrücker. Sie verstand nicht und seufzte. Kurze Zeit später wandte sie sich den anderen zu. Ich trank weiter. Becherweise. Stunden später beobachtete ich, wie Babette wieder mit einem strammen Mann in einem der anderen Räumlichkeiten verschwand. Ihre sexuellen Neigungen und Triebe waren schier grenzenlos. In diesem Augenblick setzte sich Eric zu mir. In meiner Trunkenheit begann ich über Babette herzuziehen, ohne Grund. Ich hatte keine Ahnung, weshalb ich dies tat, aber aus meinem Mund stießen hässliche Dinge hervor: dass sie nichts von Liebe verstand, dass sie eine gewöhnliche Hure sei, dass sie ein wertloser Mensch wäre, dass ich sie nicht mochte. Eric lauschte die gesamte Zeit und moserte ebenfalls fleißig mit. Wahrscheinlich war ich emotionalisiert und zugleich vom Alkohol stark beeinflusst, anders kann ich mir mein dümmliches Verhalten von damals nicht erklären. Ich war sicher auch erschüttert wegen der Tatsache, dass ich sie anders sah und anders sehen wollte. Ich wollte nicht, dass sie sich so billig verkaufte, sah etwas in ihr, was ich nicht erklären konnte – viel mehr, als sie selbst in sich sah. Nachdem meine Hasstiraden und mein Alkoholkonsum nachgelassen hatten, begab ich mich zur Ruhe. Ich versuchte, meinen Rausch auszuschlafen; es dauerte aber länger als vermutet. Erst spät am Nachmittag stieg ich völlig verkatert aus einem der Heubetten. Orientierungslos begann ich mich umzusehen. Als Ersten erblickte ich Eric, der übers ganze Gesicht grinste – und ich begann zu überlegen. Nach langem Grübeln fiel mir alles wieder ein, was am Abend zuvor geschehen war.

Kurze Zeit später kam auch Babette in den Raum. Sie war verändert; wirkte kalt und distanziert, zornig, verärgert und enttäuscht. Ohne ein Wort zu sagen, verschwand sie. Eric lachte und begab sich in eine der anderen Räumlichkeiten. Ich wusste sofort, dass er mich verraten hatte – dieses Stinktier hatte alles erzählt. Obwohl er selbst fleißig mitgemischt hatte, machte er mich zum alleinigen Sündenbock. Was konnte man auch von einem Mann wie ihm erwarten?! Immerhin hatte er mich schon zuvor im Stich gelassen, bei unserer Mission. Ich war selbst schuld gewesen ... Abrupt stand ich auf und begann, nach Babette zu suchen. Als ich sie fand, drehte sie sich zu mir um und fragte sofort, ob das alles stimmte, was ihr Eric erzählt hatte. Ich bejahte, sagte, dass es der Wahrheit entsprach und dass auch Eric fleißig mitgemischt hatte, betonte auch noch, dass ich es nicht hinter ihrem Rücken machen wollte, aber mich störte manchmal einfach ihr Verhalten. Ich hätte ihr das alles auch direkt ins Gesicht gesagt, fügte ich an. Sie sah mich mit versteinerter Miene an, keine Emotion war in ihrem Gesicht zu sehen. „Schon okay", sprach sie leise – es war das Einzige, was sie sagte. Ich entschuldigte mich bei ihr, mehrmals. Sagte dann, dass es einfach komisch aussieht, wenn sie ständig mit Männern verschwindet, aber gleichzeitig von Liebe spricht. Es ginge mich allerdings nichts an. Abermals ließ sie dann eine Entschuldigung folgen. „Okay! Ist schon in Ordnung!" Das war wiederum das Einzige, was sie zu sagen hatte. Sie ließ sich zwar nichts anmerken, aber ich fühlte es: Sie war verletzt, sie war enttäuscht, sie war getroffen. In den wenigen Worten, die sie an dem Tag mit mir wechselte, steckte viel mehr Emotion, als sie zugab und sagte. Sie war einfach fassungslos und enttäuscht. Das alles hatte ein Mensch angerichtet, dem sie eigentlich blind vertraut hatte. Einige Zeit gingen wir beide nun getrennte Wege. Sie konnte mir allerdings irgendwann verzeihen, und schon bald sollten wir wieder gemeinsame Abenteuer erleben. Von diesem Vorfall blieb dennoch Enttäuschung in ihr übrig – sie war enttäuscht von mir. Ich selbst wusste bereits, wie dämlich ich gewesen war, und wollte es irgendwie wieder gutmachen. Ich setzte auf die Zeit, auf die Zukunft, wollte von nun an stets für sie da sein – damit ich ihr zeigen konnte, dass ich es nicht so gemeint hatte, zeigen konnte, wie wohl gesonnen ich ihr war, zeigen konnte, wie lieb gewonnen ich sie hatte, zeigen konnte, wie wertvoll sie für mich war, zeigen konnte, dass mein Herz doch auch eine reine und schöne Seite hatte. In diesem Augenblick tat es mir einfach nur aufrichtig leid und ich sehnte mich danach, ihr zeigen zu dürfen, dass ihre Ernüchterung mir gegenüber zu Unrecht bestand.

Kapitel 3: Elá und ein toter König

Einige Monate waren vergangen, ohne besondere Erlebnisse. Babette und ich hatten noch immer ein angespanntes Verhältnis. Wir sahen uns zwar relativ häufig, doch ihre Wortkargheit und Ignoranz waren noch immer vorhanden. Ich beobachtete trotz allem weiterhin, wie sie oftmals mit Männern für einen kurzen Moment untertauchte, um ihre ausgeprägte sexuelle Gier zu stillen. Wir beide sprachen zwar manchmal miteinander, es herrschte aber ein eisiges Klima zwischen uns. Ich hoffte auf die Zeit und das Schicksal, hoffte, dass unser Verhältnis wieder so werden würde wie anfangs. Ich vertraute einfach darauf, dass wir uns wieder so gut verstehen konnten wie früher.

Fast täglich überwog bei mir der Gedanke an Elá, gesehen hatte ich sie allerdings schon Monate nicht mehr – auch hier hoffte ich auf eine Fügung des Schicksals.

An einem luftigen Morgen im März rief mich der Bettlerkönig zu sich, und ich gehorchte seinem Befehl. Als ich unten ankam, musste ich mit ihm alleine sprechen. Das Erste, was er mir an diesem Tage verriet, war sein Vorname: Pierre-Francois. Ich wusste nicht, warum er dies tat, aber ich nahm es zur Kenntnis. Wenig später zeigte er mir auf seiner Karte einen weiteren Wachposten, der im Le Bièvre Bezirk gelegen und laut Pierre-Francois wegen einer Feier von König Ludwig XIV., die tags darauf stattfinden sollte, nur spärlich bewacht war. Fünf, sechs Wachen würden die nur mit Holz befestigte Anlage schützen; das Steuergeld der letzten Monate sei dort gelagert. Ich musste abermals einen Plan austüfteln, und versuchen, an das Steuergeld heranzukommen.

Viele Männer würde ich nicht brauchen, dachte ich mir. Babette wollte ich momentan nicht belästigen – zu angespannt war unser Verhältnis. Die Verweigerer, Jacques und Eric, wollte ich ebenfalls nicht dabei haben. Ich wählte deshalb nur Patrice, Christophe und Franck. Einen weiteren seiner Männer brauchte ich meines Erachtens für diese Mission nicht – die drei Kerle hatten mein vollstes Vertrauen.

Wir begaben uns am nächsten Tag zum Wachposten, waren in dunklen Stoff eingehüllt. Dieses Mal benutzten wir den normalen Weg, die Kanalisation war mir an dem Tag nur für die Flucht wichtig.

Die Feier von König Ludwig XIV. war bereits im Gange, denn die Straßen waren fast menschenleer und die königlichen Wachen auch nur ganz vereinzelt auffindbar. In der Nähe unseres Ziels angekommen, versteckten wir uns hinter den umliegenden Wohnhäusern. Wenn die geringe Anzahl der Wachen im Posten stimmte, wäre auch ein durchdachter Sturmangriff möglich gewesen, doch ich entschied mich, Vorsicht walten zu lassen.

Das Erste, was mir auf der Karte auffiel, war, dass in der Nähe des Wachturms ein kleines Kirchlein stand. Genau auf dieses kletterte Franck – ausgestattet mit Pfeil und Bogen. Wir warteten ab, bis er uns ein Zeichen gab, wir mussten zuerst wissen, wie viele Soldaten im Inneren patrouillierten und wann wir über die Palisade klettern konnten. Es waren fünf Wachen zugegen, und als er uns mit einem Pfiff signalisierte, dass wir loslegen konnten, liefen wir los. Vorsichtig huschten wir wie Nebelgeister über die schützende Palisade, durften unter keinen Umständen zu früh entdeckt werden.

Im Inneren angekommen, versteckten wir uns an drei verschiedenen Standorten. Die Wachen patrouillierten kurz danach wieder – wir hatten den richtigen Zeitpunkt erwischt, niemand hatte uns bemerkt. Ich befand mich hinter einer kleinen Holzhütte, in der Musketen gelagert waren. Eine Wache kam in meine Richtung; auf Zehenspitzen näherte ich mich ihm – und schaltete ihn aus – lautlos. Er war bewusstlos, aber am Leben, und ich versteckte ihn danach in einem größeren Busch. Mit einem

Handzeichen gab ich kurz darauf Franck das Zeichen zu feuern. Zwei Pfeile – sie zischten nur so durch die Luft! Dem Ersten direkt in den Oberschenkel und kurz darauf dem Zweiten in den Unterschenkel. Helle Aufregung herrschte bei den Wachen des Monarchen. Sie stürmten wie Hühner umher, schrien aufgebracht, wussten nicht, woher die Pfeile kamen. Und augenblicklich begann ich die Aufmerksamkeit auf mich zu lenken. Ich wünschte Ihnen einen wunderschönen Tag – hier ist Ihr Pfeildirigent Cartouche! Und genau dieser Mann wird sich heute Ihres Steuergeldes bemächtigen. Dies alles sagte ich in vergnügtem und lautem Ton. Die beiden Verwundeten lagen am Boden und konnten sich kaum noch bewegen, während die beiden anderen Soldaten zu lachen begannen. Ob ich verrückt wäre, fragten sie. Ob ich ernsthaft glauben würde, alleine und mit ein paar Pfeilen ihre Livre stehlen zu können. Sie nahmen an, dass ich unbegleitet war und selbst die Pfeile abgefeuert hatte. So kann man sich täuschen!

Sie zielten auf mich, mit Steinschlosspistolen. Sie sagten, ich solle aufgeben, bevor noch ein Unglück geschieht. In diesem Moment rutschte mir ein gut hörbarer Pfiff durch die Zähne. Patrice und Christophe hatten sich währenddessen nach hinten geschlichen und sich versteckt – sie überwältigten nun die Soldaten lautlos und zugleich. Zwei Herzschläge später standen Patrice und ich vor den mit Pfeilen gespickten Wachen. Ich fragte sie mit einem Grinsen im Gesicht, ob sie den Mann am Kirchturm sehen würden. Mit schmerzverzerrtem Gesichtsausdruck nickten sie. Danach meinte ich belustigt, dass, wenn sie wollten, er noch mehr Geschenke verteilen würde. Sie blickten entsetzt und bettelten um Gnade.

Schlagartig begann ich lauthals zu lachen, tänzelte zwischen den beiden umher, stupste ihnen mit dem Zeigefinger auf die Nase, und erwiderte, dass es bloß ein Scherz sei. So wunderbaren Menschen konnte man doch kein Haar krümmen ... Mittlerweile hielt ich bereits eine Flasche Wein in meiner linken Hand und trank nach Herzenslust auf meinen Sieg. *À votre santé!* Christophe kam kurz danach zurück und hatte unsere Beute im Schlepptau. Ich kniff den mit Pfeilen bestückten Soldaten in die Wangen und wünschte ihnen eine gute Besserung. So wie sie aussehen, wäre es besser, sie würden einen Heiler aufsuchen! Zum Abschied winkte ich ihnen zu und bedankte mich für die großzügige Spende. *Herzlichst Ihr Cartouche ...*

Die verletzten Männer waren mehr als nur erstaunt, als wir die Tore der Palisade schlossen. Ich persönlich fand es allerdings sehr belustigend, dass ich meinen charmanten, aber dennoch arroganten Schabernack durchdrücken konnte. Meine Art zu rauben hatte einen ganz eigenen Stil: Durchdacht. Bezaubernd. Abgebrüht. Frech. Das alles war mit einem Schuss Überheblichkeit garniert. Mein Komödientheater für meine Widersacher gefiel mir immer mehr; vor allem im Triumph überwog bei mir die Leichtigkeit des Humors und der Selbstinszenierung. Als wir mit der Beute im Schlepptau den Untergrund betraten, kam ich aus meinem belustigten Grinsen nicht mehr heraus. Meine drei Partner waren ebenfalls sehr vergnügt, als sie mir fortdauernd lachend auf die Schulter klopften. Sie meinten lediglich, ich sei der außergewöhnlichste Mann, auf den sie je getroffen waren.

Etwas später kamen wir zurück ins Versteck. Als wir dort eintrafen, waren alle sehr verdutzt. Wir legten die Beute auf einen hölzernen Tisch, und meine Mitstreiter begannen von unserem Überfall zu erzählen; in sehr heiterer und fideler Tonlage schilderten sie unseren Beutezug. Die anderen lachten; ja, sie jubilierten. Selbst Pierre-Francois, der Bettlerkönig, musste lauthals über das Geschehene feixen.

Babette war ebenso amüsiert. Dieser Moment war auch für unsere Beziehung sehr wichtig. Auch aus dem Grund, weil sie mich nun wieder etwas mehr mochte und immer mehr mein dummes

Gerede von damals verdrängte. Ich blickte in ihre Augen. Das Funkeln – es war wieder vorhanden.

An unserer Siegesfeier nahmen alle Mannen teil. In dieser Nacht spürte ich das erste Mal, dass die Belegschaft mich nun akzeptierte – Solidarität und Respekt wurde mir mittlerweile von fast allen Männern entgegengebracht. Nur Eric und Jacques blieben noch notorische Zweifler.

Endlich kam ich meinem Ziel näher – der Bandenchef dieser Räubergilde! Aber der eigentliche Herrscher war Satan persönlich: Pierre-Francois. Mit Babette konnte ich an jenem Abend das erste Mal wieder vernünftig sprechen; endlich hatte sie mir richtig verziehen, endlich hatte sie mir vergeben. Ich glaube zwar, dass sie meinen Fehler nie vergessen konnte, doch sie verdrängte es – weil jeder Mensch Fehler machen konnte. So auch ich ...

Am nächsten Morgen teilte ich wie gewohnt meinen Teil der Beute im Cour de Miracles auf. Babette begleitete mich dabei. Zu meinem Erstaunen legte auch sie dieses Mal ein paar Livre dazu, und meinte lediglich, dass sie es richtig fand, was ich hier machte.

An diesem Tag musste ich viel über das Geschehene grübeln, vor allem über unsere Gilde. Wir hatten reichlich Manneskraft, doch den meisten fehlte es an der nötigen Ausbildung. Natürlich besaßen wir auch einige Waffen, doch deren Zustand war in den meisten Fällen besorgniserregend. Musketen und Steinschlosspistolen, wie sie die Soldaten von König Ludwig XIV. hatten, besaßen wir überhaupt nicht. Es wäre gefährlich gewesen, so weiter zu rauben, denn an diesem Tage erblickte ich erneut einen Steckbrief. Mittlerweile war ein stolzes Sümmchen auf mich ausgesetzt worden, unser Monarch wollte mit aller Macht verhindern, dass ich mein belustigendes Schauspiel fortsetzte. Zu dieser Zeit hatte er anscheinend das erste Mal die Nase voll davon, dass ihm einer seiner Bürger ständig einen Strick drehte. Obwohl ich keinerlei Angst verspürte, wollte ich dennoch Pierre-Francois davon überzeugen, dass wir bessere Ausrüstung und für die Belegschaft eine Ausbildung brauchten. Ich entschloss mich, abends mit ihm darüber zu sprechen.

Als ich in seinen fauligen Gemächern diese Bitte stellte, wurde er wütend. Niemals würde er sein Gold und Livre einsetzen, um für so etwas aufzukommen, niemals würde er die finanziellen Mittel für so etwas bereitstellen – unter keinen Umständen! Ich meinte bloß, dass wir alsbald ohne diese Gerätschaften nicht mehr rauben könnten, denn die Wachen des Königs kannten mich mittlerweile und würden sich keinesfalls neuerlich so billig abkochen lassen – es wäre gefährlich, so weiterzumachen, wie wir es bisher taten. Schlagartig wurde er einsichtiger. Der Knackpunkt, warum er wahrscheinlich einlenkte, war aber sicherlich, dass ich ihm sagte, dass mit besserer Ausrüstung wesentlich mehr rauszuholen wäre, dass man somit an mehrere Standorte Leute schicken konnte, gleichzeitig viel mehr rauben konnte und nicht nur einzelne Coups durchführen musste.

Obwohl er nicht gerade enthusiastisch war, gab er sich schlussendlich großzügig. Ich bekam von ihm die monetären Mittel zugesagt, die ich brauchte, um das alles umzusetzen, was in meinem Kopf so herumspukte.

Einer der Räume in unserem Versteck war leer, ein großer, dunkler, übel riechender und schimmliger Raum, in dem es sich nur die Ratten gemütlich machten.

Ich beauftragte einige Männer damit, die Kammer, so gut es ging, zu säubern. In der Zwischenzeit machte ich mich auf den Weg zu mehreren Händlern, und holte die nötigen Dinge, die wir für eine Art Übungskammer benötigten.

Strohpuppen und Zielscheiben stellten wir auf, damit die Krieger ihre Schwert- und Schießkunst verbessern konnten. Von nun an konnte man in dieser Kammer seine Fertigkeiten mit Schwert,

Säbel, Bogen und Schießeisen verfeinern; auch einen kleinen Hindernisparcours bauten wir auf, um die Geschicklichkeit der Mannen zu trainieren. Die Schusswaffen, die ich besorgt hatte, waren das Teuerste von den Gerätschaften; ich kaufte ein Dutzend Steinschlosspistolen und ein Dutzend Musketen – mehr war mit den mir zur Verfügung gestellten Mitteln nicht möglich. Gott sei Dank wusste ich ganz genau, wo ich die Schießeisen herbekam: Im Militärbezirk Le Invalides befand sich ein getarnter Waffenhändler, den ich noch aus meiner kurzen Zeit bei der Armee kannte. In der Phase, nachdem mich Madame Clarot verlassen hatte, war ich nämlich auch ein paar Wochen Soldat gewesen. Es war keine spannende Zeit, ich machte es bloß aus Langeweile, konnte mich jedoch damit ein wenig ablenken. Meistens herrschte Tristesse, aber zumindest das Schießen konnte ich mir aneignen. In meinen Memoiren bekommt die kurze Zeit, die ich bei der Armee verbrachte, deswegen keine große Rolle, weil sie für mich völlig belanglos und nicht groß erwähnenswert war. Es waren aber auch nur wenige Wochen, die meistens durch völlige Monotonie gekennzeichnet waren.

In unserer neuen Übungskammer konnte sich unsere Belegschaft nun austoben: Schießen mit Muskete, Pistole sowie Pfeil und Bogen. Üben mit Schwert, Dolch, Axt und Faust. Auch Geschicklichkeitsübungen und weitere Trainingsmöglichkeiten standen hier allen zur Verfügung. Mit Franck hatten wir den perfekten Menschen dafür, den Mannen etwas mehr Schießkunst beizubringen – er konnte schießen wie kein Zweiter. Patrice kümmerte sich um die Belange mit Schwert, Faust und Geschicklichkeit, während sich Christophe im Reparieren und Schleifen der Waffen versuchte. Auch Schleifsteine, Werkzeuge, Schwarzpulver und Munition hatte ich gekauft – dies alles sollte er zukünftig benutzen, um unsere Waffen zu warten. Christophe besaß aber auch Erfindergeist, und deswegen versuchte er sich am Basteln verschiedener Hilfsmittel, die mir später noch gute Dienste leisten sollten. Babette und manchmal ich höchstselbst kontrollierten die Vorgehensweisen, denn es war eminent wichtig, dass alle an einem Strang zogen. Nur so konnten wir es schaffen, eine richtige Einheit aus diesem Laden inmitten der Kanalisation zu formen.

An richtig gute Rüstung kam ich leider nicht heran, wir mussten mit leichtem, ledernem Körperschutz auskommen. Als unser Schmiedemeister und Lieferant fungierte der kahlköpfige, bärtige, bärbeißige Mann, der in der Nähe der Notre Dame seine Unterkunft hatte, eine Schmiede, bei der Madame Clarot immer einkaufte und wo auch ich einst einmal mit ihr dort gewesen war – genau aus diesem Grunde vertraute ich dem Schmiedemeister.

In den nächsten Wochen und Monaten übten alle Männer fleißig und verbesserten ihre Fähigkeiten. Schweiß tropfte, Klingen klirrten, Pfeile zischten – man konnte förmlich spüren, wie sie alle besser wurden. Genauso stellte ich mir dies vor: Eine für den Kampf trainierte und erprobte Truppe. Eine Truppe, die für etwaige Fehden gestählt wurde. Eine Truppe, die es mit den Wachen des Monarchen aufnehmen konnte.

Es war nämlich eine andere Geschichte, wenn wir größere Coups durchführen wollten. Diese Orte waren besser bewacht und ausgerüstet. In den nobleren Gegenden waren auch die Häuser anders, meist mehrstöckig und viel schwieriger zu erklimmen. Es gab dort viele Marktplätze und einsehbare Zonen – man konnte um einiges leichter entdeckt werden. Auch die Menschen waren dort anders. In den ärmeren Gebieten befanden sich bloß hilflose Bürger und Bettler. Alle wehrlos. In den Bezirken der Unterschicht waren normale Bürger unterwegs, schlicht angezogen – sie konnten sich gerade so über Wasser halten. Die Oberschicht, aufs Feinste gekleidet, lebte in den reichen Bezirken. Sie wohnte in den schönsten Gebäuden der Stadt und besaß großen Reichtum.

Für diese Bezirke war es unbedingt notwendig, dass unsere Männer eine gewisse Grundausbildung und zumindest schlichte Ausrüstung zur Verfügung hatten. Denn, lieber Leser meiner Memoiren, nur so konnten sie ihre Ziele und Aufgaben erledigen – nur so konnten sie dort die bevorstehenden Coups überleben.

An einem wolkenverhangenen Tag stand ich auf der Pont Notre Dame, eine Brücke, die die Seineinsel Île de la Cité mit dem Pariser Norden verband. Ich starrte auf die Seine, den Fluss, der sich wie eine Ader auf der Hand eines alten Mannes durch Paris schlängelte; die Wasseroberfläche war glatt in diesem Augenblick. Auf den Straßen erzählten die Menschen von einem Räuber, der dem König auf der Nase herumtanzte. Sie waren begeistert, mein Treiben gefiel ihnen also. Doch erkannt hatte mich niemand von ihnen – sie wussten noch nicht, dass ich es war, der sie so amüsierte. Plötzlich begann es zu regnen; und die vormals glatte Oberfläche der Seine zersprang wie Fensterglas. Ich setzte einen schwarzen Dreispitzhut auf und rannte hurtig zu Madames Behausung. Blöder Regen ...

In dieser Nacht träumte ich abermals einen sehr obskuren Traum, von Mutter und Vater.

Dieses Mal begann es damit, dass meine Eltern nicht gut auf mich zu sprechen waren. Ich befand mich in unserem Haus; sie beschimpften mich, waren verärgert – schickten mich hinaus. Draußen war alles wie immer: das Haus, die Umgebung. Alles war friedlich. Plötzlich kam ein Mann auf mich zu, vermummt mit einem schwarzen Mantel. Er gab mir einen Schlüssel, meinte, ich solle so freundlich sein und die Türe zu unserem Haus versperren, meinte, es ist zu unserer Sicherheit. Ich befolgte seine Anweisung, sperrte die Tür zu, und brachte ihm danach den Schlüssel zurück. In diesem Moment nahm das Grauen seinen Lauf. Der Himmel verfinsterte sich, und es begann wie aus Eimern zu schütten. Aus allen Himmelsrichtungen kamen Skelettreiter. Sie zündeten unser Haus an, es brannte lichterloh. Ich versuchte, die Türe zu unserem Haus zu öffnen. Ich hämmerte. Ich polterte. Ich riss an der Klinke. Es gelang nicht – die Tür blieb verschlossen. Im Hintergrund sah ich den vermummten Mann. Er zeigte mir sein Gesicht. Es war der Teufel persönlich. Hörner. Rote Augen. Dunkle Hautfarbe. Fell. Er lachte schauderhaft. Die gesamte Zeit. In diesem Moment hörte ich wieder meine Mutter schreien und weinen. Ich rannte auf den Menschen in Satansgestalt zu, wollte ihn überwältigen. Er schleuderte mich zurück, ich verspürte heftigen Schmerz. In diesem Moment wachte ich abermals schweißgebadet im Haus von Madame Clarot auf.

Was war das dieses Mal? Ich seufzte und war aufgelöst, ganz am Boden zerstört. Ich weinte. Heftig. In diesem Traum konnte ich mich erneut frei bewegen, doch auf gewisse Art und Weise half ich dem Teufel dabei, meine Eltern zu ermorden. Das Haus anzuzünden. Meine Existenz auszulöschen. War ich auch mit- schuldig? War es meine Schuld? Warum? Was war damals wirklich passiert? Wer tat dies bloß? Ich hatte viele Fragen, aber noch immer keine Antworten. Erschrocken und versteinert versuchte ich weiterzuleben. Ich würde sicher noch herausfinden, was damals passiert war – ich musste es einfach. Anderweitig hätte mich der Traum vielleicht für immer verfolgt ...

An einem Morgen im Mai strahlte die Sonne, liebliches Vogelge- zwitscher war akustisch zu vernehmen. Meinen Traum hatte ich zwar noch längst nicht verarbeitet, doch ich entschloss mich, auf den Markt zu gehen, um mir etwas Essbares zu besorgen. Im Bezirk Île de la Cité gab es viele Marktstände; Fisch, Fleisch, Brot und andere Lebensgüter konnte man dort erwerben. Wie immer herrschte hektisches Treiben, man verstand kaum sein eigenes Wort, bei so vielen Mitbürgern, die sich um die Stände drängten. Ich erwarb das Nötigste, um meinen Hunger zu stillen. Und plötzlich trafen sich unsere Blicke, sie war nur knappe fünf Meter entfernt, dort stand sie – Elá! Erschrocken ging ich einen Schritt zurück. Nach kurzer Verlegenheit verfinsterte sich ihre Miene, sie zog ihre Augenbrauen nach unten, ihr Gesichtsausdruck mir gegenüber wurde grimmig. Augenblicklich verschwand sie in einem Satz in der Menge, während ich etwas erschrocken dastand und versuchte, mir meine Enttäuschung nicht anmerken zu lassen. Erst nachdem ich mich etwas gefangen hatte, ging ich zurück nach Hause.

Als ich mir mit meinen erstandenen Lebensmitteln den Bauch vollschlug, dachte ich noch immer an sie. Mir ging vieles durch den Kopf. Ich hatte sie bereits seit Monaten nicht mehr gesehen, und dennoch erwärmte mich ihr Anblick wie bei unserem ersten richtigen Aufeinandertreffen. Genau diesen Menschen hätte ich am liebsten jeden Tag gesehen und gespürt, die Problematik war dabei nur, dass sie völlig zurecht noch immer verärgert war. Sie war sauer. Sie war skeptisch. Sie war enttäuscht. Das Einzige, was ich hoffte, war, dass sich alles irgendwann einrenken würde. Die Liaison mit ihrem Mann akzeptierte und respektierte ich nämlich mittlerweile.

Lösen konnte ich das Problem – leider – nicht, mir blieb nur übrig, auf das Schicksal zu hoffen.

In den weiteren Tagen stattete ich mehrmals unserer Räubergilde einen Besuch ab. In den letzten Monaten übten alle Männer wie wild an ihren Fähigkeiten. Ein großer Coup stand vorerst nicht auf dem Programm, nur kleinere Dinge, die nicht der Rede wert waren. Ich selbst plünderte auch nur sporadisch: Börsen von gut betuchten Bürgern. Kleine Wertgegenstände. Krimskrams. Den Großteil meiner Beute übergab ich wie gewohnt den Bettlern, Witwen und Waisen.

Viel wichtiger war jedoch, dass die Männer des Bettlerkönigs mittlerweile richtige Soldaten geworden waren. Keine wilden Haudegen mehr, die nur ihre Faust kannten. Allesamt konnten sie nun halbwegs mit Bogen, Schusswaffen, Schwert, Säbel, Dolch und Axt umgehen. Es fehlte nicht mehr viel, dann sollte ich meine eigene kleine Armee an Räubern befehligen – Franck, Patrice, Christophe und Babette hatten ganze Arbeit geleistet: Die schwerfälligen und meistens betrunkenen Männer ohne Kenntnis wurden zu richtigen Kriegern erzogen. Christophe überraschte mich auch noch mit einer Tüftelei. Er hatte eine Art Bombe entworfen und erschaffen, die, wenn man sie fallen ließ, Rauch freisetzte. Mit diesem Hilfsmittel konnte man sich schnell und lautlos wie unsichtbar machen, Verwirrung stiften, oder Verfolger abschütteln – eine fantastische Gerätschaft. Wir hatten zwar nur ein paar von den Bomben, doch er versicherte mir, dass er sehr rasch Nachschub produzieren konnte, und wollte auch noch an weiteren Dingen herumexperimentieren. Sein Wille, unsere Sache mit so etwas zu unterstützen, gefiel mir gut.

Babette hatte auch noch einiges zu berichten: Sie versuchte, die Behausung in der Kanalisation so menschenfreundlich wie möglich zu gestalten; sie räumte mächtig auf. Es roch jetzt viel weniger modrig und faulig als noch zuvor. Es blieb zwar noch immer die Kanalisation, mittlerweile war es aber wesentlich gemütlicher geworden. Teppiche lagen am Boden und verzierten mancherorts die steinernen Wände. Den Schimmel hatte sie größtenteils entfernt, und sogar ein paar neue Möbel, Einrichtungsgegenstände und Betten konnte sie besorgen. Wie sie das anstellte, hat sie mir nie verraten, doch es wurde etwas wohnlicher in unserem Versteck. Der Eingang dazu war noch immer die geheime Schiebetür, die sich am eigentlichen Gewölbe des Untergrunds befand, direkt unter der Notre Dame. Warum man bei der Erbauung der Kanalisation eigentlich so einen geheimen Bereich erschaffen hatte, wusste ich nicht, doch für unsere Gilde war dies ein Segen.

Nur deswegen hatten wir diese geheime Bleibe, von der auch niemand Kenntnis hatte – sie war nicht einmal im Stadtplan verzeichnet. Das Einzige, was ich mich fragte, war: Wie erfuhr der Bettlerkönig von diesem geheimen Bereich? Denn er war es schließlich, mit dem alles hier im Untergrund begann.

Vielleicht sollte ich auf diese Frage eines Tages eine Antwort bekommen, doch noch war es nicht so weit. Meine beiden Dienstverweigerer, Jacques und Eric, machten zwar alles mit, was man von ihnen verlangte, doch begeistert von all dem waren sie noch immer nicht. Die beiden bärtigen Männer zweifelten weiterhin an meiner Person, sprachen oft in süffisantem Tonfall mit mir und waren meist sehr mürrisch. Irgendwie hatte ich Sorge. Sorge, dass die beiden mich und uns alle mit ihrer Art in Gefahr bringen könnten, Sorge, dass sie alles gefährden würden. Ich hoffte darauf, dass die beiden eines Tages erkennen würden, dass sie mir folgen konnten. Gelänge dies nicht, würde das vermutlich fatale Folgen heraufbeschwören. Die Hoffnung wollte ich aber keinesfalls aufgeben, Jacques und Eric würden es sicher schon noch begreifen ...

Eines Nachmittags stöberte ich in Madame Clarots Haus herum und entdeckte dabei in ihrer Bibliothek eine Schatulle, die ich bis dato noch nicht gesehen hatte. Ich öffnete sie vorsichtig. Im Kern dieses Kästchens befand sich ein Ring, ein Ring aus purem Gold, versehen und verziert mit dem gleichen Zeichen wie am Dolch, den ich immer bei mir hatte. Dieses seltsame rote Kreuz – es befand sich auch auf dem Ring, in dem ebenfalls ein Name eingraviert war. „Famille Clarot" stand auf dem goldenen Schmuckstück. Nachdem ich die kleine Kostbarkeit kurz bestaunt hatte, steckte ich ihn an meinen Mittelfinger – ich beschloss, den Ring an der rechten Hand zu tragen. Ich dachte mir, dass er vielleicht Glück bringen würde, und tatsächlich bewahrheitete sich dies irgendwann in Zukunft. Ohne diese beiden goldenen

Objekte – dem Ring und dem Dolch – hätte ich später wahrscheinlich so einiges nicht herausgefunden.

Am selben Tag inspizierte ich die Karte von Paris. Eigentlich war Paris eine riesige Metropole, es gab so viele verschiedene Bezirke und Bereiche. Meine Eltern und ich waren früher etwas außerhalb der Stadt beheimatet, nur sporadisch kamen wir hierher. Mittlerweile konnte ich nun so einiges über Paris berichten. In meinem weiteren Leben sollte ich diese Stadt zwar noch viel näher kennenlernen, doch einiges konnte ich bereits zu diesem Zeitpunkt sehr genau beschreiben.

Mitten durch die Stadt floss die Seine, und der Ursprung und Kern von Paris war Île de la Cité, eine große Insel, die inmitten des Flusses lag. Jeder Bezirk hatte Arrondissements. Hier waren dies Île de la Saint Louis, Cité und Palais de Justice. In Cité stand die Notre Dame. In Palais de Justice befanden sich neben dem gleichnamigen Palast noch der Place Dauphine und die Saint Chapelle. Es war ein ganz normaler Bezirk, gekennzeichnet durch enge Gassen, hektisches Treiben und viele Märkte. Mehrere Geschäfte und Cafés waren hier anzutreffen, und auch die Conciergerie, das Gefängnis, war hier im Arrondissement Palais de Justice beheimatet. Die Häuser auf der Seineinsel waren mittelgroße Gebäude, bunt verziert. Der Place Dauphine war ein königlicher Platz, der eine bronzene Statue von Heinrich IV. zu Pferde beherbergte. In der Nähe davon befand sich die Pont Neuf, eine Brücke, die in den Bezirk Ventre de Paris führte. Der Palais de Justice, ein riesiger Gebäudekomplex, war der Justizpalast, der alle wichtigen Institutionen der französischen Rechtsprechung beheimatete. Neben dem Untergrund und dem Cour de Miracles, der ganz im Norden lag, hielt ich mich am meisten hier auf der Seineinsel auf. Natürlich auch aus dem Grund, weil sich in Cité Madame Clarots Anwesen befand. Die weiteren Bezirke kannte ich zwar bereits und hatte bis hierhin auch schon so einiges mit ihnen zu tun gehabt, aber sie waren mir bei weitem noch nicht so vertraut wie eben jene Bereiche, von denen ich dir gerade berichtet habe, werter Leser. Im Laufe der Zeit sollte sich dies aber ändern – vor allem dank einer Person, mit der ich sehr viel in Paris unternehmen durfte. Diese Person trat nun wieder richtig in mein Leben. Sei gespannt, lieber Leser ...

Eines Abends – es dämmerte bereits – ging ich spazieren. Die Menschenmassen auf der Île de la Cité hatten sich schon etwas aufgelöst, und durch die geschlossenen Fensterläden der Häuser schimmerte Kerzenlicht. Dieser Abend an einem Junitag war ein wichtiger in meinem Leben. Ich wanderte durch die Gassen und genoss den Anblick der Häuser. Es war eine friedliche Umgebung. Plötzlich sah ich sie. Elá! Sie lief weg – vor irgendetwas hatte sie panische Angst. Ohne zu wissen, was genau vorging, verfolgte ich sie. Als ich mich dem Geschehen näherte, bemerkte ich, dass zwei Gauner hinter ihr her waren. Schlichte, lumpige Banditen in verschlissener Kleidung. Elá rannte, so schnell sie konnte, wie ein Blitz. Nach einigen Minuten, in denen ich ihnen nachjagte, lief sie sich in einer Sackgasse fest. Sie keuchte. Sie war ängstlich und außer Atem, als sie sich an einer Hausmauer festhielt. Ich verblieb vorerst im Hintergrund, im Schatten. Ihre Verfolger waren widerwärtige und skrupellose Männer, die ihre Habe stehlen wollten. Elá schnaubte wie wild. „Ich habe weder Gold noch Schmuck dabei, außerdem würde ich euch Gesindel sowieso nichts geben." Sie versteckte ihre Angst. Die Männer kamen ihr immer näher, meinten, wenn sie es nicht freiwillig hergeben wolle, würden sie Elá von ihrer Kleidung befreien und nachsehen, was sich darunter alles befände. Elá war aufgebracht. Sie schimpf-te wie ein Rohrspatz – in alle Himmelsrichtungen. Die Banditen ließen sich allerdings nicht davon beeindrucken, kamen ihr immer näher, meinten bloß, dass ihnen das gefiele, wenn sie sich zieren würde. In dem Moment wusste ich, dass ich eingreifen musste; ich konnte nicht tatenlos zusehen – die Banditen hätten ihr weiß Gott was angetan. Ich hatte zwar Zweifel, ob sie ausgerechnet von mir Hilfe in Anspruch nehmen wollte, ich trat jedoch in Erscheinung. Ungefähr fünf Meter hinter ihnen lehnte ich mich an eine Hausmauer. In lautem und süffisantem Ton sprach ich davon, dass heute schon die Bordelle geöffnet hätten – sie sollen ruhig dort hingehen, bevor ich ihnen die Pfoten abhacke. Die Banditen drehten sich um, verwirrt schweifte ihr Blick durch die Finsternis. Augenblicklich bewegte ich mich langsam auf sie zu, stellte mich dann direkt vor sie hin und grinste schelmisch. „Wer bist du?", fragten sie mich mürrisch und sichtlich angesäuert. Ich lachte laut und erwiderte, dass ich der Retter verlorener Schäfchen wäre, ich der wäre, der sie schon bald in einem Nebelgeschwader zur Strecke bringen würde. Die Banditen sahen mich perplex an – und feixten. In diesem Moment ließ ich eine der Bomben von Christophe zu Boden fallen. Sie funktionierte – wir waren alle drei schlagartig in Qualm und Rauch eingehüllt. Durch diesen Überraschungsmoment gelang es mir, beide zu überwältigen. Ein gezielter Schlag in die Magengrube und weitere Schläge auf den Kopf – und die Banditen lagen mir zu Füßen. Als sich der Rauch legte, erblickte ich Elá. Sie war erschrocken und verdutzt zugleich. Mit schnellen Schritten eilte ich auf sie zu, und meinte, wir müssten verschwinden, bevor sich die beiden erholen würden. „Mit dir gehe ich nirgendwo hin, du Vollidiot!", sagte sie mit verärgerter Stimme. Ich äußerte bloß, sie könne ruhig bleiben und warten, bis die Halunken sich erholt hätten. Sie zog eine Augenbraue nach oben und begutachtete mich kurz. „Na gut, ich komme mit."

So machten wir uns auf den Weg in eine nahe gelegene Taverne. Dort angekommen, setzten wir uns an einen Tisch, und Ruhe kehrte für einen Moment ein. Als ich sie so sah, von Angesicht zu Angesicht und aus nächster Nähe, dachte ich nur eines: So etwas Schönes hatte ich noch nie zuvor gesehen ... In der Taverne wurde gesungen, musiziert und getanzt; wir nippten ein wenig vom Wein, den uns der Gastwirt servierte. Elá hatte bis dahin keine Silbe gesagt. Doch plötzlich meinte sie mit verlegenem Gesichtsausdruck, sie hätte das auch ohne mich geschafft. Ich lächelte, und sagte, dass sie diese Situation – ganz sicher – unter Kontrolle gebracht hätte. *Ohne Zweifel!* In dieser Sekunde begann sie zu lächeln, und ihr Gemüt mir gegenüber wurde etwas ruhiger. Just in diesem Moment wurden wir gestört. Die Banditen kamen in die Taverne und suchten nach uns. „Da! Da sind sie!", polterten sie quer durch den Raum. Ich zerschlug rasch mit einem Stuhl ein Fenster, half Elá beim Ausstieg, machte einen kleinen Knick und verabschiedete mich grinsend. Wieder in der Dunkelheit angekommen, schnappte ich Elá lachend an der Hand. Ich frohlockte und war schrecklich amüsiert, als die Taugenichtse uns folgten. „Was machen wir?", fragte mich Mademoiselle in vergnügtem Ton. In fideler Tonlage sagte ich, dass wir nun die Schweine in den Stall bringen werden. Ich kannte ein Bauernhaus samt Schweinestall, einige hundert Meter weit weg, im Bezirk Le Bièvre gelegen. Als wir dort ankamen, versteckten wir uns hinter einer braunen Kutsche – die Tore zum Stall hatte ich bereits geöffnet. Die Straßenräuber kamen, und waren verwundert darüber, dass wir auf einmal verschwunden waren. Sie begannen uns zu suchen, marschierten sofort in Richtung Schweinestall, derweil sich Elá und ich vorsichtig an sie heranschlichen. Als wir hinter ihnen standen, sagte ich in höchst vergnügtem Ton nur eines: „Gnädigste Mademoiselle? Zugleich!" Augenblicklich stießen wir die beiden Idioten in den Stall und schlossen laut lachend und kichernd die Tore. Zwischen dem Grunzen der Schweine hörte man die beiden noch aus der Ferne mosern und winseln. Wir hatten riesigen Spaß daran, uns mit den Kerlen an diesem Abend zu amüsieren. Auf dem Rückweg lachten wir uns beide fast die Seelen aus dem Leib, doch plötzlich blieb sie stehen. „Ich muss nach Hause! Es ist schon sehr spät", sagte sie. Ich bedankte mich bei ihr, verbeugte mich, und wünschte eine gute Heimreise. Als wir nun andere Richtungen einschlugen, drehte sie sich auf einmal um. „Was machst du jetzt eigentlich? Wo wohnst du?", rief sie mir zu. Ich sagte nur, dass ich im Haus von Madame Clarot wohnen würde. Sie nickte. Sie strahlte. Danach verschwand sie in der Dunkelheit. Ich für meinen Teil ging glücklich und sehr zufrieden zu Bett. Das Schicksal – es hatte es wirklich geschafft, uns wieder näher zusammenzuführen. Ich konnte es kaum glauben, aber Elá und ich hatten gerade unser erstes Abenteuer erlebt, Elá und ich hatten die erste gemeinsame Zeit miteinander verbracht. Durch eine Fügung! Das Einzige, was ich hoffte, war, dass wir uns wiedersehen würden. Aufdringlich oder gar lästig oder egoistisch wollte ich jedoch nicht mehr sein. Das Einzige, das ich wollte, war, dass wir wieder normal miteinander umgehen konnten. Ich wollte sie zumindest als Freund zurückhaben. Der erste Schritt war getan, das Schicksal war mir gewiss hold gewesen.

In der nächsten Zeit verweilte ich einige Male im Untergrund. Mittlerweile waren die Männer so weit; von nun an schickten wir regelmäßig einen Trupp auf Beutefang – kleinere Diebstähle, unwichtigere Wachposten. Bei den großen Missionen war ich zugegen, momentan hatten wir allerdings nur kleinere Missionen, und so führten die Krieger meist Babette, Patrice, Christophe oder Franck. Rein äußerlich waren sich Patrice und Christophe sehr ähnlich – schmal, aber muskulös, braunes Haar, hellbraune Augen. Franck hingegen war etwas kleiner, hatte etwas dunklere Augen und eine dunkle Haarfarbe; und auch seine Statur war nicht so muskulös wie die der anderen beiden. Das Äußere von Babette hatte ich ohnehin bereits beschrieben: dunkelblondes Haar, das ihr bis auf die Hüften fiel, rehbraune Augen, schmale Taille. Sie war wunderschön.

In den Gassen des Cour de Miracles befanden sich Hunderte Bedürftige und Bettler. Sie alle wurden von Pierre-Francois, dem

Bettlerkönig, unterdrückt, seit Jahren bemächtigte er sich ihres Geldes, das sie geschenkt bekamen – zwei Drittel ihrer Einnahmen steckte er sich in seinen Beutel.

Die bemitleidenswerten Wesen hatten allerdings keine Wahl: Zu König Ludwig dem XIV. und seinen Gefolgsleuten konnten sie nicht gehen, denn dem Monarchen war der Cour de Miracles ein Dorn im Auge. Er empfand diesen Bezirk als widerwärtig, für ihn lebte dort nur Abschaum und Gesindel – er hätte ihnen nicht im Geringsten geholfen. Genau das wusste Pierre-Francois und deswegen baute er sich seine Truppe auf, drohte den Bettlern mit Tod und Verstümmlung. Vieles davon setzte er auch in Taten um, nur um seine Gier nach Reichtum zu stillen. Die Bettler mussten oft mehrere Tage hungern; Madame Clarot und nun ich waren die Einzigen, die ihnen das zurückgaben, was man ihnen raubte: in erster Linie Livre und Essen. In letzter Zeit wurde es jedoch etwas besser. Ich sah zwar noch immer mit gehörigem Hass, wie mir manchmal dort verstümmelte Bettler über den Weg liefen, doch seitdem ich Pierre–Francois half, zu mehr Reichtum zu gelangen, wurden auch seine Exzesse den Bettlern gegenüber weniger. Meine Anteile wanderten zu großen Teilen direkt zu den Leuten im Cour de Miracles. Jetzt, da der Bettlerkönig eine richtige Räubergilde sein Eigen nennen durfte, machte er zwar nicht Halt vor den Armen, aber seine Schandtaten wurden weniger. Seine Gier nach Gold und Livre kannte zwar keine Grenzen, doch durch mich und meine Raubzüge bekam er genau das, was er wollte: Reichtum. Seinen Hals kriegte er dennoch nicht voll, er wollte immer mehr und mehr. Was ich nicht verstand, war, weshalb er meistens im Untergrund, in seinen Gemächern blieb. Man sah ihn nur äußerst selten in der Stadt; so als hätte er vor irgendetwas Angst gehabt. Zu diesen Zeiten war mir das aber egal. Das Einzige, was mich interessierte, war, dass ich seine Macht verringern wollte und dass er fürs Erste nicht mehr so blutrünstig den Bettlern gegenüber auftrat. Seine grenzenlose Gier nach Materiellem konnte ich – Gott sei Dank! – zu diesen Zeiten halbwegs stillen.

Eines Morgens klopfte es an meine Tür, an die Tür des Hauses Clarot. Ich ging rasch die Treppe hinunter und wollte aufmachen. Es war sicherlich Babette oder jemand aus dem Untergrund. Als ich die Türe aufmachte, staunte ich, wer hier vor meinem Heim stand. Ich hätte es nicht zu hoffen gewagt – es war Elá. Ich hatte sie mittlerweile schon Wochen nicht mehr gesehen, doch plötzlich stand sie mit einem ausdrucksstarken Grinsen vor meiner Türe. Leicht verlegen bat ich sie herein, sie ging mit mir die Treppe hoch, und wir setzten uns an einen Tisch. Sie roch nach Kirsche – und wir begannen zu reden. Sie wollte wissen, wo Madame Clarot geblieben war, Elá wollte sie unbedingt wiedersehen. Ich entschloss mich, ihr alles zu erzählen. Zuerst dachte ich, meine Geschichte würde sie nicht interessieren, doch sie fragte alsbald auch nach meiner eigenen Vergangenheit. Ich tat ihr den Gefallen und schilderte ihr mein ganzes Leben. Manches Mal hatte sie feuchte Augen dabei, schluckte krampfhaft, doch sie hörte aufmerksam und begeistert zu.

Sie erzählte mir dann davon, dass sie ihre Eltern verloren hatte. Nachdem sie aus ihrer Heimat nach Paris zurückgekommen war, dauerte es noch eine Weile. Doch vor wenigen Wochen war es so weit – ihre Eltern wurden hingerichtet. Als Grund nannte man ihr: „Platzverschwendung in der Conciergerie!" Sie konnte sich von ihnen verabschieden, doch bei ihrem Tode war sie nicht zugegen – sie konnte den Anblick nicht ertragen. Als sie dies erzählte, weinte sie bitterlich. Sie schluchzte die gesamte Zeit. Ich versuchte sie zu trösten und umarmte sie unentwegt; sie war völlig fertig. Aufgelöst. Als sie sich etwas gefangen hatte, sagte sie, dass es unglaublich schön wäre, wenn Madame Clarot bald zurückkehren würde. Ich erwiderte, dass ich dies ebenfalls hoffte. Sicher war ich mir hierbei aber nicht; ob sie jemals zurückkehren würde, bezweifelte ich sehr stark. Trotzdem wünschte ich es mir genauso sehr wie Elá.

Danach bestätigte sie mir, dass der Mann, den ich gesehen hatte, der ihre war. Er stammte aus ihrer Heimat, und sie hatten sich dort kennengelernt. Die beiden waren in einer Beziehung, und auch von Heirat sprach sie. Sie wollte zwar nicht sofort heiraten, doch das Thema wurde von den beiden bereits angesprochen. Ich schluckte. Aber dennoch gönnte ich es ihr. Sie selbst schien sich trotzdem nicht gänzlich sicher zu sein. Sie wirkte etwas traurig und verstört, als sie mir das alles sagte. Ich für meinen Teil schwieg und wünschte ihr von Herzen, dass sie glücklich werden würde. Es tat gut, mit ihr wieder einen normalen Umgang zu pflegen. Einfach, weil sie Elá war. Einfach, weil sie ein Mensch war, den ich sehr gern an meiner Seite hatte.

Als wir nun aber auf mein Verhalten in der Vergangenheit zu sprechen kamen, wurde sie ärgerlich. Sie tobte förmlich – und fragte mich, warum ich so einen Schwachsinn gemacht hätte, warum ich so ein desaströser Vollidiot gewesen wäre. Ich zuckte mit den Schultern und versuchte mich zu erklären. Nach einer kurzen Aussprache setzte sie ihr schönstes und hellstes Lächeln auf und sagte: „Schwamm drüber! Ich kenne dich und verzeihe dir! Fehler macht jeder einmal …" Als ich das hörte, war ich der glücklichste Mensch auf Erden. Sie hatte mir tatsächlich verziehen. Meine gesamte Last, die ich auf meinen Schultern trug, wurde mir somit abgenommen. Last, die sich aufstaute, weil ich ihr weh getan hatte, aber dies nie wollte, Last und Schmerz, den ich in mir trug, weil ich es wieder gut machen wollte, und Wut und Ärger über mich selbst, weil ich begriffen hatte, wie dämlich ich damals gewesen war. In diesem kurzen Moment, in dem Elá sprach, wurde alles getilgt. Ich konnte mit ihr von vorne beginnen – von Mensch zu Mensch.

Für diesen Tag verabschiedete sie sich von mir, doch wir verabredeten uns für die nächsten Tage in einem Café. Es war wunderschön, mit ihr Zeit zu verbringen, und deswegen genoss ich jede Sekunde, die sie mir gestattete, an ihrem Leben teilzuhaben. Mein unnachgiebiger Wille, sie um jeden Preis an meiner Seite haben zu wollen, dass sie meine Frau sein sollte, war verschwunden. Ich hatte gelernt; hatte kapiert, dass Liebe nicht aus egoistischen Zügen bestand. Ich gönnte ihr alles, was sie wollte, und respektierte ihre Entscheidungen. Wenn man jemanden liebt, musste man auch akzeptieren können, dass die Person, die man liebt, sich anderweitig entschieden hat. Wenn man jemanden liebt, dürfe man keine Rücksicht auf sich selbst nehmen. Die andere Person war wichtiger, auch wenn es noch so traurig für einen selbst erschien. Vielleicht sogar für beide ... Das Wichtigste für mich war aber, dass ich sie wieder als Mensch zurück hatte. Ich durfte wieder bei ihr sein, durfte mit ihr sprechen – und endlich Zeit mit ihr verbringen. *Endlich ...*

An dem Tag, an dem wir uns verabredet hatten, wollte Babette, dass ich bei Pierre-Francois vorbeikam. Ich wimmelte sie ab, sagte nur, dass sie später noch mal vorbeikommen solle – ich hätte momentan andere Verpflichtungen. Das Treffen mit Elá war mir einfach viel zu wichtig, ich konnte es nicht absagen.

Verabredet waren wir im Café Procope, das älteste Café von Paris und im südlichen Bezirk Le Quartier Latin gelegen. Die Arrondissements dort hießen Faubourg Saint-Germain, Sorbonne und Luxembourg. Es war ein reicher Teil der Stadt. Weitläufig. Viele Gärten und Paläste sowie Denkmäler und Wahrzeichen beherbergte der Bezirk. Mehrstöckige und wunderschöne Gebäude mit vielen Verzierungen waren die Behausungen der Oberschicht, die schöne und edle Gewänder der berühmtesten Schneider von Paris am Leibe trugen. Allesamt waren sie hochnäsig, voller Eitelkeit und intolerant. Diese Bürger beäugten das Treiben im Cour de Miracles von oben herab; für sie waren die Menschen dort nur gewöhnliche Ratten. Ungeziefer. Dreck. Abschaum.

Der Palais du Luxembourg stand im gleichnamigen Teil von Le Quartier Latin. Hier war ich vor einiger Zeit bereits eingedrungen. Der riesige Gebäudekomplex samt gigantischem Garten diente auch der königlichen Familie zur Repräsentation. Es war ein Palast, so fantastisch; man konnte es nicht in Worte fassen.

Die Sorbonne und das Hôtel Cluny waren in dem Teil namens Sorbonne beheimatet. Das Kolleg der Sorbonne war eine höhere Schule für die großen Köpfe der Stadt. Seit dem Mittelalter existierte sie bereits, und ihr Gründervater war Robert von Sorbon, der Hofkaplan von König Ludwig dem Heiligen.

Das Hôtel Cluny war eine Art Museum. In diesem Palast, der einige Stilelemente der Spätgotik und der Renaissance verband, waren viele wunderbare Exponate ausgestellt.

In Faubourg Saint-Germain befand sich die St. Germain de Prés, eine kleinere Kathedrale. In diesem Teil befand sich aber auch das Café Procope, wie erwähnt das älteste Café von Paris. Hier traf sich alles, was Rang und Namen hatte: Künstler, Wissenschaftler, Politiker, Literaten. Ihr Besitzer und Gründer war der italienische Edelmann Francesco Procopio dei Coltelli. Theaterstücke und Bühnenaufführungen waren zwar in vielen Cafés verbreitet, doch hier waren sie, wenn man dem Volksmund glauben schenkte, die besten.

Am frühen Nachmittag machte ich mich endlich auf den Weg nach Le Quartier Latin, ich war adrett angezogen. Ich begab mich zum Café Procope, setzte mich in diesem edlen und teuren Etablissement an einen Tisch und wartete auf Elá. Währenddessen beobachtete ich das Treiben. Der Besitzer war sehr freundlich und sprach mit Akzent. Der italienische Edelmann gab sich aber keine Blöße und überbrachte mir ein heißes Getränk, während ich auf Elá wartete. Dies ging aufs Haus. Viele reiche und gelehrte Menschen verweilten an diesem Tage hier, darunter auch Voltaire – ein zukünftiger Schriftsteller und Literat. Es war ruhig, und alle Gäste gingen kultiviert miteinander um. Man hörte leises Gerede. Edle Stimmen. Sehr nobel. Man hörte die Menschen mit dem Kaffeegeschirr klimpern, und roch den Duft vieler verschiedener Aromen in diesem Raum: Kaffee, süße Leckereien, Kuchen, Torten. Nach kurzer Wartezeit kam Elá. Sie war etwas außer Atem und entschuldigte sich dafür, dass es so lange gedauert hatte. Ich schüttelte mit dem Kopf und meinte, dass dies nichts machen würde. Ich würde gerne warten, wenn die Person, auf die ich wartete, sie sei. Sie lächelte, und ihre Augen strahlten. In Windeseile stolzierte Francesco Procopio auf uns zu und wollte wissen, was wir bestellen würden. Wir nahmen beide einen Milchkaffee und Eiscreme. Diese Eiscreme war etwas Neuartiges, man kannte sie noch nicht so gut; sie gab es auch nur in diesem Café. Es war eine kalte, herrliche Süßspeise, gefroren. Wenn man sie in seinen Mund führte, zerging sie nach kurzer Dauer. Es gab sie in mehreren Geschmacksvarianten – Schokolade, Vanille oder Fruchtige wie Erdbeere. Vor allem im Sommer, wie er gerade vorherrschte, konnte man sich an heißen Tagen damit etwas abkühlen. Diese Eiscreme war ein Meisterwerk – ein Gaumenschmaus.

Als Elá und ich unsere Bestellung genossen, plauderten wir angeregt miteinander. Wir sprachen über alles Mögliche. Stundenlang. Wir konnten beide die Zeit und unsere Sorgen vergessen, es war ein gemütlicher und amüsanter Tag. Nebenher gab es kleine Theaterstücke im Café Procope – einige mit ernstem Hintergrund, andere mit spaßiger Szenerie. Elá und ich lauschten gespannt den Künstlern auf der Bühne – *es war eine heitere Atmosphäre*. Oftmals trafen sich unsere Blicke. Darin erkannte und spürte man Zuneigung, gleiche Gesinnung und Wärme. Es war ein wunderbarer Tag, ein Tag, den ich mit einer wunderbaren Person verbrachte. Als die Dämmerung einfiel, beglich ich die Rechnung. Und alsbald machten wir uns gemeinsam auf den Nachhauseweg. Wir hatten einen entspannten Tag hinter uns, als wir uns verabschiedeten, und wir entschlossen uns, in nächster Zeit einander wieder zu treffen. Einer von uns beiden sollte sich einfach beim anderen melden. Elá ging mit einem zauberhaften und mitreißenden Lächeln zu ihrem Heim zurück; ich ging gleich zu Bett. Ich hatte einen Tag verbracht, den ich nie vergessen werde. Gemütlich. Entspannt. Heiter. Ich war mit einer Person zusammen gewesen, die mir mehr bedeutet hat als die gesamte Welt. Ein Moment mit ihr war das größte Geschenk überhaupt, Zeit mit ihr zu verbringen war das Schönste, was man sich vorstellen konnte. Es war alles wie in einem Traum. Ein Traum, der Wirklichkeit wurde. Nur aus dem Grund, weil sie in meiner Nähe war, aus dem Grund, weil Elá mich mit ihrem Wesen in andere Sphären hob. Es war einfach wunderschön, sie in meiner Nähe zu haben.

Am nächsten Morgen weckte mich Babette. Sie stand mitten in meinem Schlafgemach und blickte ärgerlich und wütend. Als ich mich verschlafen aufrichtete, musterte sie mich von Kopf bis Fuß.

„Wo warst du gestern? Du solltest doch zu Pierre-Francois", fuhr sie mich an. Verträumt rieb ich mir meine Augen und gähnte. Als sie nicht sofort von mir eine Antwort bekam, wurde sie noch wütender. „Ich rede mit dir, Cartouche! Wo warst du?", fauchte sie mich an. Ich erklärte ihr nun in ruhiger Stimmlage, dass dies nicht so wichtig sei und ich jetzt für den satanischen Herrscher Zeit hätte. Sie beruhigte sich etwas, und wenig später brachen wir auf, marschierten in die Kanalisation. Dort angekommen, herrschte Aufregung. Mehrere Männer standen um den Bettlerkönig herum, der scheinbar ungeduldig meine Ankunft erwartete. Als er mich sah, meinte er süffisant, dass nun endlich auch unser Goldjunge eingetroffen sei. Danach packte er mich am Kragen und bellte mich an: „Wenn ich rufe, dann kommst du sofort und nicht erst am nächsten Tag. Verstanden?" Kein Wort antwortete ich darauf, denn ich wollte nur wissen, was er wollte.

Und so begann er, in seinen Gemächern zu erläutern: Nächsten Monat käme König Ludwig XIV. in die Stadt. Er würde im Palais de Tuileries residieren, und eine Menge Wertgegenstände mitbringen. Eine Feier für Adlige und die halbe Oberschicht würde er abhalten. Spärlich bewacht. Pierre-Francois glaubte, dass dies die perfekte Gelegenheit wäre, um den König ein winziges Stück ärmer zu machen. Er war der festen Überzeugung, dass ich es schaffen würde, ihm etwas Hab und Gut abzuknöpfen. Damit könnten wir uns als Räubergilde richtig etablieren. Nicht nur kleine Aufträge und Raubzüge.

So komisch es klingen mag, aber ich willigte sofort ein. Meine Arroganz und mein Hang zur Selbstinszenierung waren prompt wieder erwacht, denn auch für mich selbst war dies eine Gelegenheit, mich massiv ins Rampenlicht zu stellen. Durch die kleinen Raubzüge, die unsere Männer dann und wann unternahmen, wurde mein Name in Paris immer bekannter. Alle brachten diese Straftaten mit Cartouche in Verbindung, selbst wenn sie noch so mickrig erschienen. Des Königs Palast zu infiltrieren und zu stürmen wäre allerdings eine ganz andere Kragenweite. Sollte mir dieser Coup gelingen, wäre ich in der gesamten Stadt auf Anhieb bekannt. Dieser Gedanke gefiel mir daher sofort, dieser Gedanke brachte mein Blut in Wallung.

Pierre-Francois war begeistert, und meinte, ich solle mir alles genau ansehen. Im Verlaufe des nächsten Monats, im August, würde es dann so weit sein.

Ich nickte, und freute mich diebisch darauf, den Monarchen zu sehen und zu veralbern. Ich hoffte nur, dass mir dieser Überfall gelingen würde, doch als ich an meine zwei Dutzend Männer dachte, wurde mir etwas leichter ums Herz. Denn genau diese Mannen waren unter guter Führung nun wirklich so weit, um auch solche Coups durchzuführen. Einfach würde es dennoch nicht werden.

Der König selbst hatte seinen eigentlichen Sitz in Versailles, eine kleine und sehr nahe gelegene Nachbarstadt von Paris, in der das politische und kulturelle Zentrum Frankreichs lag. König Ludwig XIV. hatte dort das Schloss in mehreren Phasen um- und ausbauen lassen. Dort, in Versailles, befand sich seine eigentliche Residenz, dennoch verweilte er relativ häufig in Paris – entweder im Palais de Tuileries oder dem Palais du Luxembourg. Er veranstaltete sehr viele Feiern, doch dieses Mal war er anscheinend nicht vorsichtig genug gewesen. Weniger Wachen! – dies könnte unsere Chance sein!

Die nächste Zeit verbrachte ich damit, noch intensiver zu versuchen, unsere Krieger auf ein sehr hohes Leistungsvermögen zu bringen – mit der Hilfe meiner Kollegen: Babette, Patrice, Christophe, Franck. Meines Erachtens waren alle Männer, die zu uns gehörten, mittlerweile auf einem guten Leistungsniveau, das man nur mehr schwerlich übertreffen konnte. Wichtig war mir aber, dass jeder versuchte, alles aus sich herauszukitzeln – wir hatten schließlich eine mächtige Aufgabe vor uns.

Mit Elá verbrachte ich in diesen Wochen auch manchmal Zeit, die zwar nicht aufregend war, weil es meistens nur Spaziergänge waren, die mir aber dennoch so gehaltvoll vorkamen, weil sie einfach bei mir war. Babette erwischte uns einmal bei mir zu Hause, als wir uns gerade angeregt unterhielten und auch viel zu lachen hatten. In diesem Augenblick fiel mir auf, dass Babette eifersüchtig war – man konnte dies sofort erkennen und fühlen. Sie schwieg zwar zu diesem Thema, ich merkte allerdings sofort, dass sie auf Elá neidisch war. Ihre Blicke waren argwöhnisch, man konnte sogar Missgunst erkennen.

Das Einzige, das ich wollte, war, dass sich die beiden einmal aussprechen sollten; vielleicht könnten sie sogar Freunde werden. An Elá lag es sicher nicht, denn sie begegnete Babette unverzüglich mit Wärme, Wohlwollen und Herzlichkeit. Momentan hatte ich aber noch keine Zeit, um mit Babette darüber zu sprechen; schließlich hatten wir einen großen Coup vor Augen.

Elá wurde zwar ebenfalls von Madame Clarot eine Zeit lang geschult und durfte sogar längere Zeit in ihrer Obhut verweilen, doch sie war stets auch von Angst begleitet, die sie daran hinderte, ihr großes Können und Wissen umzusetzen. Ich war mir allerdings sicher, dass eine Menge Potenzial in ihr steckte. Geglaubt hätte sie mir das niemals, doch in ihr schlummerte eine riesengroße Energie. Sie wusste zwar, dass ich Madames Anliegen fortführte, von der Gilde hatte sie jedoch noch keine Ahnung. Zu dieser Zeit wollte ich sie damit auch nicht beunruhigen, und so schwieg ich fürs Erste. Sie bedeutete mir mehr als ich mir selbst – so jemanden wollte ich keinesfalls unnötigen Gefahren aussetzen, so jemanden wollte ich unter keinen Umständen gefährden. Vielleicht sollte ich ihr eines Tages davon erzählen, aber dieser Tag war noch nicht gekommen.

Der Le Louvre Bezirk beheimatete den Palais de Tuileries, mein Ziel. Er lag nordwestlich im Stadtgebiet und seine Arrondissements nannten sich Tuileries, Vendôme und Feydeau. In Tuileries befand sich der Palast und Stadtsitz des Königs, der 1564 auf Betreiben von Katharina von Medici erbaut wurde und auch mit dem Louvre verbunden war. In letzter Zeit verlor dieses prächtige Schloss jedoch an Bedeutung, da der Monarch sein Schloss in Versailles als Wohnsitz auserkoren hatte – zeitweise stand er sogar leer. Der Louvre war ebenfalls hier ansässig. Er war, wie erwähnt, mit den Tuilerien verbunden und eines der am meist beachteten Kunstmuseen der Welt. Auch Ludwig XIV. konnte viele Werke der ohnehin schon gigantischen Sammlung hinzufügen, unter anderem Werke von Tizian und Raffael. Viel später wird der Louvre auch die Mona Lisa beherbergen, ein Meisterwerk von Leonardo da Vinci.

Vor diesen prächtigen Bauten erstreckte sich der Place de la Concorde; im Volksmund hörte man damals auch gelegentlich Champs Élysées, der eine Art Gartenanlage mit vielen Brunnen und einem königlichem Platz darstellte. Er war der zweitgrößte Platz in Frankreich überhaupt.

In Vendôme befand sich der Palais Royal, der Place Vendôme und die Halle aux Blés.

Der Palais Royal war phänomenal wie alle Paläste. Dort waren der Staatsrat, der Verfassungsrat und das Kulturministerium ansässig. Der Place Vendôme war ein königlicher Platz; inmitten stand ein Reiterdenkmal von König Ludwig XIV. Die Halle aux Blés war ein Marktplatz samt Halle, in dem Getreide und Nahrungsgüter gehortet wurden – ein riesiges Areal.

In Feydeau gab es keine besonderen Monumente oder Gebäude zu diesen Zeiten, über die man berichten oder die man näher beschreiben müsste.

Der Le Louvre Bezirk war ein sehr reicher Teil der Stadt – Gärten, Paläste und gigantische Plätze samt Grünflächen waren hier anzutreffen, Bauwerke, wo ich mich bis heute frage, wie Menschen so etwas erschaffen konnten. Die Gebäude waren nicht nur groß, sondern echte Meilensteine der Architektur. Hier befand sich der kulturelle Kern dieser Stadt; hier strahlte Paris an tatsächlich jeder Ecke.

Le Louvre war mitreißend, faszinierend und atemberaubend.

Unser eigentliches Ziel war jedoch der Palais de Tuileries, ein Palast, den ich wochenlang studierte. Der Monarch wollte das Fest sicherlich in einem der Innenhöfe veranstalten – dies betrachtete ich als einmalige Gelegenheit. Babette beauftragte ich damit, sehr viel Opium zu besorgen. Ich brauchte es als Schlafmittel, und bei einem nahen Apotheker sollte sie fündig werden. Drei oder vier Kutschen benötigten wir – es war mir wichtig, dass wir Fahrzeuge zur Flucht sowie zum Beutetransport dabei hatten. Die Kutschen besorgten Patrice und Christophe in Le Quartier Latin. Die Kleidung und Ausrüstung einer königlichen Wache – blauer Mantel, weiße Kniehose, schwarzer Dreispitzhut, Lederstiefel, Säbel, Muskete – benötigte ich ebenfalls. Diese sollte mir Franck besorgen, derweil ich versuchte, an eine offizielle Einladung zu gelangen, wohlwissend, dass das keine leichte Aufgabe werden würde. Denn der einzige Mensch in den mir bekannten Kreisen, der eventuell eine bekommen hätte, verweilte nicht mehr in der Stadt: Madame Clarot. Zu diesen Feiern waren nur Adlige und Menschen aus sehr gutem Hause geladen: die Créme de la Créme. Da ich auf normalem Weg sicherlich keine bekommen hätte, versuchte ich, mir eine zu stibitzen. Tagelang bemühte ich mich darum. Ich belauschte und verfolgte Menschen, drang in Häuser ein, um dort Schubladen zu durchwühlen. Und eines Morgens sollte mir das Glück hold sein: Auf einem Arbeitstisch fand ich eine Einladung und dazu ein Ersuchen eines königlichen Kammerdieners, ein Ersuchen, in dem geschildert wurde, dass man für die Feier noch Personal für die Bewirtung benötigte. Dies war zwar ein Zufall, aber somit konnte ich auch Babette direkt in das prunkvolle Gebäude schleusen.

Deswegen wurde es noch viel einfacher, als ich ursprünglich angenommen hatte.

An dem Tag, an dem die Feier vonstatten ging, warf ich mich in edle Gewänder. Unter falscher Identität sollte ich Zugang zu dieser Festivität erhalten. Fast alle Männer unserer Räubergilde benötigte ich, sie standen alle bereit. Patrice und Christophe waren für den Transport zuständig – die Kutschen, die sie gestohlen hatten, mussten sie in die Nähe unseres Überfallorts schaffen. Franck hatte sich als königliche Wache verkleidet, und schlich sich bereits tags zuvor in die Unterkünfte der Untertanen des Monarchen. Babette kam mit mir. Sie war als Küchenhilfe getarnt und sollte mit mir gemeinsam den Palast infiltrieren. Es war ein sonniger Tag, sehr heiß, und nur ein laues Lüftchen wehte. Als wir eintrafen, standen bereits einige noble Kutschen vor den Toren des Palastes. Dutzende Menschen befanden sich schon auf dem Weg ins Innere des Gebäudes – alles elegante und sicher gut betuchte Gestalten. Mit meiner gestohlenen Einladung war es ein Kinderspiel, in den Innenhof zu gelangen. Die Wärter, die das Eingangstor bewachten, wünschten mir sogar viel Vergnügen, und ich bedankte mich höflich. Babette durfte ich ebenso mit mir nehmen – sie solle sich gleich in der Küche melden, hieß es. Sie war nervös, doch ihr Vertrauen in mich überwog. Zwei Steinschlosspistolen hatte sie unter ihren Gewändern versteckt und niemand hatte etwas bemerkt. *Grand!* Im Hof angekommen, trennten sich unsere Wege: Babette ging in des Königs Küche, um zu helfen; ich aber mischte mich unter das wohlhabende Volk von edlem Blute. Dutzende Menschen waren gekommen, um an diesem Tage mit dem König zu feiern. Er thronte am hinteren Ende des Innenhofs auf einem wunderschön verzierten Stuhl aus purem Gold, und wurde von zwei Wachen flankiert. Ich war erstaunt, wie runzelig seine Gesichtshaut war – wie bei einer faltigen, alten Erdkröte. Durch den Hof patrouillierten weitere fünf Gefolgsleute des Monarchen. Rote Teppiche, mit goldenen Löwenköpfen bemustert, lagen uns zu Füßen, die Nationalflagge von Frankreich baumelte fast an jeder Ecke von oben herab.

Ein Springbrunnen befand sich in der Mitte des Hofes, und viele Schausteller waren dort zu Gange: junge Barden, Jongleure, Feuerschlucker, Hofnarren. Sie alle sollten für gute Stimmung an diesem Tage sorgen. Es war eine lockere und legere Atmosphäre, es wurde geredet, getanzt und viel gelacht. An jeder Ecke philosophierten die edlen Leute von ihrem Wohlstand und von ihrem Können. Überall konnte man es hören und fühlen, wie reich, wie gut aussehend und wie geachtet sie wären. Ich selbst sprach viel mit diesen gepuderten Crestiens – ich gab mich als Literat und Schriftsteller aus. Als sie mich fragten, was ich schon alles geschrieben hätte, wimmelte ich sie rasch wieder ab und meinte bloß, dass das heute nicht so wichtig sei. Eine Art Schaumwein wurde serviert – mehrere Hofdiener gingen mit silbernen Tabletts ihre Runden und überbrachten uns den Alkohol. Ein riesiges Buffet war errichtet worden, um uns zu verköstigen. Ins Innere des Palastes konnte man ebenfalls gelangen, doch die meisten Bereiche dort waren abgesperrt worden. Im Verlaufe meines Aufenthalts lernte ich eine bildhübsche junge Dame kennen. Rotes Haar und kastanienbraune Augen – sie stach mir sofort ins Auge, und ich kam mit ihr ins Gespräch. Aus Spanien stammte sie, und man möge meinen, sie war die Erotik pur. Ich konnte nicht anders; es zuckte in meinen Lenden. Nach kurzem Dialog ließ ich all meinen Charme spielen, und versuchte, sie nach allen Regeln der Kunst zu verführen. *Es gelang! Welch Freude!* Als fescher Galan mit Wortwitz und Esprit nutzte ich sogleich die Gunst der Stunde, und verschwand mit ihr für einige Zeit in einer der vielen Räumlichkeiten des Palastes. Auf einem goldverzierten Tisch lag sogar eine Armbrust – wozu brauchte einer dieser reichen Schnösel bloß eine Armbrust? Naja, vielleicht schoss er ja damit auf seine Schwiegermutter! – Gemälde hingen an den Wänden, und dort! – genau dort stand ein großes Bett! *Oh!* Sie war eine verruchte und unzähmbare Frau. Wahrlich! Die Zeit, die ich mit ihr verbrachte, war voller sexueller Gier. In mehreren Stellungen trieben wir unser erotisches Fest auf die Spitze – ich trieb Unzucht wie ein teuflisches Wiesel! Wild. Hemmungslos. Atemberaubend. Und das alles im Palast von König Ludwig XIV. ... Als wir – nach einiger Dauer! – fertig waren, schlich ich mich schnellstmöglich zurück in den Innenhof. Bis zu unserem Überfall war die Zeit nicht mehr lange hin, schon bald sollte es so weit sein. Bis dahin plauderte ich weiterhin mit den Adligen und verspeiste vieles vom Buffet: mundendes Lammfleisch, Schweineschenkel, Hummer, Austern, geräucherter Seefisch, herzhaftes Brot. Die reiche Gesellschaft lebte wahrhaftig in Saus und Braus! Die Gespräche mit den Menschen erschienen mir aber nie langweilig – sie waren sehr gebildet, hatten bei jedem möglichen Thema eine Antwort parat, und konnten zu allem ihren Senf hinzufügen. Ich selbst fiel bestimmt auch nicht aus meiner Rolle, denn dank Madame Clarot war ich so gebildet wie kein Zweiter aus der Unterschicht. Niemand bemerkte etwas – sie dachten allesamt, ich wäre einer von ihnen.

Nun war es so weit; es war fünf Minuten vor ein Uhr Mittag. In diesem Moment schnappte ich mir ein Glas Wein und stellte mich mitten in den Hof. Dann klatschte ich mehrmals in die Hände und lenkte die ganze Aufmerksamkeit mit meiner Stimme auf mich. Die Leute gingen alle ein Stück zurück und dachten, ich würde einen Toast, einen Trinkspruch, ausbringen – zu Ehren unseres Monarchen. Augenblicklich wendete sich mein Blick auf König Ludwig XIV. Ich verbeugte mich vor ihm; sein Blick war starr, als er mich beobachtete. Er trug seine königlichen, edlen Gewänder, stützte sich auf einen goldenen Stab, als er versuchte aufzustehen, und bemerkte dabei gar nicht, was gleich geschehen würde.

„Eure königliche Hoheit! Ich bin Cartouche! Cartouche, der Räuber! König der Diebe!", rief ich laut und in bestimmendem Ton. Nach kurzer Erschrockenheit und Stille im Hofe kam postwendend ein „Ergreift ihn! Auf der Stelle!" vom König. Die Wachen kamen mir rasch näher. Doch die Glocken einer Kirche signalisierten mir, dass es Schlag ein Uhr mittags geworden war. „Jetzt!", schrie ich lauthals durch den Hof. Und unverzüglich standen knapp zwanzig meiner Männer auf den Dächern des Palastes und zielten in den Innenhof. Ausgestattet mit Musketen, warteten sie nur auf mein Zeichen. Die Wachen des Königs, die zuvor auf den Dächern postiert waren, hatten sie schon vor geraumer Zeit überwältigt. König Ludwig XIV. sank erschrocken und entgeistert zurück in seinen Stuhl; die paar Wachen im Hof ergaben sich in diesem Moment. Stille herrschte. „Wo sind die anderen Wachen? Holt sie! Sofort! Das ist ein Befehl!", schrie der Monarch jetzt aufgebracht in Richtung seiner Männer. In diesem

Augenblick kam Franck durch eine Türe spaziert, verkleidet als Mann des Königs. „Hörst du?! Hol die anderen!", krächzte der Monarch in die Richtung von Franck. Mein Gefolgsmann stolzierte aber genau in meine Richtung und kniete sich vor mir nieder. Er hatte das Opium benutzt, um die restlichen Wachen ins Land der Träume zu befördern; er goss es in die Suppe und Getränke, die sich an der Verpflegungsstelle der königlichen Wachen befanden. Alle schlummerten sie jetzt. Als ich dies König Ludwig XIV. mit einem schelmischen Grinsen erzählte, erschauderte er. Die Adligen im Hof fanden aber meine Worte belustigend, lachten lauthals, amüsierten sich prächtig. Auch Babette war mittlerweile zurückgekehrt und warf mir von weitem eine Pistole zu; sie selbst hatte die Handfeuerwaffe schon lange gezückt. Ich näherte mich dem König und hatte dabei mein unverkennbares Grinsen im Gesicht. Kreidebleich starrte er mich an und winselte um Gnade, während ich zu lachen begann und um ihn herumschwirrte. Ich stupste ihm mit dem Zeigefinger auf die Nase, fuhr ihm durch seine weiße, lockige Mähne und über die gepuderte Visage. Erschüttert und erschrocken fragte er mich, was ich denn wolle – ich meinte bloß, dass ich das schon erreicht hätte: Demütigung eines Kaspers, der sich König nannte. Die Menge hinter mir lachte. Sie grölte. Ihr gefiel mein Schauspiel; ihr gefiel es anscheinend, dass ich dem Monarchen auf der Nase herumtanzte. „Mein König?! Warum seid Ihr denn so bleich? Etwa, weil auf den Straßen von Paris die Menschen verhungern?", fragte ich ihn. Keine Antwort. „Vielleicht seid Ihr so geschockt, weil es ein paar Räuber geschafft haben, Euch festzunageln?!" Abermals keine Antwort. Immer wieder stupste ich ihm dabei auf die Nase. Die Menge amüsierte sich blendend; manche applaudierten sogar. Als ich mich umdrehte, um die reichen Bürger von ihren Wertsachen zu befreien, kam dann doch noch etwas: „Du wirst dies bereuen!", sagte er leise. Augenblicklich bekam ich einen Lachanfall. Ich gackerte. Ich feixte. Ich brüllte vor Lachen. „Ihr wollt mich aufhalten? Mich? Versucht es doch!", sprach ich und zeige dabei auf die Männer, die mit Musketen in den Hof zielten. Nun machte ich mich an die Arbeit, begann die Ringe, Ketten, Schmuckstücke und Livre der Gäste zu erbeuten. Jedem einzelnen Menschenwesen wünschte ich dabei einen schönen Tag, und charmant versuchte ich – obwohl ich ihre Wertsachen an mich nahm – sie zum Lachen zu bringen und ihnen alles erdenklich Gute zu wünschen. Eine Madame fragte sogar, warum nicht ihr eigener Mann auch so charmant sein könnte wie ich; ihr Gatte, der direkt neben ihr stand, war mehr als nur verärgert. *Och! Herrje!* Obwohl ich die Menge ausraubte, fanden sie mein Schmierentheater dennoch sehr amüsant und spektakulär; obwohl ich sie bestahl, waren trotzdem die meisten von mir begeistert. Die Wertsachen stopfte Babette in einen Leinensack, und schön langsam dachten wir ans Aufbrechen. Das Gold und die vielen Livre des Königs, das er mitgebracht hatte, war nämlich längst verladen – Franck und Babette hatten bereits vor geraumer Zeit, als die anderen Wachen schlummerten, den Palast durchstöbert, und alles hinausgeschafft, bevor sie noch zu mir gestoßen waren. Mein Plan – er funktionierte einwandfrei! Bevor wir dann den Palast verließen, machte ich einen kleinen Knick vor König Ludwig XIV., trank Wein aus seinem Glas und prostete ihm zu: „Ihre Majestät, König Ludwig XIV.! Ich bedanke mich für die Gastfreundschaft und Spendenfreude. Euer Gold – auch wenn Ihr noch viel, viel mehr davon besitzt – ist in sicheren Händen. Beim nächsten Mal erwarte ich aber sicherlich eine schriftliche Einladung von Ihnen persönlich", sprach ich sehr hämisch und verabschiedete mich. Der Monarch war fassungslos; keine Silbe kam aus seinem Mund. Er war nur verstört und völlig entsetzt – so ein Schauspiel hatte er noch nie zuvor erlebt. Solch Taten vollbrachte nur der große Cartouche! *Vive la France!*

Patrice und Christophe warteten schon ungeduldig auf uns. Manche meiner Männer eilten zwar durch den Untergrund zurück zum Versteck, aber der Großteil stieg in die Kutschen. Neben meinen Fluchtfahrern steuerten Franck und ich die weiteren Fahrzeuge. Ich klatschte die Zügel auf die Pferderücken, und wir machten uns auf den Weg zu unserem Unterschlupf. Babette fuhr mit mir, und ihre Augen leuchteten, funkelten und glitzerten. Sie hatte zwar etwas Zweifel gehabt, doch dennoch war es mir geglückt, diesen großen Coup durchzuziehen. Mein Plan – er war gänzlich aufgegangen.

In unserer Zuflucht wartete bereits Pierre-Francois auf uns. Er schien nervös zu sein, denn als wir ankamen, ging er ständig auf und ab. Er murmelte etwas in sich hinein, als er sich zu uns umdrehte. „Habt ihr es geschafft?", fragte er mich in kaum vernehmbarem Ton. Ich grinste über beide Ohren. „Cartouche! Antworte mir!", fauchte er mich an und schnaubte. Nun begann ich ihm die gesamte Geschichte zu erzählen. Während ich ihm berichtete, brachten die Männer Truhen, vollgestopft mit Gold und Livre, zur Tür herein. Sein Blick wurde von Sekunde zu Sekunde erfreuter. Er lachte und lachte. *Widerlich!* Die Schätze stiegen ihm zu Kopf. Während alle Männer ein Loblied auf mich sangen und wildes und erfreutes Treiben herrschte, beschäftigte sich Pierre-Francois nur mit unserer Beute. Er zählte sie. Er küsste sie. Er badete förmlich darin. Ein so gieriger Mensch, wie er es war, kam mir nur einmal in meinem ganzen Leben unter die Augen.

In dieser Nacht herrschte eine ausgelassene Stimmung. Wir tranken und feierten bis in die Morgenstunden hinein; wir amüsierten uns allesamt vorzüglich. Ständig stimmten die Krieger Lieder auf mich an – Lieder auf Cartouche, Lieder über ihren Bandenchef. Eric und Jacques waren zurückhaltender, aber auch sie feierten kräftig mit. Franck, Patrice und Christophe veranstalteten ein Wetttrinken, das damit endete, dass alle drei ziemlich abrupt nach Mitternacht von ihren Stühlen kippten. Babette und ich unterhielten uns viel. Es war mir wichtig, dass sie mein Wesen und meine Gedanken verstand, und auch sie selbst wollte ich unbedingt noch etwas besser kennenlernen. Sie war für mich die wichtigste Person in dieser Gilde und für die Zukunft war es unabdingbar, dass wir uns blind verstanden. An diesem Abend zügelte sie ihre Lust – sie blieb bei mir und unterdrückte ihre Absicht, einen der Männer mit ins Gemach zu nehmen. Sie machte das zwar weiterhin noch häufig, doch an diesem Abend bekam ich ihre volle Aufmerksamkeit geschenkt – ihre volle Konzentration schenkte sie nur unseren Gesprächen. Es freute mich, dass ich mich mit ihr austauschen konnte, denn mit ihr zu sprechen war immer eine heitere und dennoch sehr würdevolle Angelegenheit.

Sturzbetrunken begab ich mich dann in den Morgenstunden zu Bett; es war eine wunderbare Feier gewesen – ein Vergnügen, das unserem Sieg gerecht wurde. *Hourra!*

Am nächsten Tag war ich völlig verkatert, alle anderen Gildenmitglieder kamen ebenfalls nur sehr schwerlich auf die Beine. Ich versuchte mich dennoch aufzuraffen und mir meinen Anteil zu schnappen. Der Bettlerkönig war durch diesen Triumph ein sehr reicher Mann geworden, ans Aufhören dachte er allerdings noch lange nicht. Seine Gier war grenzenlos, sein Wille, immer wohlhabender zu werden, wurde nie gestillt. Mein Anteil war auch beachtlich – mit diesem Geld und den Wertgegenständen konnte ich den Cour de Miracles über Monate hinweg über Wasser halten, mit diesen monetären Mitteln war es mir möglich, die Belegschaft des Armenbezirks über lange Zeit zu versorgen – mit Essen, mit Kleidung, mit Medizin. Das Erste, das ich machte, war, den Hunger der Bedürftigen zu stillen. Es herrschte hektisches Treiben im Cour de Miracles an diesem Tage. Alle waren überglücklich über meine Spenden, doch sie sagten mir auch sofort, dass man mich intensiv suchen würde – ich solle auf mich aufpassen, denn sie alle würden mich noch brauchen. Das Gerede nahm ich ernst und begab mich hurtig auf Spurensuche. War ich wirklich der meistgesuchte Mann in dieser Stadt? Wenn ja, hätte mich das höchst vergnügt.

So wanderte ich durch die Stadt und beobachtete und lauschte. Ich zog meine Gewänder meist über das Gesicht und versuchte mein Äußeres, so gut es ging, zu verbergen. Die Wachen, die ich sah, waren allesamt flatterig und ruhelos; auch die Anzahl, die mir begegnete, war größer als sonst. Auf den Straßen wurde getuschelt: Die Bevölkerung sprach davon, dass es ein Dieb geschafft haben soll, den König auszurauben – ein gewisser Cartouche. Außerdem solle er dabei ein ganz wunderbares Schauspiel abgeliefert haben. Vergnüglich. Belustigend. Hinreißend.

Als ich dies hörte, wurde mir warm ums Herz. Ich hatte es wirklich geschafft, dass die gesamte Stadt von mir sprach. Das gefiel mir. Sehr sogar!

Etwas später bemerkte ich einen Marktschreier. Es waren meist Gesandte des Königs, die wichtige Neuigkeiten verbreiteten und in der gesamten Stadt immer wieder anzutreffen waren. Hier, in Île de la Cité, hörte ich das erste Mal, wie einer dieser Tölpel meinen Namen benutzte.

„Hört, Hört! Gestern war unser lieber König Ludwig XIV. einem Überfall ausgesetzt. Cartouche, König der Diebe, kam mit seinen Mannen und beraubte unseren Monarchen. An all jene, die Informationen zu diesem dreisten Übeltäter haben ... sie sollen sich unverzüglich bei den Wachen oder der königlichen Familie melden. Cartouche muss schnellstmöglich gefasst werden. Tod oder lebendig!", schrie er quer über den Kathedralenplatz. *Welch Frevel!* König Ludwig hatte doch tatsächlich einen seiner Lakaien gesandt, um meine Taten kundzutun!

Auch eine stolze Summe war auf meinen Kopf ausgesetzt worden. König Ludwig XIV. hatte endgültig die Nase voll von mir. Er wollte meinen Kopf – komme, was wolle!

Mein Glück war, dass die meisten mein Gesicht nicht kannten, und somit war ich einfach nur stolz. Stolz auf die Tatsache, dass ich Gesprächsthema Nummer eins war, stolz, dass ich mit meiner großen Beute viel Gutes tun konnte, stolz, dass ich den König veralbern konnte. Sollte mich jemand erkennen, würde ich schon entkommen; Madame Clarot hatte mir so viel beigebracht, dass meine Angst und Selbstzweifel gänzlich verstummt waren. Wahrscheinlich lag es auch daran, dass ich mittlerweile wirklich einiges erreicht hatte. In diesem Moment dachte ich, ich wäre unaufhaltsam. Vielleicht war ich das auch – man würde sehen, wie es weiterging.

Am selben Tag stürmte Elá bei meiner Türe herein. Als sie die Treppe nach oben marschierte, schrie sie immer wieder aufgebracht meinen Namen. „Was ist denn los, meine gnädigste Mademoiselle?", fragte ich sie erstaunt. „Du wirst in der ganzen Stadt gesucht, Cartouche! Ich habe mir Sorgen gemacht", sagte sie bestimmt, aber etwas mitgenommen. Augenblicklich entschloss ich mich, ihr alles zu sagen: von der Gilde, dem Bettlerkönig und allen Ereignissen. Als ich fertig war, seufzte sie. Sie fand es richtig, dass ich wie Madame Clarot versuchte, den Armen zu helfen; weniger erfreut war sie jedoch über die Tatsache, dass ich mich mit diesem skrupellosen Bettlerkönig abgab. Sie hatte Angst – Angst um mich, Angst, dass man mich erwischen könnte. Sogleich versuchte ich sie zu beruhigen, und erklärte ihr, dass ich alles schon schaukeln würde. Es würde schon alles funktionieren, sie müsse sich keinerlei Sorgen machen. Etwas traurig und ängstlich versuchte sie, mir Glauben zu schenken. Sie vertraute mir, verstand alles und wollte mich sogar dabei unterstützen. Etwas Skepsis vor all dem blieb dennoch in ihr übrig.

Am Abend befand ich mich in unserem Versteck. Mehrere Männer kamen aus unserer Übungskammer heraus, gefolgt von Patrice und Christophe, die weiterhin unsere Krieger auf Vordermann brachten. Im Speisesaal standen einige Mannen um einen alten Räuber herum und lauschten seiner Stimme, während er auf einem hölzernen Stuhl saß – die Hände im Schoß verschränkt, die Arme auf den Lehnen, die Augen unter einer alten Kapuze kaum zu sehen – und seine alten Räubergeschichten erzählte. Ich nahm mir einen roten Apfel, biss hinein, und gesellte mich zu ihnen. Wir lauschten den kühnen Taten des alten Räubers. Werde ich in einigen Jahren auch den Jüngeren solche Erzählungen schenken, fragte ich mich insgeheim.

Mehrere Monate vergingen. Elá und ich teilten immer wieder gemeinsam Güter im Cour de Miracles auf. Babette half uns auch, so gut sie konnte. Große Coups waren momentan nicht an der Tagesordnung. Zum einen, weil Pierre-Francois für einen kurzen Moment seine Habgier nicht so auslebte, zum anderen, weil ich versuchte unterzutauchen. Ich war zwar meistens in Paris unterwegs, aber es wäre unter diesen Umständen gefährlich gewesen, gleich das nächste große Ding zu drehen. So verflog auch die horrende Aufregung, die nach meinem Besuch beim Monarchen vorherrschte, irgendwann. Die Leute auf den Straßen sprachen zwar noch immer von mir, es wurde allerdings wieder etwas ruhiger. Das Kopfgeld, das auf mich ausgesetzt worden war, erschien mir aber immer noch mächtig – König Ludwig XIV. wollte sich meinen Besuch bei ihm unter keinen Umständen gefallen lassen.

In dieser Phase – es war Winter geworden – unternahm ich viel mit Elá. Am schönsten war aber unser Ausflug nach Le Bièvre, der ein normaler Bezirk und von arbeitender Bevölkerung gekennzeichnet war. Märkte, enge Gassen und viel Industrie. Dort waren Tischlereien und andere Handwerksstätten beheimatet. Die Arrondissements nannten sich Saint Jacques, Saint Marcel und Panthéon. Das Panthéon stand jedoch zu dieser Zeit noch nicht; mit dem Bau dieses prächtigen Kuppelbaus und Ruhmeshalle wurde erst viel später begonnen, ein Wahrzeichen, dessen Fertigstellung ich nicht mehr erleben sollte. Ein Merkmal gab es aber noch in diesem von der Arbeit gekennzeichneten Bezirk: der La Bièvre. Dies war ein kleiner Fluss in Saint Marcel, der direkt in die Seine mündete – es war neben der Seine der einzige Fluss in Paris. Die Bevölkerung in diesem Bezirk waren tüchtige Menschen. Dennoch schlafwandelte die Arbeiterklasse durch ihr Leben. Sie waren allesamt fleißige und geschickte Bürger, doch auch durch ihre harte Arbeit hatten sie nie eine Chance, zu solch Reichtum zu gelangen, wie es diesen in den wohlhabenden Bereichen gab.

Dorthin gingen Elá und ich in diesen kalten Zeiten, um uns ein wenig zu amüsieren. Es war sehr viel Schnee gefallen, und der weitläufige Bezirk war ideal für einen Spaziergang im Winter. Wir kamen an einer Schmiede vorbei, in der Männer Schwerter schärften und rot glühenden Stahl zu grauem Gehorsam hämmerten. Wir gingen an Bauernhöfen vorbei, und Elá scheuchte Gänse und Hühner auf; ich konnte mich vor Lachen kaum halten. Auch in manchen Handwerksstätten, in denen Kutschen repariert wurden, trieben wir allerlei Schabernack: Wir stibitzten den Arbeitern ihr Werkzeug und versteckten uns; brachten Schweinemist in einer Halle aus und amüsierten uns, als die Arbeiter allesamt über den Gestank zu mosern begannen. Auch Verstecken spielten wir an diesem Tage. Elá war schlau wie ein Fuchs und fand mich meistens, außer einmal, wo ich mich hinter einem Baumstammlager versteckte. Wir hatten sehr viel Spaß an diesem Wintertag. Als ich ihr sagte, dass sie beim Versteck spielen schummeln würde, fing sie an zu kichern. Augenblicklich bekam ich einen Schneeball ins Gesicht. „Na warte!", rief ich lachend, als sie kichernd vor mir davonlief. Es entwickelte sich eine amüsante Schneeballschlacht. Wir lachten. Wir feixten. Wir gackerten. Die gesamte Zeit. Durch das Schneegestöber waren wir trotz unserer Winterbekleidung in kurzer Zeit klatschnass; dennoch machten wir freudig weiter wie glückliche Kinder. Irgendwann rannte ich auf sie zu, schnappte sie und bugsierte uns beide mitten in den Schnee. Dort, wo wir nun lagen, begannen wir aus Spaß zu kämpfen. Ständig drückte sie mich auf den Boden und kicherte; ständig schmiss sie mir Schnee in mein Gesicht. Ich wehrte mich kaum, schließlich war sie eine Dame. Plötzlich wurde es still. Als wir beide nun mitten im Schnee lagen, veränderte sich ihr Ausdruck: leicht geöffneter Mund, glänzende Augen. Sie wurde ganz ruhig. In diesem Moment kamen sich unsere Gesichter immer näher ... Und unser erster Kuss ... war passiert!

Es war wunderschön: Mitten im Schnee. Stille. So romantisch. Wir konnten nichts dagegen tun. Es war einfach ... passiert.

Obwohl wir in nächster Zeit einiges gemeinsam unternahmen, schwiegen wir beide zu diesem Kuss.

Wir hatten zwar beide ein bestimmtes Gefühl füreinander, doch wir sprachen nicht darüber – kein Wort kam über unsere Lippen. Für mich war dieser Moment einfach wundervoll, ein romantischer Moment im Schnee, ein Moment, in dem man Liebe spürte, ein Moment, in dem man wusste, spürte, dass eine große Zuneigung zwischen uns dominierte, ein Moment, in dem man wusste, dass wir beide möglicherweise zusammengehören.

Jedes Mal, wenn ich sie sah, merkte ich, dass sie ähnlich dachte und fühlte. Gesprochen wurde zu diesem Thema aber nicht. Möglicherweise trauten wir uns nicht, doch gewusst hatten wir es beide – wir hatten gewusst, dass sich zwei Seelen gefunden hatten, die eigentlich verbunden sein sollten, doch trotzdem machten wir beide weiter wie bisher – wir versteckten unsere Gefühle, unsere Liebe.

Weihnachten und den Jahreswechsel verbrachte ich im Untergrund und mit Babette. Es war nichts Außergewöhnliches dabei, aber es waren schöne Tage und schöne Momente. Auch mit Babette verband mich etwas; auch bei ihr war etwas. Das Einzige, das fehlte, war ein kleiner Ruck. Viel wichtiger war aber Elá. Sie war diejenige, die mir den Schlaf rauben konnte, sie war diejenige, die ich nie im Stich gelassen hätte, sie war diejenige, um die sich meine Welt drehte – denn sie war diejenige, die ich liebte. Sie war mein Mittelpunkt. Doch sie hatte ihren Mann, und ich akzeptierte dies auf ganzer Linie, ohne jeglichen Zweifel.

Abschied und Wiederkehr

In diesem Frühjahr 1713 sollte etwas sehr Wichtiges passieren: Als die Sonne wieder mehr zum Vorschein kam und der Schnee schmolz, stand eines Tages Elá vor meiner Tür. Zuerst dachte ich, wir würden wieder etwas unternehmen, doch an ihrer Mimik und Gestik erkannte ich sofort, dass etwas nicht stimmte. Sie war traurig. Sie erzählte mir, dass sie und ihr Mann zurück in ihre Heimat gehen möchten, irgendwann im nächsten Monat. Schluchzend fügte sie hinzu, dass sie hier nicht viel halten würde, denn ihre Eltern waren hingerichtet worden und Madame Clarot war auch fort geblieben. Der Einzige, der ihr etwas bedeuten würde, wäre ich gewesen. Dabei umarmte sie mich. Ihr Lebensgefährte verband mit dieser Stadt noch viel weniger als sie, und so drängte er ganz massiv auf eine Rückkehr in die Heimat. Konsterniert und sehr traurig, meinte ich damals, dass ich dies verstehen könnte. Doch in diesem Moment fühlte es sich so an, als würde einem der Boden unter den Füßen weggezogen werden – als würde man alles verlieren, das einem je etwas bedeutet hatte. Als ich wieder aufblickte, sah ich Tränen über Elás Gesicht laufen. Sie schluchzte auf und wandte sich ab. Hatte sie endlich die Wahrheit gesehen? Erkannte sie, dass sie die ganze Zeit vor dem eigentlich Guten davonlief? Ich wusste es nicht.

Ich war am Boden zerstört. Dennoch akzeptierte und respektierte ich ihre Entscheidung. Ich bestärkte sie – und sagte, dass sie sicher das Richtige machen würde. Es war ein seltsamer Moment, doch der eigentliche Abschied fand erst in den darauffolgenden Wochen statt. Bis sie mich endgültig verlassen wollte, unternahmen wir noch sehr viel zusammen. Meistens halfen wir den Menschen im Cour de Miracles – sie war immer leidenschaftlich dabei, fand es einfach fantastisch zu helfen, wo sie nur konnte. Auch in Cafés waren wir, oft in Tavernen. Wir hatten zwar immer noch eine Menge Spaß, doch der Gedanke an den nahenden

Abschied drückte auf unsere Stimmung. Schwermut lag auf unseren Herzen. *Oh ... Elá.*

Am Abend, bevor wir uns trennen sollten, war sie wiederum bei mir. In Madames Haus plauderten wir über alles Mögliche, auch darüber, wie sie mich als Kind bestohlen hatte. Sie wusste es ebenfalls noch, und wir waren überrascht, was aus uns beiden geworden war. An diesem Abend küssten wir uns ein weiteres Mal. Vorgesehen als kleineres Abschiedsküsschen, wurde ein sehr leidenschaftlicher und hingebungsvoller Kuss daraus. Als unsere Lippen nach langer Dauer voneinander abließen, standen Tränen in ihren Augen. Und auch meine wurden wässrig bei dem Gedanken daran, sie ziehen lassen zu müssen. Als ich ihr versprach, am nächsten Tag „Lebe wohl!" zu sagen, hielt ich noch immer ihre Hand. Doch langsam ließen wir beide los; allmählich war der Zeitpunkt gekommen, sie für immer zu verlieren. *Ach ...*

Als sie ging, war ich wie versteinert und ohne klaren Gedanken. Der nächste Tag sollte der sein, an dem ich sie ziehen lassen musste. Eingreifen, oder sie zu bitten, dass sie bleiben soll – das beabsichtigte ich nicht mehr. Wenn man jemanden liebt, sollte man dessen Entscheidungen respektieren – die andere Person ist wichtiger. Ich hoffte nur, dass sie glücklich werden wird, wollte bloß, dass sie ein Leben führen konnte, das sie auch verdient hatte. Dies war wahrscheinlich nicht mit mir – dies war mit ihrem Partner aus der Heimat. Elá hatte mich schäbigen Vollidioten nicht als ihren Lebenspartner auserkoren.

Am nächsten Tag überwogen Niedergeschlagenheit und Kummer. Ich wusste, dass ich Elá das letzte Mal sehen würde, und dieser Gedanke brachte mir Herzschmerzen. Betrübt ging ich zu ihrer Bleibe, um mich zu verabschieden. Vor ihrem Heim stand bereits eine Kutsche; all ihr Hab und Gut wurde gerade verladen. Ihr

Mann dirigierte das hektische Treiben. Mit gesenktem Kopf näherte ich mich ihrem Haus, und plötzlich kam sie aus der Türe. Auch bei ihr überwogen Trauer und Wehmut – man konnte es sofort sehen und spüren. Als mich ihre Augen erblickten, kam sie auf mich zu. Ihr Gefährte würdigte uns keines Blickes, als wir uns verabschiedeten. Tränen standen in unser beider Augen, während wir uns ein letztes Mal umarmten. In diesem Augenblick überkam es mich, und ich vergaß einen kurzen Moment, was ich mir vorgenommen hatte. „Bleib! Bitte bleib hier!", flüsterte ich ihr sanft ins Ohr. Als sie mich ansah, merkte ich, wie schwer es ihr fiel. „Ich kann nicht", seufzte und schluchzte sie mit weinerlicher Stimme und gesenktem Kopf. Danach meinte ich nur mehr, dass ich ihr alles erdenklich Gute wünschen würde – ich ihr von Herzen wünschen würde, dass sie glücklich wird.

„Wir fahren jetzt!", hallte es aus der Kutsche. Traurig starrten wir uns tief in die Augen; unsere Hände glitten langsam auseinander. Ich kann mich auch heute noch an den Duft von ihr an jenem Tage erinnern. Kirsche. Sie roch nach Kirsche. Alsbald ließen wir voneinander ab und sie stieg in die Kutsche. „Adieu, Cartouche!", hauchte sie in sanftem Tonfall in meine Richtung. „Je t'aime!", flüsterte sie mir zu. Erdrückt erwiderte ich die Liebesbekundung. Augenblicklich fuhr die Kutsche los. Immer weiter und weiter. Bis man nichts mehr von ihr sah. Ich sah ihr nach – bis das Gespann in der Ferne verschwand. Ich stand wie versteinert da und war fassungslos. Elá war weg – ich hatte sie für immer verloren. Der Mensch, der für mich wie ein Seelenverwandter war, verschwand in der Distanz. Ich hatte das Beste, das mir jemals passiert war, einfach verloren. Unsere Liebe? Sie hatte sich im Sande verlaufen. Enttäuscht und in tiefer Traurigkeit wanderte ich mit gesenktem Haupt zurück zu Madames Haus. Außer Trauer hatte ich keine Empfindung. In diesem Moment wusste ich nicht, wie ich weitermachen sollte, in dieser Sekunde wusste ich nicht, wie ich ohne sie weiterleben sollte. Wie sollte mein Herz ohne sie bloß weiterschlagen? Für sie persönlich war es so aber vielleicht am besten. Ich wünschte ihr aus tiefstem Herzen, dass sie alles in ihrem Leben erreichen sollte, was sie verdient hatte. Ich hoffte innig, dass sie glücklich werden möge.

Meine Trauer kannte trotzdem keine Grenzen. Was wir erlebt hatten, was wir gefühlt hatten, was wir gespürt hatten – alles war wie weggeblasen. Von einem Tag auf den anderen war Elá fortgegangen. Und mit ihr verlor ich auch mein Herz. Ich nahm mir vor, es auf ewig bei ihr zu lassen. Für immer ... und ewig.

Als ich im Anwesen nachdachte, hatte ich nur das Bild von ihr im Kopf. Stundenlang grübelte ich; ich hatte sie bildlich vor Augen, hörte sie und spürte sie. Voller Kummer und Trübsinn war ich in diesen Augenblicken des Tages. Ich hoffte bloß, dass ich irgendwie weitermachen konnte. Weiterleben ohne meine geliebte Elá? Eine schreckliche Vorstellung, die ich nicht in Worte fassen konnte. Ich fühlte mich einfach nur grauenhaft – meine Trauer kannte keine Grenzen.

Spät nachmittags klopfte es an meine Türe. Niedergeschlagen schleppte ich mich ins unterste Stockwerk. Als ich aufmachte, standen Patrice und Christophe davor. Sie wollten mit mir in eine Taverne gehen, um zu trinken. Lustig und heiter waren die beiden an diesem Tage – sich zu amüsieren war ihr Ziel. Ich lehnte ab. Ohne mir viel anmerken zu lassen, meinte ich lediglich, dass ich heute nicht ausgehen könne. Sie drängten weiter, wollten unbedingt, dass ich dabei wäre. Ich war von meiner Trauer getrieben, wurde somit etwas wütender und lehnte abermals ihr Angebot ab. Umgehend sahen sie es ein und zogen ohne mich los. Ich ging zurück ins obere Stockwerk und versuchte mich, so gut es ging, abzulenken. Nur ein paar Minuten später klopfte es erneut an meine Türe. Die zwei Dummköpfe hatten es anscheinend noch immer nicht kapiert! Zuerst wollte ich nicht nach unten gehen und verharrte in meinem gepolsterten Stuhl. Nachgegeben hätten sie aber anscheinend nicht – sie klopften und klopften –

und so marschierte ich zornig zu meinem Tore nach unten. Etwas gereizt machte ich die Tür in einem Zug auf.

Mon dieu! Mein Herz klopfte! Elá! In diesem Moment war ich erstaunt, verblüfft und sprachlos. Sie war es wirklich. Sie stand vor meiner Tür. Noch immer völlig verwundert und mit offenem Mund, brachte ich kein Wort aus mir heraus. Sie strahlte bis zu beiden Ohren; ihr Lächeln war außergewöhnlich. „Willst du mich hier draußen stehen lassen?", fragte sie und grinste ganz verschmitzt. Augenblicklich bat ich sie herein, und wir betraten dann das obere Stockwerk. „Wie? Was? Warum?", fragte ich, noch immer perplex und überrascht. Sie lachte. Sie war schrecklich amüsiert über meine Verwirrtheit. „Ich kann dich doch nicht alleine lassen! Du bist doch aufgeschmissen ohne mich!", sagte sie in äußerst belustigtem Tonfall und drehte dabei ihre Augen nach oben. Erst jetzt wurde mir bewusst, dass sie nicht gefahren war, erst jetzt wurde mir klar, dass sie tatsächlich hier geblieben war. Ohne Umschweife umarmte und küsste ich sie. Ich war der glücklichste Mensch der Welt, als wir uns beide tanzend und vor Freude weinend durch das Zimmer drehten. Sie war wirklich hier geblieben; ich konnte es nicht fassen. Dieser Moment war der schönste und glücklichste in meinem gesamten Leben. *Cher!*

In dieser Nacht schliefen wir keine Sekunde; wir redeten die gesamte Zeit. Voller Freude fragte ich immer wieder nur eines: „Warum bist du hier geblieben? Warum bist du nicht mitgefahren?" Sie lachte über mich. „Du bist ein Vollidiot! Diesen Vollidioten wollte ich aber nicht verlieren", sprach sie und strahlte vor Freude. „Ich liebe dich. Ohne dich macht das Leben keinen Sinn", frohlockte sie. Ich für meinen Teil blieb weiterhin sehr erstaunt. Ich schüttete ihr zwar ebenfalls voll umfänglich mein Herz aus, aber dass sie wirklich hier bei mir war, konnte ich noch immer nicht glauben. Ich war einfach nur unfassbar glücklich darüber, dass sie sich entschieden hatte, bei mir zu bleiben und nicht in ihre Heimat zurückzukehren. Als ich sie fragte, was mit ihrem Lebensgefährten jetzt wäre, wurde sie ernster. Sie meinte bloß, dass er es verstehen würde und sie niemals anders gekonnt hätte – sie musste einfach hier bleiben. Nach unserem Abschied wurde ihr das so richtig bewusst. Er ging jedoch zurück, denn für ihn war dieser Ort kein Zuhause, für sie sehr wohl, vor allem meinetwegen.

Und so geschah es, dass wir über die nächsten Monate richtig zusammenwuchsen – wir wurden unzertrennlich, fast alles unternahmen wir gemeinsam. Ob dies nun Belanglosigkeiten oder ernste Angelegenheiten waren, war egal – wir wichen nicht voneinander ab, und verschmolzen zu einer Seele. Genauso wie mir war ihr es wichtig, den notleidenden Menschen zu helfen, und so taten wir alles, um den Ärmeren ein schöneres Leben zu geben. Die monetären Mittel von meinem königlichen Beutezug sollten dafür noch eine Weile ausreichen.

An einem frühsommerlichen Tag befanden wir uns in Le Invalides. Dieser Bezirk, südwestlich gelegen, war eine sehr ländliche Gegend. Sehr viele Grünflächen, Bauernhäuser und Weingärten, Felder, weitläufige Areale und auch das Militär waren hier anzutreffen. Die Arrondissements nannten sich Invalides, Saint-Thomas-d' Aquin und Saint Lambert. Saint Lambert beherbergte zwar keine nennenswerten Wahrzeichen, war aber trotzdem ein schmucker Ort zum Leben – für Bürger des Mittelstandes war er die ideale Zuflucht. Saint-Thomas-d' Aquin beherbergte den Palais de Bourbon, einen Palast, der als Sitz der französischen Nationalversammlung fungierte. Zu dieser Zeit war er allerdings noch nicht erbaut worden, das Gebäude mit vielen Säulen wurde erst 1724 fertiggestellt. Er wurde ursprünglich für die Tochter des Monarchen erbaut: Louise-Francoise de Bourbon. In seinen ersten Jahren wurde es eher als Lusthaus bezeichnet, da es sich um keinen königlichen Herrschaftssitz handelte. In Invalides, dem wichtigsten Teil des Bezirks, befand sich der Le Champ de

Mars, eine landwirtschaftlich genutzte Großgrünfläche, die auch vom Militär genutzt wurde. Als Übungsplatz sowie Exerzierplatz war er für die Soldaten vorgesehen. Sehr viel später wurde in diesem Bezirk eine militärische Schule gegründet – die Ècole Militair. Auf Betreiben von Madame de Pompadour wurde der Bau auch tatsächlich umgesetzt, ihre Fertigstellung sollte ich nur nicht mehr erleben. Auch Invalides war hier beheimatet, eine große Wohnanlage samt Werkstätten für die Armee, die auch als Heim für kriegsversehrte, berufsunfähige Soldaten genutzt wurde – eine riesige Anlage samt eigener Kapelle. Hier in der Nähe war auch der Waffenhändler beheimatet, den ich besucht hatte, um damals an Musketen sowie Steinschlosspistolen heranzukommen. Er war ein grimmiger Mann, aber für Soldaten hatte er immer ein offenes Ohr. Das kam mir damals sicherlich zugute, schließlich war ich für kurze Zeit ebenfalls bei der Armee gewesen.

Hier, in Le Invalides, verweilten Elá und ich sehr häufig in den nächsten Jahren, meistens am Le Champ de Mars. Das weitläufige Areal, das landwirtschaftlich genutzt wurde, bestand aus Feldern, kleinen Hügeln und Bäumen. Manches Mal übte hier die Armee, die Fläche war jedoch riesengroß, und somit störte uns das nie. Auf einer kleinen Anhöhe befand sich unser Lieblingsort, der sehr, sehr abgelegen war – man konnte hier vor dem Rummel der Stadt flüchten. Wir konnten von dort aus auch sehr gut den restlichen Arrondissement überblicken und sogar die übenden Soldaten von diesem Platz aus beobachten. Einige Menschen der Stadt kannten diese idyllischen Plätzchen und erholten sich ebenfalls in diesem Bezirk von ihren Alltagssorgen. In den reichen Bezirken gab es viele Bauwerke und Pflasterstraßen, in Le Invalides spürte man noch die Natur – die unverfälschte Natur. Es war dort immer wunderschön und beruhigend. Elá gefiel es dort, weil man an diesem Ort in trauter Zweisamkeit sein konnte. Unser Plätzchen war meistens dasselbe – eine grüne Wiese auf einem kleinen Hügel. Meistens nahmen wir Decken, Wein und etwas Essbares mit, um uns so den Tag zu versüßen. Hier konnten wir uns entspannen.

Als wir dort das erste Mal verweilten, lagen wir inmitten einer Blumenwiese, genossen die Stille und die warmen Sonnenstrahlen. Wie zumeist herrschte eine entspannte und lockere Atmosphäre, als Elá die Heiterkeit mit etwas sehr Ernsthaftem unterbrach.

Sie wollte von mir wissen, wie ich darüber denke, was denn mit uns passiert, wenn wir einmal sterben. Ich wusste es nicht, doch ich hatte schon damals meine eigene These dazu. Ich schwadronierte davon, dass in uns allen große Energie stecken müsste und wir diese im Laufe des Lebens stärken sollten; philosophierte davon, dass wir es sicher schaffen könnten, weiter zu existieren, wenn wir fortlaufend unseren Geist erweitern würden. Das aktuelle Leben war für mich nie das Ziel; nein, es war der Weg – der Weg zur Unendlichkeit, der Weg zu einer Art Ewigkeit. Als ich von diesen Dingen sprach, lauschte sie sehr gespannt meiner Meinung. Sie wollte dann wissen, ob wir das vielleicht auch zusammen schaffen könnten. Ich bejahte. In diesem Augenblick versprach ich ihr, dass wir auf ewig zusammenbleiben würden. Aber nicht nur für das Leben hier und jetzt! *Nein!* Denn ich versprach ihr, dass wir auch darüber hinaus vereint bleiben würden. Wir mussten es nur schaffen, unsere Energie zu erweitern. Körper waren für mich seit jeher vergänglich, Energie würde überdauern. Und wenn die Energie stark genug wäre, würden wir es bis in die Ewigkeit schaffen. Wie dies genau funktionierte, konnte ich nicht sagen. Das Einzige, das ich wollte, war, dass wir es schafften, unsere Seelen zu vereinen. Denn dies würde eine Kraft auslösen, eine Liebe und Energie freisetzen, bei der wir das Leben als Weg meistern konnten und bereit für die Ewigkeit waren. Sie zog mehrmals eine Augenbraue hoch, als sie mir aufmerksam zuhörte. Sie schien etwas skeptisch, dennoch schenkte sie mir Glauben und Vertrauen. An diesem Tage spielten Kinder in den Wiesen. Dutzende Kinder. Oft kamen manche hierher, um sich zu vergnügen – auch ihnen gefiel diese ruhige Atmosphäre. Wir beobachteten sie gerne, wenn wir hier waren, denn Elá strahlte immer, wenn sie Kinder sah – heller als die Sonne selbst. Sie liebte Kinder über alles. Hier, in diesem Moment, sagte sie zu mir, dass sie auch welche haben will. Sie wollte eine ganze Horde von diesen wundervollen Geschöpfen haben, wollte sie groß ziehen und an ihrem Leben teilhaben, im Guten wie im Schlechten. Sie war nicht nur Frau und Mademoiselle, in ihr schlummerte auch eine großartige Mutter, eine hingebungsvolle, liebende, hinreißende Frau, die so viel Liebe geben konnte, wie ich es nie wieder in meinem Leben erfuhr. Ich meinte bloß, dass dieser Tag schon noch kommen wird, es irgendwann schon noch passieren wird. Sie war der glücklichste Mensch auf Erden in diesem Moment. Kinder bedeuteten ihr alles, Kinder waren ihre Welt. „Sollte ich eines Tages vor dir sterben, zeige ich dir irgendwie, wann du nachkommen sollst!", lachte Elá an diesem Tag, als sie auf die Kinder blickte. Ich schwieg und lächelte, und hatte noch keine Ahnung von der Zukunft und was sie damit meinte.

Als wir ein paar Wochen darauf wieder dort verweilten und unsere Seelen baumeln ließen, sagte sie zu mir, dass sie hässlich wäre. Sie sprach davon, dass sie gerne so sein wollte wie Madame Clarot. Denn alles an Madame war perfekt. Ihr Äußeres, der Charakter, jede Art und Weise. Sie dagegen wäre nur eine hässliche Maid. Sie hätte keine so schönen blauen Augen, hätte keinen so ideal geformten Körper; ihre Haarpracht wäre nicht so hellblond, und ihr Charakter wäre niemals so gut, wie der von Madame es war. Sie hatte Madame Clarot immer als Vorbild gesehen, doch sie meinte traurig, dass sie niemals so sein könnte wie sie. Sie war enttäuscht von sich selbst, zweifelte an sich selbst. In diesem Moment wurde ich todernst, und erklärte ihr, dass dies genau der Grund wäre, weshalb ich sie so liebe. *Weil sie so ist, wie sie ist!* Ich liebte ihre Augen, die braunblauen. Ich liebte ihre Haare, die dunkelblonden. Ich liebte ihr Äußeres, weil es genauso war, wie ich es mochte. Ich liebte ihre Art zu lachen. Ihren Witz. Ihre Emotionalität. Ihre aufbrausende, manchmal heranrauschende Art. Ihre Warmherzigkeit und ihre Großzügigkeit. Ihre Hilfsbereitschaft und den ganzen Facettenreichtum. Ihre Heiterkeit und ihre Ängstlichkeit. Ihre Sturheit und ihre Art zu vergeben. Ihre Giftigkeit und ihre Angriffslust. Ihr Temperament und ihr Durchsetzungsvermögen. Ihren Edelmut und ihren Wahnwitz. Ihre Schlauheit und ihre Korrektheit. Ihre Disziplin und ihre Zerbrechlichkeit. *Alles!* Ich liebte alles an ihr, jede Faser, alle schlechten und alle guten Eigenschaften. Es gab keinen schöneren Menschen als sie. Sie musste niemals so sein wie jemand anderes – sie war ihr ganz eigener Mensch, Person und Charakter.

Sie lächelte zwar und wirkte glücklich, doch so richtig geglaubt hatte sie mir nicht. Sie wollte tatsächlich eine Person sein, die sie gar nicht sein musste. Das musste sie allerdings niemals! Sie war in ihrer aktuellen Vollendung ein viel schönerer Mensch als alles andere auf dieser Welt. Ich hoffte, dass ich ihr das irgendwann zeigen konnte. Ihr zeigen konnte, wer sie war und ist, ihr zeigen konnte, dass kaum jemand mit ihr mithalten konnte, ihr beweisen durfte, was für unfassbare Energie in ihr steckte.

Für diesen Moment musste aber meine Ansprache genügen; eines Tages würde sie schon noch begreifen, wen sie wirklich darstellte. Eines Tages würde sie es schon noch entdecken: ihr eigenes Bild von sich selbst und es anfangen zu mögen.

In diesen Augenblicken erzählte ich ihr von meinem gesamten Leben, mit allen Details, einfach weil ich wollte, dass sie wusste, wen ich selbst personifizierte. Lange hörte sie mir zu, ohne mich zu unterbrechen, und meinte dann, dass sie manchmal vor mir Angst gehabt hätte. Doch sie meinte dies nicht negativ. Manches Mal war sie nur zutiefst beeindruckt, wie jemand bloß so sein konnte. Früher – als sie mich noch nicht so gut kannte – hatte sie dennoch etwas Scheu vor mir gehabt. Jetzt wollte sie nur noch eines: glücklich sein, glücklich bis ans Ende aller Zeiten. Und ich sollte ein Teil davon sein, der Teil, der ihr Leben zum Strahlen bringt.

In diesen Zeiten, die wir auf diesem Hügel und in den Feldern verbrachten, beobachtete sie immer wieder die Kinder. Einmal ging sie sogar zu ihnen und spielte mit den Kleinen. Sie lachte vor Freude, hüpfte und tanzte mit ihnen. Als ich sie so beobachtete, merkte ich, wie glücklich sie war. Es war eine wundervolle Zeit, eine Zeit, die ich mit der wundervollsten Person auf dieser Welt verbringen durfte, einer Person, die ich nie wieder verlieren wollte.

Als sie von den Kindern zurückkam, strahlte sie – heller als alles andere ringsum. Ich lächelte, und meinte, dass sie ein wahnsinnig schöner Mensch sei. Augenblicklich begann es leicht zu regnen, ich schnappte sie an der Hand und wir tanzten durch den Regen. Wir sprangen über Pfützen und kurvten über den durchnässten Boden. Als der Regen noch stärker wurde, sah ich in der Ferne eine Scheune. „Ein Wettrennen, Mademoiselle?", fragte ich sie. Sie lachte lauthals, stieß mich nach hinten und begann zu laufen. „Du erwischt mich nie!", hallte es etwas ermüdet aus ihrem Munde, als wir fast angekommen waren. Ich probierte, schneller zu laufen, um sie einzuholen – doch ich ließ sie gewinnen. Wir waren beide außer Atem, als wir in der Scheune ankamen. „Ich habe gewonnen!", frohlockte sie, und das amüsierte sie prächtig. Ich nickte und lächelte verschmitzt. Wir beide waren klatschnass, als wir nun endlich im Trockenen angekommen waren. Weizengauben wurden dort gelagert, und wir waren völlig alleine. Als ich merkte, dass ihr kalt wurde, gab ich ihr meinen Mantel. Sie fröstelte leicht, und so versuchte ich, sie etwas aufzuwärmen. Ich umarmte sie – und an diesem Tage sollte es passieren. Wir kamen uns immer näher, und es dauerte nicht lange, bis wir uns von der durchnässten Kleidung, die an uns klebte, befreiten. Wir rissen sie uns förmlich gegenseitig von unseren Körpern. Gier. Lust. Leidenschaft. Dies lag alles in der Luft, wir wollten nur mehr zueinander. Intensive Küsse folgten. Gänsehaut. Wild taumelten wir durch die Scheune. Meine Hände berührten ihren gesamten Körper, ihren Duft von Kirsche konnte ich wieder wahrnehmen. Sanft strich ich über ihre vollen Brüste. *Erregung!* Draußen blitzte es jetzt und Donner grollte. Schwerer Regen prallte auf das Dach der Scheune. Wir beide waren voller Emotion. Wild. Hemmungslos. Unzähmbar. Feurig. Wie ein Vulkan. Immer wieder sahen wir uns in die Augen; ich streifte durch ihre Mähne. Meine Hände glitten ihren gesamten Körper entlang. Unser Atmen wurde immer unkontrollierter und lauter. *Stöhnen!* Meine Lippen berührten jede einzelne Stelle ihres Körpers. Lustvoll. Atemberaubend. Heißblütig. Wie von der Wespe gestochen, wurde Elá immer wilder und heißer. Ungezügelt. Wie Lava. Von Minute zu Minute wurde sie ungebremster. Explosiv. Exzessiv. Intensiv. In mehreren Stellungen brachte ich ihren Körper zum Beben. Aphrodisierend. Stürmisch. Aufgeladen. Hektisch. Wir betrieben dieses Spiel stundenlang. Ohne damit aufzuhören. Immer wieder und wieder. Es waren leidenschaftliche und hemmungslose Stunden. Unsere Körper verschmolzen zu einem. Hitzig. Inbrünstig. Brennend. Glühend. Jede Faser und jede Pore sollte förmlich verschmelzen. Als wir am Höhepunkt angelangt waren, war es für uns beide ein befriedigendes und prickelndes Gefühl zugleich. Unkontrolliertes Atmen. Stöhnen. Pure Lust und Energie.

Dieses Schauspiel an diesem Nachmittag war unser erstes sexuelles Erlebnis. Ich wurde von Elá angetrieben, man konnte meinen, man wäre im Himmel. Es brannte alles lichterloh. Unser Geschlechtsakt war ein Fest aller Sinne. Sie konnte alles aus einem herauskitzeln, ich spürte alles an ihr. Es war fantastisch und einzigartig. Diese Frau war ein unkontrolliertes Ereignis, das brodelte und kochte, diese Frau war die fleischgewordene Lust und Leidenschaft. Es war ein ausschweifendes, packendes und durch und durch aufregendes Abenteuer, mit dieser Mademoiselle zusammen zu sein. Dieser sich beinahe ewig hinziehende Geschlechtsakt war eine Sensation; dieses Geschehnis war eine Besonderheit der allerersten Güte.

In der nächsten Zeit war ich mit Elá oft im Untergrund, und stellte ihr die Belegschaft vor. Babette kannte sie bereits. Mittlerweile vertrauten mir meine Männer. Sie respektierten mich. Sie akzeptierten mich als ihren Anführer, auch wenn ich selbst dem Bettlerkönig hörig sein musste.

Diesen skrupellosen und herzlosen Tyrannen mochte Elá überhaupt nicht. Sie hasste ihn förmlich, konnte ihn nicht ausstehen, sein gesamtes Gehabe war ihr zuwider. Sie wusste von Beginn an, dass er ein gieriges Scheusal war. Die anderen schloss sie aber sofort in ihr Herz, sicherlich auch deswegen, weil es mein Anliegen war, dass sie sich mit ihnen vertraut machen sollte.

In dieser Phase begannen wir wieder zu rauben. Ich selbst schmiedete nur die Pläne; Babette sollte die Männer führen. Es waren meist nur einfachere Missionen und Raubzüge. Krimskrams. Dennoch sollten die Diebstähle wieder für Aufregung in der Stadt sorgen; denn jeder Coup wurde mit meinem Namen in Verbindung gebracht. Ich selbst wollte in diesem Moment noch nicht auffallen, und somit verblieb ich vorerst im Hintergrund. Größere Aufgaben standen sowieso nicht an der Tagesordnung und deswegen konnte ich noch eine Weile abgetaucht bleiben. Ich konnte mich zwar in der Stadt aufhalten, doch mein Mitwirken an richtig großen Coups hätte die Lage zu dieser Zeit nur unnötig zugespitzt.

Somit tüftelte ich lediglich die Pläne für kleinere Beutezüge aus, und Babette und meine Männer setzten sie bravourös in die Tat um.

Eines Morgens kam ich in unser Versteck. Ich war leicht verschlafen und wollte nachsehen, ob alles beim Rechten wäre. Elá war anscheinend noch viel früher aufgestanden, denn sie war bereits außer Haus, als ich aufgewacht war. Als ich mich umsah, bemerkte ich, dass sie bereits hier, in der Kanalisation, verweilte. Sie saß mit Babette zusammen und sie plauderten. Dies machten die beiden nun tage- und wochenlang; Elá wollte sich unbedingt mit ihr anfreunden. Und es gelang! Ich hatte kein Wort gesprochen, doch Elá bemerkte anscheinend auch selbst, dass bei Babette etwas nicht stimmte, sie ihr nicht so gesinnt war, wie sie es eigentlich hätte sein sollen. Wenn ich Elá von Babette erzählte, sprach ich nur in den höchsten Tönen von ihr. Sie wuchs mir immer mehr ans Herz. Elá wollte wahrscheinlich, dass nichts zwischen ihr und Babette stand, sprach wahrscheinlich genau aus diesem Grund mit ihr. Über die Monate hinweg entwickelte sich zwischen den beiden eine richtige Freundschaft; sie verstanden sich prächtig. Auch mit Lucas, dem vierbeinigen Freund von Babette, unternahmen sie so einiges – sie gingen spazieren, saßen in Cafés, schlenderten durch die Stadt, und hatten eine Menge Spaß dabei. Mich persönlich freute dies, denn Elá gehörte mein Herz, aber auch Babette hatte ihren Platz darin. Es freute mich zu sehen, wie die wichtigsten Frauen meines Lebens eng zusammenwuchsen – ohne Diskrepanzen, ohne Animositäten.

Im Frühjahr des Jahres 1715 stand ein Überfall auf der Tagesordnung, ein Raub, dem ich mich nicht entziehen wollte – ich wollte unbedingt wieder meine Männer anführen. Auf den Straßen hatte ich Wachen belauscht, die von einem Kutschentransport tuschelten, der Steuergeld beherbergte und durch Le Quartier Latin führen sollte. In der Nähe des Cafés Procope wollte ich die Kutschen zum Stillstand bringen, hoffte auf eine große Menschenmenge, wollte, dass die Bürger sahen, was wir hier machten. Auch ein belustigendes Schauspiel hatte ich mir wieder zurechtgelegt.

Am Tag des Überfalls herrschte nahezu Windstille und die Sonne strahlte vom Himmel. Eine gute Stunde wartete ich auf den Dächern der umliegenden Häuser auf die mit Livre beladenen Kutschen – alle meine Gefolgsleute waren bereits positioniert. Plötzlich kamen drei königliche Transporte um die Kurve und bogen genau in unsere enge Gasse ein. Von dort aus wollten sie in den nächsten Bezirk gelangen. Der Zeitpunkt des Überfalls – er war gekommen. Ein unüberhörbarer Pfiff rutschte durch meine Zähne – und unsere Arbeit begann. Babette und ihr Hund stellten sich augenblicklich mitten auf die gepflasterte Straße. Sie begann zu weinen. Sie war fantastisch, sie war so authentisch. Lucas bellte wie verrückt. Die gesamte Aufmerksamkeit der Menschen in ihrer Nähe hatte sie auf sich gezogen. Und sie schaffte es tatsächlich, dass die Kutschen stehen blieben. „Geh aus dem Weg, Hure!", giftete eine der Wachen. „Das ist ein Befehl! Sonst überfahren wir dich einfach!", fuhr er laut und verärgert fort. Babette weinte weiter und sprach kein Wort. Lucas bellte mittlerweile wie wild die Wachen an. In diesem Moment kam Elá aus der sich tummelnden Menschenmasse heraus. Sie schimpfte auf die Wachen ein, schrie lauthals in ihre Richtung, dass sie diese Dame gefälligst in Ruhe lassen sollen – sie hätte ihnen nichts getan. Die Wachen waren nun allesamt ausgestiegen, ein gutes Dutzend von ihnen versuchte die Szenerie zu beruhigen. Sie wollten nur eines: weiterfahren. Als die Gefolgsleute des Monarchen meinen beiden Damen immer näher kamen und sie mit Gewalt von der Straße drängen wollten, gab ich einen Schuss ab, mit einer Steinschlosspistole. Ich schoss eine Kugel in die Luft. Es war so weit; genau jetzt strömten aus allen Himmelsrichtungen meine Männer auf die Kutschen zu. Aus Norden, Osten, Süden, Westen. Franck, Patrice und Christophe an der Front. Die Wachen waren kurze Zeit völlig desorientiert, schrien aufgebracht. Ich warf in der Zwischenzeit drei Rauchbomben in das Zielgebiet. Es war schon alles voller Qualm und Rauch, als ich in einem Satz auf den Boden sprang. Wir waren in der Überzahl und nutzten unseren Überraschungsmoment – in wenigen Minuten waren alle Soldaten überwältigt. Babette, Elá und Franck flüchteten währenddessen mit den Kutschen. Nachdem sich der Qualm gelegt hatte, war unsere Beute bereits über alle Berge – und die Wachen lagen uns zu Füßen. Wir warteten, bis sich die ausgeraubten und entwaffneten Männer erholt hatten; Menschenmassen, die sich prächtig amüsierten, beobachteten das gesamte Schauspiel. Sie lachten, manche tuschelten, meinten, das könnte nur ein Mann fertig bringen – Cartouche! Die Bürger waren höchst vergnügt, feixten wegen meines Schabernacks.

Als die Soldaten des Königs endlich wieder einen klaren Kopf hatten, stellten sie fest, wer da vor ihnen stand. Erschüttert und beeindruckt sahen sie, wie meine Männer und ich vor ihnen verweilten; auf jede Wache war eine Muskete gerichtet. Ich ging an ihnen vorbei und kniff ihnen allen in die Wangen. „Schrecklich, wie ihr heute alle ausseht!", sprach ich in heiterer Tonlage. „Ich glaube, ihr habt den Beruf verfehlt! Vielleicht solltet ihr doch lieber Hofnarren werden?! Das mit dem Beschützen von Kutschen ist augenscheinlich nicht eure Stärke!", fuhr ich sehr amüsiert fort. In diesem Moment merkte ich, dass es nun schnell gehen musste. Durch meine Beobachtungsgabe hatte ich zuvor bereits gesehen, dass ein Mann aus der Traube von Bürgern Verstärkung holen wollte, während sich alle anderen Menschen über die dümmlichen Gefolgsleute des Königs schlapp lachten. Ich klatschte zweimal in meine Hände und wünschte den königlichen Soldaten viel Glück beim Berufswechsel. Zwei Rauchbomben fielen zu Boden. Und in wenigen Sekunden waren wir verschwunden – meine Männer durch die engen Gassen und den Untergrundeingang, der in der Nähe lag, ich über die Dächer der Häuser, auf die ich wieder geklettert war. Von weitem sah ich, wie jetzt Verstärkung ankam; wir weilten aber längst nicht mehr am Ort des Geschehens. Die Rauchbomben von Christophe funktionierten einfach sensationell; solche Ausrüstung hatten nicht einmal die Gefolgsleute des Monarchen zur Verfügung. Es war einfach wunderbar, im Nebel zu verschwinden oder seine Gegner damit einzuhüllen. Als ich zurück ins Versteck kam, hatten meine drei braven Kutscher das gesamte Steuergeld bereits entladen. Jetzt machten sie sich auf den Weg zu einem Palast, mussten die Fahrzeuge heimlich vor die Tore des Palais de Tuileries schleusen. Auf den Flanken der Kutschen war ein Name eingeritzt – Cartouche. Wenige Stunden später kamen Elá, Babette und Franck wieder zurück. Sie hatten es geschafft – die Kutschen standen vor den Toren des königlichen Palastes. Mich persönlich hätte nur eines interessiert: Zu gerne hätte ich den Blick von König Ludwig XIV. gesehen, wenn man ihm von unserem Überfall Bericht erstattete. Als ich mir dies bildlich vorstellte, lachte ich mich fast zu Tode.

In dieser Nacht feierten wir wieder bis in die frühen Morgenstunden; wir zelebrierten eine gigantische Sause in unserem Versteck: Meine Männer sangen Lieder, es gab viel Speis und Trank – eine sehr heitere Stimmung herrschte vor, welche die gesamte Nacht andauern sollte. Pierre-Francois war zwar begeistert, wieder mit mehr Münzen klimpern zu können, doch auch ihm fiel immer mehr auf, dass er an Macht eingebüßt hatte – seine Männer sahen immer mehr in mir ihren Anführer. Zu diesen Zeiten hatte er das erste Mal augenscheinlich Sorge um seine Stellung; er war aber weiterhin sehr mächtig und konnte alles und jeden in unserer Gilde unterdrücken – er war noch immer der Herrscher über uns alle. Seine loyalsten Diener waren sicherlich Jacques und Eric, die mich auch jetzt noch mit sehr viel Skepsis und Neid beäugten. Babette und Elá waren an diesem Abend ungebremst am Feiern. Sie hatten mächtig Spaß daran gehabt, bei meinem Schauspiel an vorderster Front mitzuwirken – dies lebten sie nun beide aus: Sie tranken. Sie gackerten. Sie amüsierten sich. Meine drei Kumpane tranken wieder um die Wette. Franck trank diesmal Patrice und Christophe unter den Tisch. Es war herrlich, den drei Mannen zuzusehen – wir hatten alle sehr viel Spaß dabei.

Am nächsten Morgen war die gesamte Belegschaft völlig verkatert. Babette und Elá machten sich dennoch auf den Weg in den Cour de Miracles, sie wollten den Armen Gutes tun. Nachdem sie von ihrer Mission zurückgekommen waren, berichteten sie mir, dass mein Kopfgeld abermals gestiegen war. Auch Marktschreier bekundeten neuerlich meine Taten, sprachen davon, dass man mich unbedingt fassen möge. Es herrschte abermals helle Aufregung in Paris, ausgelöst durch den König der Räuber, ausgelöst durch Cartouche. Über die nächsten Monate hinweg versuchte ich wieder unterzutauchen, schließlich wäre es sehr gefährlich gewesen, meinen Schabernack zu schnell wieder fortzusetzen. Ich war zwar meist in den Straßen von Paris unterwegs und unternahm viel mit Elá, ich versuchte allerdings, etwas zurückhaltender zu agieren. Im Verlaufe der folgenden Monate legte sich die Aufregung wieder etwas; dennoch war ich der meistgesuchte Mann in ganz Paris geworden.

Im September dieses Jahres erklangen die Glocken der Notre Dame. Elá und ich wurden sehr unsanft aus dem Schlaf gerissen. Wir befanden uns im Hause von Madame Clarot und es war mitten in der Nacht, als die Glocken der Kathedrale zu läuten begannen. Es musste etwas sehr Wichtiges oder Schlimmes passiert sein, doch vorerst schlummerten wir beide einmal weiter.

Am nächsten Morgen wollten wir herausfinden, was es mit den Glockenlauten in der Nacht auf sich hatte. Elá trug einen ledernen Mantel mit Kapuze und versteckte ihr Haupt darunter. Ich versuchte ebenfalls, mit einem Halstuch mein Gesicht, so gut es ging, zu verbergen. Auf den Straßen herrschte helle Aufregung – Hunderte, ja Tausende Menschen wanderten umher, hektisches und nervöses Treiben herrschte; viele von ihnen tuschelten. Es gab viele Gerüchte auf der Straße – jemand aus der Königsfamilie solle gestorben sein, wieder andere meinten, dass neuerlich die Pest in Frankreich ausgebrochen wäre. Die Marktschreier in der ganzen Stadt hatten einen Befehl erhalten: Sie sollten ankündigen, dass sich die gesamte Stadtbevölkerung an mehreren Plätzen zu versammeln hatte – zur Mittagsstunde. Elá und ich wählten die Notre Dame als einen dieser Schauplätze aus. Vor der Kathedrale war eine kleine Bühne aus Holz errichtet worden und der gesamte Platz beherbergte sehr viele Menschen. Wir drängten uns durch die tummelnden Massen, um bessere Sicht zu ergattern. Die Leute um uns herum waren angespannt und neugierig; doch niemand wusste genau, was vor sich ging – sie waren unruhig. Zur Mittagsstunde läuteten die Glocken. Und in diesem Moment betraten Mitglieder des Königshauses und ein Redner die Bühne, der nicht lange zögerte und sofort Tacheles sprach: König Ludwig XIV., der Monarch, war gestern Nacht verstorben! Augenblicklich veränderte sich die Menge: Allesamt waren sie verblüfft und geschockt, Stille kehrte ein; die Menschen wurden andächtig, die Gedanken waren jetzt bei unserem toten König. Viele konnten es nicht glauben und schüttelten fassungslos ihr Haupt hin und her; manche weinten. In diesem Augenblick herrschte große Trauer, Trauer bei jedem einzelnen, Trauer in den Massen, Trauer in Paris – Trauer in ganz Frankreich. Der Sonnenkönig – so war ja sein Beiname – lebte nicht mehr.

In der gesamten Stadt, im gesamten Land wurden die Nationalflaggen von Frankreich auf Halbmast gesetzt. Und auch schwarze Fahnen sah man überall in der Stadt. Blumenkränze und Kerzen erblickte man bei den Kathedralen und Palästen. Schwarz gekleidete und tief bestürzte Mitbürger waren anzutreffen; gesenkte Häupter sah man, tiefe Betroffenheit spürte man. Doch was war passiert? Und wer war eigentlich dieser Sonnenkönig? Was zeichnete ihn aus? Wer war dieser Mensch, der so lange unser aller Oberhaupt war?

Der Sonnenkönig

Bis zu seinem Tode war er König von Frankreich und Navarra sowie Kofürst Andorras. Er war 72 Jahre auf dem Thron und somit einer der am längsten herrschenden Monarchen überhaupt. Er starb am 1. September 1715, vier Tage vor seinem Geburtstag. Er wurde 76 Jahre alt und seine Todesursache war Wundbrand – eine Gewebsnekrose, meist infolge von Blutunterversorgung – an seinem linken Bein. Das betroffene Gewebe verwest am Körper und verfärbt sich schwarz; auch bei der Pest konnte man diese Symptome bei manchen Toten feststellen.

König Ludwig XIV. war ein klassischer Vertreter des Absolutismus. Alles, und auch die Hofkultur wurde allein auf die Person des Herrschers zugeschnitten. Durch Ludwigs expansive und kriegerische Außenpolitik gewann Frankreich in Europa eine dominierende Stellung und etablierte seine Großmachtstellung. Er war der Sohn von Ludwig XIII. und Anna von Österreich. Schon als Vierjähriger wurde er als König inthronisiert, lebte aber bis zu seinem dreizehnten Lebensjahr unter der Regentschaft seiner Mutter. Die tatsächliche Macht besaß in der Zeit Kardinal Mazarin, der Ludwig auch zielgerichtet auf sein zukünftiges Amt vorbereitete. In seinen frühen Jahren besaß er die militärische Vormacht in Europa. 1660 heiratete er Maria Theresia von Spanien, und nach ihrem Tod, 1683, vermählte er sich insgeheim mit der Marquise de Maintenon. Er führte sehr viele Kriege, darunter gegen Holland/Oranien, Pfalz, und annektierte den Elsass. Frankreichs Diplomaten beherrschten unter seiner Herrschaft das politische Parkett und auch die dominierende Seemacht wurde das Land unter seiner Führung. Das französische Kolonialreich wuchs ebenfalls, im Norden des neuen Kontinents Amerika – Französisch-Indien, Martinique, Madagaskar und Louisiana. Innenpolitisch baute er seine Kontrolle über die Staatskirche aus. Ludwig förderte enorm den Geldkreislauf, indem er enorme Summen für Kriege, Hofleben, Kunst und Kultur ausgab. Er schaffte auch ein schnelleres Wachstum der französischen Wirtschaft; die französische Luxusindustrie wurde führend in Europa. Unter seiner Führung galt Frankreich als das reichste Königreich Europas; das Land galt als strukturell stabiles und ressourcenreiches Land, das mit knapp 20 Millionen Einwohnern die bevölkerungsreichste Nation Europas war.

Er hatte auch die Absicht, die besten Künstler, Poeten, Architekten, Maler, Musiker und Schriftsteller für die Nation arbeiten zu lassen – die Kunst stand im Dienste der Verherrlichung des Königs und seiner Ziele. Auch zahlreiche Akademien wurden unter ihm errichtet, um Literatur, Kunst und Wissenschaft zu fördern. Im Sinne der Selbstdarstellung waren seine vielen Feste zu verstehen. Einige Künstler und Literaten erklommen unter ihm ungeahnte Höhen und er konnte viele von ihnen für Frankreich gewinnen. Paris erlebte unter dem Sonnenkönig einen regelrechten Bauboom: Paläste, Akademien, Wahrzeichen, Plätze und Gärten wurden von ihm erschaffen, und auch die erste Kanalisation von Paris ließ er erbauen, die Stadtmauern schleifen, und die ersten Straßenlaternen errichten. Paris wuchs sprunghaft, und war mit seinen 700 000 Einwohnern eine der größten Städte überhaupt zu diesen Zeiten. Die französische Hauptstadt wurde zum städtebaulichen und kulturellen Vorbild für die gesamte Welt. Auch das Schloss Versailles ließ er errichten – eines der prächtigsten Herrscherschlösser weltweit. Der monumentale Gebäudekomplex sollte seinen uneingeschränkten und absoluten Machtanspruch manifestieren. Bälle, Diners und Festlichkeiten waren in diesem prächtigen Meilenstein der Architektur gang und gäbe – es war sein eigentlicher Wohnsitz und der Wohnsitz für seinen Hofstaat. Ludwig war ein sehr komplexer Charakter. Er war höflich und nett, selbst Mägden gegenüber; hatte einen scharfen Verstand, Arbeitseifer und eine professionelle Lebenseinstellung. Seine Bildung, vor allem in Kunst und Politik, war gefürchtet. Dennoch war er auch von einem gehörigen Maße Egozentrik beherrscht, verbunden mit einem übersteigerten Selbstwertgefühl. Er wurde von starkem Drang nach Ruhm und Reputation geleitet. Er war Kavalier, ein guter Reiter und liebte das Ballett. Seinen Beinamen, Sonnenkönig, verdankte er ebenfalls dem Ballett – 1653 hatte er die Rolle der aufsteigenden Sonne getanzt. Er hatte mit vielen Künstlern, Literaten und Wissenschaftlern seiner Zeit innige, freundschaftliche Beziehungen; er war vor allem der Herrscher von Kunst und Bildung: Denn unter Ludwig XIV. hatte Frankreich eine Blütezeit der Kultur; Französisch wurde zur Sprache des guten Geschmacks – die Menschen liebten ihn, vor allem die Reichen. *Und natürlich zu Recht!* Denn unter seiner Führung wurde Frankreich erst zu diesem prächtigen Land. Um die Armen kümmerte er sich allerdings nicht; sie waren ihm ein Dorn im Auge. Der gesamte Cour de Miracles passte nicht zu seinem Weltbild, passte nicht zu seiner Person. Für ihn gab es all dieses Elend dort gar nicht – er löschte es aus seinen Gedanken, sah einfach darüber hinweg. Hinter vorgehaltener Hand wussten alle, dass er nur seine monumentale Pracht im Kopf hatte – die Bettler, Witwen und Waisen hätte er niemals unterstützt. Es gab so viel Armut und so viele Bedürftige in Frankreich, und dennoch kümmerten ihn nur seine überdimensionalen Bauten und seine Machtfülle. Ihm gefiel nur das Schöne und Reiche; die Armut interessierte ihn nicht, denn für ihn waren diese Bürger nur gewöhnliche Ratten. Und das war genau der Grund, weshalb ich und auch viele andere Bürger ihn nicht mochten. Ohne seine Leistung zu schmälern, aber beim Verhungern und Erfrieren seiner eigenen Mitmenschen zuzusehen – das war wahrlich nicht meine Einstellung zum Leben! Genau das war der Grund, weshalb ich Hass in mir trug. Natürlich schätzte ich ihn auch, aber wie er mit manchen Mitbürgern umging, war mir ein Dorn im Auge – so wie es ihm ein Dorn im Auge war, dass die Unterschicht überhaupt existierte. Genau deswegen beraubte ich ihn, genau deswegen plünderte ich seine Schätze und tanzte ihm auf der Nase herum. Ich wollte denen helfen, die für ihn nie existent waren, wollte denen geben, die er nie gesehen hatte, wollte Leid lindern, dort, wo er nicht einmal mit der Wimper zuckte. Dies war mein Antrieb und Schwung – für diese Überzeugung lebte ich; aus diesem Grund plünderte ich.

König Ludwig XIV. wurde bald darauf in der Kathedrale von St. Denis, der traditionellen Grabstätte für französische Könige, beigesetzt. Sein einbalsamiertes Herz wurde in der Jesuitenkirche in Paris bestattet, um neben dem Herzen seines Vaters, Ludwig XIII., zu ruhen. Manche Menschen trauerten allerdings nicht um den König; manche Bürger erfreute sein Tod sogar. Ich persönlich stand dem ganzen Schauspiel etwas neutraler gegenüber. Ich wusste nämlich, dass auch ein neuer König seine Einstellung den Armen gegenüber nicht ändern würde. Für mich waren nicht alle Facetten des Sonnenkönigs schlecht. Im Gegenteil, das Einzige, das mich störte, war, dass er nicht sah, wie seine eigene Unterschicht litt und hungerte. Dies war ihm völlig egal und mir eben nicht. Unter einem neuen Monarchen würde sich aber sicherlich in diesem Bereich nur wenig ändern; und dies war mir ebenso bewusst. Seine letzten Lebensjahre verbrachte er eher damit, die enormen Staatsschulden zu drücken, denn seine Kriege und sein Interesse an Kunst und Kultur hatten sehr viel Gold verschlungen. Die Wirtschaft Frankreichs stagnierte allerdings überhaupt nicht – sie war eine der führenden in ganz Europa geworden.

König Ludwig XV. wurde nun als der neue König von Frankreich ausgerufen. Er war der Urenkel des Sonnenkönigs und zu dieser Zeit noch ein Kleinkind. Der damals Fünfjährige wurde aber erst 1726 tatsächlich zum Herrscher ernannt. Im Alter von sechzehn Jahren übernahm er die Rolle des Königs; bis dahin fiel die Regentschaft für den minderjährigen Monarchen dem Herzog von Orleans zu – Philipp II. Unter ihm änderte sich kaum etwas an politischen sowie kulturellen und kriegerischen Angelegenheiten. Es schien fürs Erste so, als wenn alles beim Alten geblieben wäre.

Meine Männer der Gilde sowie Babette und Elá ließ die Nachricht vom Tode unseres Herrschers fast vollkommen unberührt. Zu viel Leid hatten sie unter seiner Führung gesehen, zu viel Schmerz hatten sie in ihrem Leben unter ihm erfahren. Der Einzige, dem sein Tod sehr nahe ging, war Pierre-Francois. In diesen Zeiten war er oft in tiefer Trauer; manchmal weinte er sogar. Ich wusste nicht genau, weshalb ihn der Tod des Monarchen so tief berührt hatte, aber ich sollte dies später noch herausfinden. Seine Position innerhalb der Räubergilde wackelte aber immer mehr. Er spürte und wusste dies, und versuchte, uns mit seinem satanischen Gehabe immer brutaler zu unterdrücken.

Kapitel 4: Aufstieg und Tod

Im Laufe der Zeit legte sich die Trauer um König Ludwig XIV. etwas. Dennoch herrschte noch immer Bestürzung in der Stadt. Der Bettlerkönig war in diesen Tagen noch abscheulicher als sonst. Er schrie andauernd herum und manches Mal schlug er sogar seine eigenen Mannen – er war grimmig und voller Hass. Als ich ihn nach Informationen zu neuen Raubzügen fragte, meinte er bloß, dass er davon noch nichts wüsste. Seine Stimmung war entsetzlich. Er unterdrückte alles und jeden, wo er nur konnte. Wenn die Männer nicht taten, was er sagte, tobte er. Er würde jeden verstümmeln lassen, wenn sie nicht spurten, polterte er oft durch das ganze Versteck. Dennoch kam er mir irgendwie gebrochen vor, ich konnte jedoch nicht genau sagen, weshalb. Mittlerweile war er bereits ein sehr reicher Mann geworden; unsere Raubzüge machten seine Kammer bis oben hin voll. Er hätte ohne weiteres in einer Behausung der Oberschicht leben können, doch er zog es vor, im Untergrund zu bleiben. Warum er dies tat? Zu diesem Zeitpunkt wusste ich das selbst auch noch nicht. Mir war nur klar, dass er nicht aufhören würde, für sich selbst zu rauben. Seine Gier nach Reichtum konnte nicht gestillt werden. Ich selbst versuchte, ihm aus dem Weg zu gehen. Und auch viele andere taten dies in diesem Augenblick. Auch Babette und Elá. Diese beiden Damen hätte ich aber in seiner damaligen Gemütsverfassung sowieso nicht in seiner Obhut gelassen. Die meiste Zeit befanden wir drei uns in meinem Heim, im Haus von Madame Clarot.

Eines Morgens begab ich mich mit Lucas, Babettes Hund, nach Le Bièvre. Ich wollte mit ihm an diesem frühlingshaften Märztag spazieren gehen. Mir kroch süßer Frühlingsduft in die Nase; es roch nach Jasmin und Oleander. Lucas war ein fantastisches Tier; er begriff nahezu alles, was man von ihm wollte – Babette hatte ihn erstklassig erzogen. Man merkte den beiden aber die innige Bindung seit jeher an. Wir schlenderten an Bauernhöfen vorbei, als Lucas auf einmal zu einem Haus lief. Er bellte wie verrückt, scharrte am Boden, knurrte und winselte. Zuerst wollte ich weitergehen und so pfiff ich ihm mehrmals, sagte, er solle – endlich – wieder zu mir kommen. Lucas hörte aber nicht darauf, sein Bellen wurde sogar noch wahrnehmbarer. Als ich mich nun auf ihn zubewegte, hörte ich leises Stöhnen und Winseln – so als käme es direkt aus dem Boden. Ich streichelte Lucas und kniete mich vor ihm hin. Augenblicklich erspähte ich eine Art Kellertüre vor diesem Haus, eine Tür im Boden, die mit frischer Erde bedeckt war und anscheinend in eine Art Gewölbe unter das kleine Anwesen führte. Ich schaffte die Erde weg, und begutachtete dann den Eingang. Abgeschlossen. Das Gewinsel konnte man dennoch akustisch leicht vernehmen; und so entschloss ich mich, sie aufzubrechen. Mit meinen Dietrichen war dies ein Kinderspiel, es knackte und kurzerhand hatte ich die Tür geöffnet. Lucas sauste mit einem Satz in den Keller hinunter. Ich rief noch, dass er hier bleiben solle, doch er hörte nicht auf mich. Er gehorchte mir normalerweise immer und genau deswegen machte mich dies so stutzig. Mit zusammengekniffenen Augen schlich ich dann eine steinerne Treppe hinunter. Das Gewölbe war stockdunkel; ich schlug mit meinen Feuersteinen, die ich in meinen Taschen verstaut hatte, Funken, und entzündete mehrere Fackeln, die ich in den Wänden entdeckte. Als es nun hell wurde, merkte ich, dass dies ein kleiner Weinkeller war. Mitten in dem Gemäuer kauerte ein Mann. Er lag nahezu regungslos am Boden und hatte offene Wunden und anscheinend Knochenbrüche, war mit Dreck besudelt, und es stank fürchterlich nach Urin und Kot. Die Weinfässer, die sich dort befanden, waren allesamt entleert worden. Lucas war bei dem Mann. Mein tierischer Kumpane winselte leise und schleckte ihn ab. Als ich mich näherte, bemerkte ich, dass dieser Mensch noch lebte – er atmete schwach und rührte sich jetzt etwas. Ich drehte ihn zur Seite. „Hilfe!", hauchte er mir leise zu.

Ich zögerte keine Sekunde und schleppte den Mann ans Tageslicht, brachte ihm dann Wasser, das er gierig zu trinken begann. Auch einen Brief hatte ich bei ihm entdeckt. Und ich fragte ihn sogleich, ob dieser ihm gehöre. „Egal. Behalte ihn", erwiderte er flüsternd und bat mich, ihn zu einem Doktor zu bringen. Auf schnellstem Wege trug ich dieses völlig verwahrloste Wesen nun zu einem Heiler. Ich bezahlte den Arzt, und sagte, er solle ihn gesund pflegen, hoffte, dass er sich schnellstmöglich erholen würde. Der Heiler versicherte mir, dass er das schon hinbekommen würde, und ich schenkte ihm Glauben. Unentwegt streichelte ich Lucas. Denn ohne dieses Tier hätte ich diesen armen Mann nie gefunden. Lucas war außergewöhnlich – er verfolgte anscheinend die gleichen Ziele wie ich selbst, wollte anderen helfen. Seine Rettungstat sollte ihm ein sehr leckeres Abendmahl einbringen. Doch zuerst las ich allerdings den Brief. Als ich fertig war, lief es mir eiskalt den Rücken hinunter und ich erschauderte.

Der Brief

An denjenigen, der meinen Leichnam finden möge! Ich war der Besitzer dieses Landes und Hauses. Mein Name ist Claude und ich war Weinbauer. Eines Nachts kamen Plünderer von außerhalb Paris zu meinem Heim. Sie wollten mir alles nehmen. Meine Frau und meine zwei Töchter konnte ich retten – ich hoffe es zumindest. Ich stellte mich gegen die Diebe. Meine geliebte Familie konnte dadurch flüchten. Ich selbst wurde geschändet und malträtiert. Sie raubten meine gesamten Besitztümer, bevor sie mich in den Weinkeller sperrten. Noch zuvor schütteten sie meinen gesamten Wein an der Oberfläche weg. Hier verharre ich nun, habe weder Nahrung noch Wasser, befinde mich in meinem eigenen Grab. Bald wird es stockdunkel sein, denn die Fackeln werden ausgehen, das Licht verlöschen. Zum Entzünden habe ich nichts mehr. Ich weiß gar nicht genau, wie lange ich nun schon hier unten liege. Niemand hörte mich, als ich um Hilfe rief. In letzter Zeit trank ich meinen eigenen Urin, um zu überleben, ich versuchte Ratten zu fangen, um sie zu verspeisen. Ich werde verhungern, verdursten. Ein grausames Schicksal, hier zu sterben. Diesen Brief verfasse ich mit meinem eigenen Blut. Papier und Feder konnte ich hier unten in einer kleinen Schublade vorfinden, doch keine Tinte. An den gütigen Menschen, der meine Überreste finden möge: Bitte bestatte sie, bitte begrabe mich – ich wäre dir auf ewig dankbar. Ich hoffe, dass es zumindest meine Familie geschafft haben möge, zu entkommen. Au revoir, du barbarische Welt ...

Es war eine grausame Zeit, in der ich lebte; ich war geschockt von diesem Brief. Versteinert. Ohne Lucas hätte ich diesen Mann wahrscheinlich niemals retten können – an diesem Tage half mir ein Tier, eine reine und gute Seele, einen Menschen zu bergen, obwohl es ihm selbst nicht von Nutzen war. In diesem Moment fiel mir auf, dass Tiere oftmals die besseren Menschen verkörperten. Zum Dank dafür sollte er ein Festmahl bekommen. Ich war dankbar. Dankbar, dass er an diesem Tage bei mir war. Ich habe jedoch niemandem von dieser Geschichte erzählt; ich war bloß entgeistert und verstört darüber, wie abscheulich diese Welt doch war. Nur Lucas und ich selbst kannten dieses Ereignis, und ich hoffte, dass der Mann, den wir gerettet hatten, sich erholen und seine Familie finden würde.

Ein paar Tage darauf belauschte ich reiche Bürger, die davon sprachen, dass in diesem Jahr erstmals eine Bank eröffnet werden würde – die Banque Generale, die 1718 in Banque Royale umbenannt wurde. Als ich dies hörte, wurde mir klar, dass irgendwann auch diese Bank ein Ziel von mir war – noch sollte es aber nicht so weit sein.

An einem sonnigen Morgen flanierte ich durch die Gassen von Paris, versteckte mein Gesicht unter meiner Kleidung, und blickte auf meine Umgebung: ein Mann, schwarz gewandet, der einen Blasebalg in sein mehrstöckiges Wohnhaus schleppte, eine schwarze Katze, die über die Dächer sauste, mehrere volle Wäscheleinen, die zwischen den Häusern hingen, und eine Gruppe Bürger, die an mir vorbeischlenderten und sich in vergnügtem Tonfall Geschichten vom Räuber Cartouche erzählten. Wenig später beobachte ich eine junge Frau und ihr Mädchen, die sich vor einer Schneiderei wegen eines Kleides zankten und dann schlagartig von dannen zogen. Ich bemerkte, dass das junge Mädchen Hass auf die Person fühlte, die ihr eigentlich der liebste Mensch auf der Welt sein sollte – auf ihre Mutter, die wunderbare Frau, die den ganzen Tag arbeitete und abends noch für ihre Familie kochte, die ihr Leben opferte, damit ihr Mädchen Klavierunterricht bekam, sich wie eine Prinzessin kleiden, glänzende Gewänder kaufen konnte, während sie selber in einem geflickten alten Kleid herumlief. *Hass.* Hass ist etwas fast so Reales wie Katzen, Wäscheleinen oder ein Blasebalg. Doch ist es notwendig, Hass auf eine Person zu fühlen, wenn man vielleicht gerade nicht das Kleid bekommen hat, das man wollte? Du entscheidest selbst, werter Leser!

Im Sommer dieses Jahres verweilten Elá und ich wieder oft im Café Procope. Ich versuchte immer, so gut es ging, mein Gesicht zu verbergen, denn mittlerweile erkannte mich doch mancher Bürger. Die meiste Zeit funktionierte dies tadellos, niemand bemerkte mich. Im Café wurden inzwischen sogar Theaterstücke aufgeführt, die meine amüsanten Beutezüge schilderten. Als Elá und ich unsere Eiscreme genossen, konnten wir uns kaum halten vor Lachen. Es waren Inszenierungen von einem Banditen, der Kutschen und den König selbst ausraubte. Lustig und fidel. Sie stellten mich als einen Bandenchef mit viel Witz und Esprit dar.

Es war vergnüglich zu sehen, wie die Bevölkerung sich durch mich amüsierte – meine Art, mein Charme und mein Witz gefiel der Menge. Trotzdem musste ich aufpassen: Ich war Stadtgespräch geworden, und die Obrigkeiten wollten sicher alles daran setzen, mich zu lynchen.

Auch mit Babette und Lucas unternahmen wir einiges zu dieser Zeit, und ich war froh, dass die beiden auch bei uns waren. Denn beim Bettlerkönig wollte ich sie momentan keineswegs lassen, und so hatten auch diese beiden wundervollen Wesen immer einen Heidenspaß. Im Cour de Miracles waren wir natürlich auch oftmals. Es war schließlich unsere Pflicht, denen zu helfen, die es nötiger hatten. Einmal schlenderten wir an Marktständen vorbei, bunt und voller Farben; die Händler boten alles feil, was man sich nur wünschen konnte: Stoffe, Lederwaren, Wundertränke, Seifen, Duftöle, Gewürze, Geschirr, Kleidung, Nahrung, Weinfässer, Schuhe, Filzwaren, vergoldete Einrichtungsgegenstände. Elá ging zu einem der Händler, nahm eine seltsame Dose, öffnete sie, schnupperte daran, verzog das Gesicht, und schloss sie eilig wieder. Ich lachte. Wir feilschten mit den Händlern, kauften so manches, und hatten sehr viel Spaß an diesem Tag.

In dieser Zeit träumte ich wieder den Albtraum mit Mutter und Vater.

Es begann damit, dass ich ein kleines Kind sah. Einen Jungen. Kinderlachen hörte ich. Kurze Zeit später wurde er weggeschickt, von einem Zeigefinger. Die Person, der die Hand gehörte, konnte ich nicht erkennen. Der Junge weinte bitterlich. Schlagartig wurde es dunkel. Plötzlich sah ich ein Glasauge. Gleich darauf wurde es abermals dunkel. Zwei Männer standen auf einem Hügel und umarmten sich – sie schienen sich zu kennen. Dunkelheit. Dann schwebten zwei Kronen durch die Luft, auf einer hockte ein Rabe. Dunkelheit. Wie aus dem Nichts stand ich ein paar hundert Meter vor meinem Haus; Mutter und Vater standen davor. Sie lachten und schienen glücklich zu sein, als sie mich sahen. Sie winkten mir zu. Und ich begann freudig auf sie zuzulaufen. Meine Mutter rief fortdauernd meinen Namen: „Louis, Louis! Komm zu mir!" Ich rannte und rannte – doch ich bewegte mich nicht von der Stelle. Plötzlich verfinsterte sich alles um mich herum, und der Himmel wurde blutrot. Meinem Vater fielen Weintrauben aus der Hand und meine Mutter begann fürchterlich zu schreien. Sogleich kamen wieder die Skelettreiter, eingehüllt in schwarze Mäntel; ihre Pferde hatten glutroten Augen. Sie ritten an mir vorbei. Ich versuchte schneller zu laufen – aber ich kam nicht vom Fleck. Kurz darauf musste ich mitansehen, wie sie meine Eltern unter fürchterlichen Schreien niedermetzelten: Hiebe. Stiche. Blut. Schreie. Sie zündeten unser Haus an, und kamen genau in meine Richtung. Ich weinte, die Tränen flossen nur so über meine Wangen. Als sie direkt vor mir waren, blieben sie stehen. Sie starrten mich an, ein Dutzend von ihnen, ohne ein Wort zu sagen. Plötzlich packte mich von hinten eine schauderhafte Klaue, und zog mich nach unten – sie zog mich in die Dunkelheit hinein.

In diesem Moment wachte ich schreiend auf. „Cartouche! Cartouche! Was ist passiert?", fragte Elá, ganz verschlafen und etwas ängstlich. „Nichts ... Es ist nichts!", erwiderte ich leise und setzte mich aufs Bett. Sie küsste mich und meinte, sie wäre da, wenn ich schlecht geträumt hätte. Nach kurzer Erholung und mit wässrigen Augen probierte ich wieder zu schlafen. Ich atmete schwer. Doch Elá redete mir die gesamte Zeit zu; sie schaffte es, dass ich mich beruhigte, und so konnte ich doch weiterschlafen. Doch was hatte ich bloß wieder geträumt? Meiner Ansicht nach wurde der Traum nicht besser – er blieb gleich. Ich konnte nichts ändern, nicht helfen. Der Traum war nur mit weiteren Facetten ausgestattet worden, Rätsel, die ich mir zu diesem Zeitpunkt nicht erklären konnte. Hier und heute verwarf ich den Traum für einen Moment, ich hatte Panik vor ihm, und versuchte ihn zu verdrängen. Später im Leben stellte ich fest, dass alles seinen Sinn ergab; Jahre darauf musste ich erkennen, dass der Traum mir die Wahrheit offenbart hatte – in dieser Nacht verstand ich bloß noch nichts.

Die Liebe und der Tod

Der Winter des Jahres 1716 war bitterkalt. Viele der letzten Winter waren schon ungewöhnlich frostig gewesen. Eine Menge Schnee war gefallen und der Raureif zierte die Äste und Zweige der Bäume. Trotz unseres Zutuns erfroren viele Menschen im Cour de Miracles. Es war abartig, wenn wir zusehen mussten, wie arme Bürger starben; selbst Kinder waren unter ihnen. Elá gab ihr Bestes, doch ihre Blicke, als sie mitansehen musste, wie diese kleinen Geschöpfe starben, waren zermürbend – sie war voller Trauer und Schmerz. Obwohl wir viele Bürger retten konnten, starben dennoch Dutzende von ihnen – es war für alle Beteiligten eine schreckliche und sehr prägende Zeit.

In diesen Tagen des Frostes erwischte es auch meine Mademoiselle – Elá wurde sterbenskrank. Wahrscheinlich raubte ihr der Anblick der vielen Toten im Bettlerbezirk noch viel mehr Kraft, als ich zuerst vermutet hatte. Es schien so, als wenn sie dies noch zusätzliche Energie gekostet hätte.

Es begann alles sehr schnell – sie klagte über Atemnot, Schüttelfrost und Schmerzen in der Brust, hatte hohes Fieber und Husten. Anfangs dachte ich mir nicht viel dabei, doch es verschlimmerte sich rapide. Sie lag schon seit zwei Tagen im Bett, als ich mehrere Heiler zu mir bestellte. Sie untersuchten sie und gaben ihr Medizin – Lungenentzündung war die Diagnose. Die Ärzte meinten, dass zu dieser Jahreszeit fast alle sterben würden, die diese Krankheit haben, dass es nur eine geringe Überlebenschance gäbe. Die einzige Hoffnung, die sie mir machten, war, dass Elá noch jung war – vielleicht könnte ein so vitaler Körper diese

Krankheit noch eher überwinden. Als ich dies von den Heilern hörte, standen Tränen in meinen Augen. Es konnte doch nicht wahr sein, dass sie mich jetzt schon verlassen würde – unser beider Glück wähnte doch erst seit Kurzem.

Fast jeden Tag hatte ich Ärzte an meiner Seite; es kostete mich ein kleines Vermögen. Zum Glück war durch meine Anteile an den Überfällen sehr viel zusammengekommen. Sehr viel wichtiger war aber Elás Gesundheitszustand, der über Tage unverändert blieb. Sie schlief meistens. Sie atmete schwer und hatte hohes Fieber. Ich selbst war völlig aufgewühlt und rast- und ruhelos. Ich sprach mit ihr und war ständig an ihrer Seite. Ich betete für sie, gab ihr Medizin und pflegte sie, so gut es eben ging. Eine Verbesserung war jedoch nicht in Sicht. Manchmal halluzinierte sie – sie dachte, sie wäre in ihrer Heimat und bei ihren Eltern. Ich versuchte sie immer zu beruhigen, küsste sie auf die Stirn, hielt ihre Hand und sprach sanft zu ihr: „Alles wird gut. Wir schaffen das. Zusammen!", hauchte ich ihr einmal ins Ohr. Ihr Zustand blieb unverändert kritisch. Nach mehreren Tagen Krankheit sagte ein Heiler zu mir, dass sie wahrscheinlich sterben werde – wenn ihr Zustand nicht bald umkehren würde, hätte sie keine Möglichkeit zu überleben. Mein Blick wurde finster; ich wurde unheimlich wütend. „Raus! Lassen Sie sich nie wieder blicken! Hier stirbt niemand! NIEMAND!", schrie ich voller Wut und schmiss ihn aus dem Haus. Es durfte einfach nicht geschehen; Elá durfte nicht sterben. NIEMALS! An diesem Tage grummelte sie immer meinen Namen. „Ich bin bei dir. Wir schaffen das", hauchte ich ihr immer wieder zu. Sie sah mich manchmal dabei an – ihr Blick war trüb. In diesen Momenten dachte ich, es würde nur mehr von kurzer Dauer sein, und sie würde diese Welt verlassen. Ich umarmte sie, küsste sie; flößte ihr Medizin ein. Zu diesem Zeitpunkt wirkte sie fast leblos – es schien, als würde sie aus meinem Leben scheiden. Immer wieder ging ich ins untere Stockwerk. Ich weinte dort um sie. Es durfte einfach nicht passieren, sie durfte nicht sterben. Ich hämmerte dabei fortdauernd voller Lebenskraft auf einen Tisch. Die kommende Nacht war die entscheidende Nacht – es ging um Leben oder Tod.

Die Nacht war sehr eisig und klar. Es war fast Vollmond und keine Wolke am Firmament; die Sterne glitzerten, und es herrschte Windstille. Diese Nacht sollte entscheiden, ob Elá aus meinem Leben schied. Sie hatte am Tage zuvor bereits völlig leblos gewirkt und für mich gab es bloß eines: Ich musste es schaffen, ihr soviel Energie zu schenken, dass sie überleben konnte. Zuerst betete ich für sie – ich sprach zu Gott, viele Male. Den Rest der Nacht blieb ich unentwegt an ihrer Seite, quecksilbriges Mondlicht schimmerte durch die Ritzen der geschlossenen Fensterläden. Sie schlief, hatte hohes Fieber und atmete sehr schwer. Pausenlos hielt ich ihre Hand, immer wieder küsste ich sie auf die Stirn und sprach mit ihr. Ich erzählte ihr von unserer Vergangenheit und unserer Liebe, erzählte ihr von unserer Zukunft, und sprach davon, dass noch viel Schönes auf uns zukommen würde. Sie erwiderte kein Wort, doch manchmal lächelte sie leicht. Ihr Blick war dennoch starr und müde. Ich hatte Angst. Angst, sie zu verlieren. Völlig erschöpft wurden meine Augen mitten in der Nacht immer schwerer. Ich wehrte mich und sprach noch mehr zu ihr; ich widersetzte mich und hielt unentwegt ihre Hand. Irgendwann döste ich trotzdem ein, mein Kopf lag auf ihrem Herzen. Starkes Husten holte mich aus meinem kurzen Nickerchen. Abermals versuchte ich, mit ihr zu sprechen. Doch diesmal half es nichts. Sie hustete minutenlang. Daraufhin begann sie zu hecheln und schwer um Luft zu ringen. Voller Lebensenergie sprang ich aus meinem Stuhl. Ich rief ihren Namen, und rüttelte sie sachte. Es nutzte nichts. Ihr Atem wurde immer leiser und leiser, versiegte. Schlagartig spürte ich den Tod im Raum. Finster und kalt. Dunkel und humorlos. Er war gekommen, um sie zu holen. Ich wehrte mich. Ich sprang wie wild durch das Zimmer und schrie ihren Namen. ELÁ! Ich hielt sie an beiden Händen, als sie ihren letzten Atemzug machte. Ich konnte es nicht glauben, ihr Atem war versiegt – Elá war tot! Ich brach in Tränen aus und schimpfte gleichzeitig auf den Tod. Ich war aufgelöst, und brüllte, dass er sie noch nicht holen dürfe. Ich sank auf die Knie und winselte, dass man sie mir – bitte! – noch nicht nehmen solle. Augenblicklich sank mein Haupt auf ihre Brust und auf ihr Herz. Ich weinte bitterlich. Plötzlich merkte ich, dass ihr Herz wieder schlug. In diesem Moment spürte ich eines: unbändige Kraft! Ich schrie wieder mehrmals ihren Namen, packte sie an den Armen und versuchte, sie aus den Fängen des Todes zu befreien. Ich küsste sie intensiv und enthusiastisch. Es gelang! Ich spürte, wie sie den Kuss sanft erwiderte, spürte, wie sie langsam wieder zu atmen begann, fühlte, wie der Tod von ihr wich. Augenblicklich befand sie sich wieder unter den Lebenden. Wir hatten es geschafft – der Tod nahm jetzt Abstand! *Erleichterung ...* In dieser Nacht hatte die Liebe den Tod besiegt!

Diese Nacht war der Höhepunkt ihrer Krankheit; um ein Haar hätte ich sie damals verloren – doch es kam anders. Die nächsten Wochen verbesserten ihren Gesundheitszustand und Elá kam wieder auf die Beine. Wer sie damals gesehen hatte, der möge meinen, dies grenze an ein Wunder. Dieses Wunder passierte allerdings tatsächlich, und ich hatte einen kerngesunden Engel zurück – meine Elá! Sie hatte kaum Erinnerungen an ihre körperlichen Probleme, und deswegen fragte sie mich noch oft, wie schlimm es um sie damals stand. Ich war überglücklich, dass sie am Leben geblieben war, küsste sie und meinte: „Hauptsache, du bist hier. Alles andere ist egal." Sie lächelte. Bis heute glaube ich, dass sie wesentlich mehr von all dem mitbekam, als sie zugab; ich bin felsenfest davon überzeugt, dass sie wusste, dass an jenem Abend der Tod schon nach ihr gegriffen hatte.

Das Wichtigste war jedoch sicherlich, dass sie wieder gesund wurde. Als sie wieder bei Kräften war, konnte ich mein Glück kaum fassen – ich war beflügelt, beflügelt von dem Gedanken, sie weiter an meiner Seite haben zu dürfen. Es gab nichts Schöneres, als ihr Gesicht zu sehen, nichts Schöneres, als ihr Strahlen zu sehen. *Elle etait merveilleuse!*

Während ich mich um Elá kümmerte, betreute Babette den Cour de Miracles. Sie verstand, dass ich mich in diesen Wochen voll und ganz um meine Frau zu sorgen hatte. Sie selbst schaffte es, das Leid im Bettlerbezirk, so gut es eben ging, zu minimieren. Bis heute bin ich ihr dankbar, dass sie ihre Zeit für die armen Mitbürger opferte. Sie verweilte nun auch wieder mehr im Untergrund, versuchte, die Männer auf Vordermann zu bringen, und hatte immensen Tatendrang – sie wollte wieder rauben. Bald sollte es so weit sein – doch zuerst stand noch ein Ausflug nach Le Marais auf dem Programm.

Im Frühling des Jahres 1717 waren Elá und ich in diesem Bezirk. Ich war so froh, dass sie ihre Krankheit überwunden hatte, überglücklich, dass sie weiterhin unter den Lebenden weilte.

Le Marais, nordöstlich gelegen, beherbergte die Arrondissements Marais, Arsenal und Temple. Der Marais Bezirk war einer der reichsten der Stadt. Gepflasterte Straßen, reiche Bürger, riesige Plätze und Märkte waren hier anzutreffen. Er war einer der nobelsten Bereiche, die man in Paris vor die Augen bekommen konnte. Die Häuser waren fast alle mehrstöckig, bunt verziert und sehr edel. Mehrere Alleen und viele Gärten waren hier beheimatet, Straßenkünstler fast täglich zu Gange, um die Bevölkerung bei Laune zu halten. Wer auf Reichtum und Unterhaltung sowie auf Kunst und Kultur bestand – der musste nach Marais. Auch der Place Royale oder Place des Vosges gehörte zu Le Marais. Unter den königlichen Plätzen war er der älteste und galt als eine der Hauptattraktionen dieser Stadt. Der quadratische Platz beherbergte neben viel Grünfläche auch Brunnen und eine Menge an Skulpturen. Im Arsenal befanden sich das Hôtel de Sens und die Bastille. Das Hôtel de Sens war nahe am Ufer der Seine gelegen, auch ein Transportunternehmen war hier heimisch. Dieses Gebäude war eines der schönsten in ganz Paris und wurde im Flamboyantstil 1475 neu errichtet. Die Bastille war eine besonders befestigte Stadttorburg und diente schon seit mehreren Jahrzehnten als Gefängnis; erbaut wurde sie im 14. Jahrhundert unter König Karl V. Sie war ein Eckpfeiler der Befestigungsanlagen gegen englische Truppen, die während des Hundertjährigen Krieges die Stadt bedrohten. Acht Zinnentürme, Eingang mit Zugbrücke, Festungsgraben, mit Wasser befüllt, Schatzturm und Kapellenturm – so präsentierte sich die Bastille. Das zugemauerte ehemalige Stadttor befand sich genau zwischen Schatz- und Kapellenturm; viele Kerkeranlagen verliefen unterirdisch.

Der letzte Bereich dieses Bezirkes war Temple. Temple war die Bezeichnung für ein seinerzeit außerhalb von Paris gelegenes Ordensgebiet, in dem die Tempelritter sich nach dem Fall Akkons 1291 niederließen. Hier wurde auch ein Bergfried errichtet, in dem unter Philippe dem Schönen der französische Staatsschatz gelagert wurde – später entstand daraus ein Gefängnis. Der Temple war auch der ehemalige Sitz der Templer-Großmeister, und als 1307 die Verhaftungswelle gegen den Orden begann, suchte man hier nach all ihren Geheimnissen und Schätzen – aber vergebens. 1314 wurde die gesamte Fläche dem Johanniterorden übergeben. Danach hatte der Temple-Bereich keinen guten Ruf in Paris, denn in den Augen der Pariser Bevölkerung gab die Mischung aus Kleinkriminellen, Geschäftemachern und vergnügungssüchtigen Adeligen dem eigentlich religiösen Bezirk einen sündigen Anstrich. Manche Menschen von edlem Blute feierten hier ausschweifende Feste, die das libertäre Ansehen des Temple festigten. In Marais und Arsenal gab es sehr wohlhabende Bürger, in Temple hingegen Menschen aus unterschiedlichen Schichten. Dort entstand somit eine sehr heterogene Gesellschaft verschiedener sozialer Schichten, die unabhängig voneinander ihr Leben dort führten. Der ehemalige Sitz und Haus des Templerordens wurde zu einer Mischkultur vieler verschiedener Klassen. Der Le Marais-Bezirk strahlte auf der einen Seite, die andere Seite war eher von Bürgern unterschiedlicher Herkunft beheimatet.

Im vermögenden Teil Marais hielten sich Elá und ich in diesem April auf. Wir schlenderten durch die gigantische Hauptstraße, die durch eine Allee mittig unterteilt war. Jongleure, Feuerspucker und Straßenkünstler brachten hier gute Laune unter die Bevölkerung – es war ein heiteres Treiben, sehr vergnüglich. Ununterbrochen fuhren Kutschen an uns vorbei, und dies brachte mich auf eine Idee; zuerst hatten Elá und ich aber noch einen wundervollen Tag vor uns. Am Place Royale ließen wir unsere Seele baumeln und genossen den Anblick auf die Pariser Bevölkerung, die in feinste Kleider gehüllt war. Wir plauderten viel miteinander. Elá wollte, dass ich Pierre-Francois den Rücken kehre – ich konnte jedoch nicht. Dem Bettlerkönig selbst war ich niemals wohlgesonnen, doch mittlerweile hatte ich eine Verpflichtung meinen Männern gegenüber; und außerdem hatte Pierre-Francois noch immer einen immensen Einfluss auf die Bande: Hätte ich ihm hier und heute den Rücken gekehrt, wäre alles möglich gewesen – von ewiger Verfolgung bis hin zu meinem eigenen Tod. Elá verstand das, doch sie meinte, ich wäre viel zu geschickt und zu intelligent, um mich auf so niedriges Niveau herabzulassen. Sie mochte die Belegschaft, ihren satanischen Herrscher konnte sie aber nie ausstehen.

Auch die Bastille bestaunten wir noch an diesem Tage. Elá hatte Mitleid, Mitleid mit denen, die in der Kerkeranlage im Keller dieser kriegerischen Burg saßen. Dennoch fanden wir beide, dass es ein außergewöhnliches Gebäude war – alleine die Zugbrücke und der Wassergraben machten sie zur schier uneinnehmbaren Festung. Später waren wir noch in einem der sündhaft teuren Cafés. Ich versuchte meistens mein Gesicht zu verbergen, denn ich war mittlerweile stadtbekannt. Auch hier, in diesem Etablissement, spielten sie Theaterstücke, bei denen ich die Hauptrolle bekleidete – Cartouche, der Bandit. Wir lauschten den Künstlern auf der Bühne; der Schauspieler, der meine Rolle spielte, machte seine Sache fabelhaft. Elá lächelte immer verschmitzt, und ihr gefiel es, dass sich alle so über meine Raubzüge amüsierten. Ich persönlich empfand ebenso Heiterkeit und sogar etwas Stolz, hoffte aber, dass mich niemand erkannt hatte. Am Abend desselben Tages waren wir in einer Oper gelandet; wir beide lauschten andachtsvoll den Künstlern – man gab ein geistliches Werk – und die Zeit verging wie im Flug. Danach speisten wir in einer sündhaft teuren Taverne und veralberten meistens den Wirt dieses Etablissements, doch er lachte oftmals sogar mit. Dem älteren Herrn mit Rauschebart erfreute es, dass er ein junges Paar mit Speis und Trank bedienen konnte – als wir ihn etwas aufzogen, missfiel ihm dies kein einziges Mal.

Am Rückweg nach Île de la Cité und zu Madames Anwesen banden wir heimlich und leise die Schnürsenkel von zwei Straßenkünstlern zusammen. Als sie uns bemerkten, liefen wir kichernd davon. Die beiden stolperten und moserten noch eine schöne Weile, so lange, bis wir sie stimmlich nicht mehr wahrnehmen konnten. Es war wie immer ein Freudenfest, mit Elá zusammen zu sein. Sie war genau wie ich: Sie trieb Schabernack und war für jeden Spaß zu haben, aber konnte auch ernste Gespräche führen, denn sie war vollgestopft mit Wissen; sie war intelligent, hatte Charme, Witz und einen heiteren Charakter. Die Zeit mit ihr – jede Sekunde – war die schönste in meinem Leben.

Als wir spät abends zu Bett gingen, erzählte ich ihr von meinem neuen Plan. Sie kicherte lauthals und sagte, sie wäre auf jeden Fall dabei – dies freute mich. Sehr sogar!

Am nächsten Morgen weihte ich nun auch meine Männer und Babette ein. Sie waren allesamt begeistert und wollten sofort aufbrechen. Ein paar Stunden später startete schon unser nächster Raubzug!

In Marais waren gut betuchte Bürger und kaum Wachen anzutreffen; niemand im Königshaus dachte schließlich daran, dass ich auch hier auftauchen könnte. Und genau dies war ihr Fehler! Tags zuvor beobachtete ich bereits, dass vor dem größten Café, in dem auch Theater gespielt wurde, viele Kutscher die feine Gesellschaft aussteigen ließen; die Kutschen warteten danach in einer Seitengasse auf ihre adeligen Besitzer.

Ein Dutzend Männer und ich warfen sich in Schale und verharrten vor dem Café. Als die Fahrzeuge mit den Bürgern ankamen, sprach ich in weltmännischem Stile davon, dass ich der neue Concierge wäre. Ich würde Leute für sie abstellen, die sich um ihre Kutschen und Pferde kümmern und für die Fahrtüchtigkeit und das Wohl der Pferde sorgen würden. Die Oberschicht war begeistert! Sie gaben mir sogar Trinkgeld, als ich nacheinander meine Männer mit den Kutschen wegschickte. Die eigentlichen Kutscher gingen einstweilen in eine nahe gelegene Schenke, um ihren Durst zu stillen. Der Großteil meinte lediglich, dass dies ein wunderbares Entgegenkommen des Etablissements sei. Was alle jedoch nicht ahnten, war, dass die Kutschen Richtung Untergrundeingang, am Ufer der Seine gelegen, gesteuert wurden. Am hinteren Ende der Fahrzeuge waren nämlich Behälter angebracht – Behälter, vollgestopft mit Hab und Gut der betuchten Bürger. Alles Wertvolle, das darin vorzufinden war, schafften meine Männer zu Franck, Patrice und Christophe, die beim Untergrundeingang auf sie warteten. Meine drei Kumpanen brachten sogleich das Diebesgut in unser Versteck, und schrieben meinen Namen auf Papier, das sie dann in die entleerten Behälter legten. Anschließend wurden die Kutschen zu ihrem ursprünglichen Bestimmungsort transportiert; niemand bekam von dieser Aktion auch nur ansatzweise Wind. Meine Damen, ich und zwei weitere Männer hatten sich derweil schon in die Garderobe der

Schauspieler des Cafés geschlichen. Babette, die als Küchenhilfe getarnt war, hatte die Künstler mit Opium bereits ins Land der Träume geschickt. Allesamt warfen wir uns nun in deren Gewänder – und betraten dann die Bühne des Cafés. Ungefähr zweihundert Menschen waren gekommen, sie alle erwarteten das Theaterstück „Cartouche". Was sie aber nicht wussten, war, dass dieses Mal Cartouche höchstselbst mitspielte. Meine Kollegen und ich spielten unsere Rollen hervorragend, wir hätten vielleicht Schauspieler werden sollen. Den meisten Text hatten Elá, Babette und natürlich ich. Die Menge jubilierte, lachte und krümmte sich vor Begeisterung. Als wir fertig waren, nahmen wir uns bei den Händen und verbeugten uns vor der Menge. Alle erhoben sich ausnahmslos von ihren Plätzen und applaudierten frenetisch. Augenblicklich zog jeder von uns eine Steinschlosspistole hervor; die Eingänge wurden von zwei weiteren Männern unserer Gilde versperrt. Die Schar zahlungskräftiger Bürger erstarrte; schockiert blickten alle auf die Bühne. Es durfte keine Panik ausbrechen, und so machte ich da weiter, wo ich aufgehört hatte – ich spielte weiter Theater. Ich sprach davon, dass ich unbedingt alle kennenlernen will, erzählte davon, dass ich es wunderbar fände, hier bei ihnen zu sein. Ich machte ihnen Komplimente und umgarnte die Frauen, machte Witze und sang ein Volkslied. Bei diesem Lied animierte ich die Menge mitzusingen. Es klappte! Die Leute lachten, sangen und tanzten, waren fröhlich, heiter und amüsierten sich prächtig. Während meines Schauspiels gingen Elá und Babette durch die Reihen und nahmen ihnen alles Wertvolle ab, was sie mitgebracht hatten – Livre, Schmuck, Gold, Silber. Seltsamerweise störte sie unser Diebeszug kaum – die meisten Bürger waren mit all ihren Sinnen bei mir, sie erfreuten sich an der Darstellung, die auf der Bühne stattfand – gespielt vom Räuber selbst, gespielt von Cartouche.

Als alles eingesackt war, verabschiedete ich mich höflich und bedankte mich für ihre Aufmerksamkeit. Ich war verblüfft, ich war erstaunt. Denn die Menschen begannen zu applaudieren. Ich bestahl sie, und dennoch überwog ihre Freude über mein Theater – ich konnte es nicht fassen.

Als wir gingen, konnte man weder Hass noch Furcht spüren. *Nein!* Die Menschen waren glücklich, heiter und fidel, mein Theater gefiel ihnen, ich fühlte mich wie eine Berühmtheit. Dann brachten wir unser Diebesgut zu unseren eigenen Kutschen und fuhren zurück zur unterirdischen Behausung. Babette und Elá kamen aus ihrem permanenten Lachen und Gekichere kaum noch heraus, so erfreut waren sie über dieses Erlebnis. Ich selbst blieb weiterhin sehr erstaunt darüber, dass ich es zustandebrachte, Leute auszurauben und sie dennoch bei Laune zu halten. Die Bevölkerung fürchtete mich wegen meiner Diebstähle, und trotz allem liebte sie mich wegen meiner Komödien. Ich war hellauf begeistert! Ich war zur berühmtesten Person in ganz Paris geworden!

In der Kanalisation zechten wir wieder die gesamte Nacht durch – bis keiner mehr stehen konnte, wurde gefeiert. Unser Fest war wie immer unserer Beute gewidmet.

Als wir aber von unserem Coup zurückkehrten, spürte ich das erste Mal die psychische Instabilität von Pierre-Francois:

Noch immer berauscht von unserem Raub, brachten wir die gesamte Beute in unser Versteck. Als der Krösus der Armen davon Wind bekam, entfesselten wir seinen inneren Teufel. Wütend fauchte er mich an, wild gestikulierend fragte er, weshalb er nichts davon wusste – nur er erteile die Aufträge. Er packte mich aggressiv an meinen Gewändern und drückte mich gegen eine Mauer. Sein Wesen war satanisch, er starrte mich an und krakeelte. Niemals sollte ich ohne seine Kenntnis und sein Wissen einen Raubzug durchführen, niemals sollte ich mich ihm widersetzen. Ich grinste bloß. Unverzüglich wurde er noch garstiger und wilder – er packte mich am Hals und würgte mich. Auf der

Stelle schnappten sich Elá und Babette lange Messer und hielten sie ihm an den Hals. Wenn er nicht aufhören würde, könnte Schlimmes passieren – sie versuchten, mir zu helfen. Sein Würgegriff wurde abrupt lockerer. Er ließ von mir ab. Und sogleich begann er widerlich und höhnisch zu lachen. Er zeigte auf seine Männer, meinte, wenn er es wollte, dann ginge es uns allen Dreien an den Kragen. Er täuschte sich allerdings. Der Großteil der Männer schwieg und stellte sich neben mich. Bis auf wenige Ausnahmen – unter ihnen Eric und Jacques – marschierten sie in meine Richtung – sie stellten sich hinter ihren neuen Anführer, waren der festen Überzeugung, dass mein Weg der bessere für sie war. Pierre-Francois war schockiert. Er kreischte, er keifte und brüllte. Völlig aufgebracht schnappte er nach manchem Diebesgut und verschwand in seinen Gemächern. Als er die Tür zuschlug, bebte sprichwörtlich der gesamte Untergrund. Sein widerliches Maulen hörte man noch stundenlang.

An diesem Abend war ein neuer Herrscher geboren; an diesem Abend hatte ich mich aus der Umklammerung des Bettlerkönigs befreit. Seine Männer standen nicht mehr hinter ihm, sie waren zu großen Teilen mir gehörig – die wenigen Krieger, die noch zweifelten, waren kaum der Rede wert.

In dieser Nacht belauschte ich die fünf, sechs Mannen, die noch immer voll umfänglich hinter Pierre-Francois standen. Sie waren mir zwar nicht abgeneigt, doch aus Gewohnheit betrachteten sie den Bettlerkönig als ihren alleinigen Führer. Ich dachte mir bloß, dass auch sie es noch einsehen werden. Eines Tages würden sie schon noch kapieren, dass ich Ihnen den richtigen Weg bot.

Am nächsten Tag zitierte mich Pierre-Francois in seine Kammer. Seine Erregung hatte nachgelassen, er war viel netter als sonst. Wahrscheinlich hatte er Angst. Angst davor, ausgestoßen zu werden, und Panik davor, seine Macht einzubüßen. Er sagte mir zuerst seinen vollen Namen: Pierre-Francois-Gruthus Duchatelet. Er klopfte mir auf die Schulter und meinte, dass ich besser wäre, als er jemals zu hoffen wagte – er hätte aber immer schon gewusst, welche Fähigkeiten ich besaß. Augenblicklich machte er mir ein Angebot: Ich sollte etwas mehr von der Beute einstreichen als bisher und im Gegenzug damit aufhören, seine Autorität zu untergraben. Ich bekäme zukünftig auch noch mehr Freiheiten über die Männer und deren Führung. Er bleibe allerdings der alleinige Herrscher. Sogleich schenkte er mir ein Glas Wein ein, und grinste dabei teuflisch. Ich grübelte einige Minuten. Pierre-Francois hatte Macht, hatte Informationen zu Schätzen, die ich nie bekommen hätte. Von wem er die Informationen alle bekam, wusste ich in diesen Jahren noch nicht, dieses Wissen war jedoch von unschätzbarem Wert. Gleichzeitig machte mir sein satanisches Wesen und Gehabe Kopfzerbrechen; denn er unterdrückte und schikanierte alles und jeden, wenn ihm etwas nicht passte. Nach langem Zögern willigte ich trotz allem ein ... Er sollte aber seinen Zorn zügeln und seine Grausamkeiten in den Griff bekommen. Er versprach es mir, und gutgläubig schenkte ich ihm Glauben. Fürs Erste blieb nun alles beim Alten. Aber die Hierarchie innerhalb unseres Zirkels veränderte sich trotzdem. Ich hatte von nun an mehr Verfügungsgewalt über die Männer und mehr Handlungsspielraum; ich hatte die volle Kontrolle über die Krieger und die Aufträge. Ungeachtet dessen erwirtschaftete ich nun auch mehr Beute, und das bedeutete: mehr Mittel für die hungernden und leidenden Menschen im Cour de Miracles. Ich war zwar noch immer Pierre-Francois unterstellt, doch es fühlte sich mittlerweile mehr wie eine Partnerschaft an. Wahrscheinlich auch deshalb, weil er merkte, dass er mich nicht anders losgeworden wäre. Denn seine Männer gehorchten nun auch mir.

Die einzige Person, die von unserem neuen Abkommen wusste, war Elá. Sie runzelte die Stirn; sie war verärgert und fragte mich, ob ich es nicht gesehen hätte: Hier, in der Gilde, würden alle hinter mir stehen, es wäre ein Leichtes, ihn an die frische Luft zu setzen. Ich sollte derjenige sein, der alles leitet, sollte damit Gutes tun und helfen. Sie verstand mich nicht und meinte, dass ich blauäugig wäre; auch viel zu gutmütig wäre ich. Im Verlaufe der Tage legte sich zwar ihr Ärger, doch begreifen konnte sie meine Entscheidung nie. Ich selbst handelte aus Menschlichkeit. Jeder hatte eine zweite Chance verdient, und ich hoffte darauf, dass Pierre-Francois diese Möglichkeit nun nutzte, vertraute darauf, dass er sich bessern und bei ihm Vernunft einkehren würde. Vielleicht war ich blauäugig und gutmütig, aber ich dachte, er würde sein teuflisches Wesen somit zügeln können. Ob ich mich getäuscht hatte, zeigte mir die Zeit.

Zu diesen Zeiten herrschte Aufregung in Paris, die Obrigkeiten wollten mich mit aller Macht fassen. Eines Tages schlenderte ich durch die Gassen, verhüllte mein Gesicht mit einem weißen Halstuch und bemerkte in den Trauben der Bürger zwei Männer. Sie trugen feine, edle Gewänder, gepuderte Perücken und weiße Halstücher, zusammengehalten von goldenen Anstecknadeln, die im Licht der Sonne aufblitzten. Einer der beiden war der Polizeipräfekt von Paris, der andere ein Gesandter aus Versailles. Ich versteckte mich im Getümmel der Bürger, verfolgte und belauschte aber die beiden Männer.

„Dieser Cartouche ist wahrlich ein Problem, mein lieber Victor!" – „Gewiss, Marquis!" – „Dieser Wüterich unternimmt von Eurem Paris aus Raubzüge in die ganze Umgebung, er befehligt eine ganze Räuberbande, entwischt ständig Euren Sicherheitsvorkehrungen, und macht uns alle lächerlich! Er ist in der Tat ein Problem! EUER Problem, mein lieber Victor!" – „Aber Marquis, wir tun unser Möglichstes ... Meine Leute kommen kaum noch aus den Kleidern!" – „Dieser Räuber schafft es, fortdauernd den Soldaten, Wachen und Euren Leuten zu entkommen. Wie ist das nur möglich, Victor?" – „Er war Unteroffizier, Marquis! Seine Ausrüstung bezieht er direkt von unseren Leuten, die wir noch nicht ausfindig machen konnten." – „Er war Unteroffizier und nicht Marschall von Frankreich! Wie wurde dieser Gauner eigentlich Unteroffizier?" – „Er hat besondere Fähigkeiten, ist allen anderen immer ein Stück voraus." – „Victor, Victor ... Der Regent und das Parlament dulden es keine Sekunde länger, dass dieser Ganove frei herumläuft! Sie wollen seinen Kopf! Diesem unverschämten Treiben muss Einhalt geboten werden, bevor er uns neben dem Theater auch noch die große Oper ruiniert!" – „Oui, Marquis." – „Er ist Mode geworden, in unserer vergnügungssüchtigen Stadt. Die Massen lieben ihn. Er tanzt auf unseren Nasen herum. Diesem Treiben muss ein Ende gesetzt werden! Verstanden, Victor?" – „Oui, Marquis!"

Obacht, werte Polizeipräfekten! Euer Räuber verweilte ganz in eurer Nähe ... Und er hatte vergessen, dass in unserer Welt Wesen leben, die die Kleingeister dekorieren, während man die wahrhaftig großen Köpfe aufknüpft! So sei es ... Ihr werdet mich *niemals* erwischen! Oder doch?

Am Abend verweilte ich abermals in unserem Versteck; meine Männer tranken und feierten. Ich legte eine Steinschlosspistole auf einen hölzernen Tisch und begutachtete das Treiben.

„Na, Chef?! Trinkst du keinen mit uns mit?", fragte mich einer der Krieger, und ich schüttelte den Kopf. „Hab gehört, du warst früher bei der Armee, Chef? Das war sicher eine tolle Zeit, oder?" – „Natürlich, Kamerad!", erwiderte ich in sarkastischem Tonfall. „Im Feldquartier ... wir mussten auf dem Boden schlafen, auf nasser Erde. Aber zumindest haben wir dadurch bessere Waffen bekommen. Dem Waffenhändler der Armee sei Dank! Christophe, Patrice und Franck haben euch auch ganz schön auf Vordermann gebracht." Christophe, Patrice und Franck huschte sogleich ein Lächeln über die Lippen, und der neugierige Räuber fragte mich weiter aus: „Hab gehört, du wurdest schon nach wenigen Tagen Unteroffizier? Bist aber bald danach aus der Armee ausgetreten ..." – „Oui, das stimmt! Die haben sofort mein Talent erkannt, die

Armee ist dennoch ein Häufchen Elend!" – „Du hattest sicher eine lustige Kindheit, hast sicher viel Schabernack getrieben, nicht wahr, Chef?" Die Männer lachten, konnten sich das ebenso gut vorstellen. „Oui, die hatte ich ... Bis mir eines Tages alles genommen wurde. Mein Heim wurde angezündet, meine Eltern ermordet. Bis heute habe ich keine Antworten. Ich raube diesem wohlhabenden Pack ihre Livre, ihren Schmuck, und gebe es den Armen, weil ich das für richtig empfinde ... " Stille herrschte. Ich wischte über meine Gesichtsnarben, drehte mich um und ging. Man musste mich nicht verstehen, man musste aber akzeptieren, wie ich war.

Im Sommer des Jahres 1717 befanden sich Elá und ich in Halles, einem Arrondissement von Ventre de Paris, der Bezirk, den ich noch nicht näher beschrieben habe. Er war im Norden der Stadt gelegen und man konnte ihn über die Pont Neuf, die Brücke aus Île de la Cité, am besten erreichen. Er bestand aus den Teilbereichen Hôtel de Ville, Halles und dem Cour de Miracles. Im Territorium Hôtel de Ville war das gleichnamige Rathaus von Paris beheimatet. Im 16. Jahrhundert wurde es wegen Baufälligkeit abgerissen und im Stile der Renaissance neu gebaut – ein ganz fantastischer Gebäudekomplex. Direkt davor befand sich der Place de Gréve. Dieser Platz war im Mittelalter der älteste Hafen- und Anlegeplatz und Keimzelle der Stadt Paris; hier wurden die wichtigsten Güter umgeschlagen. Sein sandiges, flaches Ufer gab ihm seinen Namen; er bezog sich auch auf die Möglichkeit, Schiffe an Land zu ziehen. Mittlerweile war er Schauplatz für alle öffentlichen Hinrichtungen geworden. Ob Galgen, Scheiterhaufen, Richtblock oder Rad – alles war vorhanden. Diese Hinrichtungen waren öffentliches Schauspiel; viele Tausende Bürger versammelten sich hier immer wieder, um sich am Tode der eigenen Mitmenschen zu ergötzen. Die letzte sehr bekannte Hinrichtung fand 1680 statt, als die Serienmörderin und als Hexe statuierte

Catherine Monvoisin verbrannt wurde – sie lockte angeblich hunderttausend Menschen an. Dieses Schauspiel der Hinrichtungen gab es aber natürlich fast täglich: Gewöhnliche Diebe, Hexen und Verbrecher mussten hier zu allen möglichen Tageszeiten ihr Leben lassen. Auch das Grand Châtelet war in diesem Teil ansässig. Die Châtelets waren Kastelle, die im Mittelalter die Brücken über die Seine sicherten. Bis zum 9. Jahrhundert besaß Paris lediglich eine hölzerne Stadtbefestigung auf der Île de la Cité. Die zwei Brücken , die die Insel mit dem Festland verbanden, wurden von Alters her durch Türme gesichert. Als nach dem Ende der Normannenüberfälle die römische Steinbrücke durch eine neue Brücke 150 Meter flussabwärts ersetzt wurde, bekam dieser Neubau ein Kastell – das Grand Châtelet. Gegen Ende des 12. Jahrhunderts, als König Philipp August die Stadtmauern errichten ließ, entfiel die Sicherungsaufgabe des Châtelets. Seither wurde es als Gefängnis genutzt. Der gesamte Teilbereich Hôtel de Ville war ein immens vermögender Arrondissement – hier wohnte die Oberschicht. In Halles dagegen war eher der Mittelstand besiedelt.

Dort war auch der Cimetiére des Saint-Innocents beheimatet – der größte innerstädtische Friedhof von Paris. Seit der Zeit der Merowinger diente das Gelände als Bestattungsort; fast alle Toten von Paris wurden dort beerdigt. Die Kapazität reichte allerdings seit dem 14. Jahrhundert nicht mehr gänzlich aus, und so musste man bei Seuchen oder nach Hungersnöten Massenbegräbnisse vollziehen. Auch Beinhäuser wurden eingerichtet, um die Liegezeit der Toten am Friedhof zu verkürzen. Paris wuchs ins Unermessliche, und die Bevölkerungsdichte war für den Friedhof mittlerweile viel zu groß geworden.

Die Église Saint Eustache stand ebenfalls in Halles – eine Pfarrkirche, die dem früheren Märtyrer Eustachius geweiht wurde. Eine der letzten Pariser Sakralbauten der Gotik, aber auch hier konnte man bereits den aufkommenden Geist der Renaissance erkennen – ein fantastisches Bauwerk.

Ganz im Norden von Ventre de Paris befand sich der Cour de Miracles, eigentlich nur ein Teilbereich des Bezirkes; dennoch galt er als völlig eigenständig. Dort lag der Armenbezirk. Niemand wollte mit diesem Bereich etwas zu tun haben; für die meisten existierte er nicht einmal.

Dort war es gefährlich und grausam; es war der Vorhof der Unterwelt: Holzhütten und Baracken, überall Bettler, Arme, und leidende und sterbende Bürger, die keine richtige Behausung hatten. Die Porte Saint Denis war hier beheimatet. Mitten im schäbigsten Bereich von Paris stand ein Triumphbogen, zu Ehren von König Ludwig XIV. Im Stile des Titusbogens wurde er 1672 erbaut. Für meinen persönlichen Geschmack war es ein schlechter Witz. Ein Triumphbogen in einem Armenviertel?! In diesem Bezirk starben täglich unzählige Menschen, und man musste nicht auch noch diesen heruntergekommenen Teil der Stadt verschönern. Statt den Leuten zu helfen, baute Ludwig lieber. Genau dies war seine Politik in Bezug auf die hungernden und leidenden Bürger. Abscheulich ...

Fortdauernde Schatzsuche

Hier, in Halles, weilten nun Elá und ich. Sie war eine wissbegierige Mademoiselle und hatte zuvor schon wochenlang die Schriften und Karten von Madame Clarot studiert. Madame hatte mir alles überlassen, doch das meiste davon versteckte sich hinter Rätseln. Ich wusste nicht, weshalb Madame solche Karten und viele Geheimnisse hatte, später sollte ich dies jedoch noch herausfinden. Elá wollte, seitdem sie dies alles sah, unbedingt wissen, was sich dahinter verbarg. Viele Geheimnisse und Rätsel hatte Madame mir hinterlassen, doch das erste davon hatte Elá nun gelöst. Sie verband den Standort mit dem Friedhof – Cimetiére des Saint-Innocents. In den Schriften war klar erkennbar, dass sich dort etwas Wichtiges verbergen musste, denn in der Denkaufgabe wurde ein Grab beschrieben, im Norden von Paris. Elá schloss daraus, dass dies auf den riesigen Friedhof abzielte. Als wir dort ankamen, herrschte Stille. Nur mehrere Raben machten es sich auf den Grabsteinen gemütlich. Die Friedhofswärter waren in den Beinhäusern beschäftigt, und ein paar Bürger besuchten die Verstorbenen – niemand schenkte uns Beachtung. Das zweite Rätsel sollte uns die Lösung bringen: „Drück des Löwenkönigs Pfoten, so öffnet sich die Pforte der Toten. Die Mittagsstunde den Weg dir weise, wir wünschen eine lange Reise." Diese Sätze mussten wir auflösen, dann würden wir dem Geheimnis auf die Schliche kommen. Es war kurz vor Mittag, als wir alles absuchten. Alles Mögliche versuchten wir. *Nichts!* Keine geheimen Eingänge oder Hebel! Erst jetzt fiel mir auf, dass die Sonne in Richtung mehrerer steinerner Löwennachbildungen innerhalb des Friedhofs strahlte. Dies musste die Lösung sein! Wir suchten minutenlang. Vergeblich. Auch bei den Pfoten der Löwen waren keine Schalter oder Hinweise vorzufinden. Ich dachte und dachte. Und als Elá noch weiterforschte, sprang mir eine Statue von Richard Löwenherz ins Auge, ein paar Meter entfernt und etwa zwei Meter groß. Dies musste die Lösung sein. *Wirklich!* Als ich die Skulptur genauer betrachtete, fand ich einen kleinen versteckten Mechanismus in der Handfläche vor. Ich drückte ihn. Und sogleich rauschte und polterte es; direkt neben mir verschob sich bei einem Friedhofsturm eine Wand. Elá war erstaunt und meinte, dass wir unbedingt nach unten müssen. Ich tat ihr den Gefallen, entzündete zwei Kerzen und wir stiegen eine steinerne Treppe hinunter. Dunkelheit herrschte. An den Wänden waren Fackeln angebracht, die ich sogleich entzündete. Wir merkten dann, dass die Treppe sehr tief in den Untergrund führte. Und neugierig gingen wir los. Plötzlich polterte etwas. Ich war auf einen weiteren Mechanismus getreten. Wir drehten uns um; die geheime Tür in der Wand schloss sich wieder. Eilig liefen wir zurück –

doch wir konnten sie nicht mehr stoppen. Wir saßen fest! Mein Herz klopfte. Verdutzt starrten wir uns beide an und entschlossen uns, erst einmal weiterzugehen. Wir hofften darauf, dass es einen zweiten Ausgang gab. Als wir immer tiefer hinunter kamen und ich die Fackeln an den steinernen Wänden entzündete, hatte ich ein mulmiges Gefühl. Spinnweben hingen an den Wänden, faulige, stickige Luft schlug uns entgegen und Ratten begegneten uns. Am Ende der Treppe angelangt, tropfte Wasser von oben herab – eine kleine Pfütze hatte sich am Boden gebildet. Wir wanderten vorsichtig weiter. Plötzlich machte ich einen falschen Schritt; neuerlich löste ich einen Mechanismus aus. Aus den Wänden kamen zischende und klappernde Geräusche. Aber nichts war passiert. Ich entzündete weiterhin die Fackeln und erstarrte vor Angst: Ich sah zwei menschliche Skelette, in denen Pfeile steckten. Dutzende. In den Wänden waren kleine Löcher und der Mechanismus, auf den ich getreten war, löste den Pfeilhagel aus. Wir hatten Glück – anscheinend war diese Todesfalle nicht mehr funktionstüchtig. Etwas ängstlich schlichen wir vorwärts. Der Gang schien unendlich lang zu sein – doch plötzlich begann der Boden unter Elá zu wackeln. Schnellstmöglich zog ich sie auf meine Seite. Sekundenbruchteile später öffnete sich eine Falltüre, und unsere Augen sahen Speere, befestigt im Boden. Skelette steckten in den Speeren – die nächste Todesfalle! Geschockt und verschreckt zogen wir weiter. Wir mussten vorsichtig sein, denn sonst wäre das unser sicherer Tod geworden. Schließlich kamen wir zu einem großen Tor, mit seltsamen Verzierungen versehen. Wir machten sie auf – es knarrte. Dahinter verbarg sich eine Art Gruft, in einem schmalen Gang. Links und rechts von uns befanden sich die sterblichen Überreste menschlichen Ursprungs. Grabbeigaben waren auf die steinernen Truhen gelegt worden: Siegelringe, Scheibenfibeln, verzierte Gürtelschnallen aus Bronze, viel Wertvolles. Als ich diese Dinge genauer betrachtete, kam mir sofort ein Gedanke – Merowinger! Dieses Volk hatte nämlich bereits zu ihren Lebzeiten dieses Gelände als Bestattungsort genutzt und anscheinend hier eine sehr tiefe, versteckte Gruft erschaffen. Eine andere Möglichkeit gab es nicht, es konnten nur Merowinger sein – alles, was ich erblickte, passte genau in ihre Zeit; und auch Elá war derselben Meinung. Man wusste nicht viel über dieses Volk, nur, dass sie hier vor ewigen Zeiten einmal ansässig und das älteste Königsgeschlecht der Franken waren. Man konnte auch nicht genau beziffern, ab wann sie lebten, doch vermutlich lebten sie bis zum Jahre 750. Ein kriegerisches Volk, über das unsere Gelehrten noch keinen großen Wissensstand hatten. Wir standen mitten in einer schmalen Gruft der Merowinger; sie erstreckte sich noch Hunderte Meter weiter. Es schien, als wäre seit ewigen Zeiten niemand mehr hier gewesen. Wir zogen vorwärts. Unvermutet schlängelte sich der Gang irgendwann nach rechts, und kurz darauf standen wir in einem riesigen Areal. Als wir vorsichtig Licht machten, bemerkten wir, dass hier noch mehr Gräber waren. Dutzende. Insgesamt wurden hier sicher mehrere Hundert Merowinger bestattet, und inmitten dieses Raumes befand sich ein großer steinerner Sarg, der mit Sicherheit einen ihrer Könige beherbergte. Überall waren Grabbeigaben zu finden, sogar alte Waffen und Rüstungen der damaligen Zeit. Elá und ich waren mehr als nur verblüfft, wir staunten über diese unentdeckte, unterirdische Grabstätte. Ich wollte einiges mitnehmen, doch Elá ließ mich nicht stibitzen. Sie meinte, die Toten sollte man nicht wecken und auch nicht stören; somit gehorchte ich ihr. Wir inspizierten weiterhin diesen Raum und uns fiel einiges zu ihrer Kultur auf: Sie waren sehr kriegerisch, aber gebildet, hatten hohe Handwerkskunst und einen tiefen Jenseitsglauben. Es war fantastisch, das alles mit eigenen Augen zu sehen.

Nachdem wir diese Kammer der Toten verlassen hatten, schlängelte sich der Weg weiter. Vor uns waren schlagartig kleine Schatten zu sehen. Und ich machte Licht. Etwas kreischte, quietschte. Mein Herz hämmerte gegen die Brust. Ich packte Elá und wir duckten uns. Dutzende Fledermäuse flatterten sirrend über unsere Häupter hinweg. Wir hatten sie aufgeschreckt, anscheinend war dieses Gebiet ihre Behausung. Panisch liefen wir den Weg entlang, und ein größeres Terrain lag vor uns. Die Fledermäuse waren verschwunden, doch es musste somit einen Ausgang geben. Denn wenn die Flattertiere hier hereinkamen, mussten sie auch wieder nach draußen kommen. Wir schnappten uns die letzten Fackeln, die ich entzündet hatte, und wanderten achtsam weiter. Elá war sprachlos, bestaunte das unterirdische Gewölbe, das nun wesentlich neuzeitlicher erschien. Über eine steinerne Treppe ging es wieder nach oben. Auf einmal bemerkte ich Tageslicht, weit oben. Es waren kleine Löcher, die sich ganz oben in dieser Höhle befanden – dies war wahrscheinlich der Eingang der Fledermäuse. Da wir allerdings nicht fliegen konnten, half uns dies eher nicht weiter, und wir suchten nach wie vor nach einem Ausgang. Wir marschierten weiter vorwärts, und kamen abermals in eine Kammer, in der wir wieder Särge vorfanden, die aber bei weitem nicht so alt waren wie die anderen. Dutzende Totenkisten befanden sich in dem Raum, aber die Bauweise der Räumlichkeit sowie der Särge erschien uns anders. Die Särge waren verziert, und ich erkannte das Symbol, das auf ihnen prangte. Sie waren mit dem gleichen Zeichen bemustert wie mein Dolch und mein Ring – das feurig rote Kreuz loderte auf den Totenkisten. Wo waren wir nun gelandet? War dieser Ort eine Grabstätte der „Famille Clarot"? Ich wusste es nicht genau, und auch Elá rätselte. Das Einzige, worin wir uns absolut sicher waren, war, dass wir hier raus mussten – wir hatten genug erstaunliche Geheimnisse für diesen Tag entdeckt. Beim Erkunden der Totenstätte bemerkten wir, dass der Weg nicht weiterging, und wir suchten einen Ausgang, den wir auch äußerst schnell ausfindig gemacht hatten. Neben vielen Skulpturen war eine Art Rad in der Mauer eingearbeitet worden. Wir drehten daran herum; es krachte, und eine Schiebetür öffnete sich. Wir gingen hindurch, und die Mauer schloss sich von selbst. Von außen betrachtet, merkte man niemals, dass sich dahinter etwas verbarg; es war ein gut gehüteter Geheimbereich. Elá und ich befanden sich nun in einem Keller, dem Keller einer Metzgerei, in der Nähe des Place de Gréve gelegen. Wir schlichen uns – auf Zehenspitzen – an den hier wohnhaften und arbeitenden Bürgern vorbei, und gelangten dann ans Tageslicht. Unser beider Puls wurde nun ruhiger; wir hatten es geschafft – wir waren zurück an der Oberfläche. Bisher war es ein Tag voller Abenteuer gewesen. Elá hatte recht gehabt: Madame Clarot hütete sehr viele Geheimnisse. Ab diesem Zeitpunkt war ich genauso gewillt wie Elá, alles zu ergründen, was diese mysteriöse Madame verbarg.

Für diesen Moment hatten wir aber genug gesehen – wir hatten genug von Rätseln und Geheimnissen, die diese Metropole versteckt hielt.

Als wir uns auf den Rückweg machten, bemerkten wir hysterisches Gebaren am Place de Gréve. Hunderte Menschen versammelten sich dort. Wir drängten uns durch die erheiterte und aufgebrachte Menge und sahen, wie mehrere Wachen einen Mann in die Richtung eines Richtblocks schleiften.

„Dieb!" – „Köpft ihn!", hallte es vielfach aus der Menge hervor. Der gefesselte und blutende Mann zitterte am gesamten Leibe. Sie drückten ihn auf den Richtblock und ein schwarz gekleideter Henker kam in die Nähe des Schauspiels. Er streckte beide Arme nach oben und ließ sich von der jubilierenden Menge feiern. Kurz darauf schnappte er sich sein frisch geschärftes Henkersbeil. Der mit dem Tod bestrafte Dieb winselte um Gnade. Er weinte; er krümmte sich vor Angst und Schmerz. Der Henker kannte allerdings kein Mitleid. Das schwere Beil, in beiden Händen festgehalten, sauste in die Luft. Und in einem Zug köpfte er den Mann. Die Leute um uns herum feierten und feixten; sie amüsierten sich und hatten eine prächtige Stimmung – der Henker war ihr Held. Der Körper des geköpften Mannes zitterte weiterhin, seine Nerven waren noch immer aktiv. Der Richtblock war voller Blut. Elá und ich wendeten uns versteinert ab. Diese grausame und ekelerregende Darstellung missfiel uns sehr, wir konnten nichts damit anfangen. Entsetzt und angewidert machten wir uns endlich auf den Heimweg. Über die Hinrichtung, der wir beiwohnten, sprachen wir kein Wort. Was wir beide dachten, war aber das gleiche: Wie konnten Menschen nur so grausam sein?! Die meisten unserer Spezies waren herzlose Schweine; die meisten von uns Menschen waren kriegerische Barbaren. Ekelerregend. Abscheulich. Verabscheuungswürdig.

Auch die nächsten Monate waren Elá und ich meistens zusammen. Unser sexuelles Leben kam dabei nie zu kurz – wir taten es an allen möglichen Orten, doch überwiegend in Madames Anwesen. Elá trieb mich jedes Mal zur absoluten Ekstase. Ihr Körper, ihr Geruch und ihre Weiblichkeit – sie war einfach fantastisch! Es waren Momente voller Lust. Erregend. Packend. Außergewöhnlich.

In der Gilde standen einige kleinere Raubzüge an der Tagesordnung – Taschendiebstähle und kleine Aufträge. Babette führte die Männer meistens, und sie machte ihre Sache außerordentlich gut.

Der Cour de Miracles wurde von uns ebenfalls immer wieder aufgesucht – wir versuchten weiterhin, der armen und hungernden Menschenmasse, so gut es ging, zu helfen.

Im Winter des gleichen Jahres machte ich mit Babette einen Spaziergang in Le Louvre. Elá blieb in Île de la Cité, weilte bei den Marktständen und kaufte Nahrungsgüter für uns und die Bettler. Es war ein sonniger Tag und trotzdem bitterkalt. Der Schnee glitzerte, als wir am Ufer der Seine entlang schlenderten. Auch

Lucas war dabei, und wir warfen ihm ständig kleine Stöckchen zu, die er uns sogleich wieder zurückbrachte – es war ein lustiges Treiben. Babette und ich sprachen viel über die Zukunft – auch sie wollte, dass ich der neue Herrscher des Untergrunds werden sollte, auch sie wollte, dass ich Pierre-Francois verdränge. Ich schwieg und nahm es zur Kenntnis. Wir hatten einen neuen Pakt geschlossen und er hielt sich bis jetzt an meine Bedingungen: Er wurde sanfter und konnte seinen inneren Teufel, so gut es ging, zügeln – unter diesen Umständen wäre ich ihm niemals in den Rücken gefallen. Babette drängte zwar, aber ich erwiderte kein Wort, wollte von diesem Thema einfach nichts wissen. Es wusste allerdings nur Elá von unserem neuen Bündnis; Babette hatte keine Ahnung.

Die Seine war an diesem Tag an manchen Stellen sogar gefroren. Wir wollten uns amüsieren, und so gingen wir aufs Eis. Wir rutschten umher und hatten riesigen Spaß. Wir lachten, als wir uns tollpatschig an den Händen hielten und es uns dauernd den Boden unter den Füßen wegzog – es war eine heitere und sehr gelöste Stimmung. Schlagartig krachte und knirschte es unter Babette, das Eis schien zu brechen, Lucas bellte wie verrückt. „Bleib ruhig! Beweg dich nicht!“, sagte ich ernst und bestimmend, als ich zwei,drei Meter neben ihr stand. Stille. Eine starke Windböe. Babette zitterte. Es knackste. Das Eis brach, und es riss sie in die Tiefe. Sie schrie lauthals um Hilfe, als ich versuchte, mich zu nähern. Bei jedem Schritt, den ich machte, knirschte es, kurz vor der Einbruchsstelle musste ich mich hinlegen, das Gewicht etwas verteilen. Hätte ich dies nicht getan, wäre ich wahrscheinlich ebenfalls eingebrochen. Lucas war aufgeregt, er bellte und winselte die gesamte Zeit; aufs Eis traute er sich aber nicht, er lief unruhig und hastig am Ufer der Seine entlang. Langsam robbte ich mich zur Bruchstelle. Ich sah ins Wasser und erblickte sie nicht. Ich schrie ihren Namen. Auf einmal stiegen Luftbläschen auf, und sie hievte ihren Körper an die Oberfläche. Ich packte ihren Arm, versuchte, sie aus dieser eisigen Umklammerung zu befreien. Sie rutschte mir ab; sie fiel zurück ins Wasser. Schnell packte ich wieder zu – dieses Mal *gelang es*! Vorsichtig zog ich sie aus dem Loch im Eis und schleppte sie ans Ufer. Sie war durchnässt und bibberte. Sie konnte kaum sprechen und atmen; sie war blass und ihre Lippen ganz weiß. Lucas kam und winselte, er schleckte sie ab. Wir hatten beide Angst – Angst um Babette. Sofort trug ich sie im Laufschritt in eine nahe gelegene Taverne. Ich stieß die Türe mit meinem rechten Bein auf. „Hilfe! Wir brauchen Decken und warme Getränke. Sofort!", rief ich in Richtung des Wirtes. Er zögerte keine Sekunde und brachte uns in ein Zimmer, trug uns dann Decken, frische Gewänder, Speis und Trank herbei. Ich zerrte das Bett nahe an einen Ofen und half ihr, sich von den eisigen Gewändern zu befreien. Sie musste schnellstmöglich raus aus dieser Kleidung, sonst hätte dies vielleicht ihren Tod bedeutet. Ich wickelte sie in Decken ein und versuchte, ihre Körpertemperatur rasch zu erhöhen; Holzscheit um Holzscheit schob ich in den Ofen. Sie zitterte und bibberte, als ich ihr half zu trinken. Lucas war unentwegt bei ihr, legte seinen Kopf in ihren Schoß, winselte leise und schien beklommen zu sein. Nach ein paar Stunden entspannte sich die Lage, Babette hatte sich erholt; ich und Lucas konnten aufatmen. Dennoch war es für alle Beteiligten ein furchtbarer Schreck gewesen – wir waren mitgenommen. Babette selbst bedankte sich bei uns beiden, sie war einfach froh, uns beide an ihrer Seite zu haben. Als wir an diesem Tage so am Bett saßen, kamen wir uns näher. Ein kleines Stück hatte gefehlt und unsere Lippen hätten sich berührt. Es war etwas zwischen uns, doch wir wichen beide zurück. Meine Gedanken drehten sich weiterhin nur um Elá und Babette merkte dies sogleich. Babette verstand mich, und so blieb es nur bei einem Moment. Einem Moment, in dem wir beide spürten, dass zwischen uns mehr war als Freundschaft. Die wichtigste Person für mich war allerdings Elá. Sie war der Grund, weshalb ich lebte, sie war der Mensch, den ich über alles liebte. Alles Weitere sollte die Zeit zeigen.

Babette und Elá waren auch charakterlich verschieden. Neben ihrem messerscharfen Verstand und ihrer manchmal vorherrschenden Impulsivität war Elá auch von Scheu begleitet. Ich liebte aber alles an ihr, egal, was es war. Babette hingegen kannte keine Angst; sie stürzte sich oft, ohne viel zu denken, in alle möglichen prekären Lagen. Sie handelte emotionaler als Elá. Irrationaler. Was mir allerdings an Babette außerdem so gut gefiel, war ihr Lachen. Sie hatte in ihrem Leben so viel durchgemacht und dennoch war ihr Lachen voller Heiterkeit und Unbekümmertheit. Diese beiden Damen waren die wichtigsten Menschen in meinem Dasein, und ich dankte Gott, dass sie sich mittlerweile auch untereinander so gut verstanden. Mein Herz schlug für Elá, doch ich wusste damals bereits, dass ich auch für Babette etwas empfand.

Im Frühsommer 1718 kam ein großer Raubüberfall auf die Tagesordnung. Die Banque Generale, mittlerweile in Banque Royale umbenannt, war mein Ziel. Seit Monaten studierte ich die Bank bereits so nebenbei: die Abläufe, die Fluchtwege, das Personal, die Wachen. Ich kam zum Entschluss, dass bei diesem Coup nur ein gut durchdachter Sturmangriff nützen würde. Und so machten wir uns an einem regnerischen Tag auf den Weg zur Bank. Zwei gestohlene Kutschen hatten wir besorgt, um die Beute zu transportieren und uns aus dem Staub zu machen. In einer engen Gasse, die sich direkt hinter dem Gebäude befand, postierten wir die Fahrzeuge. Patrice, Christophe und Franck, bewaffnet und maskiert, standen vor der Bank Schmiere. Elá, Babette, Eric, Jacques und zwei weitere Männer kamen mit mir. Wir stürmten die Bank, Schlag drei Uhr nachmittags.Wir hatten Masken vor unseren Gesichtern und hielten Steinschlosspistolen in den Händen. In der Bank angekommen, wünschte ich dem Personal, den Bürgern und den drei Wachleuten einen schönen Tag. Ich sagte ihnen, dass wir nun die Bank ausrauben und wir niemanden etwas antun werden, wenn sie kooperieren. Die Menschen im Gebäude waren entsetzt und verängstigt; die Wachmänner übergaben uns sogleich ihre Schusswaffen. Durch meine Beobachtungen in den Wochen zuvor wusste ich, wer die Kombination des Tresors kannte – ein alter, grauhaariger Mann in feinen Gewändern. Sogleich ging ich auf ihn zu. Ich versuchte, mit meinem Witz und Charme die Stimmung etwas zu entspannen. Die meisten Bürger in der Bank zeigten sich überraschend kooperativ, doch der Hüter der Kombination wollte mir partout die Ziffern nicht verraten. Minuten vergingen; und er weigerte sich weiterhin zu sprechen. Bei meinen Diebstählen war mein Vorteil immer die Geschwindigkeit gewesen, ich war meistens sehr schnell in der Ausführung. Doch heute machte mir der alte Mann einen Strich durch die Rechnung und unter den Menschen in der Bank brach jetzt Panik aus. Die meisten Leute hatten wir unter Kontrolle, doch eine Wache versuchte plötzlich zu fliehen. Schlagartig fiel ein Schuss. Ich drehte mich geschockt zur Seite. Der Wachmann lag am Boden und aus Erics Pistolenmündung drang Rauch hervor. Er starrte mich verzweifelt an. Stürmisch begab ich mich zu ihm; ich fuhr ihn an: „Wir töten niemanden!" Er schwieg. Ich packte ihn am Kragen, sagte ihm, er solle den Wachmann schnellstmöglich zu einem Heiler bringen – denn der Mann lebte noch. Er zögerte. Ich wurde lauter, schrie. Ein paar Momente darauf gehorchte er, und nahm Franck mit – die beiden schleppten den Mann nun zu einem Arzt. Durch den Schuss hatten wir Aufmerksamkeit erregt und alsbald würden Dutzende schwer bewaffnete Soldaten eintreffen. Es war das erste Mal, dass ein Plan nicht so umgesetzt werden konnte, wie ich mir das vorgestellt hatte. Patrice und Christophe drängten mittlerweile auf einen Rückzug; Passanten hatten sich vor der Bank versammelt. Mein Glück in diesem Moment war, dass der Tresorwächter – endlich – mit der Kombination herausrückte. Durch den Schuss bekam er mächtige Angst – Angst um sein Leben. Die Kombination war das Geburtsdatum von unserem verstorbenen

Sonnenkönig – 05091638. Es wurde aber auch Zeit! Hastig sperrte ich den Tresorraum auf. Elá und Babette steckten Unmengen an Livre in ihre Säcke; ich schickte Christophe ins Innere und versuchte, die Passanten vor der Bank mit Charme zu beruhigen. Mit Witz und Stil gelang dies! Ich erzählte, dass wir den Ernstfall proben würden – schließlich müsse diese Bank für einen Überfall gewappnet sein; wir würden nur testen, ob die Bankangestellten mit einer Stresssituation überhaupt umgehen könnten. Die Menge wurde ruhiger – sie schenkte mir Glauben. Augenblicklich kamen allesamt aus der Bank herausgestürmt. Säcke, vollgefüllt mit Livre, hatten sie bei sich – im Tresorraum hatten sie bereits meinen Namen hinterlegt. Wir liefen zu den Kutschen und verstauten das Diebesgut; Franck und Eric waren ebenfalls zurück. Wir nahmen darin Platz, doch plötzlich tauchten königliche Wachen auf.

Zwei Kutschen, voll besetzt mit Soldaten, suchten uns. Babette und Elás Kutsche schickte ich in eine andere Richtung, ich wollte die Soldaten ablenken, so könnten meine Damen entkommen. Ich klatschte die Zügel auf die Pferderücken, und fuhr genau in die Richtung der königlichen Fahrzeuge. Ich riss meine Maske ab, hinter der sich mein Gesicht verbarg, und schrie, dass sie mich suchen würden – dass sie Cartouche suchen würden. Es funktionierte! Die Wachen verfolgten nur mich, und meine Damen konnten ungestört flüchten. Ich raste über die gepflasterten Straßen, die Pferde schnauften und schnauften, als ich sie aufforderte, noch schneller zu laufen. Bürger sprangen beiseite, als ich mich ihnen mit Höchsttempo näherte. Körbe kippten um, ein, zwei Marktstände fuhr ich komplett über den Haufen, Obst, Gemüse, Holz flog durch die Luft. „Heja! Schneller, Pferdchen!" Meine Verfolger gaben aber nicht auf, sie waren direkt hinter mir. Ich fuhr in eine enge Gasse, die Leute vor mir sprangen aus dem Weg. Immer weiter raste ich quer durch Paris: Gassen, Hauptstraßen, Brücken und Plätze. Ich versuchte, auf allen möglichen Terrains meine Jäger loszuwerden. Meine Pferde waren bereits völlig ausgelaugt, die Kutsche ramponiert. Ich blickte mich um. Niemand mehr da! Es dauerte lange, aber irgendwann hatte ich die Soldaten doch abgeschüttelt. „Ho! Hoho! Brrrr, Pferdchen!" Ich befand mich nun in Le Invalides und musste mich schnellstens verstecken. Den Pferden brachte ich zuvor noch ein paar Eimer Wasser, streichelte über ihre Köpfe, und danach schleppte ich das Diebesgut mit drei meiner Männer, die in meiner Kutsche gesessen hatten, in einen nahe gelegenen Kanalisationseingang. Von dort aus war es ein Kinderspiel, die Beute zu unserem Versteck zu bringen. Elá sprang mir von weitem in die Arme. Sie sorgte sich. Sie dachte, ich hätte es nicht geschafft. Sie strahlte und meinte, ich wäre ein Teufelskerl. Sie küsste mich enthusiastisch. Meine Damen hatten es somit ebenfalls geschafft, wir hatten die Banque Royale ausgeraubt, die vielen Livre gehörten uns – wir waren steinreich! Mit diesen monetären Mitteln war es mir möglich, den Cour de Miracles wieder über viele Monate zu versorgen. Mit diesem Gold konnte ich Nahrung, Kleidung und Medizin für die Bettler sowie neue Ausrüstung für die Gilde erstehen. *Magnificent!*

Als wir in dieser Nacht feierten, zählten wir unser Diebesgut. Auf den Goldmünzen prangte noch immer das Haupt von König Ludwig XIV. Die Währung hatte sich auch unter der Regentschaft von Herzog Philipp II. von Orleans noch nicht verändert. Erst als König Ludwig XV. 1726 den Thron bestieg, war dessen Haupt auf der französischen Währung abgebildet. Bis dahin zierte der Kopf des verstorbenen Sonnenkönigs weiterhin alle Goldmünzen.

Über diesen Coup waren wir allesamt höchst erfreut, doch einer bildete die Ausnahme: Pierre-Francois. Als er mitbekam, dass wir die Banque Royale ausgeraubt hatten, schnappte er sich seinen Anteil und fluchte. Er würdigte mich keines Blickes. In dieser Nacht hörte man aus seinen Gemächern wildes Meckern und Maulen. Man spürte wieder seine Aggressivität – er zerschlug Gegenstände und war in tosender Erregung. Verstehen konnte ich ihn nicht, doch sein mentaler Ausbruch sollte sich schon bald wieder legen. Aus diesem Grund ignorierte ich diese weitere Instabilität unseres dämonischen Herrschers. Ich hoffte darauf, dass dies lediglich ein einmaliger Ausrutscher gewesen war.

In den nächsten Monaten befanden wir uns häufig im Cour de Miracles. Elá, Babette und ich gaben unser Bestes, versorgten die Leute. Auf den Straßen von Paris herrschte Anspannung. Das Kopfgeld, das schon länger auf mich ausgesetzt worden war, war drastisch erhöht worden, trotz allem belustigte sich die Bevölkerung über meine Raubzüge. Den Menschen gefiel meine Art; den Menschen gefielen meine Raubzüge. Das Königshaus wollte aber meinen Tod, zu jedem erdenklichen Preis.

So vergingen einige Monate. Der Herbst dieses Jahres war sonnig und durch viel Wärme gekennzeichnet. Eines Tages gingen Elá und ich in die Notre Dame, um an der heiligen Messe teilzunehmen. Die Kathedrale Notre Dame de Paris, in Île de la Cité gelegen, war einzigartig.

1163 war Baubeginn gewesen und über hundert Jahre sollte es dauern, um eine der frühesten gotischen Kirchengebäude Frankreichs zu vollenden. 10 000 Menschen bot die Kathedrale, die auf der Ostspitze der Seineinsel stand, Platz. Die Fassade war außergewöhnlich: Eine Königsgalerie war zu bestaunen und ein detailliertes Hauptportal, auch Wasserspeier und weitere Abbildungen sowie beeindruckende Ornamente und Figuren. Die Strebebögen, unter anderem an der Südseite, waren die Erfindung der Baumeister Pierre de Montreuil und Jean de Chelles. Die Rosette, die zwölf Meter Durchmesser hatte, war eines der größten Glasfenster Europas. Diese Kathedrale war gigantisch, ohne Umschweife stellte sie das prächtigste Bauwerk von ganz Frankreich dar. Allein dieses Gotteshaus machte eine Pilgerreise nach Paris erstrebenswert – sie verlieh Paris den absoluten Glanz.

Hier waren wir nun, falteten die Hände und lauschten andächtig. Wir taten dies oft, doch an diesem Tage erspähten meine Augen eine Person vergangener Tage. Der Weinbauer, den Lucas und ich einst gerettet hatten, weilte ebenfalls in der Notre Dame. Er schien sehr glücklich zu sein, als ich ihn wiedersah. An seiner Seite waren sein Weib und seine Töchter; sie hatten es geschafft, als Familie wieder zusammenzufinden. In diesem Augenblick spürte ich Zufriedenheit und Freude. Es war wunderschön, dass man neben dem ganzen Leid und der Pein auch einmal ein sonniges Ende einer Geschichte beobachten konnte. Mich freute dies von ganzem Herzen und ich dankte Gott, dass der Mann zu seinem Lebensglück zurückfand. Er bemerkte mich aber nicht, doch ich hatte ihn und seine Familie die ganze Zeit im Auge. Er strahlte; es war ein unfassbar schöner Moment. Nachdem Elá und ich die Kathedrale verlassen hatten, standen Freudentränen in meinen Augen. Das Bild, wie ein totgeglaubter Mann seine geliebte Frau küssen und seine Kinder anlächeln konnte, war sehr erwärmend für mich. Der Mann, der sich selbst opfern wollte, um seine Familie zu schützen, hatte sein Leben zurück. Ich sah viel Leid in meinem Leben, aber manchmal wandte sich auch einiges zum Guten. Was passiert wäre, wenn Lucas damals nicht dabei gewesen wäre, vermochte ich gar nicht zu denken. Ich war einfach nur glücklich. Glücklich, dass der Weinbauer seine geliebten Menschen wiedergefunden und überlebt hatte. Das Leben in unseren Zeiten war rau und grausam – genau aus diesem Grund erfreuten mich solche Momente, die eigentlich so rar gesät waren.

Weihnachten war in diesem Jahr malerisch. Leichter Schneefall herrschte an diesen Tagen, aber es war dennoch nicht all zu kalt. In unserem Heim war viel Liebe und Wärme spürbar: Elá und ich hatten Babette und Lucas zu uns gebeten; es waren besinnliche und freudige Tage. Auch Geschenke hatte ich für meine Liebsten besorgt. Lucas bekam ein festliches Fressen serviert und Babette übergab ich einen Dolch, in dem ihr Name eingraviert war. Elá legte ich eine goldene Halskette, bestückt mit einem Smaragd, um den Hals. Es waren friedliche und erholsame Tage; wir waren glücklich, besonders ich selbst. Warum? Weil die Person bei mir war, die mein Herz mit Licht füllen konnte, weil die Person bei mir war, die mein Herz zum Strahlen brachte, weil die Person bei mir war, die für mich die Nacht zum Tage wandeln konnte – Elá.

Als wir uns in diesen Tagen unter einem Mistelzweig küssten, war das einer der schönsten Augenblicke in meinem gesamten Leben. Hingebungsvoll. Romantisch. Verträumt. Erwärmend.

Voltaire

Elá und ich, wir befanden uns im Frühling des Jahres 1719 wie so oft im Café Procope. Dieses Mal setzte sich aber eine außergewöhnliche Person an unseren Tisch – Voltaire. Bei meinem ersten Besuch in diesem Café konnte ich ihn das erste Mal sehen, hier und heute auch mit ihm plaudern. Völlig außer Atem fragte er uns, ob noch Platz wäre. Wir bejahten. Er war ein sehr höflicher Mensch und lud uns auf eine Leckerei ein; er hatte eine lange und lockige Mähne und ein schmales Gesicht. Seine Gewänder waren sicher von den edelsten Schneidern der Stadt. Er wurde zu einem bekannten Schriftsteller und Philosophen. Voltaire verfügte über hervorragende Kenntnis in anderen Sprachen und stellte uns dies auch zur Schau: Er sprach Englisch und Italienisch. Viele seiner Texte wurden in andere Sprachen übersetzt und hatten eine immense Auflage. Mit seiner Kritik an den Missständen des Absolutismus und der Feudalherrschaft sowie am weltanschaulichen Monopol der katholischen Kirche traf Voltaire den Nagel auf den Kopf; er war ein Vordenker und vielleicht wichtiger Wegbereiter der französischen Nation. Sein präziser und allgemein verständlicher Stil, sein oft sarkastischer Witz und seine Kunst der Ironie galten hinlänglich als unübertroffen. Die Ode „Le vrai Dieu" war eines seiner ersten philosophischen Werke. Wie er uns erzählte, saß er noch vor kurzem in der Bastille – als Gefangener.

Er hatte großen Hang zur Satire. Er beleidigte sehr gerne den Adel und musste oft dafür büßen. Obwohl er mit seinem Wortwitz oft den Kern der Sache traf, konnte man sich in der Oberschicht beleidigende Kommentare nicht gefallen lassen. Die Herzogin von Berry war das letzte Opfer seiner Komik gewesen. Seine Schmähungen bescherten ihm seinen Aufenthalt in der Bastille, aus der er erst vor wenigen Monaten wieder entlassen worden war.

Sein vor kurzem erfolgreich aufgeführtes Werk „Edipe" machte ihn schlagartig populär und bekannt. Er verkehrte in literarischen Salons und war ein gern gesehener Gast in den Landschlössern des Hochadels. Wie er uns noch erzählte, arbeitete er gerade an „La Ligue". Er wollte uns zwar zu diesem Werk nichts Genaueres verraten, aber er hatte ein freudiges Grinsen in seiner Mimik. Als er uns davon berichtete, dass er vor Jahren zu einer Feier von König Ludwig XIV. geladen war, wurde mir etwas mulmig zumute. Tatsächlich, jemand hatte seine Einladung geraubt. Ich lächelte verschmitzt und tat überrascht und schockiert. Gewusst hatte ich natürlich sofort, dass ich der Dieb dieser Einladung gewesen war, ehe ich dann den König ausraubte. Es störte ihn allerdings keineswegs, dass er nicht an der damaligen Festivität teilnehmen konnte; er meinte bloß, dass ihm diese langweiligen und humorlosen Schnösel sowieso auf die Nerven gegangen wären. Als wir weiter plauderten, stellte er klar, dass ihn die Welt außerhalb Frankreichs interessierte. Er wollte unbedingt bald andere Länder kennenlernen – nannte England und Preußen als Beispiele. Er war eigentlich kein systembildender Denker. Er verfasste sowohl belletristische als auch philosophische, historische und naturwissenschaftliche Schriften und war auch selbst publizistisch tätig. Eine große Abneigung hatte er gegen die Sklaverei. Er sagte zwar nicht viel zu diesem Thema, doch in seiner Mimik und Gestik war dies klar erkennbar – er meinte lediglich, er wolle sich auch diesem Punkt eines Tages näher widmen. Voltaire war ein extrem gebildeter Mann und man konnte seinen künftigen Werdegang bereits zu diesen Zeiten gut erkennen. Sein Geist war klar und sein Herz rein; seine Intelligenz war unübertroffen und sein Witz atemberaubend. Selbst Elá war ganz berauscht von unserer kurzen Begegnung mit Voltaire. Nachdem er uns mit einem Lächeln auf den Lippen verlassen hatte, wurde mir klar, dass ich von diesem Mann noch einiges hören würde. Voltaire war mit die schillerndste Persönlichkeit, die ich je treffen durfte – er trug später den Ruf unserer wundervollen Stadt in die Welt hinaus. Vieles von seiner Person nahm ich in den Folgejahren wahr, ohne ihn jemals wiederzusehen – man sollte wahrlich noch viel von Voltaire hören. Ich selbst war von diesem Charakter so angetan, dass ich in meinem weiteren Leben alles aufsaugte, was mit ihm zu tun hatte. Zunächst standen allerdings andere Punkte auf der Agenda meines Lebens.

Im selben Jahr löste Elá ein weiteres Rätsel aus Madame Clarots Schriften. Sie war überzeugt, dass sich im Cour de Miracles ein Geheimnis verbarg. Inmitten der vielen Baracken befand sich ein kleiner Brunnen, der viele Jahrhunderte davor bereits als Wasserquelle diente. Elá war fest entschlossen, der Denkaufgabe auf den Grund zu gehen. Durch die Karten und die Schriften erhoffte sie sich, zumindest den Standort des Rätsels zu kennen, der schlussendlichen Auflösung des Denkspiels ging jedoch ein weiteres Rätsel bevor. Dies mussten wir nun lösen: „Im Boden dort ist eine Wasserquelle. Dreh dich gen Norden auf die Schnelle. Dort wirst du finden, wissentliches Glück, wenn du drehst Stück für Stück."

Stundenlang suchten wir nun rund um den kleinen Brunnen die Umgebung ab. *Nichts!* Auch im Norden hatten wir keinerlei Anhaltspunkte gefunden, die mit dem Ratespiel in Zusammenhang standen. Wir waren ahnungslos, hatten keinen Schlüssel für dieses Rätsel. Plötzlich entdeckten wir aber eine Sonnenuhr, sehr alt und südlich des Brunnens gelegen. Sie war dreckig, und über ihr lagen mehrere Bretter; nur durch Zufall hatten wir sie ausfindig gemacht. Ich überlegte und überlegte. Elá war schlau und meinte, wir sollten vielleicht die Zeiger Richtung Norden drehen. Als ich noch grübelte, setzte sie ihre Gedanken schon in die Tat um. *Tatsächlich!* Als sie die Zeiger mit ihren Händen in die Richtung des Brunnens drehte, krachte und polterte es. Ein geheimer Schacht samt Leiter öffnete sich – direkt neben dem kleinen Wasserspeicher. Als sie die Finger von der Uhr nahm, klappte der Eingang wieder zu. Den Mechanismus konnte man also nur durch eigenhändiges Drehen auslösen, und sobald man abwich, kehrte alles wieder in die Ausgangslage zurück. Wir versuchten, mit einem Stein und einem Stück Holz den Schalter stabil zu halten. Es klappte – die Falltür blieb auf! Ich entzündete zwei Fackeln, und wir stiegen ins Innere des Schachts. Bei Elá wurde neuerlich der Entdeckergeist geweckt; diese Abenteuer und Geheimnisse waren genau das, was sie in ihrem Leben gesucht hatte – sie waren das Salz in ihrer Lebenssuppe. Sie hatte zwar manches Mal Scheu vor gewissen Dingen, doch bei diesen Mysterien kam die Abenteurerin gänzlich bei ihr durch. Sie wollte unbedingt den Heimlichkeiten der Madame Clarot auf die Spur kommen. Nach einigen Metern waren wir endlich am Ende der Leiter angelangt. Wasser tropfte von oben herab; Pfützen standen auf dem Boden. Es lag ein schmaler Gang vor uns, und ich versuchte, vorsichtig vorauszugehen. Spinnweben hingen an den steinernen Wänden, modriger Geruch schlug uns entgegen, und auch Ratten begegneten uns. Als ich eine kleine Steinblockade entfernte und durch das Licht der Fackel sah, was vor mir lag, erschauderte ich. Ein Skelett! Ein Skelett, das uralte Rüstungen und Waffen bei sich hatte. Auf seinem Schild war wieder dieses Symbol – das rote Kreuz – erkennbar. War dies vielleicht ein Wächter früherer Tage? Wir hatten keine Ahnung und zogen weiter. Plötzlich standen wir in einer großen Kammer, ein Windhauch huschte über unsere Gesichter. Ich versuchte, die dort postierten Fackeln zu entzünden. Und als endlich Licht ins Dunkel kam, erblickten unsere Augen eine uralte Bibliothek. Ein monströser Tisch befand sich in dem Raum, sehr alt und klobig; Stühle standen um ihn herum. Viele Schränke waren dort vorzufinden, doch fast keine Bücher. Die meisten schienen anscheinend entfernt oder gestohlen worden zu sein – wir wussten es nicht. Die paar Bücher, die noch übrig waren, kamen uns ramponiert vor. Mehrere Seiten fehlten und sie waren verschlissen, verstaubt und löchrig; ihr Zustand war katastrophal. An den Seiten des Raums prangten Rüstungs- und Waffenständer, die meisten Teile davon waren aber entfernt worden. Auch verschlissene Teppiche und Flaggen waren zu sehen. Das seltsame rote Kreuz – es loderte überall. Wir suchten die Kammer gründlich ab, fanden jedoch keine weiteren Verstecke. So sehr wir auch nach Aufklärung lechzten – wir konnten keinerlei weitere Anhaltspunkte vorfinden. Die Frage, die wir uns jetzt stellten, war einfach: Wer hatte die Bücher entfernt? Dieser Raum beherbergte mit Sicherheit in der Vergangenheit viele hundert Bücher. Sie waren alle verschwunden. Als wir keine passende Lösung fanden, gingen wir zurück an die Oberfläche, und schlossen den Schacht wieder. Verwirrt und etwas enttäuscht wanderten wir zurück zu unserem Anwesen. Elá wollte, jetzt erst recht, Antworten. Sie studierte weiterhin die Denkspiele und Karten. Und auch das Haus von Madame Clarot wollte sie noch genauer unter die Lupe nehmen – sie wollte unbedingt herausfinden, was sich hinter dieser phänomenalen und so geheimnisvollen Madame alles verbarg.

Babette führte einstweilen die Männer immer wieder zu kleineren Diebeszügen, meistens nichts sonderlich Großartiges, dennoch erbeuteten sie einige Livre und Schmuck. Nach unserem Coup mit der Banque Royale hätten wir es zwar nicht nötig gehabt, weiterhin zu rauben, doch ich wollte, dass die Belegschaft keinesfalls einrostete. Nach wie vor versuchten wir, auch im Cour de Miracles das Leid der Bürger zu lindern. Mittlerweile hatten wir es sogar geschafft, dass niemand mehr hungerte. Und auch die Behausungen, die Baracken, gestalteten wir etwas menschenfreundlicher – es wurde für die vielen tausend bedürftigen Menschen erträglicher, aber es blieb immer noch ein sehr ärmlicher Bezirk, geprägt von Schmerz und Leid. Die reichen Bürger aus unserer Zeit bekamen natürlich nichts von all dem mit. Sie dachten allesamt, dass die Räubergilde und ihr Anführer Cartouche sich mit ihren Diebeszügen nur selbst die Taschen füllten. Sie hatten keine Ahnung davon, dass ich der breiten Masse der Notleidenden helfen wollte zu überleben. Ich wollte jedoch nie, dass die feinen Leutchen Kenntnis davon bekämen – es wäre ihnen sowieso egal gewesen. Umso erstaunlicher fand ich es, dass sich die soziale Oberschicht dennoch über meine vielen Raubzüge amüsieren konnte. Ich fand es faszinierend und betrachtete dies auch mit Stolz. Ich lehrte der Créme de la Créme Furcht durch meine Raubzüge, und gleichzeitig amüsierten sie sich über den Missetäter. Vielleicht war das auch der Grund, weshalb ich noch nicht geschnappt wurde – der Oberschicht gefiel meine Kunst, Beute zu machen. Ihre monetären Mittel gab ich denen, die es nötiger hatten als ich – weil mich Madame dies zwar lehrte, aber es auch meinem eigenen Sinn für Gerechtigkeit entsprach. Ich machte es aus eigenem Antrieb.

Die Pest

Im Frühsommer des Jahres 1720 herrschte massive Aufregung, ja Panik in Paris. Die Straßen waren voller Menschen und man spürte an jedem Ort pure Angst. Marktschreier verkündeten die Schreckensnachricht: Die Pest, der schwarze Tod, hatte wieder Einzug gehalten. In Südfrankreich, in der Hafenstadt Marseille, waren die ersten Symptome und Tote bemerkt worden. Die Bürger in Paris waren sehr besorgt und nervös. Wenn die Seuche ähnliche Dimensionen erreichen würde wie zu früheren Zeiten, wäre dies ohne Wenn und Aber einer Katastrophe größeren Ausmaßes gleichgekommen. Die Pest, eine hochgradig ansteckende Infektionskrankheit, war bei einem totalen Ausbruch sogar weltweit möglich. Seit der Antike herrschten die großen Pest-Seuchen schon, und die Medizin hatte auch heute nur wenig Kenntnis zur Behandlung. Der schwarze Tod, wie man die Pest nannte, hatte nicht selten sogar politische Landschaften durchgreifend verändert. In der großen europäischen Pandemie, der auch fast ganz Paris zum Opfer fiel, gab es zwischen 1347 und 1353 geschätzte 25 Millionen Todesopfer – dies entsprach einem Drittel der gesamten damaligen europäischen Bevölkerung. Die Mediziner in meiner Lebenszeit trugen noch immer Pestmasken sowie Pestausrüstung, ein Überrest der damaligen Zeit. Viele glaubten mittlerweile, dass der Ursprung der Krankheit in Asien lag und die Übertragung durch Ratten oder Flöhe passierte. Ratten waren überall in den Straßen anzutreffen, und man hätte die Krankheit durch den regen Handel somit mit zu uns geschleppt – ob dies aber auch wirklich alles stimmte, wusste niemand so genau. Zu den Zeiten des großen Sterbens gab man sogar den Juden die Schuld; sie hätten Giftmischerei bei der Wasserversorgung betrieben. Dies führte in vielen europäischen Regionen zu Judenpogromen und zur Auslöschung vieler unschuldiger jüdischer Gemeinden. In ganz Europa standen viele Pestsäulen und Gedenktafeln – unzählige Menschen wurden in Massengräbern und Pestgruben bestattet. Die Anzahl der Menschen, die die Pest zu allen möglichen Epochen niedergerafft hatte, war furchteinflößend. Die Seuche konnte ganze Landstriche buchstäblich auslöschen, die Heiler waren ratlos. Langfristig bewirkte und beschleunigte die Seuche einen tiefgreifenden Wandel in der mittelalterlichen Gesellschaft. Die Entvölkerung ermöglichte einem großen Prozentsatz der überlebenden Menschen den Zugang zu Bauernhöfen und lohnenden Arbeitsplätzen. Unrentable Gebiete wurden aufgegeben oder nicht wieder besiedelt. Löhne stiegen und die Bevölkerung konnte sich einen höheren Lebensstandard leisten als je zuvor. Manuelle Arbeit wurde zunehmend mechanisiert und dies führte zu einer Zeit voller eindrucksvoller Errungenschaften, wie beispielsweise dem Buchdruck. Die katholische Kirche wurde von zahlreichen Opfern als Erbe eingesetzt und ging reicher, aber unpopulärer aus der großen Pest im Mittelalter hervor. Die Bevölkerungsdichte wuchs rapide, wegen dem neu gewonnenen Lebensstandard – es wurde alles mächtiger und viel gigantischer als zuvor. Die Pest der damaligen Zeit und die damit verbundene Entvölkerung führte zu einer Entwicklung des Menschen, so wie wir sie heute kennen. Dies sollte aber niemals über die unzähligen Todesopfer hinwegtäuschen, denn die Krankheit war schauderhaft. Wenn bei der Infektion ausreichend viele Bakterien in die Blutbahn gelangt waren, sodass die körpereigene Abwehr ihrer nicht mehr Herr wurde, kam es schon nach kurzer Zeit zu einer sehr hohen Bakterienkonzentration im Blut, die dann zu einer Sepsis führte. Die Blutvergiftung wurde ausgelöst, wenn die Bakterien ihren normalen Lebenszyklus vollendeten und abstarben. Dabei wurden große Mengen toxischen Sekrets direkt in den Blutkreislauf abgegeben. Auch Nieren und Leber konnten nekrotisch werden, wenn sie versuchten, den Organismus von den Toxinen zu reinigen. Am Ende erlag das Opfer einem toxischen Schock. Man unterschied zwischen vier Erscheinungsformen: Beulenpest, Pestsepsis, Lungenpest und die abortive Pest. In Pandemien traten alle genannten Erscheinungen auf.

Die Inkubationszeit bei der Beulenpest lag bei nur wenigen Stunden bis zu sieben Tagen. Die Symptome waren Gliederschmerzen, Benommenheit, hohes Fieber, allgemeines Krankheitsgefühl und Kopfschmerzen. Sogar Bewusstseinsstörungen konnten auftreten. Stark geschwollene und schmerzende Beulen an Hals, Achselhöhlen und Leisten waren ebenfalls vorhanden. Sie konnten einen Durchmesser von bis zu zehn Zentimetern erreichen und waren aufgrund innerer Blutungen in den Lymphknoten blau-schwarz gefärbt.

Die Pestsepsis entstand entweder durch offene Wunden oder aus anderen Verlaufsformen, zum Beispiel durch Platzen der Pestbeulen nach innen. Die Erreger verteilten sich über den Blutkreislauf im gesamten Körper. Fieber, Schüttelfrost, Unwohlsein, Kopfschmerzen, Schock, großflächige Haut- und Organblutung bewirkte sie. Die Pestsepsis war nahezu immer tödlich, in der Regel nach spätestens 36 Stunden.

Bei der Lungenpest war die Verbreitung nicht so hoch. Die Inkubation erfolgte innerhalb der ersten drei Tage und endete nahezu immer mit dem Tod. Die Lungenpest verlief heftiger als die Beulenpest, da die Abwehrbarrieren der Lymphknoten durch direkte Infektion der Lunge umgangen wurden. Die Symptome waren Atemnot, Husten, Blaufärbung der Lippen und schwarzblutiger Auswurf, der unter extremen Schmerzen ausgehustet wurde. Daraus entwickelte sich ein Lungenödem mit Kreislaufversagen, das rasch mit dem Tod endete.

Die abortive Pest war die harmlosere Variante. Manche Menschen starben an ihr, vor allem Kinder und Geschwächte, doch die meisten konnten die Krankheit überleben. Sie äußerte sich in leichtem Fieber und leicht geschwollenen Lymphknoten. Nach überstandener Infektion wurden sogar Antikörper gebildet, um eine lang anhaltende Immunität gegen alle Pestvarianten zu gewährleisten.

Der Verlauf einer Pestepidemie erfolgte meistens sehr rasch, die Inkubationszeit betrug nur drei bis fünf Tage. Dieser folgte die Krankheitsperiode von drei bis fünf Tagen, die bei der Mehrzahl der Befallenen zum Tod führte. Von der Ansteckung bis zum Tode vergingen somit durchschnittlich acht Tage. Hatte sich der schwarze Tod irgendwo eingenistet, war Massensterben binnen kürzester Zeit unvermeidbar.

Genau diese fürchterliche Krankheit kam im Jahre 1720 zurück nach Europa. Die Pariser Bevölkerung war zurecht schockiert und verängstigt; viele von ihnen dachten, die Pest dringt auch wieder nach Paris vor – sie waren aufgebracht und erschrocken, fürchteten um ihr Leben. Ob die Seuche wirklich auch den Weg in die Hauptstadt fand, zeigte mir die Zeit. Momentan tobte sie nur in Marseille, und dies beunruhigte mich ebenfalls, aber niemand konnte etwas dagegen tun. Das Einzige, das uns übrig blieb, war hoffen und beten. Madame Clarot befand sich in Marseille. Ich wünschte ihr Glück, und vertraute darauf, dass sie diese schwere Zeit überleben würde können. Eingreifen oder helfen konnte niemand, Marseille war viel zu weit weg und es wurde bereits ein Aus- sowie Einreiseverbot in der Hafenstadt verhängt. Elá war genauso mitgenommen und ängstlich wie alle anderen. Sie weinte oft, vor allem um Madame Clarot. Das Einzige, das uns jetzt noch blieb, war unser Glaube. Die Bevölkerung der Hauptstadt versammelte sich häufig in den Kathedralen, um zu beten. Wir taten es ihnen gleich, stellten Kerzen auf und sprachen zu Gott, jeden Tag. Den Menschen in Marseille und auch Madame Clarot stand von nun an eine schwere Zeit bevor. Der Tod war dort allgegenwärtig: Jeden Tag konnte es auch sie erwischen, jeder Tag konnte ihr letzter sein. Es war schlimm, aber dennoch informativ, wenn die Marktschreier Neues aus der Hafenstadt zu berichten hatten. Auch Totenanzeigen wurden gedruckt – jede einzelne davon holte ich mir, ich musste wissen, ob meine Lehrmeisterin überlebt, musste wissen, was dort vor sich ging; glaubte aber fest daran, dass sie diese schwere Zeit meistern würde. Eine Persönlichkeit, wie sie eine war, konnte doch nichts erschüttern; eine Person, wie sie es war, musste doch stark genug sein, diese Seuche zu überstehen. Elá und ich verfolgten in tiefer Trauer das Schicksal von Marseille. Jahre sollte die Pest dort wüten – wie dies alles ausging, zeigte uns die Zukunft.

„Mach bloß keine Witze über Frauen am Zügel!", sagte Elá, die auf einer braunen Kutsche saß und die Augen nach oben drehte. „Niemals! Das würde ich doch nie tun", erwiderte ich ihr, und grinste. „Ja, ja!", lachte sie. „Hü! Hott!", ließ sie folgen, klatschte die Zügel auf die Pferderücken und brauste davon. Sie fuhr an diesem Tag zu den Märkten, kaufte Lebensgüter ein. Ich hatte andere Dinge im Kopf, bereitete meinen nächsten Überfall vor. Doch, werter Leser, – das bleibt aber unter uns! – Elá konnte wirklich keine Kutsche steuern ...

Warum raubte ich wirklich? Für mich? Wegen meiner toten Familie? Für die hungernden Menschen auf den Straßen? Ein Wort: Gerechtigkeit! Ich raubte für Gerechtigkeit!

Als der Winter im Jahre 1720 mit großer Kälte einfiel, wollte ich einen Wachposten ausrauben, der an der Ostseite der Seineinsel Île de la Cité gelegen und schwer bewacht und befestigt war. Rund um ihn herum befanden sich schützenden Mauern aus Stein. Jahrelang überlegte ich bereits, wie wir uns der Wertgegenstände dort bemächtigen konnten. Es sollte nicht einfach werden, doch an einem Abend im November machten wir uns auf den Weg zu unserem Ziel. Für einen kurzen Augenblick schloss ich meine Augen, machte die Atemübung, die mir Madame Clarot beigebracht hatte, und Bilder zogen an meinem geistigen Auge vorüber: Mutter, die mich anlächelte und mir über die braunen Haare streichelte, Vater, der mir auf die Schulter klopfte. Ich spürte einen sanften Windhauch und bemerkte, dass ich mich immer besser fühlte – es konnte losgehen! Dutzende Wachleute waren inner- und außerhalb des kleinen Bollwerks anzutreffen;

schwer bewaffnete Männer patrouillierten rund um die Befestigung herum. Ein Sturmangriff hätte garantiert eine Niederlage zur Folge gehabt, und so überlegte ich mir eine List. Fast alle Männer der Gilde hatte ich an meiner Seite; den Großteil postierte ich auf einer Grünfläche, die sich direkt vor der kleinen Anlage befand. Es war bereits stockdunkel und bitterkalt, als ich mit einem kurzen Pfiff Babette signalisierte, dass sie zur Tat schreiten konnte. Hysterisch, hektisch und panisch rannte sie genau auf die patrouillierenden Wachen außerhalb des Walls zu. Sie lauschten sogleich ihrem Anliegen. Aufgebracht gestikulierte sie wie wild, sagte ihnen, dass Cartouche in der Nähe wäre – er wolle die Befestigung stürmen, er lauere auf der Wiese. Unter den Wachen brach leichte Panik aus, doch sie sammelten sich und marschierten Richtung Grünfläche. Geschickt und ohne aufzufallen hatte Babette während des Gesprächs den Schlüssel zum Haupttor erbeutet. Als der Anführer der Wachen kurz wegblickte, schnappte sie eiskalt zu. Alles klappte! Es dauerte nur einige Augenblicke, bis die Männer des Königshauses in meinen Hinterhalt gerieten. Doch als sie auf der mit Schnee bedeckten Wiese ankamen, schnappte die Falle zu. Wochen zuvor hatten wir bereits ein großes Loch ausgehoben, und dieses mit Geäst und Blattwerk verdeckt. Schnee deckte zudem alles zu – wie mit einem weißen Tuch. Als sich die Soldaten verdutzt umblickten, kamen meine Männer aus mehreren Büschen heraus und trieben die erschrockene Menge genau in die Richtung des Erdlochs. Allesamt fielen sie in die tiefe Grube, umzingelt von meinen Männern, die mit Musketen auf sie zielten. Ohne Gegenwehr ergaben sie sich. Dumm gelaufen … ihr Tölpel! Babette, Christophe, Patrice und ich waren zu diesem Zeitpunkt bereits im Inneren des Wachpostens angelangt. Durch den erbeuteten Schlüssel mussten wir nicht einmal über den Wall klettern, wir öffneten das Haupttor, und spazierten frohen Mutes hindurch. Leise, als wären wir lautlose Katzen, huschten wir vorwärts, versteckten uns dann in Büschen und hinter Schubkarren. Wir beobachteten die Wege der Wachleute. Ich hatte die Abläufe studiert, wusste bereits seit Wochen, dass sich in den Wintermonaten die meisten von ihnen in einer kleinen Garnison aufhielten, die sich im Inneren dieser Befestigung befand. Ein paar weitere Wachen drehten ihre Runden durch den Innenhof. Als ich zur Überzeugung kam, dass der Zeitpunkt gekommen war, gab ich Franck ein Handzeichen. Er war auf einem Baum gegenüber der Befestigung postiert, zückte seinen Bogen, und schoss augenblicklich mehrere Brandpfeile in den Innenhof. Die mit Heu und Stroh beladenen Karren, die dort herumstanden, begannen sofort zu brennen. Aufregung und Panik brach aus, eine der Wachen läutete die Alarmglocke. Als Dutzende Männer jetzt aus der kleinen Garnison stürmen wollten, schnappte die zweite Falle zu. Denn schon zuvor hatten Babette und ich ein dickes Seil an den Holzträgern angebracht, die sich vor der Vordertür befanden und ein kleines Vordach abstützten. Es war der einzige Eingang der Garnison. Wir zogen allesamt an dem Seil und mit einem Ruck krachte das Dach nach unten. Holztrümmer und Schneemassen lagen nun vor dem Eingang – die Wachen hatten keine Chance, ihre Unterkunft zu verlassen. In der Zwischenzeit feuerte Franck weiterhin Pfeile ab. Diesmal gewöhnliche, er feuerte auf alles, was sich bewegte. Die sechs weiteren Soldaten hatte er innerhalb kürzester Zeit überwältigt, Pfeile steckten in ihren Armen und Beinen; sie waren kampfunfähig. Patrice und Christophe waren bereits mit Säcken auf dem Weg zum Wachturm, der nördlich in dieser mit einem steinernen Wall gesicherten Anlage stand und unser Diebesgut beherbergte.

In der zeitlichen Lücke bis zu ihrer Wiederkehr veräppelte ich die mit Pfeilen gespickten Wachen. Als ich mich ihnen in der Dunkelheit näherte, bekamen sie es mit der Angst zu tun. Die Karren brannten lichterloh, und man hörte das Fluchen und Poltern der Soldaten, die in der Garnison eingeschlossen waren, nicht mehr nach draußen gelangen konnten. Die verletzten Überreste waren schockiert – stammelten etwas von Räuber und

Magie, stotterten etwas von Feuerzauber und fliegenden Pfeilen. Ich amüsierte mich. Ich bat sie höflich, meinen Namen auszurichten und wünschte gute Besserung. Ich bedankte mich für die wunderbare Spende und sagte zu ihnen, dass ich unaufhaltsam wäre – sie könnten noch so viele Soldaten schicken. Sie wirkten erschrocken, ihre Münder standen offen, sie sprachen kein Wort mit mir. Sie waren erstaunt darüber, wie ich es schaffen konnte, eine so gut verteidigte Anlage zu überfallen. Nachdem meine Mitstreiter mit unserem Diebesgut zurückgekommen waren, verschwanden wir allesamt blitzschnell in einem nahe gelegenen Untergrundeingang, der sich dicht an der Seine befand. Auch diesmal war mein Raub von Erfolg gekrönt, auch diesmal war unsere Mission ein wahrer Siegeszug gewesen. Ich fühlte mich unaufhaltsam und unschlagbar – in diesem Moment dachte ich, ich würde niemals verlieren. Doch würde wirklich alles so weitergehen, werter Leser? Vielleicht, aber vielleicht auch nicht.

Während unserer Siegesfeier – die am nächsten Abend stattfand – schnappte sich der Bettlerkönig wie üblich seinen Anteil. Er sprach kein Wort, doch abermals konnte man widerliches Geschrei und Maulen aus seinen Gemächern vernehmen. Elá war zwar bei meinem Coup diesmal nicht dabei gewesen, doch sie war stolz auf mich. Sie schien aber auch verärgert zu sein, wollte unbedingt später alleine mit mir sprechen. Meine Mannen und Babette feierten wie wild. Wir hatten es ein weiteres Mal geschafft – die Beute gehörte uns.

Die Brandpfeile waren dabei ein wichtiges Ablenkungs- und Hilfsmittel. Die Idee dazu hatte unser Waffentüftler Christophe. Krieger benutzten brennende Pfeile zwar bereits seit der Antike, doch auch in unserem Klan hatte diese Waffe einen gewaltigen Nutzen. Christophe hatte allerdings seine eigene Anschauung zu Brandpfeilen. Unsere bestanden nicht aus Eisenspänen, Salpeter und Schwefel, die vermischt und anschließend in ein mit Wachs getränktes Tuch gewickelt wurden, um dann in flüssigen Schwefel getaucht und schlussendlich entzündet zu werden. Nein, wir hatten einen Pfeiltyp, der an der Spitze einen Metalltrichter aufgesetzt hatte. In diesen legten wir eine glühende Eisenkugel oder einen Brandsatz, und feuerten den Pfeil ab. Der Pfeilschaft wurde innerhalb des Fluges durch eine Fangleine gestoppt und das Geschoss flog mit noch höherer Geschwindigkeit alleine weiter. Die Verbesserung gegenüber der herkömmlichen Methode war, dass man schneller und effizienter Brände verursachen konnte und auch mehr Munition zur Verfügung hatte. Christophe gab sich alle Mühe, uns Gerätschaften zur Verfügung zu stellen, mit denen wir unseren Widersachern überlegen waren – er leistete fantastische Arbeit. Aber nicht nur mit ihm war ich hochzufrieden – die gesamte Gilde übertraf ständig meine Erwartungen; jeder von ihnen machte seine Sache außerordentlich gut.

Am nächsten Tag sprach ich mit Elá. Wir waren im Haus von Madame, und sie wollte unbedingt, dass ich Pierre-Francois die Stirn biete, wollte mit allen Mitteln, dass ich mich von ihm entferne und der neue alleinige Herrscher des Untergrunds werde. Sie meinte lediglich, dass er abartig und dämonisch sei – es wäre ein Leichtes, ihn vor die Tür zu setzen. Wir hatten Streit, denn ich wollte dies nicht. Ich war der festen Überzeugung, dass bei ihm Vernunft einkehren würde, war außerdem noch immer der Meinung, dass seine Informationen nützlich sein könnten. Elá war aufgebracht. Sie schrie mich an und war in tosender Erregung. An meiner Entscheidung änderte dies dennoch nichts. „Du bist viel zu blauäugig", fauchte sie mich an. „Du wirst noch elend zu Grunde gehen, wenn du dich von diesem Schwein nicht trennen willst." Immer wieder versuchte ich, sie zu beruhigen, doch ihre Impulsivität kam immer mehr zum Vorschein. Sie gestikulierte; sie schrie. Auch ich wurde immer wütender und es mündete darin, dass mächtiges Gezänk und Reibung entstand. Draußen tobte ein Schneesturm. Die Fensterläden klapperten und der Wind pfiff wie wild. Rabiat schmiss sie Tücher und Gewänder in meine Richtung; zornig und geladen pfefferte ich eine Vase gegen eine Mauer. Eine hitzige und stürmische Atmosphäre wurde immer mehr spürbar, wir wendeten uns voneinander ab, drehten uns um. Plötzlich herrschte Stille. Wir kochten, siedeten vor Wut. Doch schlagartig drehten wir uns beide um. Wir gingen unbeherrscht aufeinander zu; unsere erregten Seelen setzten neuerlich zum Krawall an. Wir blickten uns tief in unsere emotional aufgeheizten Augen; unsere Münder setzten zu unbedachten, unbeherrschten Worten an. In diesem Moment küssten wir uns. Hemmungslos. Leidenschaftlich. Ausufernd. Unser Streit entfesselte eine sexuelle Explosion. Gierig. Unbändig. Ungezähmt. Heftig. Wir rissen uns die Kleider vom Leibe und wollten unbedingt zueinander – nichts konnte uns stoppen! Chaotisch. Turbulent. Undiszipliniert. Im Freien tobte noch immer der Sturm. Man hörte ihn deutlich, als er gegen die Fenster drückte. Es knisterte, prasselte und donnerte. Im Haus fand ein ausschweifendes Ereignis statt: Gegenseitig packten wir uns, bissen uns, fühlten uns. Jede Pore ihres Körpers berührte mein Mund. Ausgiebig.Ungebärdig. Scharf. Meine Hände glitten über alle Teile ihres geformten Körpers. Die Funken sprühten. Hitze lag in der Luft. Fleischeslust war spürbar. Stundenlang trieben wir dieses erotische Fest auf die Spitze. Wildes Stöhnen. Ächzen. Unkontroliertes Atmen. Jeder Stoß ging mit einem Aufschrei völliger Sinneslust einher. Zügellos. Martialisch. Roh. Wild taumelten wir durch das Haus. Wir taten es überall. Unsere sexuelle Gier und Erregtheit kannte keine Grenzen. An den Spitzen unserer Lüsternheit spürten wir tiefe Befriedigung und Freiheit. Stöhnen. Kreischen. Ächzen. Dieses sexuelle Spiel war von Zank und Hader entfacht worden – unsere Wollust kannte kein Ende. Enthusiastisch. Ergiebig. Hitzig. Anstößig.

Als wir Stunden später damit aufhörten, kehrte Ruhe in unseren Geist. Unsere Wut und unser Zorn aufeinander waren verflogen, wir hatten ihn abgearbeitet. Wir wurden einsichtig und vernünftig. Elá versprach mir, nie mehr so bestimmend zu sein, und ich wiederum meinte, dass ich mir Pierre-Francois schon nicht zu nahe kommen lassen werde. Wir gaben uns das Wort, zukünftig auch aufeinander mehr Rücksicht zu nehmen. Wir wollten von nun an die Meinungen des anderen akzeptieren und respektieren. Elá vertraute dem Bettlerkönig nicht im Geringsten, doch sie vertraute mir, hoffte, dass sich meine Entscheidung nie negativ auswirken wird. Ich selbst wusste nicht genau, ob es richtig war, was ich tat, dennoch dachte ich, dass ich Pierre-Francois vertrauen kann. Im kommenden Jahr sollten wir sehen, wer recht behielt; wir sollten sehen, was das Schicksal für uns bereithielt.

In den nächsten Monaten wurde die Pariser Bevölkerung weiterhin von Angst begleitet – Angst vor der Pest. Sie tobte und wütete zwar weiterhin nur in Marseille, doch auch ein landesweiter Ausbruch schien möglich zu sein. An allen königlichen Plätzen und Märkten waren immerzu Marktschreier zu Gange; sie schilderten die prekäre Lage der Hafenstadt. Die Menschen taumelten durch ihr Leben, allen war Bange. Wir hofften darauf, dass kein größerer Ausbruch aufflammen würde. Die Totenanzeigen waren mit Namen übersät. Jedes Mal studierte ich sie, doch ein Wort konnte ich nicht entdecken – Clarot. Bis jetzt musste sie überlebt haben, und ich betete weiterhin für ihr Schicksal, hoffte darauf, dass sie den schwarzen Tod, die Pest, überdauern würde.

Babette, Elá und ich verbrachten die meiste Zeit damit, den Minderbemittelten auf die Beine zu helfen. Wir versorgten sie mit Nahrung, Kleidung und Medizin, versuchten, ihr Leben am Laufen zu halten, denn viele Tausend Menschen standen am

Abgrund. Wir versuchten, so gut es ging, das zu geben, das ihnen fehlte. Elá kümmerte sich meistens um die vielen leidenden Kinder, größtenteils schwach und kränklich; ihr Zustand war oftmals richtig erbärmlich. Sie spielte mit ihnen und erzählte ihnen Geschichten – auch die Geschichte von „Cartouche, dem Räuber!" Sie lauschten gespannt ihrer Stimme und konnten so ihr ärmliches Schicksal für einen Moment vergessen. Elá leistete grandiose Arbeit, die Kinder hatten Freude. Ihre kindlichen Augen strahlten, sie lachten, und genau dieser Anblick erfüllte Elá mit großer Zufriedenheit. Diese kleinen Geschöpfe gaben ihr Zuversicht – Zuversicht auf eine bessere Zukunft. Sie tat alles, was in ihrer Macht stand, um den Kindern Glück zu schenken. In Elás Gegenwart fühlten sie sich geliebt und geborgen.

Das Leid zu lindern war für uns ein schwieriges Unterfangen, dennoch hatten wir mittlerweile die finanziellen Mittel, um dies alles halbwegs umzusetzen. Wir schenkten den Armen ein erträglicheres Leben, versuchten, die soziale Unterschicht Stück für Stück auszugleichen. Unser Ziel war aber nicht nur, die Überlebensrate im Cour de Miracles zu steigern, nein, wir versuchten, den Menschen auch regelrecht auf die Beine zu helfen. Wir waren der Anschub für ein zukünftig besseres Dasein. Wir wollten, dass sie sich erholen und danach ihr Leben überdachten. Alle Menschen waren gleich, auch die arme Bevölkerung konnte es mit Arbeit zu etwas bringen. Ob dies nun hier in Paris oder andernorts der Fall war, kümmerte uns nicht. Wichtig war uns, ihnen dabei zu helfen, wieder aufstehen zu können und den ersten Schritt zu machen. Wir taten das, was eigentlich alle Mitmenschen tun sollten – wir pflegten sie und richteten die Güterlosen wieder auf, kümmerten sich um sie und schenkten ihnen Kraft. Die Armen sollten einen neuen Lebensabschnitt beginnen, ohne zu hungern und zu leiden. Unsere Taten trugen auch bereits erste Früchte: Manche von ihnen rappelten sich durch uns auf und wollten sich Arbeit und eine neue Bleibe suchen. Wiederum andere hatten Paris bereits verlassen, sie wollten außerhalb der Stadtmauern ein neues Leben beginnen. Es klappte – wir verkörperten eine erste Hilfs- und Anlaufstelle für die leidende Bevölkerung; viele Tausend Menschen mussten aber noch immer die Schmerzen der Mittellosigkeit und der Bedürftigkeit durchstehen. Im Cour de Miracles, wo früher nur Zuwanderung und Tod überwog, konnte man endlich auch Abwanderung feststellen. Viele blieben jetzt nicht mehr in diesem Totenhaus und versuchten, anderswo ein neues Leben zu beginnen. Das Leid wurde tatsächlich weniger.

Pierre-Francois war in diesen Monaten verändert. Er sprach kaum und verschanzte sich in seinen Gemächern. Seine Gemütsverfassung war allerdings ruhig und somit verschwendete ich keinerlei Gedanken daran, unsere Partnerschaft zu beenden, spürte keinerlei Lust, die vollständige Macht an mich zu reißen. Der Antrieb für mein Tun und Handeln war nie Macht und Ruhm gewesen, ich wollte in erster Linie helfen. Manchmal kam Pierre-Francois bei den vergnüglichen Feiern und Sausen zu uns, er war in Gedanken versunken, versuchte, sein satanisches Wesen zwar möglichst zu unterdrücken, dennoch dachte er über irgendwelche Dinge nach. Ich beobachtete ihn viele Male. Von meiner Person kapselte er sich immer mehr ab, seine Gedanken schienen trotz allem klar zu sein, denn er las viele Schriften und studierte fortdauernd seine Karten. Seine Kammer war randvoll mit Gold gefüllt, er erfreute sich seines riesigen Reichtums. Seine Ansagen an die Belegschaft waren wesentlich ruhiger als noch Monate davor, seine Blutrünstigkeit unterdrückte er. Es schien, als ob er seine Psyche nun im Griff hätte, doch trotzdem beunruhigte mich irgendetwas. Ich konnte zwar nicht genau sagen, was es war, aber irgendetwas führte der Krösus der Armen im Schilde. Die nächste Zeit sollte mir Aufschluss bringen. Wie würde es bloß weitergehen, lieber Leser?

Im Juli 1721 träumte ich wieder meinen Albtraum. Es begann erneut mit Momenten. Ich sah ein kleines Kind, das weinte und aus einem edlen Anwesen geschmissen wurde. Es wurde dunkel, ich sah nur Dunkelheit. Plötzlich erblickte ich wieder zwei Männer, die auf ihren Häuptern Kronen hatten; auf einer Krone saß ein Rabe. Sie umarmten sich innig. Dunkelheit. Schauderhaftes Lachen hörte ich, als schlagartig ein Tunnel vor mir lag. Tausende Ratten waren hinter mir, sie kamen mir immer näher. Ich versuchte zu laufen, und plötzlich sah ich ein grelles Licht vor mir – augenblicklich stand ich in meinem ehemaligen Heim. Mutter und Vater waren bei mir. Sie lachten, umarmten mich; sie freuten sich, mich zu sehen – ein wunderschöner Augenblick. Vater hielt eine Flasche Wein in seinen Händen, ohne Etiketten. Abrupt riss die Szenerie, und Mutter begann fürchterlich zu weinen. Sie ging in unser Schlafgemach; ich verfolgte sie. Ich sah das gesamte Schauspiel von damals, als sie mich zur Flucht zwang. Jedes Wort, jede Regung war identisch. Schlagartig ging sie zurück zu Vater. Als ich wieder bei ihnen war, fiel die Flasche Wein zu Boden und zerbrach. Sie weinten, sie gerieten in Panik. Augenblicklich hörte ich Pferdehufe; sie machten fürchterliche Geräusche. Ich erschauderte, als ich vor den Fenstern die wandelnden Skelette erblickte. Sie hielten Fackeln in den knöchernen Händen, wollten unser Haus anzünden. Ich schrie, ich kreischte; ich brüllte. Unerwartet ließen die Skelettreiter ab. Sie standen vor den Fenstern und starrten mich an; sie schienen mir tatsächlich zu gehorchen. Meine Eltern waren erstaunt und die Angst legte sich, meine Mutter hörte auf zu weinen. Ein paar Sekunden verharrte die Szene, nichts passierte. Doch plötzlich hörte ich scheußliches und ekelhaftes Lachen. In diesem Moment veränderte sich der Traum; das Haus begann zu brennen. Die Skelette waren allerdings nicht schuldig; wer dies tat, konnte ich nicht erfassen. Mutter weinte wieder und schrie – so wie in eben jener realen Nacht. Als das Feuer uns immer näher kam und ich die

Hitze der Flammen schon auf meiner Haut spürte, erwachte ich plötzlich.

Elá versuchte, mir zu helfen und sie schaffte es schließlich, mich zu beruhigen. Doch dieser Traum war abscheulich. Seit so vielen Jahren suchte er mich nun schon heim, Antworten bekam ich keine. Es waren fortdauernd leicht veränderte Szenerien und weitere Rätsel. Manches Mal konnte ich etwas ins Geschehen eingreifen und dann auch wieder nicht. In diesem Augenblick verdrängte ich den Traum abermals und probierte weiterzuschlafen. Was ich aber nicht wusste, war, dass sich schon bald alles aufklären sollte.

Schon bald bekam ich Antworten auf all meine Fragen.

In Paris erzählten die Menschen noch immer von meinen Raubzügen. Der Großteil der Bevölkerung war begeistert davon, wie es eine Person schaffen konnte, so zu rauben. Es schien, als würden sie mir meine Straftaten verzeihen, wegen meinem Witz und Charme. Sie belustigten sich über meine heiteren Vorstellungen und Auftritte; an jeder Ecke tuschelten die Menschen vom Räuber, der die Kunst des Stehlens mit vergnüglicher Komik vermischte. Wenn in den Cafés Theaterstücke von meinen Taten aufgeführt wurden, waren diese bis zum letzten Platz besetzt. Ich betrachtete dies mit leiser Genugtuung. Meine Absicht galt zwar dem Stehlen, doch dass ich die Massen damit auch begeistern konnte, gefiel mir umso mehr. Mein Kopfgeld war zu diesen Zeiten immens gestiegen. Hätte mich jemand geschnappt, wäre er von einem Tag auf den anderen ein sehr wohlhabender Mensch geworden. Ich selbst war meistens vermummt, versteckte mein Gesicht hinter Halstüchern und sonstigen Hilfsmitteln. Wenn ich auf den Straßen eine Vorahnung hatte, verschwand ich wie der Blitz. Manches Mal hatte ich Eingebungen, denen ich auch traute – sobald ich bemerkte, dass jemand mich erkennen könnte, war es mir immer ein Leichtes, spurlos zu verschwinden. Mittlerweile war ich ein absoluter Meisterdieb geworden, es gab nichts mehr, was mich aufhalten konnte, ich fühlte mich jedem überlegen und unaufhaltsam.

Im September des Jahres 1721 bat mich Pierre-Francois in seine Kammer. Er war noch nicht anwesend und so studierte ich seine Gemächer. Seine Bücherregale waren randvoll, auch viele Briefe und Schriften waren vorzufinden. Als ich diese musterte und genauer betrachten wollte, kam er zur Tür herein. Er schrie aufgebracht, meinte, dass ich sofort das Schnüffeln einstellen solle; sein Fundus hätte mich nicht im Geringsten zu interessieren. Leicht erschrocken fragte ich ihn, was er wollte. Er war etwas aufgebracht, überredete mich aber zu einem kleinen Spaziergang durch die modrige Kanalisation. Augenblicklich erzählte er mir von neuen Informationen. Bald würde ein Fest in Le Louvre stattfinden, vor dem Palais de Tuileries – eine Art Winterfeier am Place de la Concorde/Champs Élysées. Fast die gesamte vermögende Bevölkerung war eingeladen worden, bei diesem Schauspiel wurde sicher großer Reichtum präsentiert. Der Regent persönlich – Philipp II. von Orleans – sollte ebenso anwesend sein wie viele wichtige Persönlichkeiten des Königshauses. Dies sei eine gigantische Gelegenheit, so meinte Pierre-Francois.

Plötzlich quietschte und piepste es vor uns, Unmengen von Ratten blockierten den Weg. Die Kanalisation war ihre primäre Heimat, doch so viele hatte ich selten gesehen. Es waren Hunderte, sie waren höchst aggressiv und angriffslustig. Die Nagetiere an der Pariser Oberfläche waren weit weniger kampfbereit, doch diese hier waren anscheinend auf Krawall gebürstet und wollten sich nicht verscheuchen lassen. Hunderte von ihnen lauerten vor uns, sie machten fürchterliche piepsende Geräusche und stellten sich aggressiv auf die Hinterbeine. Ein paar Momente später hätten sie uns wahrscheinlich angegriffen, in dieser Anzahl wäre auch unser Tod möglich gewesen. Doch dazu kam es aber nicht! Pierre-Francois entfesselte seinen inneren Teufel – der Pariser Untergrund bebte. Er kreischte, brüllte, johlte und lärmte – wilde Hasstiraden in unbändigem Tonfall, faulige Flüche in ohrenbetäubender und erregter Stimmlage. Sein satanisches Wesen schaffte es, die angriffslustige Streitmacht der Ratten einzuschüchtern. Viele flüchteten, doch Dutzende gaben immer noch nicht klein bei. Immer weiter drängte er sie nach hinten. Sie attackierten ihn, doch er schlug mit seinen Beinen in alle Richtungen. Eine Art Schaufel hielt er nun in den Händen – wild hämmerte er auf die Nagetiere ein, wie ein unbändiges Monster erschlug er Ratte um Ratte, die Schaufel polterte, als sie eine Ratte nach der anderen töte. Manche sprangen ihn an, er packte sie und schleuderte die Ungeziefer gegen die Mauern. Der wüste und rabiate Bettlerkönig erreichte es, Dutzende von ihnen zu töten; der Rest flüchtete. Ich stand erschrocken und erschüttert einige Meter hinter dem Schauspiel, ich konnte es nicht fassen. Ein Mann alleine hatte es geschafft, sie zu verjagen – ein satanischer Mensch. Hatte er einmal seinen Dämon entfesselt, gab es kein Entkommen, so etwas wie seine Person traf ich nur einmal in meinem Leben. Als er noch immer brüllte, war ich weiterhin geschockt. Geschockt von der Tatsache, dass dieser Mensch puren Hass und Wut in sich trug. Dieser Mann war auf seine Art die Personifizierung des Bösen.

In diesem Moment dachte ich das erste Mal daran, ihn aufzugeben. Ich erachtete es für möglich, alleine die Gilde zu führen. Noch verwarf ich diesen Gedanken, doch nach unserem Diebeszug wollte ich mich sammeln und gründlich über dieses Thema nachsinnen. Doch so weit war es noch nicht, und so besprach ich mit ihm die weiteren Details für unsere Mission, denn natürlich war ich wieder mit von der Partie. Es war für mich wie immer eine Möglichkeit, sich vor den Parisern auszutoben – diese Chance konnte ich mir nicht entgehen lassen, ich musste sie ergreifen. Anfang Oktober sollte das Fest stattfinden, ich hatte somit mehrere Wochen Zeit, um mich darauf vorzubereiten. Viele Wachen, schwer bewaffnet, würden anwesend sein. Pierre-Francois meinte bloß, dass ich das alles schon schaukeln werde, schließlich hätte ich doch immer all seine Aufgaben bravourös erfüllen können. Ich war arrogant und dachte dasselbe; niemand konnte mich stoppen. Was mir aber an diesem Tage noch besonders auffiel, war sein wahrhaft teuflisches Grinsen. Er hatte diesen Blick oft, grinste teuflisch, wenn er etwas verheimlichte und sich selbst darüber belustigte. Ich schlug mir diesen Gedankengang und diese Beobachtung allerdings alsbald aus dem Kopf, machte mich an die Arbeit und versuchte, Möglichkeiten für meinen kommenden Raub zu finden, versuchte wie immer, alles auszuloten. Mit dem richtigen Plan sollte es kein Hexenwerk sein, diesen Coup in die Tat umzusetzen. Ich war mir meiner Sache absolut sicher – ich würde keinesfalls scheitern.

Es waren anscheinend auch viele Menschen aus Versailles geladen – aus dem prachtvollen, schönen Versailles, wo märchenhaft verzierte Gebäude im Schatten des gigantischen Schlosses lagen, aus Versailles mit seinen Lindenalleen, seinen wundervollen, tiefblauen Seen, seinen vielen Skulpturen, den fontänenspeienden Brunnen und seinen tadellos beschnittenen Bäumen und Sträuchern, aus Versailles, wo alles wohnte, was Rang und Namen hatte. *Ja*, dieser Überfall gefiel mir. Und so schritt ich zur Tat ...

Ich befand mich nun in Le Louvre. Zwei glatzköpfige Priester in braunen Kutten wanderten die Hauptstraße entlang, gefolgt von drei Jägersleuten, die kurz darauf ihr erlegtes Wildschwein in eine Metzgerei schleppten. Ich begutachtete dann den königlichen Platz, an dem die Feier vonstatten gehen sollte. In den nächsten Wochen inspizierte ich die gesamte Anlage: Es war ein weitläufiges Areal, Gärten, Bäume, Grünflächen, Brunnenanlagen und viele Statuen waren dort beheimatet – das Fest sollte den gesamten Platz beanspruchen. Unzählige Arbeiter bereiteten schon alles für Musik, Unterhaltung, Speis und Trank vor, huschten wie Wiesel herum. Sie schmückten den Platz mit Leuchtketten und bunten Lampions, schafften Unmengen an Nahrungsgütern heran. Der Platz wurde hermetisch abgeschottet, die Arbeiter umzäunten ihn mit einer kleinen Palisade, die aus Holz bestand. Auf den umliegenden Straßen wurden kleine Barrikaden errichtet; der Kutschenverkehr musste für das Fest gestoppt werden. Dutzende Karren und noble Kutschen befanden sich schon in der Nähe des Palastes. Die Arbeiter tummelten sich in Scharen, um alles für die Feier vorzubereiten. Unser Ziel waren die reichen Gäste und die Menschen aus dem Königshaus, genau sie besaßen ein Übermaß an Livre und Wertgegenständen. Meine Männer und Babette konnten es nicht erwarten, wollten unbedingt von meinem Plan erfahren. Wochenlang tüftelte ich daran herum, musste sehr viel grübeln. Rund um den königlichen Platz patrouillierte eine Vielzahl an Wachen, und auch auf der Feier selbst sollten Dutzende Soldaten für die Sicherheit des Königshauses sorgen – man war vorsichtig geworden, sehr vorsichtig. Es war ein schwieriges Unterfangen, doch nach unzähligen Überlegungen kam mir die zündende Idee. Eine Einladung brauchte man dieses Mal nicht, alle hochgestellten Pariser Bürger konnten daran teilnehmen. Das Areal war unendlich groß, bot vielen Tausend Menschen Platz. Der Großteil der Festbesucher waren zwar sehr vermögende Bürger, doch auch ein Teil des Mittelstandes würde die Feier besuchen.

Am Tag der großen Festivität warfen sich Babette, Christophe, Patrice und ich in edle Gewänder – wir gingen direkt in die Höhle des Löwen. Elá beharrte zwar darauf mitzuwirken, doch bei dieser Mission wollte ich sie nicht dabeihaben. Ich wollte sie keiner unnötigen Gefahr aussetzen, und so sollte sie in Madames Anwesen auf mich warten. Sie wollte zwar unter allen Umständen dabei sein, doch ihre Sicherheit war mir wichtiger. Nach langer Debatte konnte ich sie doch davon überzeugen, dieses Mal unserer Mission fernzubleiben. Franck hatte sich abermals als

Wache verkleidet und tummelte sich in den königlichen Scharen. Nicht zu unseren Gunsten stand es allerdings bei der Anzahl der Rauchbomben. Ein paar Tage zuvor hatten wir noch massenhaft gehabt, doch am Tage unseres Raubzugs waren seltsamerweise nur noch zwei übrig geblieben. Niemand konnte mir erklären, weshalb der Rest verschwunden war, doch aus der Not machte ich rasch eine Tugend, und disponierte um, änderte meinen Plan etwas ab. Die zwei übrig gebliebenen Bomben gab ich Patrice und Christophe; der Überfall musste auch ohne weiteres Rauchmaterial klappen. Pierre-Francois interessierte sich diesmal brennend für meine Vorgehensweise. Normalerweise scherte ihn dies gar nicht, ich stutzte etwas, aber erklärte ihm dann doch meinen Plan – er sollte ruhig wissen, was ich vorhatte. Die restlichen Männer warteten am Seineufer auf unser Zeichen, denn wie immer hatte ich ein sehr ausgefeiltes Vorhaben parat.

Verrat

Der Tag, an dem die Feier stattfand, war kalt, aber Schnee lag nicht. Es war bewölkt und leichter Niederschlag herrschte – es regnete etwas. Auf dem Weg zum Fest bemerkte ich eine große Anzahl schwarzer Vögel. Sie flogen sehr tief, flogen direkt auf uns zu, drehten ab, gewonnen wieder an Höhe. Der Schwarm teilte sich und bildete ein schwarzes Kreuz. Ich erschauderte etwas. Und bemerkte, dass auch Babette das seltsame Schauspiel beobachtete – sie wirkte nachdenklich. Als wir auf der Feier ankamen, wurden wir freundlich empfangen. Ausgelassene Stimmung war spürbar. Spanferkel wurden am offenen Feuer geröstet und viel Alkohol ausgeschenkt. Tausende Menschen waren gekommen, noble Gestalten, die sich allesamt an diesem großen Prunk erfreuten. Man sah feine, edle Gewänder und Schmuck, wohin das Auge reichte; Parfümduft lag in der Luft. Jongleure, Künstler, Stelzengeher, Feuerschlucker, Artisten, Hofnarren, Barden und viele weitere Künstler sorgten für Unterhaltung. Eine große Bühne war für den Tanz errichtet worden, auch Babette und ich schwangen fröhlich unsere Beine zu den erheiternden Klängen. Patrice und Christophe tranken und aßen viel, sie amüsierten sich, weilten inmitten der feinen Gesellschaft. Alles leuchtete und funkelte auf dieser Feierlichkeit, selbst Feuerwerk wurde gezündet. Kein Geld wurde gespart – die Menschen sollten an diesem Tage ihren Spaß haben.

Nördlich, von der Seine aus gesehen, war ein Zelt errichtet worden, hier mussten Philipp II. und sein Gefolge sein. Das große Zelt war in den Farben Frankreichs gehalten: Blau, Weiß und Rot, goldene Löwenköpfe sorgten für Verzierung. Die Brunnen waren ein sehr belebter Tummelplatz, viele tanzten dort und trieben Schabernack. Die Zeit verging wie im Fluge, es wurden Spiele ausgetragen, und die Gewinner bekamen kleine Preise. In manche Brunnen wurden die Schuhe der Damen geworfen, ihr Liebster musste untertauchen und das Schuhwerk mit dem Munde herausfischen. Schach wurde ebenso wie einige Ballsportarten gespielt; auch die besten Akrobaten und Tänzer wurden geehrt. Sackhüpfen, Malen, Schießstände und vieles mehr gab es, an dem man teilnehmen konnte. Es herrschte richtige Festtagsstimmung. Süße Leckereien und edle Weine konnte man verkosten, die Werke bekannter Literaten und Schriftsteller waren zu bestaunen. Lachen. Heiterkeit. Frohsinn. Dieses Fest begeisterte die Massen und brachte in diesem Oktober Frühlingsstimmung in die Stadt. An diesem Tage konnte man vergessen, dass der Winter vor der Türe stand, man dachte, es wäre bald Sommer. Die dunkle Tristesse und die Kälte sowie die Nässe des Herbstes konnte man ausblenden, dank des herrlichen Szenarios, das sich an diesem königlichen Platz abspielte. Man erwärmte sich an der Vielfalt dieses Festaktes und an der Freude seiner Mitmenschen. Mit dieser Veranstaltung für die Bürger hatte sich das Königshaus etwas Wunderbares ausgedacht. Es war phänomenal und gigantisch, man feierte frenetisch und ausgefallen. *Fantastisch!*

Im Verlaufe unseres Aufenthalts wurde uns aber immer mehr bewusst, dass es bald so weit sein würde – zeitnah würde unser großer Coup starten. Franck hatte bereits vor langer Zeit die Unterkünfte der Wachen besucht. Da er verkleidet war, dachten allesamt, er sei einer von ihnen. Er schüttete eine große Menge Opium in die Verpflegung der königlichen Männer. Sobald die Wirkung einsetzte, sollte ein Schuss von ihm fallen, und wir würden das Fest stürmen. Dutzende meiner Krieger würden dann von Süden und dem Ufer der Seine aus zu uns stoßen und uns beim Überfall unterstützen. Babette, Franck, Patrice, Christophe und ich würden Richtung Zelt des Regenten und seiner Gefolgschaft marschieren und sie als Geiseln nehmen. Die Ausgänge wollten wir versperren und die Massen, so gut es ging, beruhigen. Danach sollte wieder eine Theatervorstellung samt Schmähung des Regenten Philipp II. folgen.

Für die Flucht hatte ich unzählige Rauchbomben vorgesehen, es musste allerdings auch ohne sie klappen. Die zwei einzig verbliebenen Bomben hatte ich maximal für einen Notfall vorgesehen. Ursprünglich hatten Patrice und Christophe die Bomben in ihrer Obhut, doch Eric und Jacques bedrängten sie so lange, bis sich die Bomben in ihrem Besitz befanden. Patrice und Christophe waren kollegial; ohne Gemecker und Murren entsprachen sie der Forderung der beiden Mannen.

Es war so weit – eine königliche Wache nach der anderen kippte um, sie verfielen in den Schlafzustand, erlagen der Wirkung des Opiums. Franck, der jetzt direkt bei uns stand, schoss eine Kugel in die Luft. Panik brach aus. Wir zückten unsere versteckten Steinschlosspistolen und versuchten, die aufgebrachte Menge zu beruhigen. Es gab vier Ausgänge in der Holzpalisade: einen in jede Himmelsrichtung. Franck, Babette, Patrice und Christophe blockierten die Ausgänge, derweil ich schnurstracks Richtung Zelt des Regenten marschierte – ich wollte das momentane Oberhaupt von Frankreich gefangen nehmen! Mit einer fließenden Handbewegung öffnete ich das Zelt – *Nichts!* – das Zelt war menschenleer. Als ich mich umdrehte, war es bereits zu spät. Der Herzog von Orleans, Philipp II., und drei seiner Leibwächter standen vor mir – sie richteten Musketen auf mich, zwangen mich, aufzugeben.

Der Regent grinste, und fuhr sich mit der linken Hand durch seine wellige, lange, braune Mähne. „Haben wir dich also heute geschnappt, Meisterdieb?", fragte er mich in höhnischer Stimmlage. Ich erwiderte nur, dass alsbald meine Männer hier sein werden – er hätte keine Chance. Augenblicklich begann er lauthals zu lachen, er sprach kein Wort. Sie trieben mich ein Stück zurück, und ein paar Herzschläge später sah ich, wie man Babette, Franck, Patrice und Christophe zu unserem Standort brachte. Auch sie wurden geschnappt – es waren anscheinend wesentlich mehr Wachen vorhanden, als ich ursprünglich angenommen hatte. Sie stellten uns mitten auf den Platz, verhöhnten uns – über mich lachten sie am meisten. *Idiots!* Die Tausenden Bürger waren schrecklich amüsiert, Cartouche, der Räuber, war endlich gefangen genommen worden. Ich war allerdings so arrogant wie gewöhnlich, meinte bloß, dass in wenigen Augenblicken unsere Rettung nahen würde. Doch ich täuschte mich! Tosendes und schallendes Gelächter brach aus, als man von fern meine Männer sah. Sie waren gefesselt worden, und hinter jedem von ihnen befand sich eine königliche Wache. Die Soldaten richteten Musketen auf ihre Köpfe, als sie wie Schlachtvieh in unsere Richtung getrieben wurden.

Allesamt waren wir in einen Hinterhalt geraten, sie wussten Bescheid, kannten meinen Plan – meine Krieger wurden bereits vor langer Zeit am Ufer der Seine überwältigt. Babette, Franck, Patrice, Christophe und ich standen in einer Reihe, während hinter uns schwer bewaffnete Leibwachen des Regenten verharrten, die mit Musketen auf uns zielten. Vor uns standen nun die restlichen Männer meiner Gilde; sie wurden geschlagen und gezwungen, niederzuknien. Die Soldaten, die sich direkt hinter ihnen befanden, richteten ebenfalls Musketen auf ihre Köpfe, während sie meine Männer aufs Übelste beschimpften. Philipp II. hatte prächtige Laune – sie hatten es in der Tat geschafft, Cartouche und seine Männer zu fassen. Die vielen Bürger um uns herum waren entzückt und hatten ihren Spaß. Sie lachten, sie amüsierten sich darüber, dass man mich endlich gefasst hatte. Auch an diesem Tage hatten sie ihre Theateraufführung; dieses Mal war jedoch nicht ich der siegreiche Hauptdarsteller – nein, ich war der Gefangene und Verlierer. Der Regent sprach davon, dass man uns alle einsperren und danach am Place de Gréve bald die Todesstrafe ereilen würde. Für mich hätten sie sich etwas ganz Besonderes ausgedacht, ich sollte für alles bezahlen, sollte fürchterlich leiden. Als man uns abführen wollte, änderte sich aber schlagartig das Szenario: Jacques und Eric, die ganz am Ende der gegenüberliegenden Reihe standen, hatten es geschafft, sich aus der Fesselung zu befreien. Sie warfen die Rauchbomben zu Boden, flüchteten, schafften es so zu entkommen. Ich konnte genau beobachten, wie sie in den Gassen verschwanden. Für den Rest der Gilde war dies allerdings fatal. Durch den Rauch brach Hektik aus, die Menschen um uns herum gerieten in Panik, rannten aufgebracht um ihr Leben. Meine Krieger versuchten, sich zu wehren, es entwickelte sich ein Kampf zwischen ihnen und den Soldaten. Wir, die auf der Gegenseite verweilten, nutzten die Aufregung. Jeder von uns stieß seinen Peiniger zu Boden und entwaffnete ihn – der feige Regent erschauderte, floh unverzüglich mit seinen Leibwachen. Aus Norden kamen weitere königliche Wachen. Schüsse fielen. Als ich sah, was passiert war, sank ich zu Boden. Meine Gefolgsleute wurden umzingelt von königlichen Soldaten. Wieder Schüsse. Die Feuerwaffen knatterten. *Schreie!* Meine Männer fielen wie Tontauben, einer nach dem anderen – niemand überlebte. Das Bild, wie meine gesamte Gilde ausgelöscht wurde, war schrecklich. Sie kämpften unbewaffnet um ihr Leben, gegen eine Überzahl an Widersachern. Die Wachen kannten keine Gnade, sie mähten sie um wie Gras. Meine Männer lagen am Boden, mausetot; der Platz glich einem Schlachtfeld, der Boden war mit Blut getränkt. Es standen Tränen in meinen Augen, ich war schockiert, erschüttert und auf die Knie gesunken. Ich fühlte mich wieder wie ein Kind, fühlte mich wie damals, vor meinem verbrannten Heim. Mitten im Getümmel packten mich Babette und Franck; sie zogen mich weg – und wir verschanzten uns hinter einer der Barrikaden, die sich auf den umliegenden Straßen befanden. Patrice und Christophe schossen nun auf die Wachen, und trafen einige. Ich konnte nicht, war wie benebelt. Schlagartig packte mich Babette, sah mir tief in die Augen, schüttelte mich kräftig und sprach davon, dass ich schnellstens zu mir kommen müsse. Schüsse gellten. Musketenkugeln – sie zischten durch die Luft. Noch immer völlig benommen, wusste ich, dass ich retten musste, was übrig blieb – ich musste versuchen, uns zu befreien. Wie in Trance begann ich zu feuern. Kopfschuss. Nachladen. Sekunden vergingen. Schüsse der Wachen. Jetzt mussten sie nachladen – *meine Chance!* Kopfschuss. Die ersten Menschen, die ich ermordet hatte. Ich fühlte nichts; diese Menschen waren verantwortlich für den Tod meiner Gilde, die Auslöschung meiner neuen Familie – ich spürte nur Kälte. Wir feuerten und feuerten, stopften Schießpulver, Schusspflaster und die Kugeln in die Läufe, die Zündschlösser wurden vorbereitet, die Batterien geschlossen; es klickte – und die nächsten Schüsse fielen! Der Rauch verzog sich nur langsam, während mehrere Tauben flügelschlagend flüchteten. Unzählige Male wiederholten wir dieses Spiel – doch es waren zu viele, Dutzende Wachen rückten uns auf die Pelle! Wir versuchten, auf die andere Seite zu gelangen, zum rettenden Ufer der Seine zu kommen. Wir wurden verfolgt und beschossen. *Kugelhagel!* Plötzlich merkte ich, dass Patrice und Christophe nicht mehr bei uns weilten. Sie blieben bei der Barrikade, gaben uns Feuerschutz, wollten sich opfern. Als ich das sah, wollte ich zurück, doch Babette und Franck hielten mich auf – sie zerrten mich schreiend weiter. Aus dem Augenwinkel konnte ich erkennen, wie sie sich ergaben. Sie taten dies für uns – taten dies, damit wir flüchten konnten. Ich sah noch, wie sie gefasst und gefesselt wurden. *Grauenhaft.* Wir drei waren mittlerweile außerhalb der Gärten, in der Nähe des Palais de Tuileries angelangt. Der Weg übers Wasser war die einzige Chance zur Flucht. Mit einem Boot könnte dies gelingen, dachte ich mir. Als wir – endlich – in die Nähe des Ufers kamen, stürmten auch aus dem Palast Dutzende Wachen. Wir versteckten uns hinter einem Karren und erwiderten die Schüsse – doch es waren zu viele Soldaten. Ich sah ein Boot, drängte Babette, es zu nehmen. Sie wollte nicht, doch es musste sein, sonst wäre hier niemand lebend herausgekommen. Sie weinte, sie schluchzte. Sie war aufgelöst. Ein paar Augenblicke später verstand sie, und bestieg das Boot. Wir küssten uns enthusiastisch – unser erster Kuss! – im Angesicht des Todes. Schüsse fielen. Es donnerte. Eine ganze Streitmacht an Soldaten wollte uns an den Kragen. Babette stieß sich weinend ab, blickte andauernd zurück. Franck und ich versuchten, die Männer aufzuhalten, Babette Zeit zu verschaffen. Rücken an Rücken kauerten wir vor dem Seineufer hinter unserem Karren. Wir waren eingepfercht; links und rechts von uns lauerten Soldaten. Wir schossen abwechselnd, der andere lud nach. Schüsse gellten. Immer wieder Schüsse. Wir waren einer ganz massiven Überzahl an Feinden gegenübergestellt. Babette war nicht mehr sichtbar, sie hatte es geschafft. Kugeln hagelten auf unseren Karren, zu viele, um zu flüchten. Plötzlich hörte ich einen Aufschrei, kurzes Wehklagen; ich fragte Franck, ob alles in Ordnung sei. Keine Antwort. Ich drehte mich zur Seite, sah es – Franck wurde getroffen. Zwei Treffer, Lunge. Er lag in meinem Arm, als ich weiter schoss. Ich spürte es. Ich spürte den Tod. Franck wurde kreidebleich und rührte sich kaum noch. Ich schrie mit ihm, und übergoss ihn mit meinen Tränen. Es half nichts. Aus seiner Nase und Mund triefte Blut. Sein Kreislauf brach zusammen und seine Augen wurden immer trüber. Von Augenblick zu Augenblick wurde er lebloser. Wir waren beide schon voller Blut, als er mich bei der Hand nahm. Er meinte, er hatte ein schönes Leben, meinte, das Tollste für ihn war, dass er auf einen wie mich gestoßen sei – ich solle nicht traurig sein, denn es wäre sein Schicksal. Dabei spuckte er durchgehend Blut. Ich weinte, und verneinte seine Sätze, denn ich wollte, dass er bei mir bleibt. Es half alles nichts. Augenblicklich ließ sein Händedruck nach, seine Augen wurden starr, er sackte zusammen – und ich spürte, wie das Leben in ihm erlosch. Mein Freund, Franck, der Kunstschütze, starb blutüberströmt in meinem Arm. Einer meiner wichtigsten Männer und Freunde verschied. Ich spürte, wie er sein Leben aushauchte, fühlte, wie ihn der Tod holen kam. Dunkel. Finster. Kalt. Schon lange hatte ich das Schießen eingestellt, ich umarmte nur mehr den Leichnam von Franck. Ich weinte bitterlich. Jede meiner Tränen zeigte mir den Schmerz, den ich empfand. Überall war Blut. Auf mir, neben mir, unter mir. Es war horrend – ich hatte alles verloren. Kurze Zeit später kamen die Wachen. Meine Muskete schmiss ich vor ihnen in die Seine; meinen Dolch rammte ich in den durchnässten und blutgetränkten Boden. Ich wollte nicht mehr, denn ich hatte kaum noch Kraft. Als ich meinen Kopf zu ihnen drehte, spürte ich einen ruckartigen Schmerz und schmeckte Blut in meinem Mund. Mit dem hinteren Ende einer Muskete wurde ich in die Ohnmacht befördert. Zwischenzeitlich sah ich leichtes Flackern und vernahm mehrere Stimmen und Geräusche, doch die meiste Zeit herrschte Stille und Dunkelheit. Es war vorbei. Cartouche, der König der Diebe, wurde gefangengenommen. Festgenagelt. Ich glaubte immer, unaufhaltsam zu sein, doch dieser Tag lehrte mich eines Besseren.

Man schleifte mich in die Conciergerie, das Hauptgefängnis von Paris. Vom Weg dahin erkannte ich nur Bruchteile; zu tief war meine Ohnmacht. Wehren konnte ich mich nicht; ich war zu schwach.

Als ich am nächsten Tage aufwachte, brummte mein Kopf. Ich hatte noch immer den Geruch von Schießpulver in der Nase, schmeckte Blut in meiner Mundhöhle und meine Schultern schmerzten höllisch. Die Musketen und Steinschlosspistolen hatten enormen Rückstoß und man spürte dies in seinen Schultergelenken. Auch das andauernde Stopfen und Nachladen der Schusswaffen kostete Kraft, denn meine Hände fühlten sich an wie taub. Nachdem ich mich von meiner kurzen Desorientierung erholt hatte, begriff ich, wo ich hingebracht worden war. Ich fand mich in einer mittelgroßen Zelle wieder, war bekleidet mit meiner Unterwäsche, aber ohne Schuhe. Es roch faulig, stinkig und nach Verwesung. Nicht so abartig wie das Gefängnis im Untergrund, doch dennoch bemerkte ich meine Inhaftierung. Ich befand mich in einem mittelgroßen Raum, sah Gitterstäbe und eine Zellentür. Hinter der Zelle war ein Flur, viele Wachleute patrouillierten. Rote Teppiche lagen am Boden; Fackeln, die Licht spendeten, steckten in den Wänden. Innerhalb meiner Zelle bemerkte ich ein kleines Loch, eine Art Fenster, durch das Sonnenstrahlen und Frischluft nach innen drangen. Eimer wurden für unsere Notdurft in einer Ecke bereitgestellt, es stank nach Urin und Kot. Betten gab es keine, man schlief auf dem kalten, steinernen Boden. Nach kurzer Musterung meines Aufenthaltsortes bemerkte ich, dass ich nicht alleine war. Zwei weitere Männer saßen in meiner Zelle, bis jetzt herrschte jedoch Totenstille. Langsam kamen meine Erinnerungen zurück; schrittweise wusste ich wieder, was passiert war. Nachdem ich realisiert hatte, dass ich alles verloren hatte, wurden meine Augen feucht, und ich schnappte nach Luft. Fast die gesamte Gilde starb an diesem Tag, was mit Patrice und Christophe geschah, wusste ich nicht. Und auch ob Jacques und Eric wirklich entkommen konnten, wusste ich nicht. Ich hoffte nur, dass es meiner geliebten Elá gut ging, was für ein Glück – dachte ich – dass ich sie von der Mission fern halten konnte. Babette war entkommen, mein

Wunsch war aber ihre Sicherheit – ich war allerdings überzeugt davon, dass sie sich verstecken konnte.

Als ich mich aufrichtete, beäugte ich meine Zellenbrüder. Der erste Mann war geschändet und gefoltert worden, Blut kennzeichnete sein Gesicht und seinen ganzen Körper. Er trug ein verschlissenes, dreckiges Nachthemd, war barfüßig und an Füßen und Händen an der Mauer angekettet worden – er schien ein besonders schwerer Fall zu sein. Er hatte braune Harre und trug Vollbart, doch in diesem Moment schlummerte er. Auf der anderen Seite des Raums stand der zweite Zellenbewohner, der mich schon lange im Auge hatte. Jähzornig starrte er mich an, hatte schwarze Haare und einen Dreitagebart, ein schmales Gesicht und einen muskulösen Körperbau. Er glotzte seltsam und verschränkte die Arme. Kein Wort kam über seine Lippen, er schien aggressiv zu sein. Das Knirschen von Kieselsteinen unter Lederstiefeln – jemand näherte sich unserer Zelle! Plötzlich krachte und donnerte es. Eine der Wachen schlug mit einem Eisenrohr gegen die Gitterstäbe. „Der Meisterdieb auch schon wach? Bald wirst du sterben, du Stück Dreck!", schnaubte er mich höhnisch und boshaft an. Er öffnete die quietschende Zellentür, brachte uns Essen und Trinken und verschwand wieder. Es waren drei Laib Brot und drei Krüge Wasser, es gab eine Mahlzeit pro Tag. Als ich mir meinen Anteil holen wollte, sprang mich mein jähzorniger Zellenkollege an. Er versetzte mir starke Schläge in den Bauch- und Brustbereich, ich konnte kaum atmen. Schmerzerfüllt kauerte ich mich wieder in meine Ecke. Von weitem schmiss mir der grimmige Genosse plötzlich meinen Anteil zu. „Du bist neu! Pfoten weg vom Essen, sonst gibt's gar nichts!", knurrte er mich an. Nachdem ich meinen Durst und Hunger gestillt hatte, schlummerte ich ein.

Schreie! Schauderhafte Schreie rissen mich alsbald aus dem Schlaf. Ich schüttelte den Kopf. Als ich zu mir kam, sah ich, wie der angekettete Mann versuchte, sich zu befreien. Sehnig und kraftvoll drängte er nach vorne; er jammerte, wisperte, kreischte und brüllte. Es waren allerdings keine Wörter, die er krächzte, er schrie bloß laute Töne in verschiedenen emotionalen Stimmungslagen. Er wollte sich unbedingt befreien, trachtete danach, die Fesselung zu lösen. Nur Augenblicke später kamen zwei Wärter ins Innere der Zelle. Mit kleinen Eisenstangen schlugen sie ihn beinahe zu Tode, immer wieder prallten die Knüppel auf seinen Körper. Er hörte aber nicht auf, er machte immer weiter, brüllte, schrie, polterte. Es wirkte so, als ob er nichts spüren würde. Ein paar Augenblicke darauf sank er zu Boden – aus eigenem Bestreben. Er wimmerte und wippte seinen Oberkörper nach vorne und wieder zurück, seine Ohren hielt er sich mit den Händen zu. Er wirkte wie ein Kleinkind, als die Wärter verschwanden. Der angekettete Mensch war geisteskrank, eine schwere psychische Störung nahm ich wahr. Statt ihm zu helfen, schlugen sie ihn. Dieser Ort war niemals der richtige Platz für ihn, dieses Wesen hätte medizinische Betreuung notwendig gehabt. Völlig egal, was er getan hatte – er gehörte nicht in ein Gefängnis, sondern unter ärztliche Obhut. In unseren Zeiten war dies dennoch gang und gäbe: Menschen wie ihn steckte man in Zellen und schikanierte sie. Statt ihnen zu helfen, trieb man sie noch weiter in ihre Erkrankung hinein. Dies war unsere Gesellschaft. Schauderhaft!

Als ich mich ihm näherte, wippte er weiterhin vor und zurück. Ich versuchte, mit dem jungen Mann zu kommunizieren. Kein Wort erwiderte er, keines Blickes würdigte er mich. Doch eines konnte ich vernehmen: Er wiederholte in leisem Ton ständig einen Namen – Babette.

War er der frühere Mann von ihr? Ihre Beschreibung passte auf sein Äußeres und ich versuchte abermals, mit ihm zu sprechen. Kein Ton kam aus seinem Mund, er wippte einfach weiter. „Sinnlos! Was du machst, ist Zeitverschwendung. Er ist hinüber", sagte mein anderer Zellengenosse, als er gerade versuchte, sich auf dem steinernen Boden zur Ruhe zu begeben. Ich probierte es weiter, ich wiederholte ihren Namen. Er wurde immer ruhiger, und schlummerte ein. An diesem Tage bekam ich nichts mehr aus dem erkrankten Menschen heraus, und ich versuchte ebenfalls zu ruhen.

Als ich am nächsten Morgen aufwachte und mir meine verschlafenen Augen rieb, bemerkte ich, dass etwas fehlte: Mein Ring von Madame Clarot war verschwunden. Hektisch schweifte mein Blick durch die Zelle, ich musste ihn wiederfinden. Da! Mein jähzorniger Zellengenosse blickte mich wütend und fragend an; in seiner rechten Hand hielt er mein Schmuckstück – er zeigte mir den Ring. Aufgebracht ging ich auf ihn zu, wollte meinen Wertgegenstand zurückhaben. Doch er drückte mich nach hinten, und wollte sogleich wissen, wo ich diesen Ring erbeutet hatte. Ich antwortete nicht, bestand aber darauf, den Ring zurückzubekommen. Augenblicklich versetzte er mir einen Schlag in die Magengrube. „Du willst ihn wiederhaben? Kämpfe darum!", fauchte er mich aggressiv und bestimmend an. Wütend begann ich mit ihm zu ringen. Er war flink und durchtrainiert, es schien, als ob er sehr gut ausgebildet wurde. Ein paar Minuten dauerte der Kampf, unsere Fäuste flogen durch die Luft. Ich konnte ihn zwar etwas fordern, doch meine Trauer wegen der vergangenen Erlebnisse überwog. Nach einiger Zeit gab ich auf, denn mein Zellenkumpane war zu stark. Wir schnappten beide nach Luft, keuchten, waren völlig außer Atem. Er lehnte an den Gitterstäben, die Hände in die Hüften gestemmt. „Du bist gut! Wer bist du?", fragte er mich und grinste. Ich sagte ihm, dass ich Cartouche sei, der Meisterdieb, von dem ganz Paris spricht. Abrupt verfinsterte sich seine Miene, und er drehte sich um. „Du bist es wirklich! Du bist der Goldjunge der Madame", sprach er in verblüffter Tonlage. Ich schwieg, hatte keine Ahnung, wie er von Madame Clarot wissen konnte. Er drehte sich zu mir, kam mir ganz nahe, Stirn an Stirn standen wir. Als er mir unvermittelt den Ring in die Hand drückte und somit zurückgab, schüttelte er seinen Kopf – er schien erstaunt zu sein.

Er begann nervös auf und ab zu gehen, und setzte zum Sprechen an. Sein Name war Robert, er hätte schon viel von mir gehört. Er kannte Madame, sie hatte ihn ebenfalls geschult und lange trainiert. „Was weißt du alles?", fragte er mich bestimmend. Ich kannte ihn ja kaum und so erzählte ich nur Teile meiner Geschichte, dennoch war ich neugierig darauf, was er alles von der „Famille Clarot" wusste.

Plötzlich wurden wir gestört, zwei Wärter und ein Heiler kamen in die Zelle. Sie schnappten sich den angeketteten Mann – und gaben ihm Opium. Der geisteskranke Mensch rührte sich kaum, als sie ihn von seinen eisernen Fesseln befreiten. Sie schleiften ihn fort, ohne uns eines Blickes zu würdigen. Wo sie ihn hinbrachten, konnte ich nicht vernehmen, Robert meinte aber, dass die Wärter und Heiler mit ihm herumexperimentieren würden – sie wollten seinen Dämon austreiben. Bei diesen Versuchen bemerkten sie nicht einmal, dass sie ihn immer weiter ins Elend trieben. Schlimme Dinge stellten sie mit ihm an, sie wollten unbedingt eine Lösung für seinen Geisteszustand finden. Der arme Mann war ein Versuchsobjekt für Mediziner und Wissenschaftler. Robert sprach davon, dass er Arnaud heißen würde, er gebrochen wäre – ihm wäre sein Weib davongelaufen, und dies zerstörte ihn. Seine Liebe zu ihr war grenzenlos, er konnte sie nie vergessen, begann zu trinken und zu zechen, verlor durch den Schmerz und den Kummer den Verstand. Er wurde verrückt; er wurde zum Feuerteufel. Mehrere Häuser hätte er angezündet, deswegen befand er sich hinter Schloss und Riegel. Man bemerkte seine psychische Krankheit und versuchte ihn zu heilen. Sie dachten, man könnte ihm seinen Teufel austreiben, durch Schmerz und Leid im Opiumrausch. Was man ihm alles antat, wusste Robert aber nicht. Es mussten allerdings abscheuliche

Gräueltaten sein, die man ihm immer wieder aufs Neue zufügte. Man betrachtete Arnaud als Wegweiser für die Zukunft, sie wollten durch ihn und weitere Kranke Behandlungsmethoden für psychische Erkrankungen erforschen. Ob man diese Menschen dabei vollends vernichtete, war ihnen völlig egal.

Zu meinen Lebzeiten war die Menschheit grauenvoll. Abartig. Dumm. Herzlos.

Als mir Robert von Arnaud erzählte, wusste ich sofort Bescheid. Er war es – dieser Mensch war Babettes früherer Partner. Er liebte sie, konnte sie niemals vergessen, bereute seine Fehler und Taten, stürzte in den Wahnsinn und wurde vollends verrückt. Er hatte sich verloren, war verwirrt, schwankte förmlich nur noch durch sein Leben; die Wärter und Heiler hatten ihn allerdings noch mehr gebrochen, als er ohnehin schon war. In diesem Augenblick wusste ich, dass ich es probieren musste – ich musste mit ihm über Babette sprechen, musste wissen, ob noch eine Chance bestand, ihn aus seiner Umnachtung zurückzuholen.

Abends brachten zwei Wärter Arnaud zurück, und sie ketteten ihn erneut an die Mauer. Er war in einem erbärmlichen Zustand – Schürfwunden zierten seinen Leib, er war mit Hämatomen übersät, bewegte sich kaum, und atmete schwach. Fürs Erste ließ ich ihn zufrieden, doch schon bald wollte ich einen neuerlichen Versuch starten, musste unbedingt mit ihm ins Gespräch kommen.

In den darauffolgenden Tagen wiederholte sich das kranke Schauspiel um Arnaud. Mehrmals. Als er manches Mal aus seinem Delirium erwachte, kreischte und brüllte er. Ständig versuchte er, seine Ketten zu sprengen. Sie schlugen ihn, und er beruhigte sich. Er begann wieder vor und zurück zu wippen und zu stammeln; immer wieder säuselte er einen Namen – Babette.

Fast täglich brachte man ihn fort, sie versuchten, ihn durch Qual und Schmerz zu reinigen. Wie mir Robert erzählte, war Arnaud schon seit Jahren in dieser Zelle – ohne Besserung. Sie bemerkten gar nicht, dass sie alles noch viel schlimmer machten.

Robert und ich plauderten viel miteinander, er erzählte mir alles, was er wusste. Er war der Mann, von dem Madame in ihrem Brief gesprochen hatte. In diesen Tagen kam ich einem großen Geheimnis auf die Schliche – Madame Clarot war die Templer-Meisterin von Paris! Ich war erstaunt, verblüfft; ich konnte es nicht glauben. Ihr Mann, Jean Clarot, war der Großmeister vergangener Tage. Seit sie denken konnten, war die Familie Mitglied im Orden der Templer. Die Tempelritter existierten nur nicht mehr – sie wurden von der Kirche exkommuniziert und verhaftet. Ausgelöscht. Aber alles, was man wusste, war Schein, der Orden bestand sehr wohl weiter. Ein Geheimbund war er geworden – mit unschätzbarem Wissen und unzähligen Artefakten. Niemand wusste vom Fortbestand der Tempelritter, man entschied sich deshalb, der Öffentlichkeit fern zu bleiben. Jean Clarot entstammte einer Adelsfamilie, war sehr vermögend und gebildet, wollte vieles davon in die Welt hinaustragen und versuchte, den Bürgern zu helfen. Sein Wirken in der breiten Masse der Bevölkerung bescherte ihm aber Unglück. Eines Tages verhaftete man ihn, die Kirche wollte ihn loswerden. Als Ketzer und Verschwörer gebrandmarkt, wurde er am Place de Gréve hingerichtet. Seine Frau übernahm das Zepter und sicherte so den Fortbestand des Templerordens über mehrere Jahre. Überall in Europa befanden sich geheime Niederlassungen der Templer, niemand wusste aber über sie Bescheid. Die Anzahl der Mitglieder in Paris war allerdings überschaubar; Madame hatte mich als ihren legitimen Nachfolger auserwählt. Dies war der Grund, weshalb sie mich alles lehrte: Sie wollte, dass ich die guten Absichten ihrer Familie fortführe – ich sollte im Verlaufe der Zeit der neue Großmeister der Templer werden.

Auch Elá wurde zur Templerin ausgebildet, sie hatte ebenfalls keinerlei Kenntnis davon. In Paris waren nur mehr drei Mitglieder des Ordens übrig geblieben: Elá, Robert und ich sollten die guten Absichten des Geheimbundes fortführen und uns mit all den Geheimnissen auseinandersetzen. Robert sollte mich beobachten und eines Tages zu mir stoßen, mich einweihen. Dazu kam es aber nicht. Er wurde schon vor Jahren gefangen genommen und wegen Ketzerei in die Conciergerie gesteckt. Er wusste alles über mich – Madame hatte in mir Fähigkeiten gesehen, die bei niemand anderem offenkundig waren. Es war ein Wink des Schicksals, dass ich in der selben Zelle saß wie er. Ohne ihn hätte ich nie erfahren, was ich wirklich werden sollte, ohne ihn hätte ich keinerlei Informationen über die Templer gehabt. Die Grabstätte, die Elá und ich gefunden hatten, gehörte tatsächlich den Merowingern. Niemand, außer dem Orden, wusste davon. Daraufhin bauten die Templer dort selbst eine Grabkammer, die in erster Linie der „Famille Clarot" gehörte. Ob Madame jemals zurückkommen würde, wusste auch er nicht, denn der Templerorden brauchte sie in Marseille. Robert meinte, es gäbe noch viel zu besprechen und aufzuklären, doch fürs Erste mussten wir entkommen. Ich wäre schließlich der zukünftige Großmeister, ich durfte unter keinen Umständen sterben.

Was er über mich gehört hatte, beeindruckte ihn – er war der festen Überzeugung, dass ich eine Lösung finden würde, um aus dem Gefängnis auszubrechen. So zermarterten wir uns mehrere Tage unsere Köpfe, und – tatsächlich – ein Plan zu unserer Flucht entstand; zuerst wendete ich mich jedoch viele Male Arnaud zu.

Einige Tage lang probierte ich, mit ihm zu sprechen; die meiste Zeit zwang ihn aber das Opium zur Ruhe. Ich erzählte ihm von Babette, er erwiderte kein Wort. Aber er wiederholte ständig ihren Namen, und beugte sich vor und zurück. Sein Blick war starr und leer, er schien völlig gebrochen zu sein, nahm mich kaum wahr. Ich versuchte, ihn zu beruhigen, ihm zuzureden, doch er war in seiner eigenen Welt gefangen. Einmal nahm ich seine Hände, doch sogleich fing er wild zu jaulen an. Er stieß mich weg und kauerte wie ein Kind in der Ecke. Er hielt sich seine Ohren zu, als er leise „Aufhören, keine Schmerzen!" murmelte. Immer wieder versuchte ich, zu ihm durchzudringen, ich erzählte alles Mögliche. Aber es half nichts. Ich konnte die Wirrungen in seinem Kopf nicht bessern und gab fürs Erste auf. Die einzige Möglichkeit, die ich sah, war Babette selbst. Wenn ich es schaffen würde zu entkommen, könnte sie ihn vielleicht besuchen. Möglicherweise würde ihr Anblick dabei helfen, seine Gesinnung zu stabilisieren.

Fürs Erste ließ ich Arnaud in Ruhe – das Wichtigste war unsere Flucht, denn dann konnte ich Babette endlich sagen, dass ich Arnaud gefunden hatte. Wie sie schließlich selbst damit umgehen würde, wusste ich nicht. Trotzdem hatte ich Hoffnung, Glaube daran, dass sie es schaffen konnte, ihn zu heilen.

Unsere Flucht aus der Conciergerie stand kurz bevor, und eine Idee dazu hatte ich bereits: Eines Nachts fing Robert an zu schreien und zwei Wärter kamen sogleich herangestürmt. Sie wollten wissen, was los wäre, weshalb er so weinerlich heulen würde. Robert machte es fantastisch. Er winselte und krümmte sich heftig, meinte, er hätte fürchterliche Schmerzen im Bauch- und Brustbereich. Die Wachleute öffneten die quietschende Zellentüre. Sie begutachteten ihn, wollten ihn zu einem Heiler bringen. Schlagartig sprang ich aus meiner Ecke und wir überwältigten die Wärter in einem Zug. Das Ablenkungsmanöver hatte funktioniert, die Männer fielen darauf herein. Wir schnappten ihre Knüppel, huschten aus der Zelle, und ich verschloss leise die Kerkertür. Der weitere Weg bis zu unserem Entkommen war aber lang, wir versuchten uns – kaum hörbar – nach vorne zu schleichen. Das Gefängnis war riesig, und an jedem Ort patrouillierten

Wachen, niemand durfte uns entdecken. Als ich durch die geöffneten Fenster spähte, bemerkte ich, dass wir uns in der obersten Etage befanden – somit war es noch schwieriger als vermutet. Die hölzerne Tür, vor der wir endlich standen, führte über eine Wendeltreppe in die unteren Stockwerke, wir versuchten, die Tür zu öffnen – abgeschlossen. Plötzlich krachte das Schloss, jemand wollte die Tür von der anderen Seite öffnen; meine Gedanken rasten. Rasch kletterten wir durch ein offenes Fenster auf das Dach. Wir hatten Glück, niemand entdeckte uns. Unsere Zeit war dennoch knapp, bald würden die Wärter bemerken, dass wir ausgebrochen waren. Wir standen nun auf dem Dach der Conciergerie, hatten Überblick auf den Innenhof: Wachleute, wohin das Auge reichte. Herbstliches Wetter begleitete uns, in dieser Nacht herrschte dichter Nebel, der Wind heulte wie ein ausgehungertes Rudel Wölfe. Langsam und vorsichtig bewegten wir uns über die rutschigen Dachziegel vorwärts. Die Nacht war kalt und wir zitterten wie Espenlaub, bekleidet nur mit unserer Unterwäsche und ohne beider Schuhwerk. Wir tänzelten über das Dach, als plötzlich vor uns eine Wache im Nebel auftauchte. Der Mann, der das Dach überwachte, stand mit dem Rücken zu uns. Ich schlug gekonnt wie der Blitz zu – leise zog ich ihm den Knüppel über den Schädel. Das erste Hindernis hatten wir gemeistert, aber es war noch immer ein weiter Weg in die Freiheit. Augenblicklich schepperten die Alarmglocken, die Wachen hatten unseren Ausbruch registriert. Im Innenhof herrschte Aufregung, wild und unbeherrscht versuchten sie, uns zu finden. Es war eine Kakophonie aus lautem Gebrüll und Gescheppere. Wir probierten, uns schneller fortzubewegen, doch die glitschigen Ziegel verhinderten dies. Schüsse fielen. Musketenkugeln pfiffen durch die Luft; die Wachen hatten uns entdeckt. Vor mir knallte es; eine Kugel hätte mich beinahe erwischt. *Mon Dieu!* Im Innenhof herrschte höllische Aufregung und Geschrei, sie wollten uns niemals entkommen lassen – unter gar keinen Umständen! Wir huschten weiter vorwärts. Doch plötzlich spürte ich eine Windböe, rutschte weg, stürzte beinahe hinunter. Ich nahm ein Kreischen wahr. Sofort drehte ich mich um – doch es war bereits zu spät. Robert rutschte auf den klitschnassen Ziegeln aus, fiel in die Tiefe. Ich versuchte noch, ihn zu packen, doch ich hatte keine Chance mehr: Ich sah nur noch sein erschrockenes, bleiches Gesicht, das unter grausigen Schreien in den Tod stürzte. Dutzende Meter stürzte er ab; er hatte keine Möglichkeit zu überleben. Als er auf dem gepflasterten Boden aufschlug, klatschte es – er war auf der Stelle tot. Ich konnte es nicht fassen, zitterte am gesamten Körper, mein Herz hämmerte gegen die Brust. Schüsse fielen. Vor und hinter mir knallten die Kugeln auf die Dächer. Ich schüttelte mich kurz und augenblicklich wurde mir alles egal. Mit zusammengebissenen Zähnen rannte ich den weiteren Weg entlang, ständig rutschte ich weg. Kugeln schlugen vor und hinter mir ein; der Tod war mein ständiger Begleiter. Es krachte, donnerte, knallte. Eine Kugel traf mich. Fast. *Glück gehabt!* Ich schnappte nach Luft. Ich schaffte es, bis ans Ende zu kommen, und kletterte die Gefängnismauer hinunter. Ein Baum stand neben dem Gebäude – ein Ahornbaum – ich sprang in seine Äste und fiel zu Boden. Ich hatte es geschafft – ich war ausgebüxt. Ich vernahm jedoch das Geschrei der Wachen – sie waren direkt hinter mir. Ich begann zu laufen, hatte eine Heerschar bewaffneter Männer im Schlepptau. Ich war barfuß, meine Beine schmerzten, aber dennoch versuchte ich, meine Verfolger abzuschütteln. *Es gelang!* Nach wenigen hundert Metern wog ich mich in Sicherheit, und stürmte in eine Schenke. Die überraschten und erschrockenen Gäste musterten mich, sie hatten keine Ahnung, was hier vor sich ging. Ich wollte in der Menge untertauchen – dies war eine panische Reaktion, keine gute Idee! Nur wenige Augenblicke nach meiner Ankunft umstellten die brüllenden Wachen die Vordertür. Ich stürmte zur Hintertür, doch die Tür knallte auf! Wachen betraten die Schenke, ich war umzingelt! Dutzende Musketen wurden auf meinen durchnässten und bibbernden Körper gerichtet – ich nahm die Hände hoch, und musste mich ergeben. Die Wachen kamen mir immer näher, wie dunkle Geister; ich schluckte, Angstschweiß stand auf meiner Stirn, mein Herz pochte wie wild.

Kurz darauf spürte ich wieder die Unterseite einer Muskete – mir wurde schwarz vor Augen, und ich fiel abermals in Ohnmacht.

Mit schmerzendem Kopf erwachte ich am nächsten Morgen. Es dauerte einen Moment, bis ich realisierte, was geschehen war. Als ich mich erholt hatte, kamen Zweifel in mir auf, Unsicherheiten, die ich längst verdrängt hatte – mein Vertrauen und Glaube an mich schwand. Ich hatte wiederum verloren und sah neuerlich einen Freund sterben, der sich auf mich verlassen hatte. Was war bloß mit mir passiert?! Ich, der unaufhaltsame Cartouche, musste Niederlage um Niederlage einstecken. Wie war dies bloß möglich? Ich wusste es nicht.

Ich fühlte mich wie damals, als mich Madame Clarot alleine ließ. Ich hatte weder Kraft noch Hoffnung, das Einzige, auf das ich definitiv zählen konnte, war mein eigener Tod. In wenigen Tagen sollte es so weit sein, schon bald sollte ich auf das Rad geflochten werden und sterben.

Am selben Tag kamen Wärter in meine Zelle und prügelten mich, ohne damit aufzuhören. Stundenlang dauerte dieses grausame Spiel: Sie ketteten mich an die Gefängnismauer und schlugen heiter auf mich ein. Hämatome, Schwellungen und Blut kennzeichneten meinen Leib, und ich konnte vor Schmerz kaum noch stehen. Dies war die Bestrafung für meinen Ausbruch. Sie meinten nur, dass ich noch weit mehr Schläge verdient gehabt hätte, als sie mir zuteil werden ließen. Größtenteils war es ihnen aber egal, denn bald sollte ich sowieso hingerichtet werden. Schmerzen, Leid und verlorene Kameraden war alles, was von mir noch übrig geblieben war. Ich hoffte, dass es zumindest Elá und Babette gut ging. Ich wünschte mir ihre Sicherheit und dass sie trotz allem glücklich sein konnten.

Am nächsten Tag wurde es widerlich und abstoßend. Zuerst brachten die Wärter unsere Verpflegung, doch ich wollte nicht essen. Da ich wieder in der selben Zelle wie zuvor Quartier bezog, gab ich alles Arnaud, denn er brauchte es wahrscheinlich nötiger als ich. Im Verlaufe des Tages nahm das Drama seinen Lauf. Anfangs hörte ich Schreie von einem Mann. Aufgebracht. Gellend. Lautstark. Mein Gehörgang vernahm schweres Atmen – und abrupt sauste ein flüchtiger Sträfling vorbei. Er war zappelig, verwirrt, wusste nicht genau, wo er hin sollte. Der schmächtige und bärtige Mensch rannte dann in Richtung Tür, die zum unteren Stockwerk führte, unzählige zeternde Wärter klebten an seinen Fersen. Niemand konnte den Entflohenen stoppen, minutenlang verfolgten sie ihn. Unter Gebrüll und kräftigem Krach zerrten sie ihn dann doch wieder ins obere Stockwerk zurück und er schien am Ende zu sein.

Er winselte und zitterte, als die Wärter ihn durch die Gänge schleiften. Und sein Ausbruchsversuch sollte nicht ungesühnt bleiben. Vor meiner Zelle – ich drückte meine Hände gegen die rostigen Gitterstäbe – folgte seine Bestrafung. Die Wachen schnaubten, als sie ihn gegen die Gefängnismauer stemmten.

Einer der Wärter lief los, um einen Folterapparat zu holen. Ich wollte meinen Augen nicht trauen, als er mit Eisenstangen zurückkam, die an den Spitzen erhitzt worden waren. Der Entflohene begann fürchterlich zu weinen und bettelte um Gnade, doch keiner der Wärter zuckte mit der Wimper. Mehrere Wärter hielten ihn fest, denn die Bestrafung, die folgen sollte, ging nicht spurlos an ihm vorüber. Zuerst begannen sie auf ihn einzu-schlagen; immer wieder hörte man schmerzerfüllte Laute. Augen-blicke später kamen die Eisenstangen ins Spiel, um ihm eine der größten menschenmöglichen Strafen zuzufügen. Wer diese Schandtat angeordnet hatte, wusste ich nicht, doch eins war gewiss – so etwas wie Erbarmung kannten sie nicht: Die glühen-den Foltergeräte kamen ihm immer näher, und der Häftling weinte bitterlich. Kurze Zeit später pressten sie ihm die Stäbe in die Augen. Sie brannten und bohrten sich durch seine Sehorgane; seine Augen platzten förmlich. Er schrie leidvoll. Er zappelte wie ein Fisch im Trockenen, taumelte wie ein verletztes Tier. Schmerz, Höllenqualen, Jammer und Elend bemerkte ich in diesem Moment. „Was glotzt du so? Du kommst auch bald dran!", trompetete mich einer der Wärter an. Ich erwiderte kein Wort und verblieb in Schockstarre, während ich meine Hände gegen die Gitterstäbe gepresst hatte. Der Inhaftierte sackte vor meinen Augen zusammen und hielt sich die Hände vor sein Gesicht. In diesem Augenblick wäre vielleicht sogar sein Ableben besser gewesen, er zappelte und grummelte, doch sterben konnte er nicht. Mir lief ein kalter Schauer über den Rücken, als ich diesen Mann betrachtete. Er kauerte im Gefängnisflur, die Hände verschränkt, den Kopf nach unten geneigt, man spürte seinen Schmerz und die Pein. Seine Atmung war schwach und hektisch, seine Sinne waren wie vernebelt. Nach Minuten des Drangsalierens zerrten sie ihn nun in seine Zelle zurück. Sie schleiften seine Beine über den Boden, denn bewegen konnte er sich nicht mehr. Als ich sein Gesicht sah, bemerkte ich, dass seine Augen fehlten – so etwas Schreckliches kannte ich sonst nur vom Hörensagen. Statt Augäpfel sah ich ausgebrannte Löcher, schwarz umrandet, die glühenden Eisenstangen hatten ihr Werk vollbracht: Dieser Mann war völlig erblindet – er hatte keine Chance, jemals wieder sein Augenlicht zu erlangen.

Ich war schockiert. Wie konnten Menschen nur so grausam sein? Kein Wesen von höherer Vernunft hätte so etwas getan, doch wir Menschen taten es. Unsere Zeiten waren hart, und der Großteil der Leute, die mich umgaben, waren barbarische Schweine. Ich sollte in meinem Leben zwar noch weiteres Leid sehen und spüren, doch fürs Erste hatte ich genug mitangesehen. Mein Tod wartete auf mich, denn in nicht mal einer Woche sollte meine Hinrichtung bevorstehen. Ich hatte aber keinerlei Angst davor, denn diese Welt war grausam und niemals erstrebens- und lebenswert. Kraft und Licht schenkten mir nur Menschen wie Madame, Elá und Babette. Ohne solche Erscheinungen unter unserer Bevölkerung hätte ich mich damals wahrscheinlich direkt aufgegeben, doch so versuchte ich weiterzumachen, weiterzuleben, aber mein eigener Tod stand mir dennoch unmittelbar bevor.

Die nächsten Tage wandte ich mich neuerlich Arnaud zu. Ich sprach mit ihm und wollte seine Gesinnung bessern. Ich erwähnte viele Male den Namen Babette und erzählte ihm von ihr; auch von Lucas sprach ich oft, doch die meiste Zeit nahm er mich nicht wahr. Manches Mal zuckte er und starrte mich an; kurz darauf verfiel er in sein übliches Gestammel und Gewippe. Seine lichten Momente waren kurz, doch immerhin vorhanden. Ich versuchte es ununterbrochen – ich versuchte, ihn aus seinem Nebelschleier herauszuholen. Eines Tages blickte er mich fragend an, als ich mich bemühte, auf ihn zuzugehen. Abermals wiederholte ich Babettes Namen und sprach über alles, was ich wusste. „Du kennst sie? Du kennst meine Familie?", fragte er auf einmal aufgeregt, verwirrt und traurig. Schluchzend sackte er zusammen. Ich packte ihn an den Händen und bejahte, erzählte ihm von seiner Frau, die ihn noch immer liebte. Seine braunen Augen blickten mich verstört und kalt an, kein Wort erwiderte er. Plötzlich fing er an zu grölen und zu lärmen, seine geistige Erkrankung kam wieder über ihn. Aufgeregt schlug er um sich, und ich versuchte, ihn zu beruhigen – aber es klappte nicht. Er schrie, brüllte, plärrte laut und schauderhaft, und wollte mit allen Mitteln die Fesselung lösen. Wenige Augenblicke danach hockte er sich wieder in seine Ecke und murmelte vor sich hin. Alles, was ich probierte, funktionierte nicht, und ich musste endgültig aufgeben. Arnaud hatte helle Momente, in denen er sich in einem normalen geistigen Zustand befand, doch von einer Sekunde auf die andere konnte seine geistige Störung Überhand bekommen. Fast täglich holten ihn die Wärter, aber auch diese Menschen konnten nicht für sein Wohl sorgen. Alles, was sie über Jahre mit ihm anstellten, verschlimmerte seine Lage: Sie fügten ihm desaströse physische und psychische Schmerzen zu und genau deshalb befand er sich in diesem mentalen Loch. Dieses Loch empfand ich beinahe als völlig irreparabel, aber nach wie vor hatte ich Hoffnung, dass man ihn irgendwie heilen konnte. Vielleicht wäre Babette der Schlüssel – er müsste sie lediglich sehen. Möglicherweise war es aber auch bereits zu spät, denn sein Zustand war hoffnungslos und mehr als nur deprimierend. Den Glauben daran, dass ich ihn heilen konnte, wollte ich aber keinesfalls aufgeben, zuerst kam allerdings mein eigener Leib ins Kreuzfeuer der Justiz. In diesen Tagen machte ich mir das erste Mal Gedanken über meine Arroganz. Wenn ich diese nicht so ausgelebt und dem Königshaus so extrem die Stirn geboten hätte, wäre eine glimpflichere Bestrafung erdenklich erschienen. Doch dies war nicht mehr möglich, und die Herrscher wollten meinen Tod, einen Tod, der wegen meiner Taten und Aufführungen alle Rekorde brechen musste. Was genau auf mich warten sollte, wusste ich nicht, doch bestimmt hatte man sich für mich ein abscheuliches Todesszenario bereitgelegt. Der Tag meines Ablebens rückte immer näher.

Die Nächte waren in diesem November bitterkalt und eisig, ich bibberte und fröstelte am gesamten Körper. Zwei Tage vor meiner Hinrichtung thronte der Vollmond am Himmelszelt. Der Himmel schien klar zu sein, denn das Licht des Himmelskörpers erhellte die Zelle, schimmerte durch das kleine Loch in der Gefängnismauer. Zitternd vor Kälte, begab ich mich am steinernen Boden zur Nachtruhe – und ich sollte in dieser Nacht einen wegweisenden Traum erleben.

Ich hörte Schreie, Mutter und Vater rannten vor etwas weg. Sie versperrten die Tür, als sich plötzlich der Himmel verfinsterte.

Es blitzte; donnerte und krachte. Ich konnte zusehen, mich aber nicht bewegen. Ich stand vor dem Haus – plötzlich kam der Teufel. Glutrote Augen, Fell, Hörner, Ziegenbeine sah ich, schauriges Lachen hörte ich. Er brach die Tür auf, ging in unser Haus. Ich erlauschte abstoßende, weinerliche Schreie von meiner Mutter und schmerzerfüllte Laute von meinem Vater. Ich weinte. Augenblicklich begann unser Heim zu brennen, es brannte lichterloh. Feuerschwaden schlängelten sich bis zum Firmament, es krachte und knisterte. Fürchterliche Schreie von meinen Eltern waren hörbar, sie verbrannten bei lebendigem Leib. Inmitten der Feuersbrunst thronte Satan, er lachte dämonisch und starrte mich an. Plötzlich wurde es dunkel. Augenblicklich stand ich auf einem Schlachtfeld, rund um mich tobte ein Kampf. Mehrere Krieger kämpften mit bloßen Händen gegen bewaffnete Männer. Die unbewaffneten Krieger wurden niedergemetzelt, einer nach dem anderen. Ich stand inmitten des blutgetränkten Schauplatzes, war eingehüllt in Nebelschwaden. Die siegreiche Seite ging abrupt zu einem Mann – sie küssten ihn, bedankten sich bei ihm. Ich sah ihn; ich erschauderte – Pierre-Francois! Er trug einen schwarzen Mantel und sein Zylinder bedeckte den Kopf. Er kam mir näher und näher, ich stand wie angewurzelt da, konnte mich nicht bewegen. Er lachte teuflisch und sein Glasauge glitzerte. Schlagartig zeigte er auf mich, und seine Männer richteten Musketen auf meinen Körper. Unvermittelt löste er sich in Luft auf, verschwand im Nichts. Schüsse fielen, Rauch drang aus den Musketen hervor. Ich blickte nach unten, Blut klebte an meinen Händen. Ich wurde getroffen, schnappte nach Luft, spürte den Tod – und erwachte. Angstvoll und mitgenommen schweifte mein Blick durch die Zelle. Es dauerte mehrere Momente, bis ich mich gefangen hatte.

Ich atmete schwer, und versuchte, mich schnellstmöglich zu sammeln, doch die Kälte und meine Inhaftierung machten dies nicht einfacher. Nach mehreren Minuten konnte ich die ersten klaren Gedanken fassen. Was hatte der Bettlerkönig in diesem

Traum zu suchen? Den ersten Teil konnte ich nicht auflösen, doch auch hier sah ich eine unmittelbare Verbindung. Der zweite Teil hingegen war direkt mit Pierre-Francois verwoben. War er es? Hatte er uns alle verraten? Wieso? Die Vermutung, dass mich mein sogenannter Partner ans Messer lieferte, hatte ich schon lange gehabt, doch bis jetzt konnte ich es nicht wirklich glauben. Der Traum bestärkte allerdings meine Vermutungen. Mittlerweile hielt ich meine unausgesprochenen Gedanken für absolut möglich. Der nächste Tag – es war der letzte Tag vor meinem Gang zum Place de Gréve – sollte noch weiter Aufschluss bringen.

Das obere Stockwerk der Conciergerie, in dem ich mich befand, beherbergte viele Zellen. Steinmauern umgaben uns, und alle Häftlinge waren hinter Gitterstäben gefangen. Die Nachbarzellen konnte ich nicht genau überblicken, nur den Flur zur Tür, die ins untere Stockwerk führte, konnte ich sehen. Überblick auf weitere Inhaftierte hatte ich somit nur bedingt, doch ich dachte seit langem, dass ich Stimmen vernommen hatte, die ich kannte. Mein Gehörgang täuschte sich nicht, an diesem Tage sollte ich merken, dass ich recht gehabt hatte. Patrice und Christophe saßen ebenfalls in einer dieser Zellen des oberen Stockwerks. Zur Mittagsstunde wurden sie von schwer bewaffneten Wachen abgeführt, sie sollten zum Place de Gréve gebracht werden. Ich merkte sofort, dass sie sich meiner Zelle näherten – ihr Atmen und ihre Art, sich fortzubewegen, war unverwechselbar.

Gespannt presste ich meine Hände gegen die Gitterstäbe, und erhoffte mir einen Blick auf meine Kumpanen. Und postwendend hatte ich sie im Blickfeld. Als sie mich sahen, merkte man ihre große Überraschung, und sogleich drängten sie sich an meine Zelle. Die Wärter wollten zwar nicht, dass sie mit mir sprechen, doch einen kurzen Augenblick konnten sie sich doch mit mir unterhalten. Die beiden waren aufgebracht, aber froh, mich zu sehen, packten meine Hände und drückten mir ein kleines, zerknülltes Blatt Papier in die Finger. Blitzschnell ließ ich es verschwinden, und grinste den Wärtern ins Gesicht. „Du musst überleben, Cartouche! Unbedingt!", sprachen meine beiden Weggefährten. Ich lächelte bloß, denn wie mir dies gelingen sollte, wusste ich nicht, mein Tod war unausweichlich. „Wir wurden verraten! Pierre-Francois! Du trägst keine Schuld!", zischten sie mich an, als sie merkten, dass ich keine Hoffnung mehr hegte. Versteinert blickte ich sie an. Obwohl ihnen der Tod kurz bevorstand, loderte ein kräftiges Feuer in ihren Augen – sie wollten unbedingt, dass ich es schaffte, irgendwie zu überleben. Dies waren nicht nur meine Männer, dies waren Freunde und Kameraden mit einem reinen Herzen. „Genug! Eure Hinrichtung wartet!", schnaubten die Wachen, als sie Patrice und Christophe kraftvoll wegzerrten. Als unsere Hände auseinandergerissen wurden, merkte ich, dass ich die nächsten Gefährten verloren hatte, doch sie schafften es noch, mich zu stärken. „Cartouche! Lies! Du trägst keine Schuld! Rette dich!", schrien sie mir zu, als sie durch den Flur geschleift wurden. „Au revoir! Es war eine schöne Zeit!", ließen sie folgen, als ich sie das letzte Mal sah. Sie mussten die Wendeltreppe hinuntersteigen, blickten jetzt ängstlich, winkten zum Abschied. Patrice und Christophe wurden an diesem Tage gehängt. Ohne weiteres zusätzliches Prozedere im Rathaus wurden sie der Mittäterschaft verurteilt und vor Tausenden belustigten Bürgern aufgeknüpft. Dies diente als eine Art Vorspeise zum eigentlichen Hauptgang: dem Tod des Bandenchefs höchstpersönlich – Cartouche. Ich selbst verlor somit an diesem Tage die nächsten Kameraden, nachdem ich schon so viel Leid ertragen musste. Sie waren nicht nur meine Männer, sie waren meine innigen Freunde und meine neue Familie gewesen. Tränen standen in meinen Augen, als ich sie das letzte Mal sah. Das Einzige, das ich mir wünschte, war, dass sie bei ihrem Tod nicht leiden mussten, denn dies hätten diese wunderbaren Menschen niemals verdient gehabt. Der Schwertexperte und mein Waffentüftler zogen an diesem Tage ins Jenseits weiter. Ich wünschte ihnen unter Tränen eine gute Reise und am nächsten Tag sollte ich ihnen dann folgen.

Niedergeschlagen und am Ende, verkrümelte ich mich in einer Ecke der Zelle. Es war der nächste Schicksalsschlag, den ich verkraften musste, doch ich musste irgendwie versuchen, weiterzumachen.

Am Abend des gleichen Tages begutachtete ich das winzige Stück Papier, das sie mir in die Hand gedrückt hatten. Es war die Handschrift von Pierre-Francois – er hatte uns alle verraten.

„Am Ufer der Seine warten sie! Löscht sie aus! Nehmt sie gefangen! Lasst keinen übrig!", stand auf dem Blatt, auf dem viel weiterer Text nicht mehr lesbar war. Patrice und Christophe hatten das Stück Papier bei einer toten königlichen Wache entdeckt, und es bis jetzt unter Verschluss halten können.

Als sie uns Feuerschutz gaben, hatten sie das Blatt erspäht und es an sich genommen. Sie hofften wahrscheinlich, dass ich mich damit freihandeln könnte. Dies erschien mir aber ganz unmöglich, denn ich war in den Augen des Königshauses viel zu tief in verbrecherische Machenschaften verstrickt. Sie waren loyale Freunde, ein ganz seltener Schlag von Menschen. Jeder Tag, wo ich Franck, Christophe und Patrice nicht mehr bei mir hatte, war ein verlorener Tag. Ich vermisste sie. Sehr sogar. Ich verlor alles, was ich hatte, weil ich an das Gute im Menschen glaubte. Ich war naiv – Elá hatte so recht – Pierre-Francois fiel mir eiskalt in den Rücken.

Wieso und weshalb er dies tat, konnte ich zu diesem Zeitpunkt noch nicht genau sagen, aber vielleicht würde sich auch dieses Rätsel alsbald lösen.

November 1721: Der Tag meines Todes war gekommen. Ich zählte 28 Jahre seit meiner Geburt, und in wenigen Stunden sollte ich aufs Rad geflochten werden und qualvoll enden. Noch bevor mich die Wärter aus meiner Zelle holten, verabschiedete ich mich von Arnaud. Es schien, als bekäme er nichts von alldem mit, aber dennoch wusste ich, dass er es fühlen konnte, dass ich ihn verlassen musste. Es war kurz vor Mittag; es war so weit. Die fünf Wärter, die mich aus der Conciergerie brachten, waren bärbeißige und gefühllose Menschen. „Heute stirbst du, Schweinehund!", fauchten sie mich an, als sie mich mit Stricken fesselten, indem mir meine Hände am Rücken zusammengebunden wurden. Sie kannten weder Mitgefühl noch Erbarmen, der alltägliche Trott hatte sie abgestumpft. Als wir durch das Gefängnis marschierten, bemerkte ich die Überfüllung des staatlichen Kerkers. In jeder noch so kleinen Zelle saßen Menschen und warteten entweder auf ihre Freilassung oder auf den Tod. Jammer, Elend, Angst und Niedergeschlagenheit sah man jedem Einzelnen von ihnen an. Die meisten der Inhaftierten würdigten mich keines Blickes, so beschäftigt schienen sie mir mit ihrem eigenen Schicksal.

Im Innenhof angelangt, sprang mich ein eisiger Windhauch an. Leichter Schneefall herrschte und jeder von uns fröstelte. Der Gebäudekomplex war riesig, nicht mal die Hälfte dieses Gefängnisses hatte ich zu Gesicht bekommen. Wir gingen an patrouillierenden Wärtern vorbei, um zum westlichen Tor zu gelangen. Dort angekommen, wartete bereits eine braune Kutsche auf mich, sie sollte mich direkt zum Place de Gréve befördern. Am Place Dauphine, dort, wo die Kutsche stand, versammelten sich bereits Hunderte Bürger. Sie erfreuten sich am letzten Gang des Königs der Diebe, während manche mich bespuckten und bepöbelten. Die Wachen schubsten mich zügig in die Kutsche und fuhren los; durch die Fenster warf ich einen letzten Blick auf das Reiterdenkmal von Heinrich IV. Über die Pont Neuf galoppierten die weißen Pferde nun von Île de la Cité nach Ventre de Paris. Mehrere Schlaglöcher schaukelten die Kutsche unentwegt auf, denn es holperte und polterte. Augenblicke darauf bemerkte ich Horden von Menschen; über 100 000 Bürger wollten an der Hinrichtung von Cartouche, dem Meisterdieb, teilhaben. Im Schritttempo bewegten wir uns durch die unzählbare Menge, sie schimpften über mich, warfen verdorbenes Gemüse und Brot gegen die Fenster der Kutsche, pausenlos schepperte es an den Wänden unseres Fahrzeugs. Die Wachen brachten mich zum Hôtel de Ville, dem Rathaus. Als ich aus der Kutsche stieg, war der komplette Place de Gréve mit Menschen übersät: Arme, Reiche, Kinder. Individuen aus allen Klassen wollten an diesem Tage meinen Tod erleben. Sie schrien und tobten, sie jaulten und grölten. Ich war die Hauptattraktion der tödlichen Schauspiele, denn nie zuvor in der Historie von Paris kamen mehr Bürger zu der Hinrichtung einer einzelnen Person. Alsbald wendete sich mein Blick von der jubilierenden Masse ab und man schleppte mich hastig ins Hôtel de Ville. Großen Prunk beäugte ich in diesem edlen Hause: Ich erblickte feine Teppiche, Gemälde, goldene Verzierungen, Skulpturen, Bildhauerwerke, Schmuckstücke und Silber. Es glitzerte und funkelte an jedem Teil des Gebäudes, die elitäre Schule der Handwerkskunst war in diesem Rathaus an jeder Ecke greif- und sichtbar. Man staunte nur so über dieses Rathaus, so pompös und majestätisch war es ausgestattet und eingerichtet. Im untersten Stockwerk, in dem links und rechts Marmortreppen ins Obergeschoss führten, saßen vier Männer und ein Junge an einem vergoldeten Tisch. Es waren der Regent, Philipp II., und weitere Regierungsmitglieder; und auch der noch minderjährige zukünftige König von Frankreich, Ludwig XV., saß bei ihnen. „Cartouche! Hier und heute wirst du zum Tode auf dem Rad verurteilt! Du bist Räuber, Mörder, Bandenchef und eine Schande der Nation. Nach jahrelanger Suche konnten wir dir endlich Einhalt gebieten. Dein Leben soll qualvoll und abscheulich enden – so wie es einer Person wie dir gebührt!", sprach der Regent bestimmend in meine Richtung, als ich ein Stück von ihnen entfernt stand. Ich versuchte, mich zu verteidigen, und zeigte ihnen mein Blatt Papier, sagte ihnen, dass ich einen Partner hatte, er genauso mitschuldig wäre wie ich selbst – Pierre-Francois-Gruthus Duchatelet. Er wäre der eigentliche Herrscher und hatte uns alle verraten. Ich kannte meine Straftaten, doch wenn man mich schon richten möge, dann sollten sie auch ihn bestrafen.

Die vier Männer, die mit edlen Gewändern bekleidet waren und lockige Haarpracht hatten, musterten die kleine Niederschrift. Wenige Augenblicke tuschelten sie miteinander, besprachen stehend die Lage; Ludwig der XV., der sein Amt als König noch nicht ausüben konnte, schwieg und verharrte auf seinem Stuhl.

„Du bist ein dreister Lügner! Der Mann, den du bezichtigst, ist ein Freund der Nation. Er führte uns zu dir, er half uns, dich zu finden. Dieser Mann verkörpert den Geist von Frankreich: Brüderlichkeit. Gleichheit. Freiheit. Gerechtigkeit. Pierre-Francois-Gruthus Duchatelet ist ein ehrenwerter Bürger und rein von Schuld. Cartouche, König der Diebe, ist der einzig wahre Straftäter. Hinfort mit ihm! Rädert diesen Lügner! Sofort! Der Gerechtigkeit muss Genüge getan werden!", fauchte Philipp II. nach kurzer Beratung durch das Erdgeschoss des Hôtel de Ville. Schlagartig packten mich mehrere Wachen und zerrten mich aus dem Gebäude. Meine Verteidigungsversuche verpufften also, sie schenkten mir keinen Glauben. Pierre-Francois hatte die gesamte Gilde verraten, um sich durch mein Kopfgeld zu bereichern, strich die gesamte Belohnung für meine Ergreifung ein und führte jeden Einzelnen von uns in den Tod. Getrieben von Habgier – die durch die immense monetäre Abgeltung genährt wurde – und Neid – der auf meine Stellung innerhalb des Zirkels geschürt wurde – kannte er keine Grenzen mehr. Pierre-Francois wollte alles auslöschen, nur um seine niederen Absichten zu befriedigen. Ich war zu gutmütig, war naiv, hatte mich vollends in ihm getäuscht. Meine Hoffnung galt seiner Besserung, doch er änderte sich keineswegs, und somit musste ich an diesem Tage die Rechnung dafür begleichen: Ich sollte auf das Rad geflochten werden und qualvoll sterben.

Draußen angekommen, herrschte frostige Kälte, und kleine Schneeflocken bedeckten mein braunes Haar. Die Wachen blieben hinter mir, als sie mich mit Tritten durch die tobende und vergnügte Menge trieben. Die Masse bespuckte mich und prügelte von allen Seiten auf mich ein. Sie jubilierten, sie waren nervös und erregt, denn bald sollten die zigtausenden Bürger ihr blutrünstiges Schauspiel hautnah erleben. Mein Blick schweifte durch den Pulk und ich suchte bekannte Gesichter. In der Tat, ich kannte einige von ihnen. Es waren Seelen aus allen sozialen Schichten, und auch viele aus dem Cour de Miracles sah ich unter ihnen. Die Leute, denen ich zuvor geholfen hatte, ergötzten sich nun an meinem Leid, die Menschen, denen ich früher mit meinen Raubzügen Heiterkeit spendete, freuten sich nun auf meinen Tod. Allesamt vergnügten sie sich in diesem Moment an meinem Schmerz. In manchen Gesichtszügen war eine Mischung aus Mitleid und Scham gemeißelt, denn, werter Leser der Zukunft, jedes Menschenwesen hatte viele Regungen, die zu jedem Zeitpunkt darum rangen, Ausdruck zu finden. In der Tat war es eher selten, dass nur ein einziges Gefühl das menschliche Herz beherrschte. Und dort in all diesen Gesichtern – den Gesichtern all jener, denen ich zu Zeiten ihrer Not geholfen hatte, und all jener, die sich an meinen Taten über Jahre hinweg amüsierten – rangen zwei Säfte um die Vorherrschaft. Der erste nährte den begierigen Wunsch, mir zu helfen, mich zu befreien, und vielleicht sogar meine Strafe mit mir zu teilen. Doch das andere Gefühl, das ich dort entdeckte, war von düsterer Färbung: der Wunsch, einen Menschen in Stücke gerissen zu sehen; ein Verlangen nach Blut, Schmerz und Tod. Selbst Freunde und Menschen, denen man in der Not geholfen hatte, konnten einen Verlust beklagen und sich dennoch am blutigen Schauspiel ergötzen. Dies war die Bestie des Menschen. Erbärmlich.

Grob wurde ich auf das Schafott, das Blutgerüst und Unterbau des Rades, gezerrt. Ein älterer Priester, der in eine braune Kutte gehüllt war und ein hölzernes Kreuz um den Hals trug, verweilte daneben. Er versuchte mir Trost zu spenden und las Absätze aus der Bibel. Mein Henker stand bereits in der unmittelbaren Nähe. Der glatzköpfige Kapuzenträger war eingehüllt in einen schwarzen Mantel, an dessen Taille ein Gürtelstrick baumelte, und er begutachtete mich bereits seit geraumer Zeit. Er grinste mich teuflisch an, hatte widerliche, giftgrüne Glubschaugen und ein breites Gesicht. Er war stämmig, hatte mächtige Oberarme, und stank nach Schweiß und Blut. Der Tod kennzeichnete ihn, er musste schon vielen Seelen das Leben genommen haben. Das große Rad stand vor mir, jene Gerätschaft, die gebaut worden war, um als Vorspiel eines blutigen Todes unvorstellbare Schmerzen zu bereiten. Dieses horrende und tödliche Foltergerät war die schlimmste Art zu sterben, die man in Betracht ziehen konnte. Seltsamerweise erschien sie viel zu klein für einen solch schrecklichen Zweck. Zügig stieß mich der Henker gegen die grob behauenen Balken und schnallte mich an den Lederriemen fest – abgenutzt durch zahllose verdammte Seelen, die mir vorausgegangen waren. Die Menge brüllte und jubelte. „Stirb, Hurensohn, stirb!", hallte es aus den Massen hervor. In diesem Moment tat mein gut genährter Peiniger etwas Außergewöhnliches: Er verdeckte mich mit seinem kräftigen Körper vor der Menge und schob mit einer raschen Bewegung einen feuchten, unförmigen Beutel zwischen meinen Rücken und das Rad. „Was? Wie?", brachte ich noch hervor. Er warf mir einen Blick zu und zischte: „Schweineblase. Gefüllt mit Blut." Augenblicklich verfinsterte sich der Himmel, Wolken verdunkelten das Schauspiel und frostige Novemberluft sauste über mein Gesicht. Abrupt schaute der Henker in die Menge und ich folgte seinem Blick. Ich wagte nicht zu hoffen – doch dort! – dort war sie! Er schaute geradewegs auf Elá! Ach, was für eine Flut an Gefühlen über meine gemarterte Seele in diesem Moment in mich hereinbrach. Meine geliebte Elá war gekommen, um mich zu retten! Der Preis – daran konnte es keinen Zweifel geben –, den sie entrichtet hatte, bestand wohl darin, dass sie sich den fleischlichen, sexuellen Gelüsten dieses groben Henkers ergeben hatte.

Der Mann schaute mir in die Augen und stopfte mir eine wesentlich kleinere Blase in den Mund.

„Beiß zu, wenn die Zeit gekommen ist!", flüsterte er, als er mich bestimmend anstarrte. Er hob die Hand, um die aufgebrachte Menge zum Schweigen zu bringen, und warf danach sein beträchtliches Gewicht gegen den Starthebel. Das Rad gab ein tiefes Stöhnen und Knirschen von sich, als ob es soeben aus dem Schlaf erwacht wäre. Arme, Beine und Rückgrat wurden mir straff gespannt, während die Riemen sich mir ins Fleisch schnitten. Die Menge erbebte voller Freude und Grauen. Mein ganzer Körper war der Länge nach ein einziger Strang der Pein. *Ah!* Welches Entzücken die versammelten Massen durchströmte! Sie riefen nach mehr. MEHR! In irrer Verzweiflung versuchte ich körperlich zurückzuweichen, als könnte die Kraft meiner Muskeln und Sehnen die verfluchte Drehung des Rades aufhalten. Der Riese zog umso kräftiger am Hebel und zog mich entsetzlich qualvoll in die Länge. Schweiß stand mir nun auf der Stirn, und mit jedem Ziehen des Hebels rann mir mehr davon die Brust hinab. Die kleine Blase in meinem Mund hinderte mich am Schreien, und sogar das Atmen fiel mir schwer. Noch einmal wurde am Mechanismus gezogen und ich spürte, wie mir die Arme aus den Schultergelenken gerissen wurden. Wenn dies die Rettung war, dann war sie eine von der übelsten Sorte! Ich gab dem Rad nach, versuchte, seinen Fortlauf nicht länger zu verhindern – und es kam voran. Ich spürte, wie sich eine Sehne in meinem Bein losriss, als wäre ich eine gebratene Taube. Dann löste sich mein Oberarm mit einem satten Knall aus meinem Schultergelenk. Die Menge brodelte, sie lechzte nach meinem Blut. Perverserweise linderte dies nun den Schmerz, da mein Körper nicht mehr voll auf Zug gehalten wurde. Doch dies war nur von kurzer Dauer. Wieder knarrte der Hebel, wieder lachten die Menschen um mich herum vor Freude. Meine Muskeln wurden schier zum Zerreißen gespannt. Ich hoffte, dass bald die Blase platzen würde. Ich versuchte schwach, meinen Rücken gegen sie zu drücken, um die Täuschung zu beschleunigen, doch ein weiterer Zug meines Folterers an seinem Hebel machte meinen Mühen ein Ende. Er zog und zog – und ja! – Da! Meine andere Schulter gab ebenfalls nach. Ach, was für einen schmerzhaften Ruck ich verspürte, als meine Arme endlich aus ihren Sockeln gelöst waren! Doch diese letzte schmerzhafte Anstrengung reichte. Die Blase, hinter mir, platzte und mir spritzte Blut über Rücken und Beine, als wären meine Eingeweide durch die Streckung einfach explodiert. Die Menge wurde rasend vor Glück, ein Delirium, das seinen Höhepunkt fand, als ich die Blase zwischen meinen Zähnen zerbiss. Mein Mund füllte sich mit dickem Schweineblut, das ich angewidert ausspie, nur um dann sogleich in mich zusammenzusinken. Die Menschen tobten, sie dachten, Cartouche wäre endlich tot. Die Menschen feierten, sie glaubten, ich wäre innerlich explodiert. Umrisse von den jubilierenden Gestalten nahm ich kurze Zeit noch wahr, doch schon nach wenigen Minuten verlor ich wegen der vielen Höllenqualen mein Bewusstsein.

Kapitel 5: Rache und Wiederaufbau

... *Ah!* Als ich langsam wieder zu mir fand, klagte ich über Desorientierung und hatte unendliche Schmerzen. Ich konnte mich kaum bewegen und mein geschundener Körper fühlte sich vollkommen leb- und reglos an. Brüche, Risse, Wunden spürte ich und meine Arme schienen taub zu sein – als wären sie keine Bestandteile des Körpers. Meine Wimpern zuckten, und mein Herz schlug ganz langsam, als ich versuchte, meine Umgebung zu erkunden. Es stank. Der Geruch, den mein Riechorgan wahrnahm, bestand aus verwestem, verfaultem Gammelfleisch. Ich versuchte, meinen Kopf zu bewegen und mich, so gut es ging, zu drehen. Plötzlich – ich erschauderte! – war eine leblose menschliche Hand vor meinen Augen. Als ich versuchte, mich weiterzubewegen, entdeckte ich – den Kopf eines toten Mannes: bleich, halb verwest und fürchterlich stinkend. Der entseelte Schädel starrte mich an – faulige Hautfetzen hingen schlaff an seinen Wangenknochen. *Oh mein Gott!* Ich lag auf einem Leichenberg, am Seineufer des Place de Gréve, und konnte wegen meines erbärmlichen physischen Zustands nicht einmal aufstehen. Der Henker, der mich – das Lamm – doch nicht zur Schlachtbank führte, musste mich hierher geschleift haben, denn für die tobende Meute musste das Totenspiel realistisch erscheinen. Auf der einen Seite wollte ich ihm dankbar sein, doch auf der anderen hätte ich ihn am liebsten dafür erdrosselt. Es war grauenhaft, ich lag zwischen all diesen Toten – Dutzende hingerichtete, verwesende Straftäter, die auf ihre Bestattung warteten, und ich lag mittendrin im Getümmel. Der Gestank war abartig und ich konnte von Glück sprechen, dass ich mich nicht übergeben musste. Meine Augen erhaschten bald einen Blick auf den Place de Gréve. Er war bereits menschenleer, die Feier meines Todes war zu Ende. Ein Räuspern. Ein Kichern. Geschockt drehte ich meinen Hals zurück zur Seine und hoffte das Beste. *Huch!* Wer stand denn da vor einem hölzernen Boot? Meine Retterin! Elá. Ein brauner

Ledermantel umhüllte ihren Leib und ihr Haupt war unter einer Kapuze versteckt. Ihr Gesichtsausdruck war durch Selbstsicherheit geprägt, ihre braunblauen Augen glänzten wie die Sterne am Himmelszelt und sie lächelte verschmitzt. „Schon wach? Steh doch mal auf!", sagte sie lachend und neckte mich mit meiner körperlichen Situation. Augenblicklich strich sie sich die Kapuze vom Kopf. Ihre dunkelblonden, langen, glatten Haare wallten und wehten im Wind, als ein frisches Novemberlüftchen aus Osten durch Paris brauste. „Dich muss man auch immer retten", sprach sie mit lieblicher und belustigter Stimme, als sie in meine Richtung stolzierte. Schneeflocken lagen auf ihren Haaren und Wimpern, als sie sich zu mir hinunter beugte. Wir sahen uns tief in die Augen – wir küssten uns. *Oh!* Ihre geformte Unterlippe war genau das, was ich in diesem Augenblick spüren wollte. Ich konnte es nicht fassen – Elá hatte es tatsächlich geschafft, mich vor meinem Tode zu bewahren. „Zumindest küssen kannst du gut, wenn es schon mit dem Gehen nicht mehr klappt", sagte mein Engel erheitert und zog mich sogleich zur Seine. Dann schleppte sie mich in das Boot, begann zu rudern und hüllte ihr Haupt wieder in die Kapuze. An diesem Tage merkte ich es: Elá wurde immer selbstsicherer. Ihre stark ausgeprägte Angst und Scheu wich immer mehr zurück. Mittlerweile konnte man sehen und spüren, dass die Zweifel, die sie ihrer eigenen Person gegenüber hatte, immer weniger wurden. Elás Selbstvertrauen und Lebenslicht wuchs endlich – man sah es deutlich in ihrem Auftreten und am Ausdruck. Ich sagte ihr zwar fast täglich, wie unfassbar schön sie sei und wie stark sie wäre, doch ihre Angst musste sie selbst ablegen. Sie schaffte dies immer mehr, ohne dass ich viel dafür tun musste. Die Abenteuer und Rätsel der Madame Clarot, manche Raubzüge und meine Rettung zeigten meiner Mademoiselle ihr wahres, undenklich starkes Gesicht. Ich selbst musste sie auf ihrem weiteren Weg nur beschützen und begleiten. Sie war in allen Lebensbereichen eine unfassbare Frau und ich hoffte, dass sie nie wieder von meiner Seite wich.

Wir fuhren auf der Seine bei leichtem Schneetreiben zurück nach Île de la Cité. Das Ziel nannte sich Hôtel Dieu – das älteste Krankenhaus in Paris. Während unserer Fahrt wurde mir eines ganz deutlich bewusst: Cartouche existierte nicht mehr. Für die gesamte Bevölkerung von Frankreich und der Welt war dieser Tag mein Todestag. Schluss. Aus. Vorbei. Nur ein paar Menschen wussten von meinem Überleben, der Rest dachte, ich wäre tot. An diesem Tage begann somit eine neue Zeitrechnung für mich. Von nun an sollte ich aus der Dunkelheit operieren, um der Sonne zu dienen. Und – werter Leser meines Vermächtnisses – unter der schützenden Hand des Templerordens verschwand ich für immer von der unmittelbaren Bildfläche. Ich existierte weiter, doch die breite Masse der Bevölkerung sollte dies niemals erfahren.

Wir fuhren die Seine entlang, Elá paddelte das Boot rund um die Insel Île de la Cité, den Kern der Stadt.

Eisig kaltes Wasser spritzte mir ins Gesicht und Krähen krächzten am Himmel. Nach einiger Dauer legten wir vorsichtig an und Elá band das kleine, hölzerne Ruderboot mit einem Seil an einem Pfeiler fest, während ich unter starken Schmerzen litt und in unserer schwimmenden Nussschale verharrte. Das Hôtel Dieu, das Krankenhaus, stand an der Südseite von Île de la Cité. Es war das einzige Gebäude in der französischen Hauptstadt, das sich an zwei Ufern der Seine befand; und die beiden Teile wurden mit einer Brücke, der Pont au Double, verbunden. Das Hospital, das schon 651 als Krankenherberge gegründet worden war, war dem Heiligen Christophorus gewidmet und blieb bis zur Renaissance das einzige medizinische Institut in Paris. Es war nicht nur das älteste, sondern auch das größte und geachtetste Krankenhaus in der Stadt, obwohl viele mittlerweile neu gegründete Hospitäler moderner erschienen. Ihr Standort war nicht unweit der Notre

Dame und auch Madame Clarots Anwesen lag in der Nähe von diesem altehrwürdigen Gebäudekomplex. Das Hospital erschien in seiner Außendarstellung schlicht, es war farblich in weiß gehalten und riesengroß. Auch der Innenhof war einfach gehalten, ein paar Grünflächen, Brunnen und Kunstwerke befanden sich dort. Unter der Bevölkerung genoss das Hôtel Dieu dennoch großes Ansehen, die meisten von ihnen hatten nur Gutes über dieses Gebäude der Medizin zu berichten. Vor drei Jahren, 1718, kam es zu einem Brand. In Paris herrschte damals große Aufregung und die Glocken der Kathedrale läuteten lautstark. In Scharen kamen die Menschen hierher, um den Brand zu löschen. Tausende Bürger bildeten lange Schlangen zur Seine, wollten mit Eimern das Feuer eindämmen. Nachdem unzählige Bürger stundenlang kollegial Hilfe geleistet hatten, wurden die Flammen schließlich doch gezähmt und es blieb nur bei einem mittelgroßen Sachschaden. Der westliche Flügel des Baus trug starke Beschädigung davon und die Dächer hatten Bruchstellen abbekommen. Drei Menschen – ein Arzt und zwei Krankenschwestern – ließen im Inferno ihr Leben. Trotz allem ging dieses Feuerfiasko äußerst glimpflich aus, da auch viele meiner Mitbürger die Löscharbeiten unterstützten. Später, 1737, kam es neuerlich zu einem Brand, der jedoch kaum der Rede Wert war. Die Feuersbrunst wurde in dieser Nacht sehr rasch eingedämmt und auch in diesem Jahr halfen wieder viele Menschen dabei, das Bestehen des Gebäudes zu sichern. Erneut pilgerten Tausende Bürger, mit Eimern bewaffnet, zur Seine und bildeten Menschenketten, um das Inferno zu bändigen. Schaden entstand damals kaum; es wurden lediglich ein paar Personen leicht verletzt und das Gebäude bekam nur wenige infrastrukturelle Irritationen ab. Dies war also das Hôtel Dieu. Und als Elá unser Boot festzurrte, musterte mich ein Arzt. Louis Lémery, so hieß er, wie Elá mir berichtete, war ein sehr geachteter Heiler und Chemiker zu unseren Zeiten. Er war mit Madame Clarot befreundet und Elá kannte ihn aus gemeinsamen früheren Tagen. Ohne Wissen über den Templerorden hatte er eine innige Bindung zu Madame aufgebaut. Dies machte sich Elá zunutze, denn unserer Lehrmeisterin hätte er niemals einen Wunsch abgeschlagen. Mit ernster Miene begutachtete mich der stattliche Mann, der in einen schwarzen Mantel gehüllt war, nun aus der Ferne – er schien etwas erschöpft zu sein, als er an einer Mauer lehnte. Er fuhr sich mehrmals über seinen Spitzbart und zupfte an seinen rabenschwarzen Haaren herum. Augenblicke darauf schlenderte er in unsere Richtung.

Er hatte an der Sorbonne Medizin studiert und schloss dieses Studium 1698 mit dem Doktor ab. Seit 1700 war er Mitglied der Academie des Sciences in Paris, die einer Versammlung herausragender französischer und auch ausländischer Wissenschaftler gleichkam. 1706 entdeckte er ein Verfahren zur dendritischen Auskristallisation von Metallen. 1708 arbeitete er als stellvertretender Arzt am Jardin des Plantes und ab 1710 übte er den Arztberuf im Hôtel Dieu aus. Mittlerweile war er einer der leitenden und geachtetsten Heiler in Paris geworden. Dies bescherte ihm ab Ende 1722, ein paar Monate nach unserer letzten Begegnung – Welche Ironie! – den Posten als einer der Leibärzte der königlichen Familie. Noch später, 1731, hatte er den Lehrstuhl für Chemie am Jardin des Plantes inne und führte als Iatrochemiker einige Untersuchungen durch. Zu Missgestaltungen und Menschen mit Behinderung sowie geistiger Abnormität hegte er eigene Theorien, die er auch anschaulich begründen konnte. Er war wissbegierig und hochintelligent, er war ohne Zweifel eine der führenden medizinischen Kräfte unserer Zeit. „Bringen wir ihn rein? In den Keller? Wir müssen es schaffen, dass ihn niemand sieht", tuschelte er Elá zu, als er aufgeregt auf und ab marschierte und sich nachdenklich über sein Bärtchen streichelte. Wenige Minuten später schleppten mich die beiden aus dem Boot, verfrachteten mich auf eine medizinische Trage und brachten mich in das Hospital. Ein weißes Tuch lag auf meinem gemarterten Körper, denn niemand sollte bemerken, wer sich darunter befand.

Sie trugen mich in ein abgeschottetes Kellerzimmer, Louis Lémery hatte bereits alles vorbereitet.

Nur er hatte direkten Zugang zu diesen Räumlichkeiten, und somit befand ich mich in absoluter Sicherheit. „Für Madame Clarots Freunde mache ich das gerne", sagte er nett und herzlich zu mir, als er mich in ein Krankenbett verfrachtete. Dieser Doktor, Louis Lémery, sollte mir in den nächsten Monaten intensiv dabei helfen, wieder auf die Beine zu kommen. Der Arzt, eine freundliche und gute Seele, nahm sich meiner Brüche, Wunden, einfach aller physischer Unpässlichkeiten an und pflegte mich wieder gesund. Es war fantastisch, Elá hatte alles bis ins letzte Detail geplant, und ihre Vorhaben funktionierten tadellos. Sie selbst ging an diesem Tage, der durch einen innigen Abschiedskuss seine Prägung fand, zurück in Madames Heim, um sich auszuruhen, und ich, der endlich in Freiheit war, versuchte auch etwas zu schlafen. Es war eine erholsame Nacht, denn in dem kuscheligen, warmen Krankenbett schlief es sich natürlich viel besser als auf den steinernen, kalten Böden der Conciergerie. Schmerzen verspürte ich zwar an jeder Faser meines Körpers, es war allerdings schön, sich wieder in Sicherheit wähnen zu dürfen. Der Tod hatte mir zwar nie Angst gemacht, aber dennoch gab es einen Grund, am Leben zu bleiben: Elá. Am nächsten Morgen rieb ich mir verträumt meine Augen und gähnte lautstark. Abends zuvor hatte ich keine Kraft mehr gehabt, um mich genauer umzublicken, doch ich erspähte in diesem medizinischen Kellerzimmer einiges Interessantes. Ich befand mich nicht direkt im Krankenhaus, sondern im Unterbau, denn niemand sollte von meiner Anwesenheit erfahren. Der weiß gestrichene Raum war schlicht eingerichtet, aber zumindest ein wohlig warmes Krankenbett befand sich in diesem Zimmer. Heilerisches Handwerkszeug und sogar Blutkonserven erblickte ich. Funkelndes, silbernes Arztbesteck sowie Skalpelle und Behälter, gefüllt mit Opium, waren vorhanden. Eine große Kiste, vollgefüllt mit Blutegeln, stand im Raum. Blutegel dienten bereits seit Jahrhunderten zur Blutentziehung, auch *Aderlass* genannt, und waren für alle möglichen weiteren Krankheiten ein Heilmittel. Diese kleinen, schleimigen, wirbellosen Tierchen konnten bis zu fünfzehn Zentimeter lang werden und ernährten sich von Blut. Man benutzte sie zur Entgiftung des Körpers und mehrere Tiere saugten gleichzeitig den Lebenssaft aus den Adern, bis sie – vollgefressen – von alleine abfielen. Sie wirkten aber auch blutgerinnungshemmend, antithrombotisch, gefäßkrampflösend und lymphstrombeschleunigend.

Entzündungen und Schmerzen konnten sie ebenfalls lindern, dennoch war es abartig und grausig, wenn sich die wurmartigen Tierchen an dem Kranken festbissen und ihm dann das Blut aussaugten.

Um meine Arme wieder in ihre Sockel zu befördern, wurde eine sehr einfache Methode gewählt. Ich lag flach auf dem Rücken und meine verletzten Arme waren in einem 90-Grad-Winkel abgespreizt. Der Heiler nahm mein Handgelenk und zog fest, aber langsam an meinem Arm. Große Spannung verspürte ich. Nun setzte er unter großen Schmerzen beide Arme wieder in seine ursprüngliche Position. Es knackste dumpf und ich spürte höllische Schmerzen. Doch Monsieur Lémery schaffte es – meine Arme befanden sich wieder in den Schultergelenken. Er versuchte, sie mit Salben, Tropfen und allen möglichen Essenzen zu kühlen, aber der Schmerz hatte bereits nachgelassen. Wochenlang sollte ich meine Arme nun in einer Schlinge schonen und mich nicht viel bewegen. Auch Blutegel und Opium kamen häufig zum Einsatz. Der Arzt versuchte, die Brüche zu stabilisieren und meine Wunden wurden desinfiziert und genäht. Schmerzhafte Muskelrisse mussten von alleine heilen und mir blieb nichts anderes übrig, als monatelang auf meine vollständige Genesung zu warten.

Elá kam bereits gegen Mittag, nachdem meine Arme wieder in ihren Sockeln saßen, vorbei, um nach mir zu sehen. Von nun an versuchte sie, so häufig wie möglich bei mir zu sein, denn sie wollte unbedingt meine Genesung vorantreiben. Doch bereits am ersten Tag im Hôtel Dieu hatten wir ein besonderes Gespräch.

„Du siehst schon viel besser aus. In ein paar Monaten bist du wieder der Alte", sagte Elá mit fröhlicher Stimme zu mir, als sie mir über die Wangen streichelte. „Ich bin froh, dass du noch lebst!", fuhr sie fort und legte mir meinen Dolch auf die Brust. „Den habe ich gefunden, während ich dich suchte", offenbarte sie mir, bevor sie mich auf die Stirn küsste. Mein Dolch von Madame, den ich damals, vor meiner Ergreifung, in den Boden rammte, war wieder zurückgekehrt. Elá hatte mein Schmuckstück, das mir gut erhalten schien, entdeckt, als sie merkte, dass ich nicht zurückkam. Danach überblickte sie mit eigenen Augen, was passiert war, und schmiedete einen Plan zu meiner Rettung. An diesem Tag erzählte ich ihr, dass alle anderen – außer Babette – bereits ins Jenseits gewandert waren. Sie trauerte und Tränen schossen ihr in die Augen, in ihrem Gesichtsausdruck war großer Kummer und Betrübtheit zu sehen. Als ich ihr schilderte, dass Pierre-Francois dahintersteckte und er uns eiskalt ans Messer geliefert hatte, wurde ihre Miene ganz finster und verbittert. „Hab ich doch gleich gesagt, dass du dich von diesem Dämon trennen sollst! Wer hatte jetzt recht?", fragte sie mit leicht erzürnter Mimik. „Natürlich du! Du hast immer recht! Frauen haben doch immer recht!", antwortete ich in belustigtem Tonfall, und wir beide begannen laut zu lachen.

Meine Männer und unsere Freunde brachte unsere kurze Heiterkeit trotzdem nicht zurück. Wir beide wussten aber, dass der Bettlerkönig für die größte seiner Schandtaten noch büßen musste. Nach meiner Genesung wollten wir ihm einen Besuch abstatten und ihm auf den Zahn fühlen, denn die gesamte Gilde, seine eigenen Leute zu verraten war nie und nimmer ein Kavaliersdelikt. Er sollte bezahlen – wir wollten Rache nehmen für unsere toten Freunde.

Von den Templern und Robert berichtete ich ihr ebenfalls. Sie war entgeistert, überrascht und verblüfft, als sie mit offenem Mund registrierte, dass wir eigentlich Tempelritter waren. „Nicht dein Ernst! Du verkohlst mich doch!", wiederholte sie mehrmals, während ich ihr die wenigen Details schilderte, die ich wusste. Nach einiger Dauer schenkte sie mir Glauben; sie wollte wissen, was das alles bedeuten würde. Ich wusste es allerdings auch nicht. Ich überblickte bloß, dass wir den Geheimnissen noch auf die Spur kommen mussten. Robert war tot, und somit konnte uns niemand mehr Auskunft geben – wir mussten dies alles selbst ergründen. Elá und ich bildeten die letzten Überbleibsel des Geheimbundes in Paris, und wir mussten alsbald herausbekommen, was die Templer alles versteckt hatten. Madame Clarot schenkte uns die enorme Bildung der Oberschicht und unterwies uns im Kampf und in der Kunst des Tarnens und Täuschens, doch von den Tempelrittern wussten wir genauso wenig wie alle anderen. Madame Clarot trainierte uns in allen möglichen Dingen, aber die absolute Wahrheit über den Geheimbund verriet sie uns nie – wir sollten dies anscheinend eigenständig entdecken. „Möge der Vater des Verstehens dich leiten!", sprach sie in früheren Tagen. Und genau das wollten wir nun versuchen: Wir nahmen uns vor, alles zu verstehen. Obwohl wir beide über die Templer die selbe Kenntnis besaßen wie der Rest des Volkes, erinnerte ich mich dennoch an einen Satz von Madame Clarot: Sie erzählte mir früher einmal – beiläufig – von einem Kelch aus längst vergessener Zeit – sie nannte ihn „den heiligen Gral". Möglicherweise war dieses Gefäß ein Schlüssel zu größtmöglichem Wissen und er befand sich im Besitz des Ordens. Von nun an begann die Suche nach den Templerschätzen und dem sagenumwobenen Kelch, mit dem einst das Blut aus dem Herzen von Jesus Christus aufgefangen worden war. In diesem Moment offenbarten sich uns neue Fragen: Wer waren diese Templer? Was zeichnete sie aus? Was für Geheimnisse hielten sie im Verborgenen? Was versteckte in diesem Zusammenhang die Kirche? Und ... wo war eigentlich Babette geblieben? Diesen Fragen wollten die wissbegierige Elá und ich auf den Grund gehen, doch zuerst musste ich erst einmal gesund werden.

In diesen Tagen der Heilung brachte mir Elá weiterhin die Totenblätter der Pest, da ich ja nicht imstande war, sie mir selbst zu besorgen. Der schwarze Tod tobte nach wie vor in Marseille, und er kannte keine Gnade. Jeden Tag musterte ich die Blätter der Verstorbenen, und las Absatz für Absatz die Namen, in der Hoffnung, einen Namen nicht zu entdecken. Doch da! Dort! Oh nein! Mein Herz raste wie wild. Madame Clarin – *Oh! Gott sei Dank!* Ich hatte mich verlesen. Als sich mein Herzschlag beruhigte, merkte ich, wie wichtig mir Madame Clarot geworden war – ich fühlte mit ihrem Schicksal. Ich konnte allerdings ihren Namen nirgendwo entdecken und somit hoffte ich weiterhin auf ihr Überleben, auch wenn ich nur wenig dazu beitragen konnte.

Mein schmerzerfüllter Leib brauchte sehr viel Zuwendung in diesen Tagen, aber Monsieur Lémery machte dies ganz fantastisch. Seine medizinische Begabung brachte mich peu à peu näher an meine vollkommene Genesung heran. In den Nächten schien das Mondlicht in das Krankenzimmer. Das quecksilbrige Licht schimmerte durch ein kleines Kellerfenster und die zugezogenen Gardinen in den Raum. In den Tagen hörte ich oft die Kranken aus den oberen Zimmern, sie redeten pausenlos, doch den genauen Wortlaut konnte ich nicht verstehen. Ich fühlte mich wohl im Hôtel Dieu, Elá und mein Heiler sorgten blendend für meine Gesundheit; es fehlte mir an nichts. Louis Lémerys Kater war oft bei uns. Sein Fell war rötlich und buschig, er war ein sehr angenehmer Kater, den so schnell nichts aus der Ruhe bringen konnte. Sein Lieblingsplatz war ein Stuhl, gleich neben dem Ofen, in dem das Feuer knisterte, knarzte und uns wohlige

Wärme spendete. Der kleine Holzofen war weiß, hatte goldene Verzierungen, und meistens köchelte ein mit Wasser gefüllter Topf auf seiner Herdplatte. Einmal leckte sich der Kater seine Pfote, fuhr sich dann über sein Ohr und musterte verträumt die Umgebung. Der pelzige Kollege war sehr faul, denn kurze Zeit später legte er sich wieder auf seinen Platz, der sich neben dem wärmenden Ofen befand. Monsieur Lémery legte Augenblicke danach weitere Holzscheite in den Ofen, um das Zimmer weiter warm zu halten. Als das Holz knisternd und knackend in sich zusammenfiel, beobachtete der Kater wieder erstaunt, gähnend und leicht erschrocken die Umgebung. Verschlafen richtete er seinen Blick auf mich, und legte sich kurze Zeit später wieder aufs Ohr. Ich mochte dieses Tier, der Kater war zwar faul, aber dennoch war er sehr angenehm und ruhig. Wenn ihm der Doktor frischen Fisch aus der Seine brachte, war er plötzlich hellwach. Er miaute, richtete seinen buschigen Schwanz auf, und schlängelte sich um des Arztes Beine. Es war in diesen Tagen ein netter Zeitvertreib, wenn ich mich mit dem rötlichen Kater beschäftigen konnte. Während ich ihn streichelte, schnurrte er laut und blickte mich verdutzt dabei an. Dieser Kater schenkte mir in diesen Tagen Freude, und er erheiterte mich immer wieder, obwohl ich weiterhin sehr oft körperliche Schmerzen verspürte.

Monsieur Lémery hockte meistens auf einem Stuhl, wenn er bei mir im Zimmer war und mich nicht behandeln musste. Er grummelte leise vor sich hin, las in einem Buch und nuckelte an seiner hölzernen Tabakpfeife. Den Geruch, der dann immer in der Luft lag, erkannte ich sofort wieder. Erinnerungen kamen in mir hoch, es waren Momente aus meiner Kindheit: Es waren Augenblicke, in denen mein Vater in seinem Schaukelstuhl saß und ebenso wie der Arzt an seiner Pfeife rauchte, Momente, in denen mein Vater bei mir war und mir Geschichten vorlas, Erinnerungen, in denen mein Vater mich fröhlich anlächelte und mit mir spielte. Es schmerzte. Meine Augen füllten sich mit Tränen, doch ich versuchte, mir nichts anmerken zu lassen. Alles kam in mir hoch: wie ich als Kind anderen Streiche gespielt hatte, wie ich anderen Kindern die Schnürsenkel zusammengebunden hatte und sie tollpatschig hinfielen, wie meine Mutter oft sang und mir sanft über die Haare streichelte, wie mich meine Eltern voller Glück ansahen und wie sie mir zur Weihnachtszeit eine kleine Anziehpuppe schenkten oder mir zum Geburtstag ein geschnitztes Schaukelpferd mit einer wallenden, weißen Mähne überbrachten, obwohl sie kaum Livre für sich selbst hatten. Dies und noch viel mehr hatte ich vor Augen. Und dann schwirrten wieder die schrecklichen Bilder durch meinem Kopf: Die Erinnerung an mein verbranntes Heim, die Erinnerung an meine toten Eltern. Es tat einfach nur weh. Es schmerzte Jahre danach wie an jenem grauenvollen Tag, an dem die Überreste meines noch jungen Lebens vor mir lagen. In meiner Seele brannte es, ich fühlte Kummer, Betrübtheit und Trauer. Nichts konnte diesen Schmerz tilgen, mein ganzes Leben verfolgten mich die Bilder aus eben jenen Zeiten. Ich versuchte mich aber alsbald zu fangen, mich wachzurütteln und nach vorne zu blicken. Es half schließlich nichts, ich musste weitermachen, weiterleben, denn dies hätten meine Eltern sicherlich ebenso von mir erwartet. Trotz allem fühlte ich unendlichen Seelenschmerz, den ich nicht so einfach abschütteln konnte.

Die nächsten Wochen verbrachte ich damit, mich weiter zu erholen und auf die Beine zu kommen. Viele Male wurde ich mit Blutegeln und Opium behandelt, und die Schmerzen in meinem gemarterten Körper wurden langsam, aber sicher weniger. In diesen Tagen sollten sich weitere Rätsel und Fragen lösen. Als ich gerade mit einem Holzlöffel an einem Teller Kartoffelsuppe schlürfte, stieß Elá mit kräftigen Krach die Tür zu meinem Krankenzimmer auf. Ihr Gesichtsausdruck wirkte versteinert und leicht erzürnt. Hektisch kam sie zu meinem Bett und legte mir Schriften auf die Brust; Monsieur Lémery saß in seinem Stuhl, die Beine übereinandergeschlagen, die Arme verschränkt. „Lies das! Ich habe Antworten für dich", sagte Elá, bevor sie mir erklärte, dass sie ohne mein Wissen in Pierre-Francois´s Gemächern gestöbert hatte. Unauffällig wollte sie des Bettlerkönigs Behausung infiltrieren, und es gelang ihr tatsächlich, an Geheimnisse zu kommen, die vorher in Nebel gehüllt waren. Niemand hatte sie entdeckt, und sie konnte alles, was sie vorfand, mitnehmen. Es waren Briefe und Schriften, die enorme Überraschungen bereithielten. Hektisch forderte sie mich auf, die Schriften gleich zu lesen. Und kurz darauf musterte ich die Umschläge. *Bourguignon.* Verwundert stellte ich fest, dass mein Nachname auf einem der Umschläge stand. Die einzigen Personen, die meinen bürgerlichen und wahren Namen kannten, waren Laurent, Marianne, Elá, Madame Clarot sowie Babette, und ich war verblüfft, wie Pierre-Francois dieser Begriff geläufig sein konnte. Hastig öffnete ich den Umschlag der Notiz und begann zu lesen.

Die Aufzeichnung von Pierre-Francois

„Bourguignon: Ach, warum schreibe ich diesen Mist auch immer auf?! Mein dummer Stiefbruder bat mich, diesen Auftrag für ihn durchzuführen und somit haben wir ihn erledigt. Irgendwas von wegen neuer Weinsorte und Glasflaschen sollte Bourguignon für Ludwig machen. Champagner oder so, wie er sagte. Tja, er schaffte es nicht und somit kamen wir ins Spiel. Gegen gutes Geld sollten wir ihn töten und es musste wie ein Zufall aussehen. Mitten in der Nacht kamen wir im Jahre 1705 vor seine Tore. Es schien ruhig zu sein und wir stiegen von unseren Gäulen. Die Türen waren verschlossen, doch es dauerte nur wenige Augenblicke, bis wir sie aufgebrochen hatten. Der dumme Tropf winselte um Gnade und seine blöde Hure kreischte wie wild. Die Männer und ich schlugen dem Tölpel fast die Seele aus dem Leib. Wir ließen ihn zusehen, wie wir sein Weib schändeten und vergewaltigten. Was für ein Spaß! Das törichte Flittchen weinte und schrie, als wir einer nach dem anderen über sie herfielen. Bourguignon zitterte wie ein kleines Mädchen – ein kleines dummes Mädchen! – als wir sie beide prügelten und ihnen höllische Qualen zufügten. Seine blöde Schlampe wehrte sich blöderweise einmal und stieß Raymond zurück. Er fiel gegen mich, und ich polterte mit dem Gesicht gegen eine spitze Harke. Wegen dem blöden Miststück verlor ich an diesem Tag ein Auge und musste von diesem Zeitpunkt an ein Glasauge tragen. Diese blöde Hure! Umso mehr schlugen und schändeten wir die beiden nun! Sie winselten und kreischten. Als wir fertig waren, zündeten wir ihr Haus an und zerstörten den Weingarten. Hahaha! Sie schrien und schrien, als sie bei lebendigem Leibe verbrannten. Wie mit Ludwig ausgemacht, sollte es wie ein Unfall aussehen. Und da kam uns der Gedanke mit dem Niederbrennen. Ach, was war das für eine Nacht! Wenn nur diese blöde Hure nicht gewesen wäre, hätte ich zumindest mein Auge noch. Doch den Spaß, den wir hatten, war es allemal wert. Diese dummen Bauerntölpel! Pffff! Von einem Jungen sprach Ludwig ebenso, doch den konnten wir nicht entdecken. Sollen ihn doch die Wölfe holen, oder noch Schlimmeres! Davonkommen wird er sowieso nicht, der dumme Bauernjunge! Somit sind alle Bourguignons ein für alle Mal tot. Unser Auftrag für mein Bruderherz wurde erledigt ... Pierre-Francois-Gruthus Duchatelet."

Krach! Rumms! Polter! Ich donnerte den Teller und alles, was ich finden konnte, gegen die Mauer.

Mein Herz raste, mein Blut wallte, und mein Zorn kannte keine Grenzen. Tränen standen in meinen Augen, als ich mich hektisch von den Schlingen um die Arme befreien wollte. Ich griff nach einem Mantel und umklammerte meinen Dolch, als mich Elá und Monsieur Lémery beruhigen wollten. Sie versuchten mich mit aller Kraft aufzuhalten und hielten mich zurück. „Nein! Niemals! Der Kerl stirbt! Hier! Jetzt! Sofort!", brüllte ich, als sie mich strampelnd und in wilder Raserei an den Armen packten und mich zurückhielten. Meine physischen Schmerzen waren zwar nach wie vor vorhanden, doch ich hatte sie ausgeblendet. Das Einzige, das ich wollte, war sein Tod, sein Blut und Rache. Dieser Mann war der Mörder meiner Eltern! Und er war der Grund für meinen Existenzverlust! Ich wollte ihn töten, und wenn nötig, hätte ich dies auch in Unterwäsche erledigt. Ich brüllte und jaulte wie verrückt, doch sie hielten mich zurück. Sie schafften es, denn nach einigen Minuten beruhigte ich mich fürs Erste. Doch eines war gewiss: Pierre-Francois musste bezahlen. „Mach mit ihm, was du willst, doch erhole dich zuerst, Louis!", sprach Elá zu mir und versuchte mich zu beruhigen. Es klappte; sie schaffte es. Sie bändigte mich und ich hatte alsbald meine Nerven wieder im Griff. „Warte noch, bis du vollkommen gesund bist. Dann schlagen wir zu!", sagte sie zu mir und küsste mich dabei auf die Stirn. Ich versprach es – ich gab ihr mein Wort, wollte nicht übereilig handeln. Ich würde warten, bis ich körperlich wieder völlig hergestellt wäre. Doch der Hass, den ich in mir trug, wurde an diesem Tage gezielt auf eine Person projiziert. Der Mörder meiner Eltern – er war gefunden. Pierre-Francois sollte büßen!

In den nächsten Tagen betrachtete ich die weiteren Aufzeichnungen, wodurch die gesamte Wahrheit ans Licht kam. Seine Schriften bargen brisante Inhalte und offenbarten mir Tatsachen, an die ich nie zu denken wagte. Pierre-Francois war der Stiefbruder von unserem verstorbenen Sonnenkönig, Ludwig XIV.

Ihr Vater, Ludwig XIII., hatte ein sexuelles Abenteuer mit einer gewöhnlichen Prostituierten. Und die Frau wurde schwanger. Als der Säugling das Licht der Welt erblickte, wusste sie sich nicht zu helfen. Mit ihrem Einkommen konnte sie nur ihr eigenes Leben finanzieren, und so legte sie den Spross an die Türschwelle des Königshauses. Das Kind war in ein weißes Tuch gewickelt, und ein erklärender Brief lag bei ihm. Dieses Kind war Pierre-Francois. Ludwig XIII. konnte es nicht zulassen, dass dieses lustvolle Erlebnis aufflog, und so rang er mit sich und seiner selbst. Schlussendlich entschied er sich dazu, das Kind bis zur Vollendung seiner Volljährigkeit aufzuziehen. Niemand wusste davon, denn es wäre ein skandalöser Eklat gewesen – eine gewöhnliche Prostituierte konnte nämlich auch keine Mätresse werden. Zu den Menschen am königlichen Hof sagte der damalige König, dass er sein Neffe wäre – und sie sollten ihn wie einen künftigen König ausbilden, es sollte ihm an nichts fehlen. Ludwig XIV., der spätere Sonnenkönig, war ungefähr in seinem Alter und die beiden Knaben wurden unzertrennlich. Sie spielten miteinander, lernten miteinander und verbrachten viel gemeinsame Zeit zusammen. Pierre-Francois war glücklich in diesen Zeiten, doch bei Vollendung seines 13. Lebensjahres sollte sich alles verändern – er wurde gezwungen, den Palast zu verlassen. Sein Vater berichtete ihm die Wahrheit und zeigte ihm den Brief seiner leiblichen Mutter. Entweder würde er verschwinden und könnte so in Freiheit leben, oder er würde für immer im Kerker verrotten. Ludwig XIII. konnte es sich nicht leisten, dass die Wahrheit jemals ans Licht kam, und so drohte ihm der Monarch alle möglichen Schandtaten an. Pierre-Francois ging, er musste sein Heim verlassen. Unter Tränen verschwand er aus seinem bisherigen Leben und versuchte, sich in der Stadt durchzuschlagen. Er begann eine Metzgerlehre, doch schon nach kurzer Zeit baute er sich eine kleine Räubergilde auf und diese Diebeszüge erweckten viele unentdeckte, unbekannte Lebensgeister in ihm. Sein Herz war aber kalt geworden, seine Seele verfinsterte sich zusehends. Dass man ihn aus seinem prunkvollen Leben geworfen hatte, machte ihm schwer zu schaffen. Er wurde habgierig und teuflisch, er ließ seinen Schmerz vergangener Tage an seinen eigenen Mitmenschen aus und wurde skrupellos und unbarmherzig. Als sein Vater starb, kam Ludwig XIV. in Frankreich an die Macht. Pierre-Francois pflegte noch immer Kontakt zu ihm; sie trafen sich sehr oft und plauderten. Ein Pakt wurde zwischen den Stiefbrüdern geschlossen – sie wollten sich gegenseitig helfen. Pierre-Francois versprach, Aufträge auszuführen, die eines

Königs nicht würdig wären, und gleichzeitig sicherte ihm Ludwig XIV. zu, dass er ihn fürstlich entlohnen würde und bei seinen kriminellen Machenschaften auch wegsehen werde. Es klappte – das Geheimnis, dass ihr Vater mit einer Prostituierten ein gemeinsames Kind hatte, verblieb im Verborgenen. Pierre-Francois kannte aus seiner Zeit am königlichen Hof den Architekten, der die Kanalisation erbauen sollte. Dieser baute ihm schließlich sein geheimes Reich und niemand sollte je davon erfahren, denn es wurde im Tausch gegen Gold Stillschweigen vereinbart. Eine mächtige Diebesgilde baute sich Pierre-Francois nun über die Jahre auf, er wurde selbst zum König – zum König der Gosse. Er regierte über die Armen und schikanierte sie, wo er nur konnte, nur um mit ihnen Livre einzunehmen.

Mein Vater, Sébastien Bourguignon, hatte eine Abmachung mit König Ludwig XIV. getroffen – er sollte für ihn die Flaschen des neuen Schaumweines verbessern: Champagner, der ursprünglich nur ein stiller Weißwein war. Dies hätte uns zu sehr vermögenden Leuten gemacht, und Vater versuchte, diesen Auftrag in die Tat umzusetzen. Gemeinsam mit Dom Pérignon, einem Benediktinermönch, versuchte er, die Flaschenabfüllung vom „Wein des Teufels" zu verfeinern, da ein Großteil des Weines meist schon in den Flaschen wegen der hohen Gärung explodierte und das zu großen Verlusten führte. Er wollte mir und meiner Mutter, Marié Bourguignon, so ein schöneres Leben bescheren. Dies klappte allerdings nicht, Vater schaffte es nicht, und konnte seinen Teil der Abmachung nicht einhalten. Ludwig XIV. tobte. Doch er konnte ihn nicht einfach so bestrafen, denn Gesetzwidriges hatte er nicht getan. Somit schickte dieses Scheusal seinen Stiefbruder, Pierre-Francois, und wollte die „gerechte Bestrafung". Er wollte, dass unsere „nichtsnutzige Familie" ausgelöscht wird, ohne seine Finger selbst in Blut zu tränken. Wir wären eine „Schande für ganz Frankreich" und hätten es nicht verdient zu leben. In den Schriften standen abscheuliche Worte. Der Sonnenkönig trachtete nach Ruhm und Glanz, der weltweite Vertrieb des Schaumweines sollte ein weiterer Meilenstein in seiner Ära werden. Kurz nachdem meine Familie getötet wurde, beauftragte er weitere Weinbauern, die ihm gemeinsam mit Dom Pérignon die Flaschen-abfüllung veredeln sollten. Wegen dieses Wunsches des Sonnen-königs musste meine Familie sterben – dies war die wirkliche Schande der Nation. Der König und seine Lakaien waren herzlos, skrupellos und völlig fehlgeleitet. Ich kann es bis heute nicht verstehen, wie Menschen nur so etwas tun konnten. Pierre-Francois raubte immer weiter – bis ich ihm eines Tages in die Quere kam. Madame Clarot und ihre Familie machten ihm Angst, ihnen hätte er sich nie zu widersetzen gewagt. Als ich aber auf mich alleine gestellt war, wollte er sich durch meine Fähigkeiten bereichern. Es gelang ihm, mich auf seine Seite zu ziehen, doch eines wusste er nicht: *Ich* war der Junge, dessen Eltern *er* getötet hatte. Ich war nicht nur Cartouche, sondern ich war auch Louis-Dominique Bourguignon. Dies sollte der Teufel in Men-schengestalt alsbald erfahren. Meine Wut war ungezügelt; mein Zorn war unaufhaltsam.

Doch bevor ich zur Tat schritt, begutachtete ich noch die Liste mit den Namen der Räuber, die beim Überfall auf mein Heim dabei waren. Es war ein zerknülltes Stück Papier, doch es war noch immer lesbar. Wer war damals alles mit von der Partie? Von denen, die ich angeführt hatte, standen kaum Namen auf der Niederschrift; Babette, Patrice, Christophe, Franck und weitere stiegen allesamt erst später in die Räubergilde ein. Ein paar Namen kannte ich dennoch. Unter ihnen waren Eric und Jacques, und ich hoffte, dass diese beiden nicht auch noch in meinen Verrat involviert gewesen waren. Möglich wäre es nämlich gewesen, denn die Sabotage mit den Rauchbomben ging mir nicht mehr aus dem Kopf. Ob diese beiden Mannen ebenfalls Verrat begangen hatten, sollte sich schon bald zeigen. Zuerst versuchte ich aber, mich ein paar Tage zu erholen. Ich wollte, so gut es ging, gesund werden, und danach den Bettlerkönig mit meinem neuen Wissen konfrontieren.

Schreie! Fürchterliche Schreie verfolgten mich – die Schreie meiner toten Eltern. Ständig begleiteten mich die Bilder und Geräusche der damaligen Nacht, es war fürchterlich. Jahrelang suchte ich nach Antworten und die Mörder meiner Eltern. Mittlerweile hatte ich sie gefunden, und ich brannte innerlich wie das Fegefeuer in der Hölle. Ich kaute an meinen Fingernägeln, kratzte ständig auf meinem Krankenbett herum und war in tosender Erregung. Ich brodelte wie ein Vulkan, dieses Schwein sollte büßen. In diesem März des Jahres 1722 brach ich mein Versprechen, denn ich wollte unbedingt Gerechtigkeit. Ohne dass Elá davon wusste, schnappte ich mir meinen Mantel und meinen Dolch, obwohl ich noch immer mit enormen physischen Problemen zu kämpfen hatte. Ich schleppte mitten in der Nacht meinen geschundenen Körper aus dem Hôtel Dieu und machte mich auf den Weg in den Untergrund. Es war eine seltsame Nacht, die Straßen waren bereits menschenleer und es herrschte große Stille. Die Kerzen in den Laternen brannten bereits und ich schlich mich in den Schatten der Häuserschluchten immer näher an Pierre-Francois's Behausung heran. Je näher ich ihm kam, desto mehr wurden mein Wut und meine Rachegelüste aufgestachelt. Ich hatte keinerlei Ahnung, ob ich mich auch nur ansatzweise zügeln könnte. Wie in Trance schob ich die geheime Tür im Untergrund zur Seite und begab mich in das Versteck. Die Fackeln brannten und ich marschierte vorwärts. Als ich vor Pierre-Francois's Gemächern stand, spähte ich durch das Schlüsselloch ins Innere. Niemand anwesend. Ich öffnete die Tür und musterte den Raum. Seine Gemächer waren prall gefüllt mit Reichtümern und auch die Belohnung für meinen Kopf lag auf seinem Tisch. Dieses dreckige Schwein badete im Gold, das er für unseren Verrat erwirtschaftet hatte. Plötzlich hörte ich Schritte. Ich versteckte mich hinter der Eingangstür, als diese abrupt geöffnet wurde. Eine Person betrat den Raum – es war Elá. „Was machst du hier?", fragte ich sie, als sie sich zügig umdrehte und ich auf sie zuging. „Das könnte ich dich genauso fragen", antwortete sie mir finster. „Ich kenne dich und ich wusste, dass du hier sein würdest, wenn du nicht mehr im Hôtel Dieu bist", fuhr sie bestimmend fort. Ich blickte zum Boden, als ich ihr erklärte, dass ich nicht anders konnte. Sie verstand mich zwar, doch trotz allem war sie erbost darüber, dass ich nicht abgewartet hatte, bis ich körperlich wieder völlig hergestellt wäre. Schlagartig hörte ich wieder Schritte, die dieses Mal viel bebender klangen. Schweres Atmen war zu vernehmen, als wir uns beide wieder hinter der Tür verbargen. In einem Satz rauschte Pierre-Francois herein und schleuderte aus der Ferne seinen schwarzen Mantel auf einen Stuhl, der aus Eichenholz bestand und rot gepolstert war. Da war er nun, dieser Widerling. Meine Augenbrauen zog ich immer mehr nach unten und mein Gesichtsausdruck war voller Wut und Hass, als ich sogleich ein Stück nach vorne schritt. Ich stand in seiner Nähe, bereit, ihn anzugreifen. „Schon zu Hause?", fragte ich ihn in ernster Tonlage. Erschrocken drehte sich der Bettlerkrösus um, sein Gesicht wurde kreidebleich. „Du ... Du ... Du bist tot! Ich habe es gesehen. Du kannst nicht leben", stotterte er verblüfft und fieberhaft nach Antworten suchend, als ich vor ihm in der Dunkelheit verweilte. Ich trat aus dem Schatten hervor, blieb einen Meter vor ihm stehen und fragte ihn mit bebenden Lippen: „Wie fühlt es sich an, wenn man alle seine Leute verraten hat? Ist das ein gutes Gefühl?" Schockiert brachte Pierre-Francois kaum einen Ton heraus. „Wie ... Wie ... Wie konntest du? Du kannst nicht. Du bist tot", stammelte er. In diesem Augenblick überkam mich all meine Wut; ich packte ihn an den Armen, stemmte ihn gegen die Mauer und verpasste ihm einen Faustschlag mitten ins Gesicht. Meine körperlichen Probleme spürte ich nicht mehr, als ich ihm weiter und weiter in seine Visage hämmerte. Sein Zylinder fiel ihm vom Kopf und seine grauen, fettigen Haare kamen zum Vorschein. Immer wieder prügelte ich auf sein vernarbtes Gesicht ein; er wehrte sich kaum, denn er war noch immer völlig entgeistert darüber, dass ich noch immer am Leben war. „Wie fühlt es sich an, alle zu verraten? WIE?", schrie ich ihn brodelnd an. Keine Antwort. Wieder schlug ich ihm mehrmals in seine Fratze und brüllte kurz darauf energisch weiter: „Du dreckiger Bastard! Ich habe sie sterben sehen! ALLE!" Endlich öffnete auch er seinen Mund: „Cartouche! ... Cartouche! Warte! Vielleicht können wir uns einigen. Willst du Gold? Ich habe genügend davon!", sagte er und grinste teuflisch. „Du widerst mich an. Du hast uns alle hintergangen", sagte ich mit bestürzter Stimme. „Kennst du eigentlich meinen Namen? Meinen wahren Namen!", fuhr ich fort, während ich ihn noch kräftiger gegen die Mauer drückte. Keine Antwort. „KENNST DU IHN?", brüllte ich. Er erwiderte kein Wort, starrte mich nur ängstlich an.

In diesem Moment ließ ich ab, ich ging ein Stück zurück. Keuchend und erschüttert sackte Pierre–Francois zu Boden. „Ich heiße Louis-Dominique Bourguignon", sprach ich leise, aber dennoch hörbar in seine Richtung. Schlagartig richtete er seinen Blick auf mich, er schien entsetzt und noch entgeisterter als ohnehin schon. „Du? Du bist der Junge, der uns entwischt ist?", fragte er leise.

Augenblicklich donnerte ich ihn wieder gegen die Mauer. „JA! Genau der bin ich", flüsterte ich ihm zu, bevor ich ihm nun ein ums andere Mal in die Magengrube trommelte. In diesem Moment kam sein abscheulicher Satan in ihm durch. Er grinste mich an. „Dein Vater hat geheult wie eine Frau, als wir ihn folterten. Dieses kleine Mädchen!", sagte er höchst belustigt. Ich wurde rasend vor Wut und schlug noch mehr auf ihn ein. Keuchend versuchte er zu lächeln. „Deine Mutter trieb es mit uns allen, du kleiner Hurensohn." In dieser Sekunde brachen alle Dämme in mir, Tränen schossen mir in die Augen und ich hörte meine Mutter, wie sie mir früher vorm Einschlafen etwas vorgesungen hatte. Pierre-Francois begann dämonisch zu feixen. Ich konnte nicht mehr, ich packte meinen Dolch. „Deine Mutter zu ficken war ein großer Spaß! Genauso wie deinen Vater zu schänden!"", krächzte er, von den Schlägen sichtlich mitgenommen. Ich kochte, ich siedete. Und mit einem Ruck stieß ich ihm den Dolch in seinen Oberkörper. Mehrere Male bohrte sich mein Dolch durch sein Fleisch, seinen Leib. Ich spürte nur mehr Aggressivität, als ich mich Stück für Stück durch seinen Körper schnitt. Dutzende Male rammte ich ihm den Dolch in seinen Brust- und Bauchbereich, meine Hände waren mit seinem Blut besudelt – es fühlte sich an wie ein ungebremster Blutrausch. Er sackte röchelnd in sich zusammen. Er starrte mich an. Blut triefte aus seinem Mund mit den verfaulten Zähnen. „Jetzt hast du deine Rache", röchelte er, als er, vor mir kniend, hechelnd nach Luft rang. Ich beugte mich zu ihm herab. „Das ist keine Rache. Ich nenne dies hier Gerechtigkeit", tuschelte ich ihm zu. „Viel Spaß bei deinem Stiefbruder. Ruhe in Frieden, du Dreckskerl", sagte ich noch, als er mit unzähligen Stichwunden blutüberströmt in sich zusammenfiel. In diesem Moment spürte ich keine Wut mehr, es fühlte sich an, als wäre ganz plötzlich eine riesige Last von mir abgefallen. Elá, die alles aus einiger Entfernung beobachtet hatte, ging nun auf mich zu und legte ihre Hand auf meine Schulter. Sie sprach nicht, doch sie verstand, weshalb ich es getan hatte. Ich begutachtete meine Hände und den Dolch – sie waren voller Blut. Vielleicht hatte ich das Falsche getan, doch in diesem Augenblick gab es kein Zurück mehr. Pierre-Francois, der Mann, der mir alles genommen hatte, musste sterben. Mein Hass, mein fürchterlicher Zorn, alle Emotionen, die sich auf den Mörder meiner Eltern und meiner Gilde aufgestaut hatten, waren einfach viel zu groß. Er verdiente dieses Schicksal, daran bestand für mich kein Zweifel. Es war vollbracht, der Gerechtigkeit wurde Genüge getan: In dieser Nacht starb der Dämon, der zahlreiche unschuldige Menschen schikaniert und auch unzählige davon in den Tod getrieben hatte – Pierre-Francois war endlich tot. Dieses eiskalte und wüste Monster lag nun vor uns in seiner eigenen Blutlache.

Plötzlich vernahmen wir leises Wimmern und Stöhnen. Es kam aus der Richtung des unterirdischen Kerkers und es klang wie Babettes Stimme. Elá und ich blickten uns kurz in die Augen und sogleich folgten wir den Geräuschen. „Bleibt stehen, ihr Taugenichtse!", hallte es unerwartet hinter unseren Körpern hervor. Wir drehten uns um; Jacques und Eric standen vor uns. Die bärtigen Männer spuckten auf den Boden, als sie mit Steinschlosspistolen auf uns zielten. Auch sie hatten mich hintergangen. Die Rauchbomben, die uns abhanden gekommen waren, schafften sie schon vor unserem fehlgeschlagenen Coup aus dem Untergrund und mit den zwei übrig gebliebenen Bomben konnten sie bequem flüchten. Außerdem führten sie des Königs Wachen direkt ans Ufer der Seine, um meine Männer festzunehmen. Sie waren die einzigen treuen Untertanen geblieben, auf die der Bettlerkönig noch zählen konnte. Grimmig starrten sie uns an. „Was machen wir mit den beiden? Erschießen, oder doch foltern?", fragte Eric seinen Kumpanen, als sie mit ihren Pistolen in unsere Richtung wedelten. „Vorsicht!", schrie ich laut durch die Gänge des Verstecks. Eric und Jacques verloren kurz die Orientierung; mein Ablenkungsmanöver funktionierte. Blitzartig huschten Elá und ich nach vorne, um die beiden zu entwaffnen. Es entwickelte sich ein kurzes Handgemenge. Es knallte. Ein Schuss löste sich aus Erics Pistole; die Kugel schlug wenige Zentimeter neben meinem linken Bein am Boden auf. Nach kurzer Dauer konnten wir die beiden entwaffnen und hatten das Heft des Handelns in unseren Händen. Wie versteinert blickten uns die Verräter an. Wenige Sekunden darauf feuerte Elá eine Kugel ab. Entsetzt wanderte mein Blick auf ihre noch rauchende Feuerwaffe; und kurz darauf spähte ich auf Jacques. Knieschuss. Er winselte und krümmte sich vor Schmerz, als er über sein verletztes Bein klagte. „Du verrückte Schlampe!", brüllte Eric, während er versuchte, seinem Partner zu helfen. Elá zögerte keine Millisekunde und ballerte auch ihm eine Kugel ins Knie. Die beiden lagen nun mit schmerzverzerrten Gesichtern am

Boden, klagten über ihre verletzten Beine. „Verschwindet! Lasst euch nie wieder blicken! Ihr abscheulichen Verräter solltet froh sein, dass ich euch nicht noch mehr Kugeln in eure Körper jage", rief Elá humorlos in Richtung der beiden. Schockiert und entsetzt humpelten Eric und Jacques alsbald aus dem Gewölbe. Sie fluchten. Wiederum feuerte Elá. Doch dieses Mal nur in den Boden hinter ihnen. Die Männer schleppten sich verängstigt aus dem Gemäuer und schlossen die Schiebetür, die zu unserem Versteck führte.

Ich war erstaunt über Elá, war begeistert von ihr und konnte noch immer nicht glauben, wie trocken sie diese Situation gelöst hatte. In diesem Moment dachte keiner von uns an mögliche Konsequenzen. Ob es eine gute Idee war, die beiden Männer laufen zu lassen, zeigte uns die Zeit. Momente darauf marschierten wir zum Kerker, um zu sehen, wer sich dahinter verbarg. *Tatsächlich.* Babette schmorte bereits seit Monaten im Gefängnis unter Paris. Sie wusste damals nicht, wo sie hin sollte und in ihrer Panik versuchte sie, Schutz im alten Zuhause zu finden. Pierre-Francois ließ sie allerdings sogleich in den Kerker verfrachten und man kettete sie an die Mauer. Babette war abgemagert, blutete stark und ihr Leib war von schweren Verletzungen gezeichnet. Sie wurde gefoltert, gequält, vergewaltigt und aufs Schlimmste beschimpft. Zügig befreiten wir sie von den Ketten. Sie stöhnte leise, ihr Herz schlug ganz langsam und sie atmete sehr schwach. Ihr ganzer Körper war übersät von Wunden und Schmutz, ihre Kleidung bestand nur aus einem kleinen, völlig verdreckten Nachthemd. Als ich sie aus der Kanalisation schleppte, blickte sie mich plötzlich an. Ihre Augen strahlten, als sie merkte, dass nun die Qual ein Ende gefunden hatte. „Ich liebe dich", flüsterte sie verwirrt und verfiel kurz darauf in Ohnmacht. Elá und ich brachten sie ins Hôtel Dieu, Monsieur Lemery sollte sich um sie kümmern. Er sollte sie gesund pflegen und er kam, ohne zu zögern, unserer Bitte nach. In derselben Nacht entledigten wir uns auch Pierre-Francois's sterblicher Überreste. Seinen leblosen Körper schleiften wir durch die Kanalisation, um ihn zum Seineufer zu schaffen. Danach schmissen wir die Leiche in den Fluss; er wurde zu Fischfutter. So wie er jahrelang die Bettler verstümmelte und in die Seine werfen ließ, so musste auch er nun enden. Dieses ekelhafte und teuflische Wesen hatte sowieso nichts Besseres verdient gehabt. Es war nun eine Periode zu Ende gegangen – die Periode unter dem Joch des Bettlerkönigs. Von nun an gehörte uns der geheime Unterschlupf und auch Babette sollte weiterhin zu uns gehören. Spannende Zeiten standen uns bevor, doch in dieser Nacht, die ich mit Elá in Madame Clarots Haus verbrachte, träumte ich wieder meinen Traum, ich träumte von Mutter und Vater.

Es begann damit, dass ich in meinem Elternhaus war. Es schien alles ruhig zu sein, ich hörte bloß Vogelgezwitscher und die Sonne strahlte durch die Fenster in das Gebäude. Mutter und Vater saßen auf unserer Holzbank, die in der Küche stand und sie plauderten. Sie schienen fröhlich zu sein und lachten. Ich näherte mich ihnen. Sie strahlten und Mutter streifte mir über die Wange. Plötzlich schlug das Wetter um. Schwarze Wolken verdunkelten den Tag, schwere Regentropfen prasselten auf das Fensterglas und ein starker Windstoß fuhr durch das Haus. Meine Eltern wirkten wie versteinert und begannen, hektisch durch das Haus zu stiefeln. Blitze zuckten am Firmament; und schweres Donnern hörte ich wenige Sekunden darauf. Ich ging zu einem der Fenster, um das Schauspiel zu beobachten. Als ich nach draußen blickte, sah ich unsere Weingärten, einen Schubkarren und unsere kleine Scheune. Da! Schlagartig sah er mir mitten in die Augen. Der Teufel stand vor dem Fenster. Er starrte mich mit seinen glutroten Augen an, Wasser rann ihm sein Gesicht hinab und sein Gesichtsausdruck war dämonisch. Mit seinen pelzigen und klauenartigen Händen wischte er sich über sein rotes Gesicht und sogleich entledigte er sich seines schwarzen Mantels. Doch plötzlich löste er sich in Luft auf. Dämonisches Lachen war vernehmbar, Mutter und Vater umarmten sich ängstlich. Mein Blick wanderte durch den Raum. Abrupt stand er bei einem der anderen Fenster; Sekunden danach verschwand er wieder im Nichts. Dieses Schauspiel wiederholte sich mehrmals, er tauchte auf und verschwand wieder, sein satanisches Lachen war dunkel und höhnisch. Ich war verwirrt, suchte nach ihm, doch er wanderte blitzschnell von Fenster zu Fenster. Unvermittelt vernahm ich das Geräusch von zerspringendem Glas. Ich drehte mich um. Der Teufel stand jetzt unvermittelt vor mir; er hatte eines der Fenster mit seinen Hörnern durchstoßen. Das Wesen war fast zwei Meter groß und scharrte mit seinen Ziegenbeinen auf dem Boden. Er packte mich, ich konnte mich nicht wehren. Zügig hob er mich in die Luft und grinste mich an. Unerwartet schleuderte er mich gegen die Mauer; ich spürte Schmerzen und hörte Zischgeräusche. Als ich mich erholt hatte, sah ich, wie er eilig, mit großen Schritten, auf meine Eltern zuging. Sie zitterten, sie hatten fürchterliche Angst. Unter Wehklagen richtete ich mich auf und ballte meine Hand zu einer Faust. Ich schrie. Ich lärmte so laut, wie es mir möglich war, um seine Aufmerksamkeit zu erhaschen. Augenblicke darauf wendete Satan und marschierte aggressiv in meine Richtung. Ich brüllte weiter, so laut, wie ich nur konnte. Augenblicklich änderte sich das gesamte Szenario; der Teufel verwandelte sich in Pierre-Francois.

Verdutzt und erstaunt musterte er die Umgebung und Sekunden danach kniete er sich schreiend auf den Boden. Klauen kamen aus dem Boden heraus; Gespensterwesen umkreisten ihn. Er schrie. Laut. Verängstigt. Schauderhaft. Sie rissen Pierre-Francois in die Tiefe, sie zogen ihn in die Dunkelheit hinein. Es dauerte nur einen kurzen Moment, bis er vollkommen vom Erdboden verschluckt wurde. Aus heiterem Himmel leuchtete die Sonne wieder in das Haus und ich näherte mich meinen Eltern. Sie strahlten mich glücklich an, als sie mich umarmten und Mutter küsste mich auf die Stirn. Ich spürte Wärme und schlagartig waren helle Lichter und Nebelschwaden zu sehen. Meine Eltern verschwanden in diesem Nebel, derweil sie mir fortdauernd zuwinkten. Nun stand ich alleine in meinem Haus. Ich hatte es aber geschafft – der Traum nahm ein gutes Ende.

Momente darauf erwachte ich aus meinem Schlaf. Etwas verwirrt rieb ich mir meine verträumten Augen und beobachtete in der Dunkelheit den Raum. Elá schlief noch, ich wollte sie nicht wecken, ging leise ins untere Stockwerk, trank einen Becher Milch und versuchte, meinen so lange Zeit immer wiederkehrenden Traum zu ordnen. Nach einiger Dauer wurde mir alles bewusst: Der Traum offenbarte mir schon lange die Wahrheit, er gab mir die Antworten, nach denen ich immer lechzte. „Je stärker du wirst, desto mehr kannst du in deinen Traum eingreifen", sprach Madame Clarot vor Zeiten. In diesem Falle stimmte dies nur bedingt, denn mein Traum gab mir von Mal zu Mal nur verschlüsselte Lösungen auf meine Fragen. Der Teufel war Pierre-Francois, die Skelettreiter waren seine Männer. Die Kronen, die beiden Männer, das Kind, das weggeschickt wurde – einfach alles ergab Sinn. Je stärker ich im Leben wurde, desto mehr Antworten lieferte mir der Traum. Mittlerweile konnte ich mir alles zusammenreimen, was mir der Traum so oft erzählen wollte. In dieser Nacht träumte ich ihn das letzte Mal; er hörte auf, mich zu verfolgen. Doch eines begleitete mich weiterhin: die Erinnerungen an meine Eltern, die Erinnerungen an diese reale Zeit des Schmerzes. Obwohl der Traum nicht wiederkehrte, ich meine Antworten hatte und den Tod meiner Eltern rächen konnte, verblieben dennoch Augenblicke vergangener Tage, die ich niemals vergessen konnte. Alsbald legte ich mich wieder zu Elá, kuschelte mich an sie und versuchte zu schlafen. Es war auch hier eine Etappe zu Ende gegangen: Ich hatte mein Wissen, meine Gerechtigkeit und mein Albtraum war nun – endlich – Geschichte.

Am nächsten Tag durchstöberte ich Madames Haus. In einer hinteren Ecke eines Bücherregals fand ich eine verstaubte Karnevalsmaske, die mir in meiner weiteren Zukunft gute Dienste leisten sollte. Ich entfernte den Schmutz und begutachtete die Maske. Sie bestand aus purem Gold, ein Lederriemen baumelte am rückwärtigen Ende, vorgesehen zur Befestigung. Die Maske stellte ein Abbild eines Pharaos aus dem alten Ägypten dar, hatte Einkerbungen und Ausnehmungen für die Augen, aus denen man herausblicken konnte. Sie hatte zwar ein stattliches Gewicht, doch in meiner weiteren Zukunft benutzte ich sie, um meine wahre Identität hinter ihr zu verbergen. Von nun an versteckte ich in der Öffentlichkeit mein Gesicht immer hinter Kapuzen und eben dieser Maske. Niemand durfte erfahren, dass Cartouche noch immer lebte. Die Wahrheit durfte unter keinen Umständen ans Licht geraten.

Am selben Tag besuchten Elá und ich Babette im Hôtel Dieu. Sie war kaum ansprechbar und weiterhin von großen körperlichen Schmerzen begleitet, doch ein wichtiges Anliegen hatte sie dennoch parat: Lucas, ihr Hund, lag ihr am Herzen. Seit Monaten war sie nicht mehr bei ihm gewesen und auch den Wirt konnte sie wegen ihrem Kerkeraufenthalt nicht mehr bezahlen. Sie sorgte sich um ihn, jemand sollte rasch nach ihm sehen. Ich setzte meine Maske auf und ohne Umschweife begab ich mich auf den Weg zu der Gaststätte, in der Lucas meistens verweilte. Ich schlenderte eine belebte Straße entlang, vorbei an vielen Mitbürgern und mehrstöckigen Wohnhäusern; an den Hauswänden wucherte etwas wilder Wein. Ich sah mehrere Bettler, schäbig gekleidet, die am Straßenrand knieten und die Menschen um ein paar Livre anbettelten, sah zwei Männer, die auf einem Hausbalkon standen und herzlich lachten, drei Nonnen, die neben einer Skulptur von Bacchus – dem römischen Gott des Weins – standen und ein Kirchenlied sangen und einen barfüßigen Hirten, der einen abgenutzten Dreispitzhut trug und seine drei Ziegen über die Straße scheuchte, hörte die Stimmen meiner Mitmenschen, das Gackern von Hühnern und Hundegebell und spürte einen frischen Windhauch. Am Straßenrand stand ein hölzerner Tisch, darauf eine kleine Vase, in der eine Rose steckte. Zwei Männer saßen an dem Tisch und spielten eine Partie Schach. Sie trugen feine Mäntel, dazu glänzende, schwarze Dreispitzhüte und braune Kniehosen. Ich blickte auf eine kleine, goldene Taschenuhr. Ein Uhr Mittag. Und kurz darauf schnalzte ich mit der Zunge und zog weiter. Etwas später stand ich vor der Schenke und öffnete die eisenbeschlagene Eingangstür. Hektisches Treiben herrschte an diesem Tage in der Schenke, aber sofort erblickte ich den weißen Schäferhund. Er lag auf einem roten Teppich, wärmte sich am Kamin und wirkte sichtlich traurig. Als er mich sah, begann er freudig zu bellen und kam auf mich zu. Trotz meiner Maske erkannte er mich und schleckte an meinem Handrücken. Unentwegt bellte er vor Freude, umkreiste mich zur Begrüßung und wedelte mit seinem Schwanz. Ich streichelte ihn sanft, bezahlte ohne Umschweife die ausstehenden Kosten des Wirtes und ging dann mit Lucas spazieren.

Wir zogen nach Le Bièvre weiter und mein tierischer Freund hatte mächtig Spaß dabei. Er scheuchte Hühner und Gänse auf, bellte vergnügt und war glücklich darüber, wieder eine vertraute Person an seiner Seite zu haben. Paris war eine prächtige Stadt, die sehr viel Reichtum besaß, doch immer wieder sah ich auch viel Leid in dieser Metropole. Als wir durch den weitläufigen, industriellen Bezirk schlenderten, erblickte ich wie so oft auch Menschen, denen es so viel schlechter erging. Schäbig gekleidete Straßenmusiker spielten auf ihren Flöten und Instrumenten, um ihr Überleben zu sichern. Vor ihnen lag ein Zylinder, in dem nur ganz wenige Livre lagen. Ein paar Häuser weiter packte eine arme Familie all ihr Hab und Gut in eine Kutsche. Ein Gefolgsmann des Königshauses hämmerte ein Schild mit der Aufschrift „Zu verkaufen!" an ihre Eingangstür, während er die fünfköpfige Familie wild gestikulierend aufforderte, endlich zu verschwinden. Fischgeruch von einem kleinen Marktstand lag in der Luft, als mir eine junge Frau auffiel. Sie wirkte wie versteinert und wollte ein Paar Kinderschuhe verkaufen. Diese Schuhe wurden nie getragen.

Neben dem ganzen Prunk und Reichtum, den diese Stadt ausmachte, konnte man fortdauernd auch viel Traurigkeit beobachten – man musste nur genau hinsehen.

Am Abend des gleichen Tages brachte ich Lucas zu Babette, er sollte ein paar Tage bei ihr bleiben und ihr Freude bereiten. Als er sie sah, war er das glücklichste Tier auf Erden – er freute sich ganz unglaublich, sie wiederzusehen. Den Anblick, wie sich die beiden zuvor vermisst hatten und sich nun in diesem Moment überschwänglich herzten, werde ich niemals vergessen. Es war einfach nur wunderschön, an diesem Augenblick teilzuhaben.

Im April 1722 stand ein Festakt im Jardin des Plantes auf dem Programm. Der Jardin des Plantes war ein riesiger botanischer Garten, der im Süden der Stadt, in Le Quartier Latin, beheimatet war. Seine Fläche war gigantisch, es war ein riesiges Areal. Neben den Gärten und den vielen Kunstwerken gab es hier auch medizinische Institute, Tiergehege, Museen und ein facettenreiches Freizeitangebot für die wohlhabende Bevölkerung. Viele flüchteten sich dorthin, um den Sorgen des Alltags zu entkommen und konnten hier ein Stück weit ihre Seele baumeln lassen.

In diesen Tagen stand nun eine Feierlichkeit auf dem Programm und Elá und ich warfen uns in Schale, um daran teilzunehmen. *Oh! Mon Dieu!* Elá sah einfach umwerfend aus. Ihren Körper umgab ein mit Verzierungen besticktes, blaues Seidenkleid, das wir tags zuvor in einem edlen Kleidungsgeschäft in Le Marais erstanden hatten. Ich selbst trug eine sehr edle braune Kniehose und einen roten Mantel und versteckte mein Gesicht wie üblich hinter meiner Maske.

Gaukler, Musikanten und viele weitere Unterhaltungskünstler waren anwesend, um der Bevölkerung einen schönen Nachmittag zu bereiten. Meistens schwangen wir unser Tanzbein zu den erheiternden Klängen der volkstümlichen Musik. Speis und Trank wurde serviert, Spiele wurden gespielt. „Da! Schau! Dort drüben!" sagte Elá, als sie mich an einen Schießstand zerrte. „Der Mann mit der Maske vielleicht?", fragte mich ein junger Mann, bevor er meinte, dass ich für meine Mademoiselle Rosen schießen könnte. Sofort schnappte ich mir eine Pistole und schoss auf die Zielscheiben. *Drei von drei Treffern!* Als Elá die Rosen bekam, lächelte sie verschmitzt und wir schlenderten weiter. Tausende Menschen verweilten an diesem Tag im Jardin des Plantes und wir drängten uns durch die gut gelaunten Massen. An einer Leinwand konnten wir unser Geschick mit Farbe und Pinsel testen. Beim malerischen Schauspiel schlug mich Elá um Längen, doch beim späteren Kartenspiel hatte ich das bessere Händchen. Menschen aus Kunst, Politik und Kultur waren anwesend und sie schwadronierten viel über ihre Tätigkeiten. Wir lauschten ihren Vorträgen und zogen wenig später mit einem Glas Wein zu einem Springbrunnen weiter.

Wie gewöhnlich witzelte ich über alles und jeden; Elá amüsierte sich prächtig und lachte lauthals. „Weißt du eigentlich, warum ich dich so liebe?", fragte sie mich an diesem Tag. „Vielleicht steht dein Herz auf Dorftrottel", erwiderte ich und sie begann zu lachen. „Genau deswegen! Du bringst mich zum Lachen." In dieser Sekunde wurde ein Feuerwerk gezündet; wir sahen uns tief in die Augen – und küssten uns. Es war ein schöner Tag – eine schöne Zeit, die ich an der Seite meiner geliebten Elá verbrachte. Später begutachteten wir noch die Tiergehege, doch uns missfiel das Gebaren, diese armen Wesen, die aus fremden Kontinenten hergeschleppt wurden, einzusperren, um sie der Öffentlichkeit zu präsentieren. Diese Tiger, Löwen, Affen und viele weitere exotische Tierarten hätten in freier Wildbahn ein viel schöneres Leben geführt und deswegen wendeten wir uns alsbald ab. Wir tranken und feierten noch eine Weile, bis wir spät abends in unserem Heim – glücklich – zu Bett gingen.

Neue Familie

Als wir zu diesen Zeiten einen Spaziergang durch Île de la Cité machten, stach uns ein kleines Mädchen mit rabenschwarzem Haar ins Auge. Sie hatte ihren Stoffteddybär Henry fest ans Herz gepresst, wirkte ängstlich und wanderte alleine durch die Menschenmenge. Sofort gingen wir auf die Kleine zu und Elá begann mit ihr zu sprechen. „Wie heißt du denn, meine Kleine?", fragte Elá liebevoll, als sie sich zu ihr hinunterbeugte. „Ich bin Annabelle!", sagte das Mädchen, als sie uns mit ihren großen, verträumten, himmelblauen Augen anblickte und ihr Köpfchen wie eine Prinzessin nach oben neigte. „Und wo sind deine Eltern, Annabelle?", fragte Elá und strahlte das Mädchen dabei an. Augenblicklich starrte die Kleine auf den Boden und begann zu schluchzen. „... oder ich tu dir weh!", stotterte Annabelle leise und Tränen kullerten über ihr weiches, kindliches Gesicht. An diesem Tage nahmen wir die Sechsjährige bei uns auf – sie sollte nun zu uns gehören. Ihre Geschichte erzählte sie uns erst Wochen darauf, doch um ihre Schilderung zu verstehen, musste man nur wenige Tage in die Vergangenheit blicken.

Annabelle kam aus einem vermögenden Haushalt in Le Marais und hatte sogar ihr eigenes großes Kinderzimmer, was zu unseren Zeiten puren Luxus bedeutete. Eines Nachts wachte sie wieder einmal schweißgebadet auf und sie beobachtete erneut die Schatten im Zimmer. Da! Der schwarze Mann verfolgte sie wieder. Sie hatte wie immer panische Angst vor ihm und wollte wie viele Male zuvor zu ihren Eltern flüchten. Sie sehnte sich nach Geborgenheit, Schutz und Liebe in diesem Moment. Annabelle tapste sich in der Dunkelheit aus ihrem Zimmer und presste ihren Teddy Henry fest an ihren Oberkörper, um die Angst vergessen zu können. Das Mondlicht fiel in den Flur, als sie diesen betrat und sie versuchte, sich zum Schlafzimmer ihrer Eltern zu bewegen. Sie kannte den Weg auch in der Dunkelheit, unzählige Male war sie ihn schon gegangen. Sie ging an dem Eichenholz-schrank, an dem sie sich vor einem Jahr den Fuß gestoßen hatte, vorbei, wandelte an dem großen, ovalen Spiegel, vor dem sich ihre Mutter immer die Haare bürstete, vorüber und tapste sich an ihrem Puppenhaus, das sie vor einem Jahr zu Weihnachten geschenkt bekam, langsam vor, um kurz darauf vor dem Schlaf-gemach von ihrer Mutter und ihrem Vater zu stehen. Als Anna-belle leise die Türe öffnete, ahnte sie nicht, dass sie dies zum letzten Mal tun würde. Nie wieder würde sie sich, mit ihrem Stoffteddy bewaffnet, mitten in der Nacht an ihre Mutter kuscheln, um ihre Angst zu verdrängen, während Vater träumte, murmelte oder mit den Zähnen knirschte. Sie hatte wie so oft Panik vor dem schwarzen Mann. Leise ging sie auf Vaters Seite und stupste ihn an seinem Zeh, der nicht unter die Bettdecke gehüllt war. Sie sehnte sich nach Trost von ihm, wollte Zuwen-dung und dass er sich um sie kümmerte. Er murmelte, wimmerte und grummelte vor sich hin. Plötzlich lupfte er die Decke, als er sich im Schlaf umdrehte und sein unverwechselbarer Geruch stieg Annabelle in die Nase. Es war der erdige Duft von seinem Tabak, den er immer rauchte. Es war der Duft, den sie so gerne roch. Er rührte sich kaum, als sie ihm leise ins Ohr flüsterte und an seinen Ohrläppchen streichelte.

Vielleicht sollte sie es doch lieber bei ihrer Mama probieren. Diese war immer für sie da. Papa schimpfte oft. Manchmal brüllte er so laut, dass sie glaubte, das Haus stürze ein; sie dachte immer, sie wäre an allem Schuld und sie versteckte sich dann in ihrem Kleiderschrank, der beim Türschließen knarzte wie eine lachende Hexe. Ihre Mama meinte dann immer, er sei ein „Alkokoleker" oder so ähnlich. Aber Annabelle liebte ihn so sehr und sehnte sich immer nach seiner Zuwendung. Auch jetzt, da doch wieder der schwarze Mann hinter ihr her war! „Schätzchen?", hallte es besorgt durch die Dunkelheit, als ihre Mutter eine Kerze anzündete. Annabelle erschrak in diesem Moment und ein gellender Aufschrei folgte. Abrupt erwachte ihr Vater aus seinen Träumen und musterte die Umgebung. „Was machst du schon wieder hier?! Hab ich dir nicht gesagt, du sollst nicht mehr zu uns kommen?", fragte er sie, sichtlich verärgert. Ihre Mutter versuchte ihn zu beruhigen, doch es half nichts – es schien ihn nur noch wütender zu machen. „Der schwarze Mann", erklärte Annabelle trotz allem. „Er ist wieder da. Ihr müsst – bitte! – mitkommen. Sonst tut er mir weh." Die Lippen ihres Vaters zitterten. „Verschwinde endlich, Annabelle! Sonst tu ich dir weh!", tobte er durch den Raum. Annabelles große Augen füllten sich mit Tränen. Ihre Wange brannte, obwohl ihr Vater nicht einmal die Hand gehoben hatte. Wie von einer unsichtbaren Schnur gezogen, wanderte das Mädchen leise aus dem Zimmer, während wieder ein großer Streit ihrer Eltern entbrannte. Sie lehnte an der Zimmertüre, presste Henry an ihr Herz und atmete schwer. Das Klatschen von Vaters Gürtel war wieder vernehmbar und Schreie von ihrer Mutter ertönten aus dem Zimmer. Annabelle versteckte sich alsbald in ihrem Kleiderschrank, denn der Streit ihrer Eltern sollte wieder stundenlang andauern. In dieser Nacht traf das Mädchen eine Entscheidung – sie wollte flüchten. *Weg!* Sie wollte einfach nur weg! Obwohl sie sehr viel Materielles hatte, spürte sie dennoch einen ganz enormen Kummer. Sie konnte nicht mehr. Zur späten Stunde verließ sie ihr Haus und ihre geliebten Eltern und wandelte auf den Straßen von Paris, bis wir sie fanden. Eine Rückkehr kam für sie nicht mehr infrage, sie wollte nur mehr weg von allem. Viel später in ihrem Leben wurde ihr bewusst, wen ihre Einbildung des schwarzen Mannes darstellte. Es war das Spiegelbild ihrer Seele – der schwarze Mann! – es war ihr Vater.

Dieses sechsjährige Mädchen, Annabelle, war der Beginn unseres Wiederaufbaus. Sie machte den Anfang und viele weitere sollten folgen. Es war uns aber ein Herzenswunsch, ihr das zu geben, was ihr am meisten fehlte: Liebe, Zuwendung, Geborgenheit. Von nun an sollte sie zu uns gehören und nie wieder von unserer Seite weichen.

Babette wirkte zu diesen Zeiten noch immer sehr mitgenommen und erholte sich nur langsam von den erlittenen Torturen. Wir besuchten sie oft, schenkten ihr Freude und ermutigten sie, schnell wieder gesund zu werden. Mehrere Wochen sollte es noch dauern, bis auch sie das Hôtel Dieu verlassen konnte.

Unsere kleine neue Freundin, Annabelle, schlief meist bei uns im Bett, kuschelte sich an Elá und schlummerte tief und fest. Manches Mal träumte sie schlecht, doch Elás erwärmende Art schaffte es, dass sich das Mädchen rasch wieder erholt hatte. Eines Nachts zupfte sie an unserer Decke. Der Wind peitschte schwere Regentropfen an die Fenster. „Ich kann nicht schlafen", murmelte sie leise und sie blickte uns verträumt dabei an. Ich strich ihr zärtlich über die Wange; Elá lächelte so hell wie die Sonne. „Komm mit mir. Wir trinken ein Glas Milch", sagte meine Mademoiselle, als sie die Kleine schnappte und mit ihr ins untere Stockwerk wanderte. Es dauerte zwar eine Weile, aber von Tag zu Tag fühlte sich Annabelle bei uns wohler. Im Verlaufe der Zeit konnten wir der kleinen Dame genau das schenken, was sie sich so sehr wünschte: Liebe, Sicherheit, Fürsorge.

In diesen Zeiten waren wir wieder sehr oft in Le Invalides. Auf unserem kleinen Hügel am Le Champ de Mars beobachteten wir das Treiben und lagen sorgenfrei in unserer grünen Oase. Aus den Gräsern erklang rhythmisches Summen der Insekten hervor, der wunderbare Geruch von frisch gemähtem Gras lag in der Luft und wir beobachteten die Bauern, die mit ihren Sensen die Felder bearbeiteten.

Annabelle tollte durch die Wiesen und lachte fröhlich. „Habt ihr gesehen, wie schnell ich laufen kann? Habt ihr es gesehen?!", fragte uns das Mädchen, als sie erschöpft vor uns stand und uns anstrahlte. „Natürlich! Du bist das schnellste Kind der Welt", sagte Elá erheitert. Fröhliches Kinderlachen hörte man in diesem Moment. „Komm mit mir. Wir und Henry gehen spielen", fuhr Elá fort und nahm das Mädchen bei der Hand. Ich ging einstweilen zu einem Weizenfeld, das in der Nähe gelegen war. Mit meiner rechten Hand streifte ich über das Getreide, das sich im starken Ostwind bewegte. Ich sammelte meine Gedanken. Mein Blick richtete sich zeitnah auf Elá und Annabelle – es gab keinen schöneren Anblick in dieser Sekunde. Die beiden lachten, frohlockten und strahlten. Sie spielten Verstecken, sprangen über Pfützen und Elá flocht dem Mädchen die Haare zu einem Zopf. Es war ein glückseliger Moment und bald trafen sich unsere Blicke. Annabelle machte Elá überglücklich – man sah es deutlich in ihren glänzenden, braunblauen Augen; sie strahlte mit der Sonne um die Wette.

Wir und Annabelle hatten nun jedes Mal eine Menge Spaß, wenn wir am Le Champ de Mars verweilten. Es fühlte sich fast so an, wie wenn wir ein eigenes Kind geschenkt bekommen hätten.

Ein paar Wochen darauf traten die nächsten Kinder in unser Leben. Durch die Fenster unseres Hauses musterten wir schon tags zuvor ein Brüderpaar, doch erst in dieser Minute sollten Elá und ich auf die beiden zugehen. Es waren zwei kleine Bengel, die ständig miteinander kämpften. Durchgehend flogen Steine, Schlamm und ihre Fäuste durch die Luft. Die Brüder waren abgemagert, trugen schäbige, schmutzige Kleidung und marschierten barfüßig durch Île de la Cité. Die Raufbolde gefielen mir von Beginn an – sie strahlten Unbekümmertheit, Witz und Intellekt aus.

In gewisser Weise erinnerten sie mich an den kleinen Cartouche, an damals, als ich noch so jung war wie sie.

Hastig stapften wir an diesem Tage auf die Jungen zu und versuchten mit ihnen zu sprechen. „Hört auf zu streiten. Wo kommt ihr her? Wie lauten eure Namen?", sagte ich zu ihnen, während ich sie auseinander drückte. „Er hat angefangen!" – „Stimmt nicht!" – „Du!", krächzten die beiden, als ich versuchte, die Sache zu bereinigen. „Hört auf!", sagte ich bestimmend zu den Knaben. Und endlich bekam ich sogar vernünftige Antworten. Die Bengel, die braune Haare und Augen hatten sowie Sommersprossen im Gesicht, sagten mir schließlich ihre Namen. Sie hießen Alphonse und Enzo. Weiter erzählten sie mir, dass sie Waisenknaben wären und aus einem Waisenhaus in Le Bièvre ausgebüxt waren. Ihre Eltern kannten sie nicht, sie wurden schon als Säuglinge weggegeben und wuchsen unter der Obhut einer Pflegerin aus dem Waisenhaus auf.

Das Zwillingspärchen wollte nun in die Welt hinausziehen und damit kamen sie uns gerade recht.

Anfangs hatten sie zwar Zweifel, doch nach einiger Zeit willigten sie ein und blieben bei uns.

Auch Alphonse und Enzo, die gerade acht Jahre alt geworden waren, sollten von nun an zu uns gehören.

Unsere Gilde begann nun wieder zu wachsen. Es waren Kinder, die keine Bleibe mehr hatten und sich nach Zuwendung sehnten. Unsere Reihen füllten sich mit jungen Menschen, denen wir Bildung, Persönlichkeit und Kampfkunst schenken wollten. In den nächsten Monaten kamen weitere verlassene und bedürftige Kinder hinzu, doch diese drei – Annabelle, Alphonse und Enzo – waren die wichtigsten Personen unseres zukünftigen Zirkels und Ordens. Sie bildeten die Spitze unserer künftigen Gefolgsleute.

Im Juni 1722 konnte Babette endlich das Hôtel Dieu verlassen. Zum Abschied tranken wir ein Glas Kirschlikör mit Monsieur

Lémery. Er hatte so viel für uns getan, wir fühlten große Dankbarkeit ihm gegenüber. Ein paar Monate später trat er seinen neuen Posten als einer der königlichen Leibärzte an. Babettes Entlassung war der Tag, an dem ich ihn zuletzt gesehen habe. Er war immer so eine hilfsbereite und wundervolle Person, der ich bis heute ungemein dankbar für seine große Unterstützung bin.

In diesen Tagen erzählte ich Babette von Arnaud. Sie war erstaunt über meine Geschichte, verblüfft über die Tatsache, dass ich ihn gefunden hatte und etwas verwirrt darüber, wie sie damit umgehen sollte. Nachdem sie kurz darüber nachgedacht hatte, entschied sie sich, ihn zu besuchen. Sie konnte ihn nicht vergessen, wollte ihm trotz allem verzeihen und hoffte darauf, seinen Zustand verbessern zu können. Ein paar Tage später marschierte sie tatsächlich zur Conciergerie. Die groben Wärter ließen sie nach kurzer Diskussion in das Gefängnis und so wanderte sie die Treppen ins obere Stockwerk hinauf, in der Hoffnung, ihren geliebten Arnaud bald schon wiederzusehen. Doch es kam nicht dazu. Die Zelle war leer. Babette fragte unzählige Wärter, wo er geblieben wäre, doch die meisten fauchten sie nur bösartig an. Etwas später bekam sie ihre Antwort, einer der Wächter gab ihr Auskunft. Man brachte Arnaud in eine Heilanstalt, die in Strasbourg – eine französische Stadt im Elsass – ansässig war. Dort sollte ein renommierter Arzt weiterhin mit ihm herumexperimentieren. Es war eine Anordnung des Königshauses, das mit allen Mitteln Fortschritte in der Behandlung von Geisteserkrankungen erzielen wollte.

Babette stand wie angewurzelt da. Es traf sie mit der Heftigkeit eines einschlagenden Blitzes.

Sie hätte Arnaud vergeben, wollte ihm helfen und konnte sich vorstellen, mit ihm wieder zusammen zu sein. Es kam anders. Niemals würde sie ihn wiedersehen, niemals wieder würde sie mit ihm sprechen, niemals wieder würde er sie auf ihren Pfaden begleiten. Die Liebe ihres Lebens verschwand im Nichts und ihr

Herz brannte lichterloh. Er hatte ihr sehr viel Schreckliches angetan, doch trotz allem liebte sie ihn und sie hätte ihm auch alles verziehen.

Daraus wurde aber nichts und so schleppte sie ihre gemarterte Seele zurück zu uns. Als sie mir davon erzählte, dass Arnaud für immer aus ihrem Leben geschieden war, wirkte sie wie versteinert. Ihre Schultern hingen schlaff nach unten, ihre Miene war finster und ihre Augen waren kalt. Sie kam mir ganz leblos vor, obwohl sie unter uns weilte. Die Jahre zuvor war sie manchmal traurig und hatte schlechte Tage, an denen sie immer sehr abwesend wirkte, doch in dieser Minute war sie völlig am Boden zerstört. Die Liebe ihres Lebens löste sich in Luft auf und sie verstand nicht, weshalb dies passieren musste. Sie sprach nicht, doch ich sah es: Babette hatte Selbstmordgedanken. Sie grübelte darüber, ob sie sich das Leben nehmen sollte. Sich erschießen, sich von einem Haus stürzen, sich erhängen, das alles passte nicht zu ihrer weiblichen Natur. Wenn Frauen sich umbringen wollen, greifen sie zu romantischen Mitteln, wie die Pulsadern aufschneiden oder eine Überdosis Opium zu sich nehmen. Verlassene Prinzessinnen hatten es ihnen vorgemacht. Dies waren ihre Gedanken, sie hatte den Tod vor Augen.

So viel hatte sie seinetwegen durchgemacht, so viel Schmerz hatte sie ertragen und doch liebte sie ihn so sehr, dass eine niemals stattfindende Wiedervereinigung ihre Seele vollkommen zerstörte.

Auch ihren sexuellen Trieb hatte sie die letzten Jahre gezügelt, sie wollte nur eines – sie wollte eine wärmende Liebe spüren, die bis an das Ende ihrer Tage anhielt. Babette war gebrochen, niedergeschlagen und todunglücklich. Ich hoffte, dass ich es schaffen konnte, sie zu trösten und ihre Stimmung wieder zu erheitern. Eines war mir nämlich klar: Sterben durfte Babette unter keinen Umständen – ich würde dies niemals zulassen.

In den nächsten Tagen versuchte ich, Babettes Seelenleben aufzuwerten. Wir saßen oft in einer Grünfläche am Place des Vosges/Place Royale, der in Le Marais gelegen war. Wir plauderten viel miteinander und ich hoffte, dass ich sie ein wenig aufheitern konnte, obwohl sie zu Beginn nur unzählige Luftschlösser baute und sehr abwesend wirkte. Es war meistens am frühen Morgen, als wir dort verweilten, man spürte noch die Nässe vom Morgentau, wenn man über das Gras streifte. Die aufgehende Sonne beleuchtete die Szenerie, während rund um uns vollkommene Ruhe vorherrschte. Es war schwierig, mit Babette über diese Dinge zu sprechen, doch ich wollte unbedingt zu ihrem Seelenleben vordringen.

Sie litt schwer darunter, dass Arnaud nie mehr wieder an ihrer Seite sein würde, empfand überaus große Leere und versuchte, ihre Suizidgedanken vor mir zu verheimlichen. Sie gab vor, stark zu sein, wenn sie schwach war, gab vor, dass alles in Ordnung sei, obwohl dies eigentlich nicht stimmte. Ich fühlte und merkte es trotz allem, ohne dass sie es auch nur ansatzweise wusste. Auch Angst merkte man ihr an. Sie hatte Angst vor dem Leben, dem Tod, der Liebe und deren Abwesenheit; vor der Vermutung, dass sie ein Leben ohne Liebe führen musste, vor dem Gefühl, dass sie ihr Leben mit einer Routine vergeudete, die gleichbleiben würde, bis sie sterben sollte und dann war da noch die Panik vor dem Unbekannten, was mit ihr nach einem möglichen Selbstmord passieren würde. All diese Gedanken, die Gedanken, die durch ihre Verzweiflung ausgelöst wurden, wollte ich löschen. Ich sprach zu ihr wie ein Freund, der ihr gegenüber nur Gutes im Sinn hatte, baute sie auf wie ein Vater, den sie nie hatte und erklärte ihr, wie schön doch das Leben sei, auch weil sie meines vor Jahren betreten hatte. Sie strahlte nun öfter. Ihr tat es gut, dass sich jemand so intensiv mit ihr beschäftigte. Wir lachten auch oft in diesen Zeiten, wir amüsierten uns über Späßchen und Witze meinerseits. Unsere Gespräche dauerten ein paar Tage und ich hoffte, dass ich ihr helfen konnte, ihre Gedanken zu ordnen.

Ich konnte zwar nicht zweifelsfrei sagen, ob sie nun ihre Selbst-
mordabsichten endgültig ad acta gelegt hatte, doch fürs Erste
hatte ich Gewissheit erlangt, dass sie weiterleben, weitermachen
wollte. Meine Redekunst schaffte es, dass sie weiterhin an
unserer Seite bleiben wollte. Babette wurde klar, wie schön es
auf dieser Welt doch sein konnte, wenn man nur die richtigen
Menschen um sich hatte. Dies sollte sich auch niemals ändern,
wir würden immer an ihrer Seite bleiben, auch wenn es noch so
stürmisch für sie kommen sollte. Wir verkörperten ihre Familie
– und diese würde sie niemals im Stich lassen. Sie würde hinter
ihr stehen wie ein Fels in der Brandung. Babette gehörte zu uns,
komme, was wolle. Babette war ein Teil von uns, daran konnte
nichts und niemand etwas ändern. Sie spürte dies nun endlich
selbst, fand neue Lebenskraft und begann in ihrem Dasein
weiterzukämpfen.

Lieber Leser, ich entschuldige mich dafür, dass ich kurz meine
Geschichte unterbreche, um weitere Gedanken zu transportieren.
Was ist die Menschheit? Was ist das Leben? Ein Klavierspieler,
der zu unseren Zeiten häufig aus den noblen Etablissements
akustisch vernehmbar war, macht Musik, um sich auszudrücken,
um sich zu entfalten. Er macht es nicht wegen Ruhm und
monetärem Anreiz, sondern macht es, weil er es gerne tut, macht
es, um seinen Mitmenschen Freude zu schenken. Ein Schriftsteller, dem eine besondere Rolle in unserer Gesellschaft zuteil wird,
schreibt seine Texte nicht, um aufzufallen oder aus der breiten
Masse herauszustechen. Er tut es, weil er seine Gedanken transportieren will, tut es, weil er seine Geschichte erzählen will.
Künstler nennt man diese Gattung Mensch – sie sind eine
besondere Spezies. Ein Vogel, der auf dem Baum sitzt und
fröhlich singt, musiziert nicht, um aufzufallen, sondern macht
es, um zu leben. Er kommt dadurch nicht zu seiner Nahrung und
es schützt ihn auch nicht vor Raubtieren, die ihn als Beute

wahrnehmen. Vielleicht macht er es aus seinem Trieb, um Aufmerksamkeit zu erhaschen und sich fortzupflanzen, aber er musiziert immer weiter fort. Der Großteil von uns Menschen verschwendet viel Zeit an normale Lebensaufgaben: seinen Kindern ein schönes Leben schenken, Geld verdienen und sehr viel arbeiten, so viel als möglich Wohlstand haben, einen geeigneten Partner finden, alt werden und irgendwann sterben. Viele von uns vergessen dabei ihr Leben. Viele vergessen, was wirklich wichtig ist. Es sind Gefühle, Erinnerungen, Wärme und Momente.

Es zählt nicht, wie viel Geld man in seinem Leben verdient hat oder wie gut sein Ruf unter seinen Mitmenschen geworden ist. Das sind banale Dinge, die unwichtig sind. Es ist die Liebe zu einem ganz besonderen Menschen, es ist die Erinnerung an wunderbare Zeiten, es ist die Wärme und Geborgenheit, die jeder von uns möglichst oft spüren sollte und es ist der Moment, in dem wir einfach nur glücklich sind. Kein Geld der Welt kann uns diese Dinge offenbaren und ich hoffe, dass man versteht, was ich damit ausdrücken will. Auch ich sehe viele Dinge, die banal sind, die mich aber zum Denken anregen. Es ist das Kind, das fröhlich zu lachen scheint, obwohl es innerlich gerade zerbricht. Es ist der Mann, der jeden Tag schuftet, um seine Familie zu ernähren. Es sind die Bauern, die aus den alten, steinernen Brunnen Wasser schöpfen, um ihr Vieh zu tränken, damit wir genug zum Essen haben. Es ist die alte Brücke, die uns über den Bach führt, damit wir trockenen Fußes auf die andere Seite des Ufers gelangen können. Das ist das Leben, es ist überall – man muss nur genau hinsehen. Das Leben ist nicht immer einfach, aber es ist wertvoll und man sollte es in guten wie in schlechten Zeiten auskosten, ohne zu viel auf Materielles zu achten. Ach ja! Es gibt da noch den Enthusiasmus. Der Enthusiasmus ist die auf eine Idee, eine Sache gerichtete Agape. Wir haben das alle schon einmal erlebt. Wenn wir lieben und mit ganzer Seele an etwas glauben, fühlen wir uns stärker als die ganze Welt und sind von einer Gelassenheit erfüllt, die aus der Gewissheit herrührt, dass nichts unseren

Glauben besiegen oder erschüttern kann. Diese seltsame Kraft macht, dass wir immer zum richtigen Zeitpunkt die richtigen Entscheidungen treffen und wenn wir unser Ziel erreicht haben, sind wir über unsere eigenen Fähigkeiten erstaunt. Denn während des guten Kampfes ist alles andere unwichtig, wir werden vom Enthusiasmus zu unserem Ziel getragen. Es ist, wie es ist. Werter Leser, sei wie der überfließende Brunnen und nicht wie die Schale, die immer gleich viel Wasser enthält!

Und nun geht es weiter im Text, es geht weiter mit der Geschichte meines Lebens, die Geschichte von Cartouche, dem Räuber, die Geschichte, die ich unterbrochen habe, um für einen kurzen Moment auch andere Gedanken zu vermitteln.

Während Elá zu diesen Zeiten die Schriften von Madame begutachtete, um den Rätseln auf die Schliche zu kommen, wanderte ich an einem Morgen durch Île de la Cité. Mein Gesicht hatte ich unter meiner Maske verborgen und ich musste mitansehen, wie am Platz vor der Notre Dame ein Mann, ein Dieb, hingerichtet wurde. Hunderte Bürger feixten, als ihn die Wachen auf die Stelle seines Todes stellten. Ihm wurden weder die Augen verbunden, noch wurde er gefesselt; er schaute die Vollstrecker seines Todesurteils einfach nur ruhig an, während sich ein Priester, die tobende Meute und die Soldaten von ihm langsam entfernten. „Feuer!", hallte es quer durch den Bezirk. Die Sonne, die schon über dem Horizont aufgegangen war, beleuchtete die Szene, während die Schüsse gellten und aus den Schusswaffen feiner Rauch empordrang. Die Soldaten stellten ihre Waffen mit einer militärischen Bewegung wieder auf den Boden ab. Der zu exekutierende Mann blieb noch für den Bruchteil einer Sekunde stehen, starb nicht, wie man es sonst so kannte, fiel weder nach vorne noch nach hinten und riss auch nicht die Arme hoch und kippte zur Seite. Vielmehr sackte er in sich zusammen, hielt den Kopf nach oben geneigt und seine Augen blieben geöffnet, während einer der Wachen vor Schreck in Ohnmacht verfiel. Nun lag er da und hatte das Gesicht zum Himmel gewandt. Ein Führer der Soldaten marschierte auf ihn zu, bespuckte ihn, beschimpfte ihn wüst und hielt ihm seine Pistole an die Schläfe. Er drückte ab – und die Kugel durchschlug seinen Schädel. Die Menschen lachten und vergnügten sich, feierten wie wild, während der Führer der Wachen „Tod dem Räuber!" brüllte. Der Mann wurde eiskalt hingerichtet; es war ein weiteres Schauspiel des Grauens, das man in Paris zu unseren Lebzeiten immer wieder begutachten konnte. Schauderhaft.

Nachdem ich mich gesammelt hatte, ging ich ein Stück zurück, um mich schnellstmöglich aus den Trauben der Menschen zu entfernen. Ich zupfte an meiner Hose, richtete meine Maske, atmete schwer und marschierte zurück zu meinem Heim. Elá wartete bereits in freudiger Erwartung, sie hatte Nachrichten für mich, hatte ein weiteres Rätsel der Templer gelöst. Sie meinte, es gäbe bei diesem Rätsel nur eine Möglichkeit – die Möglichkeit, dass es sich bei dem Geheimnis dieses Mal um Madames Haus selbst handelte. „Die Feuerstelle, die dir Wärme spendet, wird erloschen sein, wenn du den Schlüssel fändest. Geh hinein, doch sei bedacht, die Gefahr lauert in jedem Schacht. Unser Geheimnis bleibt verborgen, darum mach dir lieber andere Sorgen. Denn die Wahrheit, die ist diese, es ist nur Schein und so wird es auch für immer sein." Dies war das Rätsel, das wir noch aufzulösen hatten, den Standort – und da war sich Elá gänzlich sicher – kannten wir bereits.

Es konnte nur eine Lösung geben – den Kamin im unteren Stockwerk. Wir suchten nach versteckten Schaltern und Hebeln, doch wir fanden nichts. Doch da! Dort! Eine Einkerbung war uns neben dem Kamin aufgefallen. *Doch wieder nichts!* Wir probierten alles Mögliche, fanden aber keine Lösung, auch die kleine Vertiefung brachte kein Licht in unser Dunkel. Wiederum suchten wir das gesamte untere Stockwerk nach Antworten ab, ehe wir plötzlich am Kaminsims eine neuerliche Fundstelle begutachteten. Es war ein schmaler Ritz und möglicherweise passte mein Dolch von Madame in diesen. Ich testete, ob er passte, versuchte, meinen Dolch in die Öffnung zu schieben. Ja! In der Tat, es klappte! Ich drehte ihn hastig im Uhrzeigersinn, als es augenblicklich zu krachen und zu poltern begann. Zügig huschten wir nach hinten, der Kamin verschwand im Boden und eine Treppe in einen geheimen Keller kam zum Vorschein. Elá packte mich am Arm, bewegte sich blitzartig nach vorn und war sehr neugierig, was sich dort unten verbarg. Ich zögerte. „Komm schon, du Angsthase! Wir gehen da jetzt runter", sprach sie und lächelte dabei. Ich zog eine Grimasse, wischte mir über meine Gesichtsnarben und befolgte ihre Befehle. Frauen gehorcht man einfach, es ist immer dasselbe! Die Treppe, die nach unten führte, war aus Stein und alt, es schien, als hätte schon lange kein Mensch mehr einen Fuß dort hinunter gesetzt. Wir erblickten Spinnweben. An den Wänden steckten Fackelhalterungen; der Boden war staubig und die Wände gruselig. Wir marschierten vorwärts, entzündeten Fackeln und kamen immer tiefer in das Gewölbe. Dunkelheit herrschte. Ich machte weiter Licht, während man immer wieder das Geräusch von tropfendem Wasser vernahm, das auf den Boden plumpste. Unsere Fackeln warfen unheimliche Schatten – an den Wänden tanzten Kobolde und Geister. *Ah! Schreck!* Vor unseren Augen lagen wieder zwei uralte Skelette, ausgerüstet mit Schilden und Schwertern der Templer. Das waren Wächter der Templer, die augenscheinlich bis zu ihrem Tod in diesem geheimen Bereich verblieben, um die Geheimnisse zu schützen und zu bewahren. Madames Anwesen gab es anscheinend bereits seit den Gründungstagen dieser Stadt, hier war eines der Hauptverstecke des Ordens. Wir zogen den schmalen Gang weiter vorwärts. Abrupt begann es zu krachen, der Boden unter uns wackelte. Ich packte Elá, sprang hurtig nach vorne, während sich hinter uns eine Falle löste. Speere steckten in einem Loch im Boden, wir hatten Glück, waren noch immer am Leben. Kurz danach standen wir vor einem massiven hölzernen Tor, versuchten es aufzukriegen, klopften darauf und prüften, wie wir es öffnen konnten. Ich entzündete weiterhin einige Fackeln. Das alte Gemäuer war voll mit Spinnweben und auch die eine oder andere Ratte begegnete uns. Schon bald hatten wir einen Drehmechanismus an der linken Seite des Tores gefunden und begannen zügig daran zu werkeln. Das große Tor knarrte, als es sich endlich öffnete.

Ohne mit der Wimper zu zucken, setzte Elá ihren Weg fort, während ich eine Augenbraue hochzog, skeptisch blickte und ihr langsam folgte. Was mochte sich wohl in diesem Raum verbergen? Im Inneren angekommen, begegnete uns stickige Luft, Dunkelheit und Ungewissheit, die daher rührte, dass wir nicht genau wussten, was auf uns warten würde. Ich entzündete mit meiner brennenden Fackel weiterhin die Fackeln, die in den Wänden steckten und atmete tief durch. Als endlich Helligkeit den mittelgroßen Raum erleuchtete, wurde uns klar, wo wir uns befanden. Rote Teppiche, die mit goldenen Templerkreuzen verziert waren, lagen auf dem Boden, ein riesiger, uralter Tisch, der aus Eichenholz gefertigt und mit geschnitzten Mustern verziert war, war in der Mitte des Raumes zu sehen, ein großes Bücherregal, das mit vielen uralten und sicher geheimen Schriften befüllt war, stand am hinteren Ende des Verstecks und an den Wänden des Raumes prangten alte Rüstungen und Waffen, die wie Kunstwerke den Raum verzierten. Dieser Ort war ein geheimer Versammlungsraum und gleichzeitig Bibliothek der Templer, jahrelang wurde er nicht mehr betreten. Die Bücher, die bei unserem letzten Abenteuer nicht mehr auffindbar waren, wurden scheinbar hier gehortet. Wir waren erstaunt über die staubige und geheime Vielfalt dieses Gewölbes. Elá steckte nun tagelang ihre Nase in die Bücher und Schriften, um mehr über das Mysterium Templerorden herauszufinden. Ihr gelang es, im Verlaufe der Zeit noch mehr aufzudecken, doch fürs Erste hatten wir genug erforscht. Die Templer, die, die einst verfolgt und ausgelöscht wurden, verweilten noch immer in unserer Mitte. In einer Niederschrift stellten wir fest, dass es Standorte dieser Geheimgilde auf dem gesamten Planeten gab. Es gab zwar nur mehr ein paar hundert Tempelritter, aber dennoch existierte der Orden weiterhin fort. Sie waren geheime Engel, es konnte jeder sein. Auf den Listen, die wir entdeckten, standen Namen von Menschen aus allen sozialen Schichten, Menschen, die von edlem Blute waren, Menschen, die aus Königshäusern stammten und sehr hohen Einfluss auf Politik und Wirtschaft hatten. Aber es waren auch Bürger aus normalen Bereichen dabei, sogar der Metzger, bei dem du jeden Tag deine Wurst abgeholt hast, konnte ein Templer sein. Es gab aber nur noch wenige und in Paris auch nur uns, doch die paar hundert Templer, die es noch gab, versuchten Gutes zu tun, versuchten, unser aller Leben am Laufen zu halten. Sie verkörperten Engel, die aus dem Schatten operierten, um dem Licht zu dienen. Wir gehörten nun zu ihnen, wussten dies jetzt und versuchten von nun an, alles zu geben, was in uns steckte, um dem gerecht zu werden, was man von uns erwartete. Wir gehörten zu den Templern, dem Orden, der versuchte, das Leid auf dieser Welt zu lindern, dem Bund, der nahezu ausgelöscht schien und als nicht mehr existent galt. Unsere Aufgabe bestand nun darin, den weiteren Geheimnissen auf die Spur zu kommen und den Fortbestand des Ordens zu sichern. Wir waren gespannt, was uns noch alles bevorstand, bemüht, unser auferlegtes Schicksal mit Freude und Zuversicht zu erfüllen.

Diejenigen, die denken, dass du schlechter bist, als sie es sind, sollten aufhören, so zu tun, als wären sie besser, wie du es bist und diejenigen, die demjenigen, der besser ist, wie sie es sind, Schlechtes wünschen, sollten anfangen, ihren Kopf zu benutzen, um besser zu werden und voranzukommen.

Ich hatte gelernt, gelernt, dass man nur Menschen vertrauen sollte, die das Vertrauen auch wert waren, verstanden, dass es auch falsche Menschen gab, die einen nicht weiterbrachten und hatte durch Pierre-Francois kapiert, dass man nur auf die Menschen zählen konnte, die im Herzen völlig rein erschienen. Diese Menschen gab es: Elá, Babette und das gute Dutzend Kinder, die wir um uns scharten, hatten ein reines Herz und waren jeden meiner Atemzüge, jeden meiner Herzschläge und jeden Kampf, den ich führte, sicher wert. Aber mit falschen Menschen wollte ich nie wieder etwas zu tun haben. Diese Charaktere waren meiner einfach nicht wert, diese Personen konnten dort hingehen, wo der Pfeffer wächst. Niemals wieder würde ich mich so einfach hintergehen lassen. *Niemals wieder!*

Es gab viele schlechte Menschen in unseren Zeiten, wobei die Schlimmsten die waren, die nicht wussten, dass sie es sind, weil sie nur wiederholten, was andere ihnen erzählt und aufgetragen hatten, ohne selbstständig darüber nachzudenken, ob dies auch nur ansatzweise stimmen konnte. *Grässlich.* Doch so sei es, man konnte es sowieso nicht ändern, denn die Gesellschaft hatte immer mehr Regeln und Gesetze, die den Regeln widersprachen und neue Regeln, um den Gesetzen zu widersprechen. Kein Mensch tat einen Schritt außerhalb der unsichtbaren Regeln, die das Leben aller lenkten, obwohl sie es gleichzeitig in eine Zwangshaltung führte und es ihnen kein bisschen weiterhalf. Das Leben aller erschien wie Aneurysmen im Gehirn, tickende Zeitbomben, die von einem Moment auf den anderen explodieren konnten. *Aber egal!* Ich habe genug zu dieser Materie geschwatzt und komme nun zu meinem eigentlichen Thema zurück.

Wir verbrachten die meiste Zeit nun damit, die Kinder an unserer Seite zu schulen und zu trainieren.

In unserem Untergrundversteck konnten wir ihnen eine Bleibe gewährleisten und ihre Bedürfnisse stillten wir mit den monetären Möglichkeiten, die uns Pierre-Francois hinterlassen hatte. Essen, Trinken, Kleidung, Spielzeug, das alles kauften wir, um es unseren kleinen Freunden gut gehen zu lassen. Es sollte ihnen an nichts fehlen. Enzo und Alphonse waren athletische Jungen, die sofort mit allen möglichen Waffen umgehen konnten und reges Interesse am Kampf entwickelten. Enzo interessierte sich eher für Fernkampf und Experimente, während Alphonse meistens mit dem Schwert hantierte und seine Fäuste auf Vordermann brachte. Sie stritten sich oft darüber, wer nun der Bessere von ihnen beiden wäre. Häufig musste ich dazwischen gehen, um die beiden Streithähne auseinanderzubringen. Doch sie gefielen mir. Sie hatten einen Enthusiasmus für unsere Vorhaben entwickelt, der seinesgleichen suchte und uns weiterbringen sollte. Annabelle, die als Einzige bei uns im Haus übernachtete, war die mit Abstand Intelligenteste von allen. Sie lernte schnell, konnte im Nu alles umsetzen, was wir sie in Politik, Sprachen, Mathematik und Allgemeinbildung lehrten. Immer wieder neigte sie stolz ihr Köpfchen nach oben, wenn sie merkte, dass sie die Schlauste war. Schon zu diesen Zeiten wusste ich, dass aus Annabelle eine wunderbare Dame werden würde, die möglicherweise das Zeug zu einer Anführerin hatte. Das Mädchen hatte ungeheuerliches Potenzial, war schlau wie ein Fuchs, redegewandt wie eine Prinzessin, nobel wie eine Hofdame und glasklar, messerscharf in ihren Gedanken. Babette wurde von uns eingeweiht und in den Kreis der Tempelritter eingeführt. Ohne Bedenken willigte sie ein, machte bei unserem Orden mit und half uns, die Kinder zu versorgen. Sie wollte uns bei allem helfen, was wir in Zukunft so vorhatten, war froh, an unserer Seite verweilen zu dürfen und glücklich, bei uns eine Heimat gefunden zu haben.

„Idiot!" – „Selber!" – „Du bist zu blöd für alles!" – „Nein! Du!", kreischten wie so oft Alphonse und Enzo durch den Untergrund, als ich sie zum tausendsten Male auseinanderdrückte. Sie trieben sich gegenseitig an, sie wollten beide besser werden, merkten aber gar nicht, dass sie sich somit auch gegenseitig unterstützten. Annabelle hatte immer Angst in den Momenten, in denen die Jungen sich stritten. Ihr früheres Leben machte ihr noch immer zu schaffen. Sie versteckte sich dann meistens hinter mir, drückte ihre Fingernägel in mein Bein, so fest, dass ich beinahe blutete und weinte bitterlich. „Sag ihnen, dass sie aufhören sollen", sagte sie meistens mit weinerlicher Stimme, während ich immer versuchte, sie zu beruhigen. Es dauerte ein paar Augenblicke, bis Annabelle wieder fröhlich wurde, doch Elá und ich schafften es, die Kleine immer zu erheitern. Dennoch merkte man ihr an, dass ihr das Leben der vergangenen Zeiten nicht gut getan hatte. Körperliche Gewalt konnte sie nicht ertragen und sie reagierte panisch auf die Streiterei der Jungen. Wir verstanden sie, versuchten sie aufzubauen und wollten ihr dabei helfen, ihre Schockerlebnisse vergangener Tage aufzuarbeiten. Elá war dabei der Schlüssel; sie schaffte es mit ihrem Gemüt immer aufs Neue – sie machte die Kleine glücklich. Annabelle sollte in Zukunft spüren, wie schön doch das Leben auch sein konnte. Liebevoll. Warm. Zärtlich. Heimelig. Sie hatte genug Schlimmes miterlebt, verdiente das. Manchmal weinte sie, ohne zu sagen, weshalb; wir trösteten sie, ohne genau zu wissen, warum. In Zukunft sollte es Annabelle allerdings gut ergehen, sie wurde zu unserer Tochter, obwohl sie nicht unsere Blutlinie in sich trug, obwohl wir nicht ihre leiblichen Eltern waren. *Ja!* Wir liebten Annabelle, so als wenn sie unsere eigene Tochter gewesen wäre.

In diesen Monaten brachte ich meinen jungen Schülern alles bei, was ich über die Kampfkunst wusste. Obwohl sie anfangs Probleme damit hatten, das Schwert und ihren Körper richtig zu kontrollieren und einzusetzen, wurde es im Verlaufe der Zeit immer besser. Der viele Schweiß zeigte Wirkung, die Knaben hatten Spaß an meinen Schulungen und wurden von Mal zu Mal geschickter. Es sollte zwar noch ein paar Jahre dauern, bis sie zu richtigen Kriegern wurden, doch ihr momentanes Vergnügen an dieser Sache stand im Vordergrund. Immer wieder lauschten sie gespannt meinen Vorträgen, während ich ihnen zeigte, wie ein Sonnenkrieger sein Leben meistert und vorzugehen hat. Es gefiel ihnen, sie waren begeistert.

An einem luftigen Morgen – es war schon hell – ging ich wie gewöhnlich in unser Versteck im Untergrund. Ich wanderte an der Notre Dame vorbei, ging in die Kanalisation, schob leise die Geheimtüre auf und marschierte verschlafen vorwärts. Mit verträumten Augen musterte ich die Umgebung: die Tür zum ehemaligen Sitz von Pierre–Francois, in dem dieses abscheuliche Wesen in seinem Gold badete, die Untergrundmauern, die glitschig und nass wirkten, die vielen Teppiche, die Babette in unser Versteck gebracht hatte, die hölzerne Truhe, in der sich Annabelle manchmal, ganz selten, versteckte, den großen Saal, der uns zum Feiern und Essen diente und die Türen zu den vielen Schlafräumen, Übungsräumen sowie dem Kerker, die allesamt weiter den Flur entlang gelegen waren. Ich ging in den großen Saal und fragte alsbald Enzo nach Babette. Er schüttelte verneinend sein Haupt und meinte, er hätte sie noch nicht gesehen. Ich begutachtete die Umgebung, als mir ganz plötzlich ein blutverschmiertes Brotmesser ins Auge stach. Ich musterte weiter meinen Umkreis. Blutspritzer erblickte ich am Boden; sie führten mich aus dem Saal hinaus und schon bald stand ich vor Babettes Schlafgemach. Sie wird doch nicht etwa ...? Oder doch ...? In meiner Panik begann ich an der Tür zu klopfen. Stille. Ich klopfte abermals. Keine Antwort. Ich versuchte, die Tür zu öffnen. Abgeschlossen. Ich durfte keine Zeit verlieren – es könnte zu spät sein. In einem Zug trat ich ein paar Schritte zurück, holte tief Luft, rannte auf die Tür zu und rammte diese ruckartig. Mit heftigem Gepolter stand ich nun in Babettes Räumlichkeiten, während meine Schulter höllisch schmerzte. Hastig schweifte mein Blick durch das Zimmer. Da! Dort! Babette saß auf einem Stuhl, musterte mich erstaunt und wirkte etwas geschockt – während sie sich ihren verletzen Daumen verband, weil sie sich mit dem Brotmesser geschnitten hatte. Ich atmete tief durch. *Ach! Welch Glück!* Babette begutachtete mich weiterhin verblüfft, vorsichtig bemüht, sich nichts anmerken zu lassen und ihre Verwirrtheit zu verstecken. Ich meinte bloß, dass ich sie nicht gefunden und mir Sorgen gemacht hätte. Die Tür würde ich selbstverständlich reparieren und ich entschuldigte mich abermals für mein Hereinplatzen. Sie lächelte kurz und meinte, dass ich mir keine Sorgen machen müsse und dass das schon in Ordnung sei. Etwas von Sinnen begab ich mich zurück in den Saal. Meine Angst war unbegründet; Babette hatte sich nichts angetan. Und dies sollte auch so bleiben, denn Babette hatte neuen Lebensmut geschöpft. Sie wollte nun Dinge erleben, die sie nicht mehr für möglich gehalten hatte. Dinge, die sie immer aufgeschoben hatte, weil sie dachte, es würde schon noch werden. Dinge, an denen sie das Interesse verlor, als sie zu glauben begann, es lohne sich nicht zu leben. Sie wollte im Winter ohne Mantel durch den Schnee wandern, die eisige Kälte spüren, sie, die meistens warm angezogen war. Sie wollte im Sommer die Hitze auf ihrer Haut spüren und der frischen Sommerbrise begegnen, sie, die das nie interessiert hatte. Sie wollte den Regen im Gesicht fühlen und Kinderlachen vernehmen, sie, die das früher nicht einmal bemerkt hatte. Und sie wollte wieder lieben, dazu Männer anlächeln, die sie interessierten, küssen und ihren Lucas versorgen, sie, die das alles schon aufgegeben hatte. Babette wollte leben, wollte endlich wieder glücklich sein und ich war froh, dass sie nun endlich so dachte. Mir fiel ein Stein vom Herzen, als mir klar wurde, dass meine Sorgen mittlerweile unbegründet waren. *Puh! Utiliser votre vie!*

Die nächsten Wochen vergingen in Windeseile. Wir übten, spielten und hatten Spaß mit den Kindern. Manchmal gingen Elá und ich spazieren und erholten uns vom sonst so hektischen Treiben. Die Bevölkerung von Paris wurde in dieser Zeit ruhiger, war nicht mehr so panisch – denn die Pest in Marseille hatte endlich aufgehört, menschlichen Tribut zu fordern. Die Pest wurde schließlich eingedämmt und die Menschen in Frankreich konnten aufatmen. Doch sie hatte verheerende Schäden hinterlassen. Der schwarze Tod tobte in der Hafenstadt sowie in der ganzen Provence – eine Landschaft im Südosten Frankreichs –, zu der auch Marseille gehörte und schaffte es, die Hälfte der Bürger des gesamten Gebietes auszurotten. Alleine in Marseille starben 50 000 Menschen, was zu unseren Zeiten der Hälfte der Einwohner entsprach. Es war ein absolutes Desaster! Pestmauern wurden errichtet und eine Pestpolizei eingeführt, um Herr der Lage zu werden, doch bis jetzt dauerte das Massensterben an und die vielen Opfer kamen einer nationalen Katastrophe gleich. Die Bürger um uns herum wurden dennoch wieder etwas ruhiger, schließlich war nun die Zeit der Angst und der Bange vorbei. Madame Clarot stand weiterhin nicht auf den Todeslisten, schon bald hatte sich aber das Rätsel um ihre Person gelüftet. Madame Clarot nahm ein tragisches Ende. Das Ende der Pest war auch das Ende unserer Lehrmeisterin.

Eines Tages klopfte es unverhofft an unsere Eingangstür, ich öffnete sie und ein Bote stand davor. Er hatte einen Brief aus Marseille bei sich, der an dieses Haus adressiert war und nach Kirsche duftete. Es war ein Brief von Madame und ich begann ihn eilig zu lesen.

Der endgültige Abschiedsbrief von Madame Clarot

„An meinen Knaben! An meinen Cartouche!

Deine Taten haben sich herumgesprochen, du wurdest zu einem Meisterdieb. Ich bin stolz auf dich und hoffe, dass du viel Gutes vollbracht hast, hoffe, dass du auch denen gegeben hast, die es nötiger hatten.

Ich habe aber keinerlei Zweifel, denn – mein Knabe – dein Herz ist rein. Auch dein Tod hat sich herumgesprochen, du hast ein ganzes Land in Wallung gebracht. Ich vertraue darauf, dass du es meistern konntest, zu überleben. Mein Herz sagt mir, dass du am Leben bist. Ich bin mir sicher, dass du alle täuschen konntest. Ich spüre es; du bist am Leben. Ich hoffe, dass du Robert kennengelernt hast und er dich eingeweiht hat. Wenn ihr euch nicht gefunden habt, käme das einer Katastrophe gleich. Mein Junge? Du musst den Orden wieder aufbauen, führen und ihm zu altem Glanz verhelfen, denn es gibt nur mehr wenige von uns – in Frankreich beinahe niemanden mehr. Die Welt braucht uns, die Welt braucht Hilfe – sonst versinkt sie im Chaos. Ich bitte dich, dass du die Rätsel der Bruderschaft studierst und den Orden aufbaust, so gut das eben klappt. Ich bitte dich darum, den Menschen zu helfen und Gutes zu tun. Dein Herz ist rein und du wirst dies schaffen. Das Haus in Paris habe ich einem Herrn Bourgoun vermacht, die Besitzurkunde liegt bei. Benutze diesen falschen Namen, um das Haus weiterhin dein Eigen zu nennen. Du fragst dich sicher, weshalb ich das getan habe. Cartouche ... ich werde sterben, sehr bald schon diese Welt verlassen. Als die Pest in Marseille Einzug gehalten hatte, wurde mir bewusst, dass ich helfen musste. Ich sah Tausende, Abertausende Tote. Auch Kinder. Elend. Schreie. Schmerz. Die Pestpolizei hat die meisten von ihnen in den Hafen verfrachtet und sie abgeschottet – sie krepierten dort wie Tiere. Tagtäglich versuchte ich zu helfen, verband Wunden, spendete Trost, überbrachte Medizin, gab ihnen zu essen und zu trinken, sah Tausende qualvoll unter

Schreien sterben und brachte gemeinsam mit anderen Leichen weg, um die Ansteckungsgefahr zu verringern. Es war fürchterlich, zusehen zu müssen, wie so viele Mitmenschen starben. Ich kann es nicht ändern, habe alles, was in meiner Macht stand, getan, um zu helfen. In den letzten Tagen hat es mich erwischt: Beulenpest. Ich werde sterben – doch ich habe die Gewissheit, dass ich Gutes getan habe, etwas, was unsere Obrigkeiten immer strikt abgelehnt hatten. Diese Scheusale wollten sie nur einpferchen und sie dort ihrem Schicksal übergeben. Gott sei ihrer Seele gnädig! Sei nicht traurig, Cartouche, mein Tag ist gekommen. Führe unseren Orden zu neuem und geheimen Glanz. Solltest du Elá wiedersehen, sag ihr, dass ich sie genauso liebe, wie ich dich liebe. Ihr beide seid meine Lebenslichter und ich hoffe, dass sie zu dir zurückgekehrt ist. Du wirst es schaffen, ich habe keinerlei Zweifel. Ich bin froh, dich und Elá kennengelernt zu haben – ihr beide seid außergewöhnliche Menschen. Ich wünsche dir alles Gute, Cartouche und hoffe, wir sehen uns eines Tages wieder. Sei nicht traurig, es ist mein Schicksal und ich gehe nun zu meinem Mann zurück. Du wirst alles schaffen, wirst viel Gutes tun – davon bin ich – felsenfest – überzeugt.

In Liebe

Madame Clarot"

Stille. Es herrschte Totenstille. Das Licht der Kerzen, die wir nun monatelang für Madame in der Notre Dame entzündeten, warf unheimliche Schatten an die Wände der Kathedrale. Doch sie leuchteten hell und friedlich, flackerten keineswegs und die Flamme blieb ruhig – ein gutes Zeichen. Monatelang trauerten wir nun um Madame Clarot, unsere Traurigkeit kannte keine Grenzen. Wir weinten oft, beteten für sie und wünschten ihr viel Glück in ihrem neuen Leben. Eines Tages entdeckte ich auch ihren Namen auf den Todeslisten, der mit dem kleinen Vermerk versehen wurde, dass sie bis zum letzten Atemzug den Betroffenen geholfen hatte und vom Ausbruch bis zum Ende der Seuche vorneweg marschierte, um denen zu helfen, die an der Pest erkrankt waren. Am Ende starb sie selbst an der Seuche. Obwohl sie die gesamte Zeit nur anderen geholfen hatte, kannte das Schicksal keine Gnade und sie verstarb in den letzten Zügen des schwarzen Todes. Es passte zu ihr, genauso kannten wir sie. Madame Clarot hatte nur Gutes im Kopf und wollte immer Schmerz, Trauer und Elend lindern. Es gelang ihr wie so oft, den Menschen zu helfen, doch dieses Mal zahlte sie einen hohen Preis für ihren wunderbaren Charakter. Sie bezahlte mit ihrem eigenen Leben. Wie ein so wunderbarer Mensch bloß sterben konnte, verstanden wir beide nicht. Wir trauerten monatelang um eine Person, die uns aufnahm, die uns alles lehrte, die uns liebte, Zuneigung schenkte und uns als Charaktere so enorm weiterbrachte und formte. Wir fühlten Leere in uns und konnten es kaum glauben, waren betroffen und niedergeschlagen. Dennoch hofften wir, dass es ihr nun gut erging, dort, wo sie nun war, an dem Ort, von dem wir keine genaue Ahnung hatten, was er wirklich bedeutete. Wir spürten sie trotz allem – Madame Clarot hatte ihr Schicksal erfüllt und diese wunderbar selbstlose Frau war nun auf dem richtigen Platz angekommen. Wir fühlten es; Madame Clarot ging es gut. Wir spürten es; ihre Seele lebte weiter fort. Dass wir sie fürs Hier und Jetzt verloren hatten, traf uns trotzdem mitten in unser Herz. Wir konnten dies nur nicht ändern, mussten weitermachen und so versuchten auch wir unser Schicksal zu erfüllen. Doch so manche Dinge erinnerten mich weiterhin an Madame Clarot. Sie zeigte mir auch die Kunst der Liebe. Ihr solltet wissen, dass ich all meine Verführungen als Ehrensache betrachtet habe. Eine Person liebte ich aber – und ja, mir ist klar, wie kitschig das manchmal klingt – mehr als alles andere. Elá. Aber auch für Babette empfand ich noch immer ein Gefühl, das ich zu jenen Zeiten noch nicht genau erklären konnte. Madame lehrte mich, dass meine Waffe der Charme und der Witz sein müsste, denn durch meine Narben hatte ich einen gewissen ästhetischen Nachteil.

Ich sollte meinen Witz und Charme im Übermaß einsetzen. Wie beim Wein merkt niemand, dass er davon schon genug genossen hat. Meine Narben wurden damals zu einzigartigen Merkmalen, die mich von anderen unterschieden. Mein Wesen brachte mich weiter als so manch anderen gut aussehenden und gut gebauten Bauernburschen. Eine sanfte Schlagfertigkeit kann einem Zugang zu ungeahnten Höhen ermöglichen. Madame brachte mir somit auch bei, wie man so manchen Makel zu seinen Gunsten wenden konnte. Sie war einzigartig. Ich konnte noch immer nicht begreifen, dass ich sie nie mehr wiedersehen sollte, auch wenn ich in meinem tiefsten Inneren diese Möglichkeit bereits durchgespielt hatte. Weiterhin wollte ich zwar ihre Anliegen umsetzen, aber mir auch eine gewisse Freiheit dabei behalten. Ich wollte mein Leben so leben, wie ich es mir erträumte und nicht so, wie andere es von mir erwarteten, obwohl ich genau wusste, dass ich ihre Erwartungen sicherlich umsetzen konnte. Die nächsten Monate vergingen blitzartig und um uns lag ein ständiger Mantel der Trauer. Unsere Lehrmeisterin war verschieden und wir weinten bitterlich um sie.

Im Sommer 1723, der sehr hitzige Temperaturen mit sich brachte, gingen Elá und ich oft in Le Louvre spazieren, genossen die Sonnenstrahlen und eines Tages entdeckten wir im Arrondissement Feydeau einen wunderschönen Irrgarten, in dessen Mitte sich eine kleine Windmühle befand. „Komm schon! Wir schaffen es, zu der kleinen Mühle zu gelangen!", sagte Elá belustigt zu mir, während sie sich auf ihre Unterlippe biss. Ich grinste und wir versuchten, uns einen Weg durch die meterhohen Büsche und die geheimnisvollen Pfade zu bahnen. Zuerst gingen wir gerade aus, danach nach links und dann nach rechts, um nachfolgend in einer Sackgasse zu stehen. Wir probierten weiter herum, immer weiter. Nach einer Weile hatten wir dann den richtigen Pfad gefunden und wir standen – endlich – vor unserem Ziel. Ich begann Elá zu kitzeln und sie fing an zu lachen. „Hör auf!", sagte sie quietschend und gackernd, während ich immer weiter meine Späße trieb, sie kitzelte und dabei Grimassen schnitt. Wir hatten mächtig Spaß, als wir uns vor der Windmühle im Kreise drehten und durch die Hitze tanzten. Alsbald legten wir uns vor der Mühle in eine Wiese, hörten die knarrenden Geräusche der Windmühlenflügel, das Summen der Insekten, das Murmeln eines kleinen Baches, der dort durchfloss und direkt in die Seine mündete und wir genossen unsere traute Zweisamkeit. Wir küssten uns oft, lagen nebeneinander, machten Witze und tratschten über Gott und die Welt. Es war ein schöner Tag, ein Tag mit der bezauberndsten Frau im gesamten Universum, die Frau, die mir alles bedeutete, die Frau, die für mich den Himmel auf Erden verkörperte.

Ich dachte in dieser Minute viel nach, hatte in dieser ruhigen Atmosphäre Zeit, viel Zeit.

Ich grübelte über das Leben, den Tod und die Menschheit, fragte mich, was passieren würde, wenn wir sterben und fragte mich, ob es wirklich stimmte, was uns die Kirche dazu so alles erzählte. Ich hatte schon immer eigene Theorien zu diesen Themen und war felsenfest davon überzeugt, dass viel mehr hinter diesen Dingen steckte, als wir allesamt wussten. Im Verlaufe der Zeit sollten dank des Templerordens weitere Erfahrungen hinzukommen, doch auch jetzt konnte ich bereits über einiges philosophieren: Der Mensch ist das einzige Wesen auf diesem Planeten, dem bewusst ist, dass es sterben wird. Obwohl er weiß, dass sein Leben vergänglich ist und alles enden wird, dann, wenn man es am wenigsten erwartet, ist es der Mensch, der das Leben zu einem Kampf macht, der eines ewigen Wesens würdig ist. Was manche Eitelkeit nennen – Kinder und Dinge hinterlassen, etwas tun, damit dein Name niemals vergessen wird –, halte ich für einen

Ausdruck der menschlichen Würde. Der Mensch versucht jedoch, die Gewissheit seines sicheren Todes zu verdrängen, ohne zu merken, dass dies der größte Antrieb für ihn ist. Der Mensch hat Angst vor der Dunkelheit und vor allem, was ihn in Panik versetzt, kann aber seine Angst nur überwinden, indem er vergisst, dass seine Tage gezählt sind. Er verdrängt seinen sicheren Tod und dabei vergisst er, dass gerade das der Antrieb für die besten Taten im Leben ist. Dabei wäre er imstande, so viel mehr zu wagen, so viel zu erreichen, in seinem Leben voranzukommen und Erfolg zu haben – denn er hat nichts zu verlieren, der Tod ist unausweichlich. Unser Tod ist unser großer Verbündeter, weil er unserem Leben erst einen Sinn ergibt, doch wir müssen unsere Ängste loswerden und begreifen, dass wir sofort zupacken, wenn sich eine Chance ergibt, da wir sowieso nur dieses eine Leben haben. Das Leben macht Sinn. Es hat aber keinen Sinn, Angst davor zu haben. Wir besitzen allesamt sehr viel Zeit und sollten diese nutzen, um stärker zu werden und unsere Seele zu erweitern, bevor es eines Tages möglicherweise zu spät sein könnte. Die größte Triebfeder ist unser eigener Tod – dessen muss man sich bewusst werden. Jeder, wirklich jeder, sollte versuchen, sein eigenes Lebenslicht zu erweitern und zu vergrößern.

Aber – lieber Leser meiner Memoiren – ein Mensch, der nicht hören will, verschließt sich den Möglichkeiten, die uns das Leben fortwährend anbietet. Nur wer das Geräusch der Gegenwart wahrnimmt, kann die richtigen Entscheidungen treffen! Hör zu jeder Zeit in dich hinein!

Eines Tages ging ich bei brütender Hitze zu unserem Tisch, schnappte mir ein Glas Wasser, um meinen Durst zu löschen, als plötzlich wieder ein Bote vor meinem Hause stand. Er klopfte an die offenstehende Tür, hatte einen Brief dabei, der an dieses Haus adressiert war und „Louis" stand auf der Vorderseite des Briefes.

Hastig öffnete ich den Umschlag. Wer könnte das sein? Wer schrieb mir dieses Mal?

Der Brief

„Liebster Louis!

Wir hoffen, dass du uns nicht vergessen hast. Wir sind es: Marianne und Laurent. Du hast uns damals deine neue Adresse gegeben und wir wollten dir unbedingt schreiben. Hier in Bordeaux ist es wunderschön und wir sind sehr zufrieden mit der Region und den Leuten. Louis, wir haben ein Kind bekommen – sie heißt Josephine und spielt gerade draußen im Garten. Wir sind die glücklichsten Menschen der Welt – auch du würdest die Kleine lieben. Wir haben ihr auch schon reichlich von ihrem Onkel Louis erzählt. Laurent verdient sehr gut und sein Bruder, bei dem wir wohnen, ist immer so nett zu uns. Es geht uns einfach richtig gut. Als wir vor Zeiten Paris verlassen hatten, wussten wir nicht mehr weiter. Uns wurde unser Glück, unser Lebenslicht und unsere Freude gestohlen, doch heute sind wir glücklicher als je zuvor. Unser Leben wurde auf einen Schlag so viel besser, als wir nach Bordeaux kamen. Wir werden dir deine Hilfe nie vergessen, du bist unser kleiner Louis. Wir vermissen dich so sehr … Komm uns doch mal besuchen! Ja? Josephine würde sich freuen, dich zu sehen. Wir hoffen, dass es dir gut geht und dass du dich weiterhin so gut zurechtgefunden hast. Diese Stadt ist gefährlich. Pass auf dich auf! Wir wünschen dir weiterhin alles Gute, wünschen dir alles Glück der Welt – unser Glück haben wir hier in Bordeaux gefunden. Du kannst uns jederzeit besuchen kommen, unsere Türen stehen dir immer offen und du wirst stets in unseren Herzen bleiben. Louis, bleib so, wie du bist – du bist nämlich ein toller Bursche. Viel Glück weiterhin und wir hoffen, dich eines Tages bei uns zu sehen. Ach ja! Viele Grüße von unserem Sonnenschein Josephine, die gestern sechs Jahre alt wurde. Wir lieben dich, Louis! Vergiss das bitte niemals …

Deine Marianne und dein Laurent"

Tränen standen in meinen Augen, als ich diese Worte las. Meine alten Freunde und Retter hatten mir geschrieben, erzählten mir von ihrem Glück und ihrer Tochter. Die Menschen, denen vor langer Zeit alles geraubt wurde, spürten nun Lebensfreude. Die Menschen, die so viel Kummer in sich trugen, so enorm verletzt wurden und nicht mehr weiter wussten, hatten ihr Glück gefunden. Ich strahlte über beide Ohren, freute mich für sie. Es war wunderschön zu hören, dass Laurent und Marianne glücklich geworden sind. Obwohl ich sie nie besucht habe, wusste ich dennoch, dass es ihnen nun gut erging. Meine Lebensretter früherer Tage hatten ihren Platz im Leben gefunden. Besuchen konnte ich sie nicht, da ich leider nie die Zeit dafür fand. Ich war dennoch überglücklich, glücklich, von ihrem Segen und von ihrem Lebensverlauf zu wissen. Laurent und Marianne ging es endlich gut. Ihre Tochter Josephine musste ein wunderbares Wesen sein – niemand anderes auf dieser Welt hatte dieses Glück so verdient wie diese beiden gütigen Seelen.

In diesem Moment wurde mir klar, dass das Leben manchmal wirre Züge annehmen konnte. Madame Clarot ging fort, half den vielen Kranken und musste ihre guten Taten schließlich mit dem Tod bezahlen. Marianne und Laurent gingen fort, ohne viel Hoffnung auf eine wundervolle Zukunft zu besitzen, um genau an jenem Ort ihr Lebensglück zu finden, der für sie anfangs nur als Ausweg diente.

Das Leben spielte oft komische Musikstücke, war ein ewiges Auf und Ab. Das Leben führte einen manchmal in den Himmel und manchmal direkt in den Abgrund – *das Leben stand auf Messers Schneide!*

Im Dezember des gleichen Jahres war die Regentschaft von Philipp II. beendet. Der Herzog von Orleans starb im Alter von 49 Jahren an einem Schlaganfall. Der Mann, der mich damals regelrecht festgenagelt hatte, verweilte nicht mehr unter den Lebenden. Sein Körper wurde in der Basilika Saint-Denis, sein Herz in der alten Kirche Val-de-Grâce und seine Eingeweide in einer Kirche seiner Geburtsstadt Saint-Cloud beigesetzt. Der begabte Maler, Komponist und Graveur übte seit 1715 im Namen des noch unmündigen Ludwig XV. die Regentschaft aus. Die Zeit seiner Herrschaft wurde als *Regence* bezeichnet. Er wurde als Sohn des Herzogs Philipp I. de Bourbon, des Bruders König Ludwig XIV. und der Liselotte von der Pfalz geboren – er war somit auch der Enkel von Ludwig XIII. und der Neffe von Ludwig XIV. Der Regent lehrte den noch minderjährigen neuen König alles, was er wusste, aber seine Zeit, die er an der Macht verbrachte, war kaum von Bedeutung, denn das Land wurde in diesen Jahren mehr oder minder nur verwaltet – es herrschte nahezu Stillstand in Frankreich. Aber der einfallsreiche Mann förderte die Parlements, war gegen Zensur und ordnete die Neuauflage von Büchern an, die unter der Herrschaft seines Onkels verboten waren. Philipp II. gründete weitere Universitäten und eine Bibliothek – und hatte diese – was eine absolute Neuheit war – der Öffentlichkeit zugänglich gemacht. Die Allianzen, die der Sonnenkönig mit Österreich, England und Oranien einging, hielten weiterhin, aber Philipp II. führte einen erfolgreichen Krieg gegen das bourbonische Spanien, der letztendlich die Bedingungen für einen europäischen Frieden herstellte. Der bekennende Atheist – jemand, der nicht an gottähnliche Wesen glaubt und keinen religiösen Glauben besitzt – war ein Freund ausschweifender Feste und Orgien und verbrachte sehr viel Zeit im Rauschzustand. Die Menschen im Land scherte sein Tod keineswegs, niemand schenkte dem allzu viel Beachtung – sie nahmen es einfach zur Kenntnis. Die politischen Geschicke in diesen Zeiten übernahmen untergeordnete Männer, die bereits von Ludwig XV. ausgewählt wurden. Seine Herrschaft übernahm er aber erst im Jahre 1726, als er 16 Jahre alt wurde. Die Menschen in Frankreich sehnten sich nach einem neuen Führer und Oberhaupt, konnten es nicht erwarten, dass Ludwig XV. endlich sein königliches Amt antrat. Drei Jahre sollte dies aber noch dauern ...

Kapitel 6: Die Tempelritter und des Schicksals tragische Wende

Eines Abends stürmte Elá mit kräftigem Krach in unser Untergrundversteck, kam hastig auf mich zu und begann völlig außer
Atem zu erzählen: „Cartouche! Ein Dutzend königliche Wachen
schikaniert im Cour de Miracles die Menschen. Sie haben einen
Toten gefunden, von dem sie glauben, er hätte an der Pest gelitten.
Sie wollen ohne des Königs Wissen die Baracken niederbrennen,
um so einer weiteren Epidemie vorzubeugen." Ich zögerte.
Niemals würde ich mehr denen helfen, die sich an meinem Tode
vergnügten, obwohl ich ihnen über Jahre die Stange gehalten
hatte. Mein Blick verfinsterte sich und ich schwieg. Elá packte
mich an den Armen, blickte mir tief in die Augen und zappelte
mit ihrem Oberkörper. „Louis! Du musst ihnen helfen. Sie werden
sonst sterben. Das Dutzend Wachen kennt keine Gnade, die
werden sie niederbrennen. Tu es für Madame. Tu es für mich."
Ohne mit der Wimper zu zucken, drehte ich mich um. Ich
versprach, dass ich es mir überlegen würde, doch weiterhin trug
ich ein Gefühl von Belanglosigkeit mit mir herum. Die Menschen,
denen ich immer geholfen hatte, standen am Place de Gréve,
feierten und erfreuten sich an meinem Tod. *Widerlich!* Da ich
nicht genau wusste, ob ich ihnen beistehen würde, fragte ich Elá
zuerst, ob sie den Zeitpunkt des Brandanschlags ausgeforscht
hätte. Sie bejahte. Morgen Abend sollte der Cour de Miracles
brennen, ohne dass es das Königshaus wusste. Ein Dutzend
Wachen, die durch die Pest geschädigt waren, wollte einen
weiteren Ausbruch verhindern, obwohl zu keinem Zeitpunkt
Gefahr im Verzug war. Denn der tote Bettler starb nicht an der
Pest – er starb an Wundbrand. Fürs Erste gingen wir zu Bett, dabei
konnte ich allerdings kein Auge zutun, denn ich grübelte unentwegt darüber, ob ich eingreifen würde. Meine Entscheidung sollte
morgen Abend fallen ...

Ich hockte auf einem der Türme der Notre Dame, auf die ich geklettert war, hockte neben mehreren Wasserspeiern. Mein Blick schweifte über Paris. Ich sah zu meiner Linken, da ich gen Norden gewandt war, den Palais de Justice, vor dem ein paar Menschen schlenderten und sah in den engen Gassen hektisches Treiben meiner Mitbürger, während mir ein sanfter Frühlingswind um die Ohren pfiff. Das Licht der untergehenden Sonne tauchte die Stadt in ein grelles, oranges Licht und mein Blick starrte ständig gen Cour de Miracles, der, von mir aus gesehen, im Norden gelegen war. Musik ertönte vom Kathedralenplatz zu mir herauf. Etwa zwanzig maskierte Menschen und ihnen voran eine Blaskapelle, alle in rot, grün und weiß gekleidet – den Farben des französischen Baskenlandes –, zogen durch die Straßen. Sie waren in Paris zu Besuch, feierten ihr eigenes kleines Fest. Ich blickte weiter auf die französische Hauptstadt, sah, wie aus den Schornsteinen Rauch empor stieg, wie das Kerzenlicht in den Fenstern aufflammte und die Straßen allmählich immer leerer wurden. Ich musterte den Himmel, der völlig wolkenlos erschien und entdeckte die ersten funkelnden Sterne. Da! Im Cour de Miracles stiegen die ersten Rauchwolken auf. Ich grübelte, steckte mein Schwert in die lederne Scheide, meine Steinschlosspistole in den Halfter und inspizierte die vielen kleinen Wurfmesser, die ich mir tagsüber bei meinem Schmiedemeister hatte anfertigen lassen. Die Wurfmesser, leise, tödlich und sehr praktisch, verstaute ich an einem Gurt, der um meinen Oberkörper gewickelt wurde. Mit einem Satz kletterte ich nun geschickt von der Kathedrale hinunter und als ich festen Boden unter meinen Füßen hatte, begann ich zu laufen. Auf meinem Weg in den Bettlerbezirk musterte ich viele verschiedene Dinge – hölzerne Kreuze, Blumenkränze und Kerzen säumten den Weg zu meinem Ziel. Die Pest war noch immer allgegenwärtig, viele Menschen trauerten weiterhin um die Verstorbenen. Alsbald stand ich auf einem Dach, stand vor dem Cour de Miracles – ich war gekommen, um zu helfen und die Personen zu verjagen, die zu Unrecht andere Menschen quälten.

Ich blieb in der Dunkelheit, atmete tief ein und aus, schloss meine Augen und versuchte, die Energie aufzunehmen, die in unserer Welt vorherrschte. Langsam, wie die Lider eines mystischen Drachen, der seine Höhle bewacht, öffnete ich alsbald meine Augen. Ich musterte meine Umgebung wie ein Adler, der nach seiner Beute sucht. Ich überprüfte meine schützende Maske, hüllte mein Haupt in eine schwarze Kapuze, sprang auf den Boden und verbarg mich in den Schatten der Häuserschluchten. Eine der Baracken brannte bereits lichterloh, die Menschen des Bettlerbezirks liefen panisch um ihr Leben. Ich sah Männer, Frauen und Kinder, die versuchten, ihr weniges Hab und Gut zu verstauen. Sie wollten flüchten, während ringsum schon die Flammen knisterten. Augenblicklich erspähte ich Schatten in meiner Nähe – die Schatten der verfallen Baracken, der Steine, der Holzstücke, die allesamt sehr gespenstisch wirkten. Und plötzlich krochen weitere Schatten über den Boden – die Schatten der Wachen, die sich mir rasch näherten. Ich hörte das klimpernde Geräusch ihrer Kettenhemden, die sie unter ihren blauen Mänteln trugen; ihre Atmung und ihre Schritte waren deutlich zu vernehmen. „Kommt schon! Brennt alles nieder! Räuchert diese Ratten aus! Dieser Bazillenbereich wird jetzt dem Erdboden gleich gemacht! Die Pest hat keine Chance!", schrie ihr Anführer seinen Männern entgegen. Sie hielten Schwerter und Fackeln in den Händen, marschierten durch den Cour de Miracles, trieben die Armen quer durch den Bezirk. Die vielen Menschen bettelten, weinten und schrien vor Angst; die Wachen kannten jedoch keine Gnade – sie schlugen und bespuckten sie, trieben die Menschen immer mehr in Richtung Westen, genau dorthin, wo sie diese leidenden Bürger einpferchen und auf Pestsymptome überprüfen wollten. Wenn jemand von den Bedürftigen krank war – und das waren die meisten von ihnen –, hätten die Wachen sie einfach massakriert. Dutzende, ja Hunderte Bürger strömten nach Westen, um vor den erbarmungslosen Soldaten zu flüchten. Die barbarischen Männer stiefelten an mir vorbei, zündeten jetzt weitere Baracken an. Ich verblieb im Schatten, atmete tief ein und aus, während ich meine Hand zu einer Faust ballte. Ich nahm zwei meiner Wurfmesser und schleuderte sie lautlos durch die Nacht. *Volltreffer!* Die zwei Soldaten, die am hinteren Ende der Reihe marschierten, griffen sich an den Hals, schnappten nach Luft, röchelten und sackten augenblicklich in sich zusammen. Leise, wie der Meisterdieb von früher, der von den Toten auferstanden war, schlich ich mich aus dem Schatten. Ich bewegte mich geräuschlos an den beiden Leichen vorbei, während ich mich nun im Lichtschein des Feuers befand. Die Männer des Königs trieben die Menschen weiterhin Richtung Westen und ich pirschte mich an sie heran. „Stehen bleiben, Halunke!", hallte es unvermittelt hinter mir hervor. Regungslos verweilte ich auf meinem Platz, als sich augenblicklich die Männer vor mir umdrehten. Sie hörten ebenfalls die Stimme, die laut nach vorne drang. Hinter mir standen drei weitere Wachen, die mich nun gemeinsam mit ihren Kumpanen umzingelten.

Zehn schwer bewaffnete Krieger kreisten mich ein! Ich saß in der Falle! Mein Herz hämmerte gegen die Rippen, die Angst schnürte mir die Luft ab. Das Blut rauschte in meinen Ohren, mein leises Keuchen war das einzige Geräusch in der plötzlichen Stille. Meine Widersacher grinsten teuflisch, als sie ihre Schwerter aus den ledernen Scheiden zogen. Schweiß stand mir auf der Stirn und meine Hand packte den Griff meines Schwertes. Sie kamen immer näher, ich spürte bereits ihren Atem. Hätte ich gegen so viele überhaupt eine Chance? Würde ich das schaffen? Es sollte nur mehr wenige Augenblicke andauern und die Schlacht würde beginnen. Doch unverhofft knallte jetzt genau vor mir eine Rauchbombe auf den Boden. Ich schützte meine Atemwege, während die Wachen zu husten begannen und im Nebel verschwanden. Auf einmal spürte ich eine Person in meinem Rücken und ich drehte meinen Körper rasch nach hinten. Elá! Sie hatte ein Tuch vor Mund und Nase, um den Rauch nicht zu inhalieren und ihre Augen glänzten angriffslustig wie funkelnde Diamanten. In diesem Moment legte sich der Rauch etwas und unsere Feinde kamen zu sich. Elá und ich standen Rücken an Rücken – und die Schlacht begann! Jeder von uns hatte es mit fünf Männern zu tun, wir beide hatten ein hartes Stück Arbeit vor uns. Wir kreuzten die Klingen mit ihnen; das metallische Geräusch der aufeinander-prallenden Schwerter lag in der Luft, als wir Schwerthieb um Schwerthieb den Kampf aufnahmen. Neben uns loderte das Feuer der Baracken, ich spürte die Hitze auf meiner Haut, während die Flammen die Nacht zum Tage machten. Ausweichen, Parieren, Schwerthieb links, Schwerthieb rechts, Ausweichen, Parieren – dieses Spiel wiederholte sich nun Dutzende Male. Elá und ich waren ausgebildete Kampfmaschinen, Ritter des Templerordens, die ihren Feinden haushoch überlegen schienen. Doch da! *Eine kleine Stichwunde!* Ich machte dennoch weiter, immer weiter. Nach einiger Zeit hatte ich meine Gegner allesamt gestellt und sie entwaffnet. Sie flüchteten erschrocken, trauten ihren Augen nicht. Hinter mir kämpfte Elá – ich drehte mich hastig um, war bloß ein paar Meter von ihr entfernt. Sie focht mit einem von den Soldaten, wehrte seine Schläge ab. „Ahhhhhh!", lärmte eine Männerstimme durch den Bezirk – ein weiterer Krieger stürmte genau auf Elá zu; sie sah ihn nicht kommen, denn er kam von der Seite auf sie zugeflogen. Sein Schwert zum Stoß angesetzt, rannte er genau in ihre Richtung. Es knallte! Ein Schuss gellte durch die Nacht! Meine Pistole rauchte, als ich langsam den Finger vom Abzug nahm. Der Krieger vor mir sank auf die Knie, ließ sein Schwert fallen und sackte in sich zusammen. Elá kam zum Vorschein, blickte etwas verdutzt. Mit strammen Schritten marschierte ich auf sie und den letzten verbliebenen Kämpfer zu. Ich packte ihn, schleuderte ihn gegen eine Mauer und sagte zu ihm, dass sie sich nie wieder hier blicken lassen sollen. *Nie wieder!* Denn sonst würden sie einen schlafenden Drachen erwecken. Verdattert und entgeistert angelte der Mann nach seinem

Schwert, nickte mit dem Kopf und flüchtete sich in die Dunkelheit hinein. Die Flammen um mich herum knisterten und knarzten, als Elá mich an der Schulter packte und mir meine Maske entwendete. Sie küsste mich leidenschaftlich. Wir hatten es geschafft, die Männer zu vertreiben. Nie wieder würde jemand den Cour de Miracles in Flammen setzen wollen. Diese Scheusale hielten sich von nun an fern von diesem Teil der Stadt. Die Notleidenden konnten sich jetzt endlich wieder in Sicherheit wiegen!

Doch diese Nacht hatte ihr Ende noch nicht gefunden. Cartouche, der Meisterdieb, war zurückgekehrt und genau dieser wollte das tun, was Diebe nunmal so tun. Er entschloss sich, wieder zu rauben und seine Beute denen zu geben, die es am meisten brauchten. Mein Ziel nannte sich Halles aux Blés, das größte Warenhaus in der Stadt, beheimatet im Arrondissement Vendôme, Le Louvre. Eilig tüftelte ich einen Plan aus, scharte meine neuen Gefolgsleute um mich und war überzeugt, dass diese Nacht eine erfolgreiche Nacht werden würde. Der Startschuss dazu sollte schon in absehbarer Zeit erfolgen.

Spät in der Nacht wanderten Elá und ich über den Place Vendôme, an dem sehr viele Schmuckgeschäfte ihre Heimat hatten und wo auch ein Monument vom Sonnenkönig stand. Auch das Hôtel de Gramont – eine mittlerweile berühmte Herberge – war hier anzutreffen. Der Platz selbst war gigantisch, doch aufhalten konnten wir uns nicht, denn wir mussten zu unserem Raubort gelangen. Aber Babette wartete an diesem königlichen Platz auf unser Zeichen. Drei Pferdekarren, die neben Babette Enzo und Alphonse steuerten, standen hier bereit, um unsere Beute abzutransportieren. Lucas – unser tierischer Freund – begleitete uns, wir brauchten ihn als Ablenkungsmanöver. Der riesige Marktplatz, vor dem wir dann standen, beherbergte auch den Großteil der Nahrungsreserven der Stadt. Es gab bereits Pläne des Königshauses, einen neuen Kuppelbau aus dem Güterspeicher zu machen, doch die Bauarbeiten hatten noch längst nicht begonnen. Vor diesem gigantischen Areal und Gebäude, das die Form eines Ovales hatte, tummelten sich nur eine Handvoll Wachen. Ein Kinderspiel, dachte ich mir. Sie trugen leichte Rüstung und hatten nur mittelprächtige Waffen bei sich, während sie mit Fackeln um die Halles aux Blés patrouillierten. Niemand kam ja auch auf die Idee, dass jemand dieses hübsche Häuschen ausrauben würde. Denkste! Cartouche hatte wieder Gefallen am Rauben gefunden. *Hurra!*

Elá und ich standen auf den Dächern der Häuser, die in der Nähe der Halles aux Blés gelegen waren. Es herrschte Ruhe und die Finsternis überwog, auch wenn aus den Laternen Kerzenlicht schimmerte. Wir blickten auf unser Ziel, während die Wachen ihre Rundgänge machten. Nach einer Weile hüllten wir unsere Häupter in die Kapuzen und pfiffen nach Lucas, der ganz in der Nähe wartete. Dieser Hund war einzigartig, hörte auf alles, was man ihm sagte, machte alles, was man von ihm erwartete. Umgehend fing er laut zu bellen an und rannte auf die Männer zu. Schon nach kurzer Zeit versammelten sich allesamt bei ihm und sie versuchten, das aufgebrachte Tier zu beruhigen. Er hatte seine Aufgabe erfüllt, alle Wachen scharten sich nun vor der Halles aux Blés. „Sollen wir, Monsieur Louis?", fragte mich Elá und lachte dabei. „Nach ihnen, meine Teuerste!", sagte ich und mit einem Ruck sprang sie auf die Straße. Einen kurzen Augenblick später folgte ich ihr und als meine Füße auf dem Boden aufkamen, spritzte mir Schlamm ins Gesicht. *Merde!* Ich war mitten in einer Pfütze gelandet. Elá gackerte. Ich zeigte ihr die Zunge und dann gingen wir strammen Schrittes auf unseren Raubort zu, während man noch immer Hundegebell vernehmen konnte. „Stopp! Halt! Die zivile Bevölkerung hat hier nächtens nichts zu suchen. Wir bitten Sie, umzukehren", hallte es bereits von weitem in unsere Richtung. Wir schwiegen, gingen weiter und ich grinste. „Monsieur! Mademoiselle! Das ist ein Befehl!", fuhr der königliche Untertan in barschem Tone fort, als wir nur mehr wenige Schritte von ihnen entfernt waren. Nachdem sich Lucas nun beruhigt hatte, da wir endlich eingetroffen waren, begutachteten uns die fünf Soldaten von oben bis unten. Und mein Schauspiel begann. „Gnädige und werte Gesellschaft des Königshauses!", sagte ich, während ich mich vor ihnen höflich verbeugte. „Unsere Namen tun nichts zur Sache, doch wir werden Sie hier und heute ausrauben. Wir wären Ihnen zutiefst dankbar, wenn Sie unsere Handlung nicht stören würden. Sie sollten Konflikte tunlichst vermeiden." Einen kurzen Moment kehrte Stille ein und die Mannen standen ganz verdattert vor uns. Doch plötzlich begannen sie geräuschvoll zu lachen – sie bogen sich förmlich vor Erheiterung. „Was willst du? Du machst Scherze, oder?", sprach einer von ihnen, ehe alle sehr amüsiert weiter gackerten. Ein paar Augenblicke darauf, nachdem sie sich von ihrem Lachanfall erholt hatten, wurden sie garstiger. Drei von ihnen wedelten mit ihren Pistolen in unsere Richtung und fauchten uns entgegen, dass wir jetzt verschwinden sollten. Nun begann ich zu lachen, so laut, wie sie es zuvor getan hatten. Ich ging ein Stück vorwärts, fuhr einem Soldaten mit der Hand durch die Haare und flüsterte ihm ins Ohr, wie wunderschön er heute doch aussehen würde. Sie wirkten etwas erschrocken, wurden allerdings allesamt wütend, forderten uns erneut auf, zu gehen und ich stellte mich zurück neben Elá, die ein breites Grinsen im Gesicht hatte. „Du widerlicher Maskenmann, es ist nun an der Zeit, die Beine in die Hand zu nehmen, bevor wir deiner kleinen Freundin etwas antun!", prusteten sie mich an. Schlagartig streckte ich meine Hände in die Höhe, gähnte lautstark und als meine Handgelenke nach unten wanderten, schleuderte ich drei Wurfmesser durch die Nacht. Schmerzlaute. *Magnificent!* Ich traf genau die drei Arme, die die Pistolen führten – meine Messer steckten in ihren Gliedern, ihre Schießeisen fielen zu Boden. Ruckartig packten Elá und ich unsere Steinschlosspistolen aus und zielten auf die Wachen. „Werft den Rest der Waffen weg, dann tun wir euch nichts!", sprach Elá bestimmend und die

Männer befolgten ihren Rat, bevor sie entgeistert ihre Hände in die Luft streckten und sich ergaben. Zügig schnappte ich mir den Eingangsschlüssel, der am Hosenbund eines Wächters baumelte, sperrte die Halles aux Blés auf, durchsuchte die Räumlichkeiten nach einem Seil und wurde zeitnah fündig. Danach banden wir die Männer fest und knebelten sie; ein Pulk von fünf überrumpelten Kriegern – wenn man diese Tölpel überhaupt so nennen darf – saß nun neben unserem Raubort. Ich zündete dann eine Feuerwerksrakete, die für einen kurzen Moment den Pariser Nachthimmel erhellte – es war das Zeichen für Babette; sie konnte nun zu uns stoßen. Elá und ich inspizierten in der Zwischenzeit den großen Nahrungsspeicher. Man lagerte dort Schweinehälften, Rindfleisch, Brot, Gemüse, Mehl, Alkohol – um nur wenige Dinge zu nennen, die das Gebäude beherbergte. Nach wenigen Minuten kamen unsere Mitstreiter zu uns und ich staunte nicht schlecht, als ich Babette erblickte, die mir wertvolle goldene Schmuckstücke unter die Nase hielt. „Mir war langweilig, ich habe die Schmuckgeschäfte ... sagen wir ... etwas entleert. Mitten in der Nacht überwacht die nämlich fast keiner", erzählte sie und grinste dabei schelmisch. Ich klopfte ihr auf die Schulter und lachte lauthals. Nun begannen wir, unsere Karren mit Nahrungsgütern zu befüllen und immer wieder hörten wir das Gezanke von unseren jungen Mittätern. „Siehst du, Enzo, so trägt man eine Kiste richtig. Nicht so wie du, du Schwächling!" – „Halt die Klappe, du kannst doch nicht mal eine Kuh von einem Schwein unterscheiden!" – „Idiot!" – „Selber!" Minutenlang ging dieses Theater weiter – ich schwieg und schüttelte den Kopf, doch irgendwie belustigte mich das Gebaren der beiden Zankäpfel, die nie aufhören konnten, sich zu streiten. Als wir schließlich unsere Wagen angefüllt hatten, war unsere Tat getan und Elá und meine Anhänger fuhren damit in den Cour de Miracles. Mir selbst stand noch eine kleine Angelegenheit bevor, um die ich mich schnell kümmern musste. Ich zerrte die gefesselten und geknebelten Wachen in die Halle, wünschte ihnen einen schönen Abend, bedankte mich für ihre Freundlichkeit, kniff ihnen in die Wangen und verbeugte mich vor ihnen. „Mmmmmhhhmmm!", säuselten sie, während mich ihre Augen erschrocken anstarrten. *Ach!* Eine süße Rasselbande! Sekunden darauf schloss ich die Tore der Halles aux Blés, sperrte die Tür ab, grinste wie in meinen besten Tagen und warf den Schlüssel in ein nahe gelegenes Gebüsch. Obwohl wir drei Pferdekarren Lebensgüter entwendet hatten, beherbergte das Nahrungsdepot weiterhin unzählige Waren. Die feine Gesellschaft würde dies kaum bemerken, aber die Menschen im Cour de Miracles konnten damit für mehrere Wochen ihren Hunger stillen. Und genau das sah ich als richtig an. Dies war der Weg gewesen, den ich seit jeher eingeschlagen hatte. *Fraternel!* Doch mein vermeintlicher Todestag zeigte mir auch das andere Gesicht dieser Menschen, von denen ich glaubte, sie würden niemals so tief sinken. Meine Nähe zum Cour de Miracles wurde nie wieder so intensiv, wie sich dies in der Vergangenheit darstellte, doch trotz allem nahm ich mir vor, auch jetzt noch zu helfen und versuchte, das Leben all dieser Menschen zu erleichtern.

Am nächsten Tag zelebrierten die Menschen des Cour de Miracles ein rauschendes Fest. Elá, Babette und die Kleinen besuchten diese wunderbare Feierlichkeit; aber ich nahm nicht daran teil, weil ich mich nicht unter die Leute mischen wollte. Ich stellte mir vor, wie sie sich gerade alle amüsierten: Spanferkel, die am offenen Feuer geröstet wurden, heitere Flötenmusik, volkstümliche Bräuche und Tänze, Alkohol, der in Strömen floss, gut gelaunte Bürger, die sich an unseren Spenden erfreuten, Sagen und viele Geschichten, die alte Männer am Lagerfeuer unter die Menschen brachten. Meine Liebsten kamen alle erst sehr spät zurück und meine Gedanken bewahrheiteten sich – sie hatten sehr viel Spaß an diesem Tage gehabt. Für mich persönlich war diese Veranstaltung aber nichts, mir war einfach nicht danach, mit den Armen zu feiern. Ich selbst wanderte am Nachmittag durch Paris und versuchte, mich zu erholen. Es war ein sonniger Tag, an dem sich kaum ein Lüftchen rührte. Die Pariser Bürger waren aber nervös, hektisch und aufgebracht – sie hörten von dem Raub, tuschelten aufgeregt davon und sie dachten allesamt, der Geist von Cartouche wäre zurückgekehrt.

Moderne Zeiten hin oder her – die Menschen glaubten immer noch an Gespenster.

Ich grinste deswegen, schnürte meine Maske fester und zog weiter. Die Handlanger des Königshauses suchten einen halben Tag nach dem Schlüssel zum Tor der Halles aux Blés. Wenn ich daran denke, dass der Türöffner die ganze Zeit neben ihnen im Gebüsch lag, lache ich heute noch aus vollem Halse. Schuldige hatte die Regierung schnell ausgemacht – sie glaubten ernsthaft an Nachahmungstäter von Cartouches früheren Raubzügen. Die maskierten, feiernden Besucher aus dem Baskenland, die ich gesehen hatte, als ich auf der Notre Dame stand, wurden einge- sperrt – man bezichtigte sie der Tat an der Halles aux Blés. Doch schon nach wenigen Wochen wurden sie allerdings wieder freigelassen, denn niemand konnte ihnen den Raub nachweisen. Die Bürger von Paris glaubten somit weiterhin daran, dass Cartouches Geist an dieser Sache beteiligt war – denn nur ein Mann konnte so eine Tat fertigbringen – doch es war kein Gespenst! Cartouche lebte!

Die nächsten Wochen verbrachten Elá und ich wieder sehr viel Zeit an unserem lauschigen Plätzchen am Le Champ de Mars. Manchmal lagen wir in der Wiese, rollten hin und her und küssten uns. Auch Annabelle war oft dabei, sie versuchte sich als tapsige Schmetterlingsjägerin, während wir dabei vor Freude Tränen lachten. Eine schöne Zeit. Eines Nachmittags fing es an zu donnern, dicke Gewitterwolken zogen auf und es dauerte nicht lange, bis es wie aus Eimern zu schütten begann. Wir waren alleine, da Annabelle bei Babette verweilte und wir versuchten, uns vor dem Regen zu schützen. Wir stülpten unsere Mäntel über die Häupter, rannten über die aufgeweichten Feldwege, während der schwere Sommerregen nur so niederprasselte. Schon bald fanden wir eine alte Herberge, die momentan scheinbar keine Besitzer hatte. Blitze zuckten am Firmament, dann grollte schwerer Donner; Elá und ich waren klatschnass, aber dennoch voller Freude. Die Herberge in Le Invalides, vor der wir endlich standen, hatte Bretter vor den Fenstern, sie waren zugenagelt worden. Hastig löste ich die Bretter von einem der Fenster, versuchte, es aufzukriegen, damit wir letzten Endes Schutz vor dem Regen finden konnten. Nach ein paar Minuten klappte es schließlich und wir stiegen in das Gebäude. Im Inneren angekommen, begutachteten wir staubige Räume, unmöbliert. Spinnweben hingen an den Wänden, an manchen Stellen lösten sich beigefarbene Tapeten ab, es sah so aus, als wäre schon lange niemand mehr dort gewesen. Schwerer Regen trommelte auf die Dächer, einen gruseligen Luftzug konnte man hören, als wir uns über eine Holztreppe ins Obergeschoss begaben. Dort oben fanden wir neben sehr viel Dreck und morschen Holzdielen – auf die dummerweise immer nur ich latschte, während Elá sich über mich amüsierte – ein altes, staubiges Klavier vor. Die Augen meines Engels strahlten plötzlich und sie begann, den Schmutz und den Staub, der auf dem Klimperkasten lag, zu entfernen. Ruhig untersuchte sie das große, schwarze Musikinstrument, während sie völlig in ihre Gedanken versunken war. Sie streifte über die Tasten, die Welt war für sie schlagartig stehen geblieben. Zärtlich streichelte sie sich durch ihr nasses Haar, atmete leise und öffnete danach ihren Mund. „Vor vielen Jahren, als ich noch ein kleines Kind war und bevor wir gefangen genommen wurden, hat mich meine Mutter gezwungen, Klavierspielen zu lernen. Ich konnte es nicht, aber sie sagte mir, dass ich das nur schaffen würde, sobald ich meine große Liebe gefunden hätte. Nur so hätte ich die Kraft dafür, die Kraft, die mich leitet und die Energie, das zu spielen, was ich innerlich fühle … Ich habe mich auch oft mit meinem Bruder gezankt, doch es war eine schöne Zeit. Aber du musst wissen, dass ich auch harte Momente durchgemacht habe, ich wurde oft verletzt, enttäuscht und lag am Boden … bis du in mein Leben kamst", sprach Elá in leisem Ton. Dabei hatte sie einen seltsamen Ausdruck im Gesicht, der sie manchmal begleitete. Traurige Augen, verzerrte Mundwinkel, die ein verhaltenes Lächeln darstellten und eine betrübte, bedrückte Mimik. Aber nun war sie sich sicher, dass sie es konnte. Und augenblicklich begann sie zu spielen. Es hörte sich so an, als hätte sie das erste Mal in ihrem Leben gespürt, wie die Töne aus ihren Fingern kamen, genauso, als hätte sie keine Kontrolle über das, was sie tat. Sie leitete eine Kraft, formte Melodien und Akkorde, von denen sie nie geglaubt hätte, dass sie diese einmal spielen können würde. Sie gab sich völlig der Musik hin, schwenkte ihren Kopf dabei, traf wie in Trance alle Töne und spielte Musikstücke wie eine Meisterpianistin, die den Raum mit ihren Klängen wundervoll erfüllte und die Welt dadurch zum Stillstand brachte. Ich staunte wie nie zuvor in meinem Leben, öffnete meinen Mund vor Begeisterung, setzte mich auf den staubigen Boden und lauschte dieser einzigartigen Musik, die Elá aus diesem Klavier kitzelte. *Fantastisch.* Diese Frau war fantastisch. Und sie war nun stärker als je zuvor in ihrem ganzen Dasein; dieser Moment zeigte mir, welch ungeheuerliche Energie in ihr steckte – sie war ein personifiziertes Meisterwerk, ein Meisterwerk, von dem selbst Götter schwärmen würden!

Die kommenden Wintermonate nutzten Elá und ich, um uns weiterhin mit den Geheimnissen der Tempelritter vertraut zu machen. Unser Ziel war die geheime Schatzkammer, in der wir auch den heiligen Gral vermuteten. Es konnte einfach nicht anders sein – dieser rätselhafte Kelch musste in Paris seine

Behausung haben, musste hier irgendwo versteckt sein. Babette behütete und lehrte in diesen Zeiten die Kinder, die fortwährend ihre Fähigkeiten und ihre Bildung verfeinerten. Monate dauerte es nun, bis wir – endlich – ein weiteres Templerversteck ausgeforscht hatten, das unserer Meinung nach direkt im Arrondissement Temple lag. Da wir nicht genau wussten, wie lange es dauern würde, bis wir das nächste Geheimnis gelöst hatten, durchforsteten wir alle verbliebenen Rätsel aus Madames Schriften und merkten dabei, dass wir unserem Ziel immer näher kamen – den verloren geglaubten Schätzen der Tempelritter. „Finde unsere vergangene Heimat, frage aber nicht nach Rat, sondern schreite gleich zur Tat. Doch sei bedacht, wenn die Wand dann kracht. Wir hüten unser Wissen immer sehr geschickt, aber lass dich nicht aufhalten, mein Köpfchen nickt. Solltest du es trotz allem zu uns dann schaffen, wirst du begreifen, dass wir dich nicht einfach so machen lassen. Sei bereit für einen weiten Weg zum Glas, wir wünschen dir dabei einen Heidenspaß."

Dieses Rätsel stellte uns vor riesige Probleme, denn es lieferte uns kaum Anhaltspunkte zu möglichen Eingängen – aber wir studierten Madames weitere Aufzeichnungen so lange, bis wir endlich Lösungen dazu gefunden hatten. Der ehemalige Sitz der Templer beherbergte einen Bergfried, der den Tempelrittern als Wohnung diente, eine kleine Festungsmauer und etliche kleinere Gebäude und Kapellen, die allesamt im Innenhof standen. Aber dieses Areal, das mittlerweile nicht mehr in erstklassigem Zustand war, beheimatete mit Sicherheit keinen Eingang zu einem Geheimversteck – die Templer waren schlau, hatten sich mit hoher Wahrscheinlichkeit etwas Besseres einfallen lassen. Und da kam eine alte Glasmacherei ins Spiel, die bereits seit Jahrhunderten existierte und direkt neben der ehemaligen Templerheimat lag. Eines Nachts schlichen sich Elá und ich nun in den Temple und begutachteten die alte Glasmacherei. Es schien, als würden ihre Besitzer bereits tief und fest schlummern; Dunkelheit und Stille herrschten vor. Leise, wie die Katzen, die sich auf den Dächern bewegen, schlichen wir behutsam zur Hintertür und ich probierte, sie mit meinen Dietrichen zu öffnen. Es knackste dumpf – mein Dietrich war abgebrochen! *Merde!* Hastig schnappte ich mir einen zweiten, den ich in meinen Taschen verstaut hatte und werkelte abermals an dem Türschloss herum. Es klappte und wir gingen in das Haus. In diesem großen Betriebsgebäude spürten wir hitzige, stickige Luft und an den Wänden standen unzählige Regale, die mit fertigem Glas aller Art bestückt waren. Der Boden in diesem Gebäude war aus Lehm und die drei Öfen, ein Schmelz-, ein Kühl- und ein Fritteofen, jeder dreistöckig und bis zu drei Meter hoch, waren aus Lehmziegeln gemauert. Auf einem Tisch lag noch das übliche Handwerkszeug der Arbeiter: Glasmacherpfeifen, Hefteisen, Auftreibscheren, Schnabelscheren, Zwackeisen und Optikformen. Nachdem ich das große Arbeitsgebiet gemustert hatte, folgte ich Elá, die sich bereits auf dem Weg ins Kellergewölbe des Gebäudes befand. Ich huschte leise durch die Kellertüre und tapste mich eine Holztreppe nach unten. Dort angekommen, entzündeten wir mehrere Kerzen, die Licht in den finsteren Raum bringen sollten. Das altehrwürdige Gebäude beherbergte im Kellergeschoss nur Gerümpel und wir inspizierten weiterhin unser Umfeld. Nach minutenlanger Suche fanden wir endlich eine kleine Statue, die vor langer Zeit direkt in die Mauer geschlagen wurde und dem Abbild von Jacques de Molay ähnelte.

Nutzloser Ramsch lag vor der Statue und wir entfernten den Plunder, um an das Kunstwerk zu gelangen. Hastig hantierten wir nun an der Skulptur herum, suchten nach Lösungen, tasteten über sie, um einen Mechanismus zu betätigen, der uns vielleicht ein Geheimversteck der Templer öffnen könnte. Als ich am Kopf der Figur herumspielte, bemerkte ich, dass man ihn drücken konnte. Ich tat es, drückte ihn fest nach unten. Es polterte, rauschte und krachte, während sich neben uns ein kleiner Tunnel in der Wand öffnete. Elá und ich blickten uns an, waren neugierig, was sich dort unten befand – doch plötzlich verschloss sich die Türe wieder und der Kopf der Skulptur kippte wieder nach oben, so als ob sie nicken würde. Es schien, als wäre der Eingang an einen Zeitmechanismus gekoppelt. Hurtig betätigte ich neuerlich den Schalter, die Tür ging wieder auf und wir quetschten uns ruckartig in die fremde Dunkelheit, während sich hinter uns die Geheimtür wieder schloss. Unsere Fackeln schenkten uns Licht, wir suchten an der Innenseite der Mauer nach einem weiteren Hebel. *Nichts!* Unsere einzige Hoffnung war ein zweiter Ausgang in der ehemaligen Templerhochburg. „Komm schon! Gehen wir weiter!", sagte Elá und marschierte voran. Ich bat sie, vorsichtig zu sein, schließlich wussten wir nicht, was in diesen uralten Gängen noch alles auf uns warten würde. Sie lachte und blickte mich strahlend an. „Wir kriegen das schon hin, Louis. Ganz sicher!", sprach sie, als sie festen Schrittes und voller Überzeugung vorwärts strebte. Ich war zwar etwas nervös, folgte ihr aber sogleich. Eine gefährliche Reise stand uns bevor, die uns mitten ins unterirdische Reich der Tempelritter führen sollte.

Der schmale, finstere, uralte Gang war gruselig. Wie immer begegneten uns Ratten, an den steinernen Wänden hingen Spinnweben und Fackelhalterungen steckten in den mittelalterlich anmutenden Mauern. Mit leicht zusammengekniffen Augen wanderte ich vorwärts, machte vorsichtig Licht, während Elá neben mir ein französisches Volkslied summte und ausdrucksstark grinste. Plötzlich hörten wir ein Knacksen, ein dumpfes Geräusch – hatten wir wieder einen versteckten Mechanismus ausgelöst?! Wir drehten uns nach hinten, drehten uns dann wieder nach vorne, waren angespannt. Augenblicklich klickte es, danach begann es zu poltern – vor und hinter uns schoben sich Mauern in den Gang herein. Schnell versuchten wir, aus dieser Falle herauszukommen – doch es war zu spät! – wir saßen fest! Wortlos starrten wir uns an, blickten auf die Mauern, die uns einschlossen. Es krachte, kleine Steine rieselten von oben herab.

Sorgenvoll nahm ich Elá an der Hand, während ich bemerkte, dass sich nun die Wände links und rechts von uns auch zu bewegen begannen. Der gesamte Gang wackelte, mein Blut hämmerte gegen meine Schläfe. Elá blickte angstvoll und verstört, ich suchte einen Ausweg; die Wände kamen immer näher, drohten, uns zu zerquetschen. Ich probierte alles Mögliche, untersuchte die Wände nach Hebeln, Schaltern – doch es war völlig erfolglos! Elá geriet in leichte Panik, marschierte auf und ab, durchsuchte ebenfalls die Todesfalle nach Auswegen. Die Wände – sie kamen näher, ein guter Meter trennte uns noch von ihnen. Sollten wir heute sterben? Mittlerweile brach totale Hektik bei uns beiden aus, Angstschweiß stand auf der Stirn. Immer wieder tasteten wir die Wände ab; ein halber Meter war noch Platz. *Da! Ein Mechanismus, eine Einkerbung!* Hastig drückte ich darauf und es krachte neuerlich. Ich packte Elá, umarmte sie, streichelte durch ihr Haar. Die Mauern erstarrten. Kurz darauf ratterte es wieder, kleine Gesteinsbrocken und Staub fielen von der Decke. Doch wir hatten Glück – die Wände wichen zurück, nahmen allesamt ihre ursprünglichen Plätze ein. Zitternd küssten wir uns, wir hatten überlebt.

Nachdem wir uns kurz geschüttelt hatten, zogen wir den Gang weiter vorwärts, entzündeten fortwährend die Fackeln, die in eisernen Fackelhalterungen steckten. Und kurze Zeit später standen wir vor unserem Ziel – ein Tor mit dem Templerkreuz als Muster appliziert. Wir atmeten tief ein und aus, versuchten, die Tür zu öffnen. Es knarrte und unser Eingang öffnete sich sogleich. Vorsichtig betraten wir ein großes Areal und wir tasteten uns vorwärts, um Licht zu machen. Schon nach kurzer Dauer stellten wir fest, wo wir uns befanden – es war ein unterirdisches Gebetshaus und eine Art Ruhmeshalle. An den Seiten des mittelgroßen Raumes prangten steinerne Statuen, die die Abbildungen großer Templerführer darstellten. Bücherregale, Holzbänke, ein kleiner Altar und Kerzenständer standen und lagen in dem Raum herum; Bären- und Wolfsfellteppiche schmückten den Boden. Dieses geheime Versteck erschien uns wie eine alte Ritualkammer, in der die Templer beteten, geheime Pläne schmiedeten und Neuzugänge in den Orden einführten. Ich entzündete weitere Fackeln, wischte den Staub von einer der Statuen, die allesamt gute zwei Meter groß waren und uns ehrfürchtig anstarrten. Robert de Sablé, Arnaud de Toroge, André de Montbard, Robert de Craon, Gérard de Ridefort stand auf goldenen Plaketten, eingearbeitet in die Skulpturen, die ich alle begutachtete. Namen vergangener Templermeister. Elá untersuchte die Gegenseite, sie interessierte sich ebenfalls für die Bildhauerwerke. Alle Templermeister vergangener Tage wurden hier geehrt, aber Schätze konnten wir wiederum keine finden – wir waren allerdings nicht die Einzigen, die sie hier vermuteten: Mitten im Raum lagen unzählige Skelette; hier tobte während der Verhaftungswelle 1307 anscheinend ein blutrünstiger Kampf. Auf der einen Seite waren die Templer, die ihr Reich beschützen wollten und auf der anderen Seite einige Deutschritter, die vom Papst gesandt wurden, um die Schätze zu bergen, die jedoch längst an ganz anderen Orten lagerten. Ich erkannte sogleich die Symbole der Deutschritter, die auf ein paar Schwertern und Schilden abgebildet waren. Sie hatten ebenfalls ein Kreuz als Zeichen, doch dieses Kreuz war schwarz und von der Form her anders als das des Templerordens.

In diesem Moment ging meine Fantasie mit mir durch und ich hatte sofort ein inneres Bild der damaligen Schlacht vor Augen. Ich hörte ihr Kriegsgeschrei, das Aufeinanderprallen der Schwerter, spürte ihre Kampfkraft und ihren Willen, das umzusetzen, was man ihnen mit auf den Weg gab, sah, wie sie kämpften und einer nach dem anderen einen heroischen Tod starb. Keine Seite wurde so richtig glücklich, die Templer nicht, weil ihr Orden am Ende ausgelöscht wurde und sie von nun an aus den Schatten operieren mussten, der Papst, der König und ihr Gefolge nicht, weil weiterhin keine Spur von den enormen Schätzen der Templer auffindbar war. Nachdem wir nun einige Stunden den Raum durchsucht hatten, setzten Elá und ich unseren Weg fort – wir hatten für diesen Tag genug gestöbert.

Das unterirdische Gewölbe endete in einem schmalen Gang und wir hofften, einen anderen Ausgang zu finden. Und so wanderten wir vorwärts, waren zuversichtlich, bald Tageslicht zu entdecken, während wir fortdauernd über die Mysterien des Templerordens schwadronierten. Doch da! Schlagartig stolperte ich über ein Seil, das knapp über den Boden gespannt war, kippte nach vorne und lag Sekunden später auf der Grundfläche. Es schepperte und Elá schrie lauthals um Hilfe. Ich stand auf, drehte mich zur Seite, merkte, dass sich eine Falltür hinter mir gelöst hatte. Angsterfüllt rannte ich eilig zurück, starrte auf die Vertiefung im Boden. Bitte, lieber Gott, lass Elá in Ordnung sein! Ich beugte mich über das Loch. „Schau nicht so dumm, hilf mir lieber!", sagte Elá laut, als ich meinen Blick in die Grube lenkte. Sie lag in dieser tiefen, leeren Senke; ich schnappte ihren Arm und zog sie heraus. Wir hatten Glück, denn vor ein paar Jahrhunderten wurden in dieses Loch siedendes Wasser, Öl, Fett und sonstige Abscheulichkeiten gefüllt, um seine Opfer damit zu drangsalieren. Inzwischen war die Grube – Gott sei Dank! – leer und Elá befand sich in bester körperlicher Verfassung.

Ein paar Augenblicke später zogen wir weiter und nach wenigen hundert Metern endete der Gang – eine alte, hölzerne Leiter führte nach oben. Ohne viel darüber nachzudenken, kletterten wir hinauf. Oben angekommen, fanden wir einen Drehmechanismus, der uns in die Freiheit bringen sollte. Ich werkelte daran herum, öffnete dann die Klapptür, begab mich ins Freie, fühlte frische Luft und half Elá beim Herausklettern. Wir täuschten uns anfänglich – wir standen im Hof der Templerburg, neben einer uralten Gerberei, die nicht mehr benutzt wurde. Die Tempelritter hatten doch einen Eingang innerhalb ihrer Mauern gehabt, der direkt von ihrem Sitz in das Untergrundversteck führte. *Sacrebleu!* Als wir nun zum Ausgang in den Festungsmauern schlenderten, musterte ich meine Umgebung und abermals verfestigten sich Bilder vor meinem inneren Auge. Ich stellte mir vor und sah, wie einige Templer in ihren massiven, gigantischen Bergfried gingen, wie sie im Hof mit ihren Waffen übten und in den Ställen ihre Pferde versorgten, sah das hektische Treiben ihrer Bediensteten, der Handwerker und ihrer Knappen im Burghof und sah, wie sich ein Dutzend Ritter auf ihre Pferde, die mit Plattenpanzern ausgestattet waren, schwangen und mit donnernden Geräuschen der Pferdehufe durch das Burgtor galoppierten. Ich selbst fühlte und spürte in ihrem ehemaligen Sitz ihre Anwesenheit, obwohl kein Tempelritter seit Jahrhunderten mehr hier gewesen war. In meiner Fantasie erschienen sie so lebendig, als ob sie neben einem gestanden hätten. Obwohl dieser geheime Orden lange nicht mehr hier gewesen war, konnte man dennoch die Aura und die Präsenz früherer Tage fühlen. Es war fantastisch und außergewöhnlich, ihre manifestierte Kraft war beeindruckend. Und auch Elá spürte es – wir gehörten nun zu ihnen, wir waren Tempelritter!

Die kommende Zeit verbrachten wir damit, den Geheimnissen des Ordens weiter auf die Schliche zu kommen, doch trotz aller Bemühungen war die große Schatzkammer unauffindbar. Wir entdeckten zwar eine kleine versteckte Rüstungskammer sowie eine alte Waffenkammer, der Heilige Gral schien jedoch verschollen zu sein. Wir studierten aber weiterhin die Schriften, mussten das Gefäß unbedingt finden. Die Kinder befanden sich in diesen Zeiten meist in der Obhut von Babette; sie trainierten und lernten fleißig. Babette selbst unterstützte uns, wo sie nur konnte und sie verbrachte viele schöne Stunden mit unserer Kinderschar, die schon langsam zu unserer neuen Gilde heranwuchs.

An einem Tag im Sommer 1725 – es war drückend schwül – fand ein kleines Fest am Place Dauphine statt. Ein paar Dutzend Bürger tanzten dort zu den Klängen der volkstümlichen Musik, tranken

Wein, amüsierten sich. Auch Elá und ich besuchten dieses herrliche kleine Volksfest, bei dem man direkt neben der Seine und der Reiterstatue von Heinrich IV. sein Tanzbein schwingen konnte. Wir tanzten, drehten uns durch die Trauben der Menschen, die uns klatschend und begeistert anfeuerten, tranken etwas Wein und hatten eine Menge Spaß in dieser fidelen Stimmungslage, auch wenn die Hitze kaum zu ertragen erschien. Plötzlich stiefelten einige Wachen durch die Menge und sofort merkte ich, dass sie mich ausgiebig musterten. Dummerweise waren genau diejenigen unter ihnen, die ich bei unserem Überfall auf die Halles aux Blés gefesselt und geknebelt zurückgelassen hatte – sie erkannten meine Maske und begannen laut zu brüllen: „Da! Der mit der Maske! Das ist der Mann! Er hat das Warenhaus geplündert. Fasst ihn ... Ergreift ihn!"

Im Laufschritt kamen sie in unsere Richtung; ich blickte zu Elá, die ein breites Grinsen im Gesicht trug, während sich die Volksmasse um uns herum rasch auflöste. Bevor die Widerlinge bei uns ankamen, schleuderte ich eine Rauchbombe in ihre Richtung, die sogleich eine Nebelwolke freisetzte. Die Wachmänner husteten, sahen prompt keine Hand mehr vor ihren Augen. Elá und ich gackerten, amüsierten uns, stülpten die Kapuzen über die Häupter und kletterten schnurstracks auf die Dächer der umliegenden Häuser. Alsbald hatten sich die Männer erholt; sie inspizierten verwirrt ihren Umkreis. Ich pfiff – ihre Blicke wanderten nun direkt in unsere Richtung. „Na wartet! Euch kriegen wir!", lärmte ihr Anführer, während sie zu laufen begannen. Ich schaute auf Elá; sie lachte. „Ein Wettrennen, Mademoiselle? Zur Notre Dame? Ach ja ... die Tölpel könnten wir dabei auch loswerden!", fragte ich sie heiter, während wir uns aufteilten, um die Wachen weiter zu verwirren. „Stirb nicht!", sagte sie lachend. „Du auch nicht!" Dann nickte ich, grinste und begann über die Dächer zu laufen; die Dachziegel klapperten und knackten. Auf der gegenüberliegenden Häuserreihe tat es Elá mir gleich – sie begann nach vorne zu spurten, als ich wieder

Rauchbomben in die Gassen schmiss, um die heranstürzenden Wachen in Nebelwolken einzuhüllen. Einen kurzen Moment blickte ich zu den Wachen hinunter, die völlig verwirrt und krächzend durch den Qualm irrten. Ich sprang auf den Boden, näherte mich ihnen, sauste auf drei zu, schlug ihnen ins Gesicht und in ihre Magengrube. Augenblicklich löste sich der Rauch auf – und der letzte Wächter stand vor mir. Ich senkte meinen Kopf zur Schulter, grinste, starrte ihn an. Er zitterte. Er erschauderte und wurde kreidebleich. Abrupt ließ er all seine Waffen fallen und rannte schreiend davon. „Zu Hilfe! Der Geist von Cartouche ist hier! Der mit der Maske! Zu Hilfe!" Grinsend bugsierte ich meinen Körper wieder auf das Dach und spähte auf Elá. Sie kämpfte gerade mit zwei Männern auf den Dächern, sie trat die Mannen, schlug sie – und schleuderte sie sogleich auf den Pariser Boden. Unsere Blicke trafen sich, wir lachten und preschten direkt weiter über die Hausdächer vorwärts. Ich rannte, sauste über die Häuser, wenige Meter war die Notre Dame noch entfernt. *Da! Eine Wäscheleine!* Ich sprang von der Hauskante ab, hechtete mich zu der Leine, ergriff sie und schwang mich mit ihr zu Boden; rollte mich dann ab und lief weiter zur Kathedrale, drängte mich an mehreren Mitbürgern vorbei. Elá war ebenfalls schon am Klettern, als ich mich nun an den Kunstwerken, Einkerbungen, Statuen nach oben schwang. „Du bist zu langsam" – „Nein, ich gewinne, meine Teuerste!" – „Werden wir dann oben sehen!" Schweiß stand uns auf der Stirn, wir atmeten schwer und schienen mittlerweile erschöpft zu sein. Doch jetzt – endlich! – ergriff meine Hand die Kante zum Turmende und ich zog meinen Körper über die kleine Brüstung – Elá tat dies alles zur selben Zeit, es gab keinen Sieger. *Unentschieden!* Beide schnappten wir nach Luft, unsere Herzen pochten wie wild, aber dennoch strahlten wir über beide Ohren. Ich blickte zum Himmel. Blau. Wolkenlos. Schwalben. Ich schaute auf Elá – und wir küssten uns. „Wir führen ein schönes Leben, Louis", flüsterte Elá mir zu, während unsere Mäntel im zarten Sommerwind wehten. Ja, das

taten wir ... ja, das taten wir. Wir führten ein glückliches Leben –
doch schon bald sollte sich alles ändern ...

Ich schließe die Augen. Und sehe bloß Dunkelheit. Fühle Schmerz.

Im Herbst dieses Jahres legte ich bei einem Priester in der Notre
Dame die Beichte ab. Ich saß im Beichtstuhl und berichtete ihm
von einigen Augenblicken meines Lebens, ohne meine Identität
preiszugeben. Man konnte viel über mein bisheriges Leben
erzählen – Frauen, Raubzüge, Morde.

Nach meinem Gespräch mit dem Gottesmann wurde ich von
zukünftigen Beichten ausgeschlossen – so manche Einzelheiten
meiner liederlichen Sünden waren zu viel für seine rot anlaufen-
den Ohren. Und so ergab ich mich der Idee, weiter zu sündigen,
ohne auf irdische und kirchliche Erlösung hoffen zu dürfen. *Ach!*
Ich war untröstlich. Wahrlich!

Kurze Zeit später begann ein weiterer Diebstahl, als wir eine
Kutsche, die mit Wertsachen vollgestopft war, auf einem Feldweg
außerhalb von Paris einholten. Drei Herzöge rauchten darin. Sie
waren mit den edelsten Wämsern bekleidet, die Paris zu bieten
hatte, und auf ihren Häuptern trugen sie weiße, noble Perücken,
die sich nur die vermögendsten Menschen in unseren Zeiten
leisten konnten. Elá und ich erlauschten auf den Pariser Straßen
schon vor Tagen, dass dieser schwer begüterte Transport kommen würde und wussten sofort, dass wir uns die Besitztümer
aneignen sollten. Nun standen wir vor den hohen Herren,
richteten Waffen auf den Kutscher und setzten unseren Plan in
die Tat um. Der Vollmond, der in dieser Nacht wie eine Mitter-
nachtssonne über Paris thronte, kam bereits langsam zum Vorschein.

Die drei Herzöge, die töricht genug waren, viel zu viel Schmuck
und Gold zu tragen, setzten ihren weiteren Weg nun in Unterwä-

sche fort. *Dumm gelaufen!* Einen solchen Schatz kann man doch nicht einfach horten! Elá und ich teilten alles in den umliegenden Dörfern auf, um damit den Menschen ein schöneres Leben zu ermöglichen. Sie waren hocherfreut über unsere Spenden, konnten ihr Glück kaum fassen. Auf dem Rückweg war es bereits dunkel und die Sterne zierten den Himmel. Die Bauern hatten in dieser Jahreszeit bereits ihre Ernte eingebracht, die Felder dort draußen waren leer, nur einige Vogelscheuchen entdeckte ich auf den Ländereien unserer hart arbeitenden Viehzüchter. In wenigen Minuten sollten wir zurück in Paris sein – plötzlich jedoch sah ich Rauch in den Nachthimmel aufsteigen und ich erspähte ein tragisches Schauspiel. Auf einer kleinen Anhöhe stand ein einzelner Bauernhof – er brannte! Mehrere bewaffnete Plünderer schwangen sich auf ihre schwarzen Rappen und ritten in die Dunkelheit hinein, zogen rasch von dannen. Ich erschauderte. Hastig sprang ich von unserer erbeuteten Kutsche, sagte zu Elá, sie solle einstweilen ohne mich zurückfahren und rannte in die Richtung des kleinen Anwesens. Die Flammen knisterten, erhellten die Nacht; das Strohdach des Hauses loderte bereits lichterloh. Ich hörte Schreie, die aus dem Haus drangen. Sofort kamen alle Bilder in mir hoch – die Bilder aus längst vergangenen Zeiten, die Bilder von meinem Heim und meiner Mutter. Tränen schossen in meine Augen, während ich versuchte, die Tür zu öffnen. Abgeschlossen. Weiterhin hörte ich Stöhnen, Winseln, Jammern im Haus. Kräftig stieß ich mehrmals mit der Schulter gegen die Tür – und sie sprang auf. Im Inneren rauchte und qualmte es, Feuer war an jeder Ecke zu sehen. Da! Zwei schwer verletzte Menschen lagen am Boden. Ich zerrte sie aus dem Haus. Die Bauersleute husteten stark, konnten sich kaum noch bewegen, ihre Gesichter waren pechschwarz, mit Ruß und Asche bedeckt. „Danke, Fremder! Unser Sohn ... er ist noch da drinnen. Im Schlafgemach eingesperrt", sagten sie mit erstickten Stimmen, während sie fortwährend husteten und um Luft rangen. Ohne zu zögern, ging ich zurück ins Haus, hielt ein Tuch vor meine

Atemwege, um den Qualm nicht zu inhalieren und bahnte mich durch die Rauchwolken und das Flammenmeer, das knarzte und knackte. Wo war er bloß? Wo? Panisch drehte ich mich in alle Richtungen. *Vorsicht!* Ein brennender Dachbalken stürzte vor mir herab. *Puh!* Glück gehabt, ich war noch rechtzeitig ausgewichen. Nun musterte ich weiterhin die Räumlichkeiten. Da! Dort! Das musste das Zimmer sein. Im Eiltempo brach ich die Tür auf; Rauchwolken kamen mir entgegen. Der Junge! – er lag am Boden, rührte sich kaum noch. Ich hob ihn auf, schulterte ihn, brachte ihn nach draußen. Legte ihn neben seine gemarterten Eltern, die noch immer unter Schock standen. Er war völlig verdreckt, atmete nur schwach. Würde er überleben? Ich spurtete zu ihrem Hausbrunnen, der nur wenige Meter entfernt war, holte einen Eimer voll Wasser und goss es ihm über Kopf und Körper. Komm schon! Atme ... ! Augenblicklich begann er zu husten, machte die Augen auf, blickte mich an. *Oh, Gott sei Dank!* Er war wieder bei Sinnen, hatte überlebt. Ich redete noch eine Weile mit diesen tüchtigen, aber geschockten Mitbürgern und es stellte sich heraus, dass sie von Banditen überfallen worden waren. Wäre ich nicht zufällig an diesem Tage in der Nähe gewesen, wären diese Menschen, die niemandem etwas getan hatten, einfach verbrannt. Bevor ich ging, drückte ich ihnen einen Beutel mit Gold in die Hände und verschwand ohne weitere Worte in der Dunkelheit. „Danke, Fremder! Gott soll dich beschützen. Merci Beaucoup!", riefen sie noch in die Nacht hinein. Ich selbst war noch immer sprachlos darüber, wie manche Menschen es fertigbringen konnten, ihre eigenen Brüder und Schwestern den Flammen übergeben zu wollen. Diese Plünderer waren Abschaum, widerliche Bastarde und die unterste Schublade in unserer Gesellschaft. Spät in der Nacht kam ich endlich nach Hause, kuschelte mich an Elá und schlummerte alsbald ein. Zumindest konnte ich das Leben der Bauern retten; auch wenn ihr Haus in dieser Feuersbrunst völlig zerstört wurde, hatte ich es dennoch geschafft, sie vor dem Feuertod zu bewahren. Ich wünschte ihnen viel Glück auf ihren weiteren Lebenswegen, hoffte, dass sich ihr Blatt zukünftig zum Guten wenden würde und dass es ihnen von nun an wieder besser erginge.

„Monsieur? Alles zu ihrer Zufriedenheit?", sprach ein alter grauhaariger Barbier, nachdem er mit meinem Haarschnitt fertig geworden war. Ich begutachtete mich kurz, bezahlte den freundlichen Mann, schnappte meinen Mantel und schlenderte aus seinem Haus. Draußen angekommen, begrüßte mich Lucas mit heiterem Bellen. Ich kraulte ihm kurz seinen Kopf, während er hechelte. Es war mittlerweile Frühjahr des Jahres 1726 geworden und ich wanderte eine belebte Straße entlang, die zu meinem Heim führte. Auf der Pont Neuf hielt ich einen kurzen Moment inne und beobachtete die Seine, die nach der Schneeschmelze eine Menge Wasser führte. Der gigantische Fluss, der sich durch Paris schlängelte, plätscherte gleichmäßig dahin und man sah das Glitzern der Frühlingssonne auf der Wasseroberfläche. Ich machte mir Gedanken. Babette war seit gut einer Woche spurlos verschwunden und niemand von uns wusste, was mit ihr geschehen war oder wo sie steckte. Hoffentlich ging es ihr gut, hoffentlich würde sie bald wieder auftauchen und ein Lebenszeichen von sich geben. Wo steckte sie bloß? Nachdem ich kurz meine Gedanken geordnet hatte, marschierte ich weiter und wollte nach Hause gehen. Die Straßen waren an diesem Tage enorm bevölkert, hektisches Treiben herrschte und die hölzernen Schilder der Handwerksbetriebe knarrten im Wind. In der Ferne stach mir ein Wachturm ins Auge, einer dieser Türme, die wir oftmals bereits ausgeraubt hatten. Diese Relikte, die aus längst vergessenen Zeiten stammten, dienten in Kriegszeiten zur Überwachung ihres Territoriums. Wenn Feinde in der unmittelbaren Umgebung entdeckt wurden, entzündete man am oberen Ende Leuchtfeuer, um die Bevölkerung und die Soldaten auf feindliche Truppen im Gebiet aufmerksam zu machen. In unseren Zeiten wurden diese

Beobachtungstürme und kleine Befestigungen meist nur mehr als Lagerplatz genutzt; man hortete dort alles Mögliche, doch vor allem Gold und Wertgegenstände, die mich seit jeher am brennendsten interessierten. Ich musterte weiterhin meine Umgebung: die schlammigen Straßen, in denen Bretter und Seile lagen und sich das eine oder andere grunzende Hausschwein suhlte, einen Schuhmacherbetrieb, vor dem eine Horde Bürger auf Einlass wartete, einen Perückenmacherbetrieb, vor dem ihr Besitzer von seinen Fertigkeiten prahlte, eine Metzgerei, in der viele Menschen einkauften und die Waren begutachteten und eine Schenke, aus der rauschende Musik und unverständliches Gerede nach außen drang. Ein junger Geiger spielte Musikstücke auf offener Straße, niemand schenkte ihm Beachtung, sein Zylinder, der vor ihm lag, war noch vollkommen leer. Ich legte einige Livre in seinen Hut und zog weiter. An diesem Tag begann ein Teil meines Lebens, den ich am liebsten verdrängen würde, doch auch diese Zeit gehörte zu meinem Dasein und prägte mich für den Rest meines irdischen Wandelns.

Schon von weitem bemerkte ich, dass meine Haustüre aufgebrochen worden war und meine Schritte wurden immer schneller und schneller. Ich bewegte mich hektisch und suchend in mein Anwesen, Lucas begleitete mich. Mehrere Wandbilder lagen am Boden, Glas- und Vasenscherben entdeckte ich – es herrschte Chaos, jemand hatte sich unbefugt Zugang verschafft. „Elá! Annabelle!", rief ich panisch und aufgebracht durch das Haus, als ich schnellen Schrittes die Treppen ins obere Stockwerk hinaufstieg. Niemand antwortete. Ich wiederholte weiterhin ihre Namen. Als ich oben angekommen war, fand ich ein riesiges Durcheinander vor. Bücherregale wurden umgekippt, leichte Kampfspuren erblickte ich, Briefe und Schriften lagen kreuz und quer im Raum verteilt. „Elá! Annabelle! Wo seid ihr?" Immer wieder wiederholte ich nervös diese Sätze – aber es herrschte Stille. Plötzlich hörte ich leises Weinen und Wimmern, das aus unserem Kleiderschrank herausdrang. Wieselflink ging ich zu dem monströsen Eichenholzungetüm und öffnete sachte die Türen. Annabelle saß dahinter, sie weinte, versteckte sich hinter mehreren Mänteln und presste Teddybär Henry an ihr Herz. Ich schnappte das verstörte Kind, streichelte über ihre rabenschwarzen Haare, beugte mich zu ihr herab und blickte in ihre vom vielen Schluchzen verschwollenen himmelblauen Augen. „Alles wird gut. Was ist denn passiert, meine Kleine?" Sie drückte sich fest an mich und krallte ihre Finger in meinen Rücken. Sie weinte ununterbrochen, die Tränen flossen wie Bäche über ihr kindliches Gesicht. Plötzlich begann sie leise und schluchzend zu sprechen: „Louis. Die haben Elá mitgenommen. Sie sagten, sie ist eine Hexe. Ich hab mich im Schrank versteckt, hatte fürchterliche Angst." Verstört nahm ich das Mädchen bei der Hand und wir gingen in unser Untergrundversteck, in dem die anderen Kinder auf uns warteten. „Bist du mir böse? Du weißt schon … weil ich mich versteckt habe und Elá nicht geholfen habe", fragte mich Annabelle auf unserem Weg in die Kanalisation, als sie sich etwas beruhigt hatte. Ich beugte mich abermals zu ihr herab, blickte in ihre Augen und ergriff zärtlich ihre Hände. „Nein, keinesfalls. Mach dir niemals irgendwelche Vorwürfe. Du hast keine Schuld. Elá ist bald wieder bei uns", sagte ich zu ihr und wir wanderten weiter. Als wir etwas später im Versteck ankamen, erblickten wir Babette, die sich um die Kinder kümmerte. Annabelle rannte sofort in ihre Richtung. „Tante Babette ist wieder da!", murmelte sie freudig vor sich hin und sprang in ihre Arme. Alsbald fragte ich Babette, wo sie denn gewesen wäre. „Ich brauchte etwas Auszeit und Zeit für mich selbst. Verzeih mir bitte, dass ich nichts gesagt habe", antwortete sie mir und blickte dabei etwas verlegen. „Ist schon in Ordnung. Das Wichtigste ist, dass du wieder hier bist", sagte ich und legte meine Hand auf ihre Schulter. Sie blickte erfreut. Wenig später erzählte ich ihr von den jüngsten Geschehnissen, sagte ihr, dass man Elá entführt hatte. Fassungslos starrte sie mich an, sie konnte es ebenso wenig glauben wie ich selbst. Fürs Erste musste ich herausfinden, was geschehen war und wo man meine geliebte Mademoiselle hinbrachte – denn eines war mir bewusst: Sollten sie ihr auch nur ein Haar krümmen, würde jeder Einzelne von ihnen büßen. Sollten sie ihr Leid zufügen, würden das die Verantwortlichen, die hinter diesem Wahnsinn steckten, teuer bezahlen. Ich musste sie unter allen Umständen befreien und sie retten.

Am selben Tag mischte ich mich vor dem Palais de Justice unter die Menschenmassen. Es roch nach frischem Fisch, der auf einem der nahe gelegenen Marktstände verkauft wurde. Mehrere Wachen des Königs standen vor dem prunkenden Justizpalast mit dem schmucken und vergoldeten Eingangszaun Schmiere. Vorsichtig drängte ich mich durch meine Mitbürger, näherte mich den Soldaten und ich erhoffte mir, Näheres zu Elás Aufenthaltsort herauszufinden. Die Wachen tuschelten. „Habt ihr es schon gehört?! Sie haben heute eine Hexe gefangen genommen, die hier auf der Île de la Cité wohnte. Sie sieht aber verdammt gut aus für eine Hexe, so hat man mir erzählt. Sie ist jetzt in der Bastille und wird morgen auf dem Scheiterhaufen verbrannt. Vielleicht sollten wir mal bei ihr vorbeischauen, vielleicht braucht sie noch ein Nümmerchen, bevor sie eingeäschert wird." Widerliches Gelächter und seltsames Geraunze folgte. Diese Mistkerle amüsierten sich prächtig. Hexe? Meine Elá war doch keine Hexe. Diese Dame war ein Engel, ein Engel, der vom Himmel gefallen war. Ich war stocksauer darüber, wie diese einfachen Grobiane über meine Mademoiselle sprachen. Am liebsten hätte ich ihnen ihre Nasen geplättet, doch ich durfte nicht auffallen. Wütend, aufgebracht und angewidert wich ich zurück; zumindest meine Informationen hatte ich bekommen. Da ich nun wusste, wo Elá gefangen gehalten wurde, konnte ich endlich einen Plan zu ihrer Rettung schmieden. In dieser Nacht folgte mein eigener Sturm auf die Bastille. Mit Babettes Hilfe konnte ich ebenfalls rechnen.

Spät in der Nacht brach ich in den Arrondissement Arsenal auf, der in Le Marais gelegen war. Dort – im Nordosten von Paris – befand sich die Stadttorburg, die Bastille, die auch als Kerkeranlage diente.

Die Nacht war klar, die Sterne und der Halbmond leuchteten am Firmament, kühle Winde fegten durch Paris und in den Straßenlaternen schimmerte bereits Kerzenlicht, als ich auf einem gepflasterten Gehweg zu meinem Ziel schlenderte. Die große Festung war zu meiner Rechten und ich musste sie noch umrunden, um zur Zugbrücke zu gelangen, denn die Bastion wurde durch einen tiefen Wassergraben geschützt. Zu dieser Uhrzeit waren nur mehr Ratten und Obdachlose anzutreffen, aber augenblicklich stieg mir parfümierter Duft in die Nase und ich bemerkte einige Huren auf dem Gehweg zur Bastille. „Na, Süßer? Willst du zur späten Stunde noch mal ein bisschen reiten? Wir machen dir auch einen sehr guten Preis", sagte eine von ihnen, während sie ihr grünes Seidenkleid nach oben zog und mir ihre nackten Beine präsentierte. Ohne weitere Worte zog ich weiter.

Die stark geschminkten und verlebten Frauen riefen Obszönitäten in die Nacht hinein, als sie merkten, dass auch ich keine Kundschaft für sie war. Sie schienen sehr wütend zu sein, ihr Geschäft lief anscheinend momentan nicht wie gewünscht. Weiterhin kam ich an einem großen Pavillon vorbei, in dem tagsüber viele Menschen ihre Freizeit verbrachten, Kaffee schlürften und dabei den Anblick der Burg genossen. Kurz darauf hatte ich endlich den Eingang erreicht. Die Zugbrücke war nach oben gezogen, mehrere Wachen patrouillierten auf den Türmen und Burgmauern – und ein paar weitere von ihnen hantierten an Kanonen herum, die auf den Festungsmauern postiert waren.

Ich musste in den Innenhof gelangen und da kam Babette ins Spiel, die bereits an meiner Seite verweilte. Sie war über die Hauptstraße zur Burg gekommen und wir beobachteten aus den Schatten heraus das Treiben rund um die Bastille. Nur wenige

Minuten später begann mein Ablenkungsmanöver, das mich ins – schwer bewachte – Innere der Festung bringen sollte.

Babette stellte sich direkt vor die Bastille und begann, Steine und leere Weinflaschen gegen die Zugbrücke und die Mauern zu schleudern, während sie dabei laut lärmte und grölte. Schon nach kurzer Dauer machten sich die Wachen bemerkbar. „Sofort aufhören! Wenn Sie sich nicht beruhigen, müssen wir Ihnen Einhalt gebieten." Babette feuerte weiter, schrie weiterhin aus vollem Halse wilde Hasstiraden. „Vandalismus! Stoppt diese Furie! Nehmt sie fest!", hallte es bereits nach wenigen Minuten von den Festungsmauern herunter und einige Soldaten begaben sich in den Burghof, um die Zugbrücke zu senken. „Verschwinde jetzt! Gut gemacht!", flüsterte ich Babette zu und sogleich rannte sie in die Dunkelheit hinein; ich verbarg mich derweil hinter einer Hausmauer. Praktisch im selben Moment knarrte die Zugbrücke, die nun gesenkt wurde. Wenige Augenblicke später knallte sie am Boden auf; das Fallgatter wurde in einem Ruck nach oben gehievt und dann hörte ich das trabende Geräusch von den schweren Lederstiefeln der gut zehn Männer, die nun über die Brücke zogen. Wild stiefelten sie an mir vorbei, versuchten Babette einzuholen. Mein Moment war gekommen, mein Plan aufgegangen. Auf Zehenspitzen schlich ich mich darauffolgend über die Brücke, versuchte, von den Wachen auf den Mauern nicht entdeckt zu werden.

Es klappte – ohne dass mich jemand bemerkte, schaffte ich es, in den Innenbereich vorzudringen. Neben mir sah ich die Drehmechanismen für die Zugbrücke und das Fallgatter, erspähte im Hof mehrere Fackeln, die Licht spendeten und somit verkroch ich mich fürs Erste in den Schatten des Eingangsbereichs. Ich beobachtete die Lage. Ich erblickte mehrere Wachen, die durch den Hof patrouillierten, weitere, die sturzbetrunken in einer Ecke kauerten, sichtete an den Wänden des Burghofs Alarmglocken, bemerkte unzählige Weinfässer, die zum Bersten gefüllt waren, sah in der linken hinteren Ecke mehrere Kanonen und ein Schießpulverlager und in der rechten hinteren Ecke kleine Baracken, in denen ihre blutrünstigen Wachhunde eingesperrt wurden, die, wenn sie auf mich gehetzt werden würden, mich in Windeseile zerreißen konnten – diesen ausgehungerten, wilden Tieren musste ich unter allen Umständen aus dem Weg gehen, denn für viele erschienen diese Kampfhunde wesentlich gefährlicher als ein Rudel Wölfe. Ich musste in den Kerker gelangen, der sich in einem Kellergewölbe befand, aber zuerst den Eingang dazu finden. In diesem dunklen ersten Teil des Hofes, in dem ich mich aufhielt, entdeckte ich eine Tür. Schnurstracks öffnete ich sie leise und bewegte mich einen schlecht beleuchteten Gang entlang.

Die Bastille war riesengroß, ich hoffte, schnellstmöglich den Kerker zu finden. Ich wanderte vorwärts, beobachtete meine Umgebung, hoffte, keine Wachen anzutreffen. *Doch da!* Schritte näherten sich, Schatten krochen einige Meter vor mir über den Boden. Hastig versteckte ich mich in einem hölzernen Waffenschrank und lugte vorsichtig aus einem kleinen Loch heraus. Mehrere bewaffnete Wachen flanierten vorbei, sie atmeten schwer, einer seufzte. Wenige Augenblicke später setzte ich meine Suche fort und zog den mittelalterlich wirkenden Gang entlang. Feine rote Teppiche lagen am Boden; an den Seiten prangten Waffenständer und Rüstungsständer, die mit den hochwertigsten Waffen und Rüstungen aller Art versehen waren. Ich schlich weiter durch die Gänge. Wo war bloß die Tür zum Kerker der Bastille? Ich öffnete vorsichtig eine Tür, sah einen Waschraum, in dem mehrere Eimer standen, ging danach weiter und durchsuchte einen weiteren Raum. Ein gigantischer Tisch und viele Stühle standen in dem Zimmer, ein Kessel mit Kartoffelsuppe köchelte auf einem großen Ofen, Hirschgeweihe und eine Bärenkopftrophäe schmückten die Wände – ich stand in einem Speisesaal. Ich suchte weiter nach dem Gefängnis. Augenblicklich hörte ich leises Jammern, Winseln und Ächzen – es kam von weiter vorne und so zog ich den Gang entlang. Die Geräusche wurden wahrnehmbarer und alsbald befand ich mich vor einer steinernen Treppe, die nach unten führte. Ich war mir sicher, dass dort unten der Kerker sein musste und somit schlich ich mich die Stufen ins Kellergewölbe hinunter. Vorsichtig tastete ich mich vorwärts und als ich unten angekommen war, blickte ich wachsam um die Ecke. Unzählige Kerkereinrichtungen mit Gitterstäben waren hier beherbergt, viele von den Gefangenen stöhnten, jammerten und ächzten verhalten. Mehrere Vogelkäfige baumelten an der Decke des mittelalterlichen Gewölbes. Das kleine Federvieh, das man in die Käfige sperrte, lärmte, wenn sich ihnen jemand hektisch näherte oder sie laute Geräusche vernahmen und sobald dies passierte, wussten die Wärter, dass etwas nicht stimmte und in welcher Richtung sie nun suchen mussten – eine ausgefeilte Überwachungsidee, deren Ursprung in Asien lag. Weiter vorne saß ein Wächter auf einem hölzernen Stuhl, der einen blauen Mantel trug und einen schwarzen Dreispitzhut auf seinem Schädel hatte – der Mann schlummerte wie ein Kleinkind, schnarchte sogar ein wenig. Direkt hinter ihm befanden sich die Räume für die Kerkerwärter; momentan schienen sie jedoch allesamt zu schlafen, sie zählten voll und ganz auf ihre gefiederten Freunde. Langsam bewegte ich mich vorwärts, versuchte, lautlos zu sein, um die Federtiere nicht aufzuschrecken und spähte in die Kerkereinrichtungen, um schnellstmöglich Elá zu finden.

Es dauerte nicht lange und ich hatte sie entdeckt. Sie war völlig verdreckt, barfüßig und nur mit einem schäbigen, löchrigen Nachthemd bekleidet. Sie kauerte in ihrer Zelle, in der keine weiteren Insassen waren und hatte ihren Kopf in den Schoß geneigt. Behutsam näherte ich mich ihrem Aufenthaltsort. „Psssst! Elá!", flüsterte ich in ihre Richtung. Ein Vogel flatterte kurz – doch Sekundenbruchteile später kehrte wieder Ruhe ein. Elás Blick richtete sich auf mich, ihre Augen blitzten und sie kam konzentriert und achtsam auf mich zu. „Louis! Was machst du hier? Das ist gefährlich", sagte sie ganz leise zu mir, während ich sie bei der Hand nahm. „Komm schon. Wir retten dich jetzt. Wer hat den Schlüssel?", antwortete ich. Etwas unsicher und mitgenommen schweifte ihr Blick über den Boden. „Eine der Wachen in ihren Räumen – die dort drüben sind – hat ihn. Aber Louis? Ich glaube, dass ich bald sterben werde, ich fühle es irgendwie", hauchte sie. „Blödsinn! Niemand stirbt hier. Schon gar nicht du. Wir kriegen das hin", erwiderte ich. Elá wurde etwas ängstlich, traurig und sie wirkte versteinert. Ich küsste sie, streifte durch ihr Haar und über ihre Wange. Augenblicklich krakeelte ein Gefangener durch den Kerker. Er schrie und lärmte – so laut, dass schlagartig die Vögel zu piepsen, quietschen und flattern begannen, die Käfige schwankten hin und her. Die Wachen hörten die Geräusche – es sollte nur wenige Augenblicke dauern, bis sie alles absuchen würden. „Geh jetzt, Cartouche! Geh!", sagte Elá zu mir, während sich ihre wunderbaren braunblauen Augen mit Tränen füllten. Ich hörte bereits die Stimmen der Soldaten, gleich würden sie hier sein. „Wo wirst du morgen hingebracht?", fragte ich sie. „Auf einen Scheiterhaufen vor die Sorbonne." – „Ich rette dich, da kann kommen, was will." Wir küssten uns ein weiteres Mal. „Eindringling!", hallte es lautstark durch das Kellergewölbe, während bereits eine Alarmglocke geläutet wurde. Unzählige Wachen würden mich alsbald verfolgen, bald an meinen Fersen kleben; aber ich küsste Elá neuerlich. Ein paar Schritte waren die Soldaten noch entfernt, unsere Hände glitten auseinander, ich blickte ein letztes Mal in dieser Nacht in ihre Augen, drehte mich um und begann zu laufen.

Ich sauste die Treppe hinauf, hatte unzählige brüllende Männer im Schlepptau. Ich rannte orientierungslos durch die Gänge der Bastille, wollte meine zeternden Verfolger abschütteln. Ein Schuss fiel; die Kugel knallte direkt hinter mir am Boden auf, die Wachen lärmten, ich rannte, so schnell ich konnte. Laufend spähte ich durch offene Fenster in den Burghof. Die Alarmglocken schepperten, zahlreiche Wachen liefen hektisch und lärmend umher; ich hörte beunruhigendes Hundegebell, sah, wie sie die zähnefletschenden Wachhunde freiließen. Ich schluckte, meine Kehle war staubtrocken; ich rannte weiter, hatte Angst. Ich raste durch die Korridore, sprintete durch die halbe Bastille. Plötzlich – tauchten vor mir mehrere Wachen auf, es gab kein Vorbeikommen. Ich drehte mich nach hinten – auch hier versammelten sich Verfolger – ich wurde von grimmig blickenden Männern eingekesselt. Sie starrten mich an, kamen näher, richteten Waffen auf mich. Mein Herz schlug mir bis zum Halse, ich keuchte, hatte Panik. Ich zog zwei Rauchbomben hervor, schleuderte eine nach hinten und eine nach vorne; sogleich wurden die Mannen in dicke Rauchschwaden eingehüllt, husteten. Ich spurtete durch den Qualm, preschte an ihnen vorbei, rannte weiter. Das Mondlicht drang durch Schießscharten und Erker in die Gänge, warf unheimliche Schatten. Ich hastete weiter vorwärts. Ich sah eine Treppe, sauste hinauf. *Doch da!* Ein weiterer Wachmann, der mir den Rücken zugewandt hatte! Ich sprang vom Boden ab, knallte ihm meine Faust ins Genick, überwältigte ihn, stand auf und stürmte weiter. Ich bemerkte einen weiteren Aufgang, rannte hinauf, erblickte eine Tür und machte sie auf. Bitterkalter Wind zischte über mein Gesicht – ich stand nun auf den Festungsmauern. Ich drehte mich verwirrt nach links, drehte mich dann nach rechts, hörte die brüllenden Soldaten und Hundegebell – sie waren mir nahe! Schauderhaft nahe! Ich lief weiter, in die Richtung eines Burgturms, atmete schwer, war schon erschöpft. Ich erblickte Seile, Bretter, Kanonen, Musketen – und stellte alsbald fest, dass eine ganze Armada an Soldaten hinter mir her war, die mich laut schreiend verfolgte. Sekunden später stand ich am Burgturm, blickte hinunter – ein enormer Abgrund! „Jetzt haben wir dich!" Ich drehte mich um, wurde von gut hundert Männern eingekreist. Mein Herz raste, ich schnappte nach Luft. Ich blickte zum Himmel, sah eine Sternschnuppe; blickte in die grimmigen Gesichter der Wachen, die mit Armbrüs-

ten auf mich zielten und immer näher kamen; hörte furchter-
regendes Gebell und Knurren der Hunde, die nur mehr wenige
Meter entfernt waren. Mein Körper zitterte. Sollte ich aufgeben?
Ich dachte nach, rang um Luft, meine Gedanken rasten. *Nein*, ich
ergab mich nicht! Ich drehte mich um – und sprang vom Burgturm ab. Stille. Eiskalte Luftströme kamen mir entgegen, ich sah
das Wasser des Burggrabens schnell näher kommen – und tauchte
mit einem Hechtsprung ein. *Platsch* ...

Unter Wasser hörte ich das gedämpfte Geschrei der Soldaten,
hatte kurze Zeit verschwommene Sicht, war etwas konfus.
Schlagartig schlugen Armbrustbolzen durch die Wasseroberfläche, das Wasser um mich verfärbte sich blutrot und ich fühlte
einen stechenden Schmerz. Ich blickte auf meinen rechten
Oberarm – es war mein Blut, ein Bolzen hatte sich in mein Fleisch
gebohrt. Hektisch versuchte ich ihn aus meinem Arm zu ziehen.
Ich schrie vor Schmerz, doch unter der Wasseroberfläche konnte
mich niemand hören. Ich schaffte es, zog ihn raus. Weiterhin
vernahm ich das gedämpfte Gebrüll der Wachen, tauchte weiter
nach unten, schwamm vorwärts, während mein Arm höllisch
schmerzte. Nach kurzer Zeit verstummte das Geschrei der
Männer, ich tauchte auf und schnappte hastig nach Luft. Ich
schwamm zum Ufer, zog meinen verletzten Körper eine Bö-
schung hinauf, atmete schwer und unregelmäßig. Oben angekommen, schleppte ich meinen gemarterten Leib in ein Gebüsch und
brach zusammen. Klatschnass lag ich nun da, hatte furchtbare
Schmerzen und konnte mich kaum noch bewegen. Kühler Wind
blies in regelmäßigen Abständen über meinen Körper, ich fröstelte, bibberte und mein Herz hämmerte immer noch wild gegen
meine Brust. Einige Zeit blieb ich regungslos liegen, versuchte
mich zu erholen, bis mir klar wurde, dass ich schleunigst verschwinden sollte. Und bevor noch jemand bemerkte, dass ich im
Gebüsch verweilte, verschwand ich in der Dunkelheit und ließ
die Bastille hinter mir. Ich blutete stark, drückte meine gesunde
Hand auf die klaffende Wunde. Der Weg bis zum Untergrund

wurde dennoch mit meinem Blut besudelt, ich zog eine regelrechte Blutspur hinter mir her. Die Schmerzen waren beinahe unerträglich, als ich in den frühen Morgenstunden in unserem Unterschlupf ankam. Ich desinfizierte die Wunde und verband meinen Oberarm, den ich kaum noch bewegen konnte. Die Kinder schliefen, nur Babette – die selbstverständlich ihre Verfolger abschütteln konnte – war wach geblieben und sie half mir sogleich beim Bandagieren. „Und? Was ist mit Elá?", fragte sie mich. Ich neigte mein Haupt, mein Blick richtete sich auf den Boden und ich zog meine Augenbrauen nach unten. „Ich hab es nicht geschafft. Wir müssen sie morgen retten", sagte ich. „Aber du bist doch schwer verletzt?!" – „Das ist völlig egal! Verdammt noch mal! Wir werden sie morgen retten. Auch wenn ich nur eine Hand habe", sagte ich mit schmerzverzerrtem Gesicht. Babette blickte starr vor sich hin, zögerte aber keine Millisekunde, mir bei meiner Rettungsaktion zu helfen. *Morgen.* Morgen mussten wir Elá unbedingt vor dem Tode auf dem Scheiterhaufen bewahren. Egal wie! Wir mussten sie unter allen Umständen befreien – es war das Einzige, was für mich in diesem Augenblick zählte. Elá durfte nichts geschehen! NIEMALS!

Zur Mittagsstunde wanderte ich am nächsten Tag zur Sorbonne. Wolken verdeckten die Sonne, die Vögel sangen trotzdem vergnügt ihre Lieder und der Kies unter meinen Füßen knirschte, als ich mich festen Schrittes meinem Zielort näherte. Die gigantische Universität, in Le Quartier Latin beheimatet, mit ihrem Kuppelturm und den vielen Hör- sowie Lehrsälen war eine der bedeutendsten Bauten von Paris und genau vor diesem Prachtbau sollte an jenem Tage eine Hinrichtung stattfinden, die ich unbedingt verhindern musste. Einige Dutzend Menschen versammelten sich bereits vor dem Scheiterhaufen, in dem mittig ein großer Pfahl stand, ein Pfahl, an dem Elá im Moment meines Eintreffens festgebunden wurde. Ihre dunkelblonde Mähne wehte im Wind, sie war von Kopf bis Fuß schmutzig und wieder nur mit einem schäbigen, verdreckten Nachthemd bekleidet. Ich richtete meine Maske zurecht, drängte mich durch die sich tummelnde, erheiterte Menschenmasse und stellte mich neben Babette, die ebenfalls schon eingetroffen war. In diesem Augenblick dachte ich an die gesamte Hexenverfolgung der vergangenen Jahrhunderte, die aber mittlerweile schon etwas abebbte. Abertausende unschuldige Frauen – darunter auch Jeanne d' Arc, eine Frau mit außergewöhnlichen Begabungen, Fähigkeiten und für viele eine Nationalheldin – verbrannten in den Flammen der Scheiterhaufen, weil man sie allesamt der schwarzen Magie bezichtigte. Jede einzelne Frau starb unschuldig, unsere Welt träumte und machte sich etwas vor. Unsere Obrigkeiten – egal aus welchem Land! – waren abscheuliche Monster, denn die Hexenverfolgung war zu großen Teilen auch ihr Verschulden und war mit die widerwärtigste, dämlichste, jämmerlichste Schandtat in der Geschichte der Menschheit. Wie konnte so etwas nur passieren? Weshalb mussten so viele unschuldige Frauen ihr Leben lassen?

Wegen Idiotie, Wahnsinn, Aberglaube, Habgier und Kaltblütigkeit! Das Schlimmste aber war, dass die allermeisten aus dem Volk die Hexengeschichten auch noch glaubten und sich bei den Hinrichtungen prächtig amüsierten. Diese vielen unschuldigen Leben ... *Mon dieu!*

Nachdem ich meine Gedanken geordnet hatte, schweifte mein Blick durch den Pulk. Es waren eine Menge Wachen zugegen, doch der Henker und ein Richter ließen noch auf sich warten. Diese Minute war unsere Chance, genau jetzt sollten wir zuschlagen und Elá befreien – doch ich ahnte noch nicht, dass genau in diesem Augenblick die schlimmste Phase meines Lebens beginnen sollte.

Unsere Blicke trafen sich, Elá sah mir genau in die Augen. Sie wirkte wie versteinert und dennoch leuchteten ihre Augen, als sie merkte, dass wir gekommen waren, um sie zu befreien.

Sogleich packte ich Babette an der Hand und flüsterte ihr ins Ohr, dass jetzt der Zeitpunkt gekommen war, den Rettungsversuch zu starten. Sie nickte. Sekunden später warfen wir mehrere Rauchbomben in die Menge, die Wachen verschwanden im Nebel und die Menschen um uns herum flüchteten panisch, schrien, wussten nicht, was nun geschehen würde. Babette und ich hasteten zu Elá, die uns augenblicklich anlächelte. Ich versuchte die Fesseln zu lösen – sie schienen jedoch fest zu sitzen. Ich hantierte weiter an den Knoten herum, brachte sie aber nicht auf, machte weiter, immer weiter. „Schneller, Cartouche! Der Rauch löst sich auf!", sprach Babette mit hastiger, erregter Stimme. Hektisch nahm ich meinen Dolch, schnitt die Seile durch – und Elá war frei!

Doch unsere Freude sollte nur von kurzer Dauer sein! Als wir uns umdrehten, richteten mehrere Soldaten Musketen in unsere Richtung und brüllten uns an. „Lauf!", sagte ich zu Babette. Sie zuckte nicht einmal mit der Wimper, verharrte weiterhin neben uns. Elá spähte in ihre Richtung und zeitgleich zischten wir sie nun gemeinsam an: „Lauf jetzt endlich! Bring dich in Sicherheit! Wir schaffen das!" Babette schaute verdutzt, zuckte mit den Schultern und begann zu laufen, während ich eine weitere Rauchbombe in die Richtung der Soldaten schleuderte. Elá und ich preschten nach vorne, kämpften mit den Männern; Babette bestieg eine nahe gelegene einachsige, schwarze Kutsche, klatschte die Zügel auf die Pferde, die kurz wieherten und brauste davon. Der Rauch legte sich, wir hatten einen Großteil der Wachen zur Strecke gebracht. Ich focht mit einem Soldaten, Schweiß stand mir auf der Stirn. Plötzlich prallten unsere beiden Schwerter aufeinander und ich verspürte einen höllischen Schmerz in meinem verletzten Arm, so stark, dass ich abrupt die Klinge fallenlassen musste und unter Schmerzlauten zu Boden sank. Augenblicklich richtete mein Gegenüber eine Pistole auf meinen Kopf – und ich musste mich ergeben. Ich spähte auf Elá – mehrere Männer hielten sie an den Armen fest, sie wurde ebenfalls überwältigt. Die Wachen beschimpften und bespuckten uns und Elá wurde vor meinen Augen wieder an den Pfahl gebunden, während mehrere Mannen mich mit Waffen bedrohten, mich an den Armen packten, festhielten und mich auf die Knie zwangen. „Na, Hexenliebchen? Bevor wir dich widerwärtigen Maskenmann aufknüpfen, wirst du gefälligst zusehen, wie deine Freundin verbrennt!", schnaubte mich eine der Wachen in barschem Ton an, während er mir gegen den Rücken trat.

Minuten später versammelte sich wieder ein Pulk von Menschen rund um den Scheiterhaufen und ein Regierungsmann sowie der Henker näherten sich unserem Schauplatz. Elás Augen waren kalt geworden, sie zitterte und ihr Gesicht war knochenbleich, als sie der bärtige Regierungsmensch, der in feine Mäntel gehüllt war, von oben bis unten musterte. Den Henker erkannte ich sofort wieder, es war derselbe Mann, der mich damals am Place de Grève überleben ließ. Seine giftgrünen Augen, die ihm wie Klappmesser aus dem Gesicht sprangen, starrten mich an, begutachteten mich – aber da ich meine schützende Maske trug, erkannte er mich nicht mehr. Die Menge um mich herum feierte bereits, tobte, wollte endlich ihren verbrannten Leichnam sehen. Augenblicklich begann Elá hastig in meine Richtung zu krächzen: „Liebster! Ich weiß jetzt, wo der Kelch ist! Du musst ihn finden. Es ist das Geburtsdatum von Jacques de Mo ... !" Es klatschte. Mit der flachen Hand schlug der Regierungsmann Elá ins Gesicht und meiner Mademoiselle drang Blut aus der Nase. Ich tobte, fauchte, versuchte mich zu befreien. Doch es gelang mir nicht und man trat mir heftigst gegen den Körper. „Schweig still, Hexe! Du redest nur, wenn wir es erlauben!", prustete der Regierungsmann in die Richtung von Elá, während er mit dem Finger auf sie zeigte. Die Menge war begeistert, frohlockte, feierte. „Wir werden sehen, ob du eine Hexe bist!", sagte er in lautem Ton und ließ dem Henker nun den Vortritt. Mit einer raschen Bewegung riss der Riese Elá das Nachthemd vom Leib und zeigte auf ihre nackten Brüste. Sie hatte ein großes Muttermal zwischen ihren weiblichen Formen, ein Merkmal, das ihr sofort als Werk des Teufels und dritte Brustwarze ausgelegt wurde. Die Menge raunte, als der Regierungsmann sich näherte und lauthals „Hexe!" schrie. „Zündet sie an! Sofort! Das Teufelsweib muss gereinigt werden!", krakeelte er, als er beide Arme in die Luft streckte. „Hexe! Hexe! Verbrenne, du verdammte Hexe!", hallte es aus den sich tummelnden Massen hervor. Elá zitterte am gesamten Körper, ihr Gesichtsausdruck war schauderhaft. Ich versuchte mich fortwährend zu befreien, bugsierte meinen Körper nach links und nach rechts. Aber ich hatte keine Chance, wurde weiterhin von den widerlichen Soldaten getreten und geschlagen. Alsbald wurde meine Mademoiselle vom Henker mit Öl, Tran und Pech übergossen, damit sie besser brennen würde und ein Priester, der in eine braune Kutte gehüllt war und vor ihr stand, betete für ihre Seele. Kurze Zeit später ergriff der mächtige Henker eine Fackel, ließ sich von der Menge feiern und entzündete den Scheiterhaufen. Die Menge wurde rasend vor Freude, ein Delirium, das seinen Höhepunkt fand, als die Flammen Elá immer näher kamen und erste Teile ihres Körpers verbrannten. „Ich liebe dich!", säuselte sie in meine Richtung, während ich aggressiv versuchte, mich zu befreien und sie zu retten. „Wir werden uns wiedersehen ... eines Tages!", flüsterte sie, als die Flammen, die knackten und knisterten, bereits ihren gesamten Körper erfasst hatten. Sie war so eine starke Frau! Kein einziger Schrei war zu vernehmen; sie nahm ihr Schicksal wie eine Heldin hin. Eine Heldin, die in ihrem Leben sogar mich und meine teils dummen Aktionen und Sprüche ausgehalten hatte – sie war einfach unfassbar, ein wunderbarer Mensch! Es dauerte nicht lange und sie wurde von den Flammen verschlungen. Die Menge grölte und jaulte vor Freude. Ein letztes Mal hörte ich ihre Stimme, während ich zu Boden sank und heulte wie ein kleines Kind. Ein letztes Mal hörte ich „Ich liebe dich!" aus den Flammen herausdringen.

Ich zitterte, weinte, wusste mir gar nicht mehr zu helfen. Mein ganzes Leben mit ihr zog an mir vorüber: der Augenblick, in dem sie mich als kleines Kind ausgeraubt hatte, der Augenblick, in dem ich mich sofort in sie verliebt hatte, der Moment, in dem sie mit einem anderen Mann zurückkam, der Moment, in dem wir wieder zueinander fanden, die Sekunde, in der wir uns im Schnee das erste Mal küssten und die vielen schönen Stunden, die wir im Café Procope miteinander verbrachten. Alles zog an mir vorbei; meine große Liebe starb in den Flammen des Scheiterhaufens und ich winselte wie ein Verrückter, während ich am Boden kauerte und hoffte, dass das alles nur ein böser Traum gewesen wäre. Doch ich hatte nicht geträumt – *aucun!* – es war die abscheuliche Realität. Ich schüttelte meinen Kopf hin und her. Nein! Nein! NEIN! Das alles konnte doch nicht wahr sein. Die Frau, die ich über alles liebte, starb an diesem Tag und ich brach innerlich vollkommen auseinander. Der Tod von ihr löste mehrere Emotionen in mir aus – Wut, Hass, Trauer, Leere. Ich wusste nicht mehr, was ich denken sollte, begann wild umherzutaumeln und wurde augenblicklich so aggressiv wie nie zuvor. Dem ersten Soldaten verpasste ich eine Kopfnuss, hatte nun meine Hand frei, stieß dem zweiten meinen Dolch ins Bein und dem dritten schlitzte ich die Kehle auf. Weitere Wachen kamen – doch plötzlich! – sah ich Jacques und Eric, meine früheren Gefährten, in der davonstürmenden Volksmenge. Sie sahen mich, wirkten überrascht, erkannten mich aber sofort und probierten humpelnd – sie waren durch Elás damalige Knieschüsse gezeichnet – zu flüchten. Sie werden doch nicht etwa Elá verraten haben? Waren sie die Schuldigen? Sogleich schleuderte ich, da ich nun meine Hände wieder komplett frei hatte, meine letzte Rauchbombe zu Boden und verfolgte die beiden, musste sie unbedingt stellen. Ich sah sie, ich würde sie erwischen. *Merde!* Viele flüchtende Bürger versperrten mir schlagartig Sicht und Weg, ich kam nicht recht voran, drängte mich aber schnell vorbei, rannte weiter. Ich trat in ein Erdloch, stolperte, lag am Boden, stand wieder auf und bewegte mich vorwärts. Dort! In der Ferne erblickte ich sie! Unerwartet versperrte mir eine Kutsche die

Sicht, eine weitere stand plötzlich hinter mir, während sich die Pferde aufbäumten und wieherten. Als ich wieder freie Sicht hatte, waren die beiden verschwunden. Doch ich musste sie finden! Unbedingt! Falls sie für den Tod meiner geliebten Elá verantwortlich waren, würden sie teuer bezahlen. Sie würden büßen, schwer büßen, denn ich würde alles daran setzten, ihren Tod zu rächen!

Wie in Trance taumelte ich durch die Gassen von Paris, suchte die beiden Männer, konnte sie jedoch nirgendwo mehr finden. Ich blickte auf meinen rechten Oberarm – mein Verband war voller Blut. Bald rumorte mein Magen, mir wurde speiübel und ich musste mich übergeben. Alles um mich herum begann sich zu drehen und weiterhin zogen Bilder und Momente an mir vorüber: die vielen schönen Stunden, die ich mit Elá am Le Champ de Mars in unserer grünen Oase verbrachte, unsere sexuellen Erlebnisse, die so wundervoll waren, der Augenblick, in dem sie mich vor meinem Tode bewahren konnte, die Stunden, in denen wir den Rätseln und Geheimnissen der Templer nachgingen, die eisige Nacht, in der sie fast gestorben wäre und ich sie retten konnte und viele weitere Momente, in denen wir so glücklich, so enorm glücklich miteinander waren. Weg. Verschwunden. Elá war tot. Die Frau, die mir alles bedeutete, verweilte nicht mehr in meinem Leben. Augenblicklich sank ich mitten auf den Pariser Straßen zu Boden, hatte Schüttelfrost, kalte Schweißausbrüche und um mich herum drehte sich die gesamte Stadt. Was war dies bloß für eine grausame Welt? Du glaubst, du weißt, was ich fühlte? Nein! Niemals! Diese Frau, diese Mademoiselle war die beste, klügste, schönste, wunderbarste Person unter unserem Himmel – und ich spürte Schmerzen, Qualen und Leid wie nie zuvor. Ich war tot, obwohl ich lebte. In dieser Minute, die die schwärzeste meines ganzen Lebens war, war ich am Ende, total am Ende und ich wusste nicht, wie ich ohne sie weitermachen sollte.

Kurze Zeit später stand ich kurz vor einer Ohnmacht. Ich lag mitten in einer Gasse, roch den Gestank der Pferdeäpfel, die in rauen Mengen in allen Pariser Straßen lagen, hörte viele Menschenstimmen, die sich über mich amüsierten, Menschen, die mich sogar bespuckten, hörte die knarrenden Geräusche der Kutschen, die vorbeifuhren und das Wiehern ihrer Pferde, während mir langsam, aber sicher schwarz vor Augen wurde. Unverhofft hielt eine Kutsche an, ich vernahm eine Frauenstimme, die mir bekannt vorkam, ich wurde in ihr Gefährt geschleppt und Minuten später begann sich nach einem „Heja" die Kutsche zu bewegen. Wenige Sekunden darauf verfiel ich in tiefe Ohnmacht ... In meiner Bewusstlosigkeit hörte ich schlagartig Elás Stimme: „Du verkohlst mich doch schon wieder. Kannst du nicht endlich damit aufhören, andere Leute zu veralbern?! Du bist doch kein Kind mehr. Dass ich dir traue, grenzt sowieso an ein Wunder! Und manchmal wunderst du dich auch noch, wenn auch ich dich aufziehe ... Dann bist du wieder sauer, du Vollidiot! Ich versteh's nicht. Ich habe dir am Anfang nicht mal geglaubt, dass du mich liebst; ich hatte sogar Angst vor dir. Außerdem bist du manchmal eifersüchtig – was aber immer noch besser ist, als wenn jemandem alles egal ist." Dies waren Sätze aus längst vergangenen Zeiten, in denen sie noch etwas Scheu vor mir hatte und mir nicht wirklich über den Weg traute. *Ach*, ich vermisste sie schon jetzt – sie war einfach eine unfassbare Mademoiselle, die ich über alles liebte und mir auch meine Dummheiten, die ich vielleicht manchmal gar nicht so gemeint hatte, verzeihen konnte. *Oh, Elá!* Wo magst du jetzt wohl sein? Ich hoffe, es geht dir gut ...

Doch wie würde es weitergehen, werter Leser meiner Memoiren?! Wo wurde ich nun hingebracht? Würde ich die Mörder meiner Mademoiselle ausfindig machen? Würde ich auf den heiligen Gral stoßen? Was offerierte einem bloß dieses machtvolle, mysteriöse

Gefäß? Was versteckte der Templerorden? Und was geschah in der Zukunft mit unserer Gilde?

Wenn du all das, von dem ich gerade gesprochen habe, wissen willst – tja dann – lies den zweiten Teil meiner Geschichte ...

Cartouche, der Räuber.

„Die Wahrheit war immer nur eine Tochter der Zeit."

Leonardo da Vinci

„Ich, der Mann, der von den Massen gefürchtet wurde und sie gleichzeitig amüsierte, war oft in seinem Leben auch ein Humorist, dem viele der Bürger auf den Straßen wegen seinem Schabernack auch oftmals keinen Glauben schenkten. Doch obwohl ich einige meiner Charakterzüge niemals aufgeben konnte, war ich zu diesen Zeiten auch verändert. Ich hatte meine geliebte Mademoiselle verloren, spürte Schmerzen wie nie zuvor. Zeiten ändern sich – Zeiten ändern dich ... Wie sollte es bloß weitergehen?!"

Cartouche, 1726.

Personenverzeichnis

Historisch korrekte Personen: Cartouche, die Eltern von Cartouche, Pierre-Francois-Gruthus Duchatelet (er war aber nur der Partner von Cartouche, der ihn verraten hat, jedoch nicht der Bettlerkönig, der nur ein Pariser Mythos ist), König Ludwig XIV., König Ludwig XV., Philipp II. von Orleans, Louis Lémery, Voltaire, Francesco Procopio, Jacques de Molay und weitere Templermeister, u. v. a.

Fiktive Personen: Elá, Babette, Annabelle, Christophe, Patrice, Franck, Enzo, Alphonse, Madame und Monsieur Clarot, Laurent und Marianne, Robert, Jacques, Eric, Arnaud, Claudio, Claire, u. a.

Worterklärungen

Französisch		Deutsch
Aucun	–	nein
Au revoir	–	Auf Wiedersehen
Á votre santé	–	Auf Ihre Gesundheit
Chaud	–	heiß
Cher	–	Liebe
Élle etait merveilleuse	–	Sie war wundervoll
Erotique	–	erotisch
Fantastique	–	fantastisch
Fous	-	verrückt
Fraternel	–	brüderlich
Grand	–	großartig
Hourra	–	Hurra
Idiots	–	Idioten
Je t'aime	–	Ich liebe dich
Liberté	–	Freiheit
Madame	–	Frau
Mademoiselle	–	junges Fräulein
Magnificent	–	ausgezeichnet
Marquis	–	Markgraf
Merci Beaucoup	–	Vielen Dank
Merde	–	Scheiße
Mon Dieu	–	Mein Gott
Monsieur	–	Herr
Oui	–	ja
peu á peu	–	Stück für Stück
Sacrebleu	–	Verdammt, Heiliger Bimbam
Secrets	–	Geheimnisse
Stupide	–	dumm
Succsess	–	Erfolg
Utiliser votre vie	–	Nutze dein Leben
Vive la France	–	Lang lebe Frankreich

Erklärung von Cartouche zu den Templern und zu Paris

Eines Tages blickte ich wieder einmal auf die Karte von Paris und auf historische Gegebenheiten. Es gab nämlich weitere Kleinigkeiten, die ich noch nicht beschrieben habe. So nannte man etwa den nördlichen Teil der Stadt „River Droite" und den südlichen „River Gauche", die durch die Seine unterbrochen waren. Die Stadt entwickelte sich seit dem 3. Jahrhundert aus der keltischen Siedlung „Lutetia" auf der Île de la Cité – der Stamm der Kelten hieß Parisii. Später errichteten die Römer an der Seine eine Stadt, die im 6. Jahrhundert eine Hauptresidenz des Fränkischen Reiches wurde. Doch bereits viele Jahre zuvor tobte eine Schlacht, in der die Parisii die Stadt anzündeten und die Brücken zerstörten, bevor sie in Stellung gingen. Die siegreichen Römer bauten nun eine Stadt in dominanter Lage auf und es entstanden Thermen, ein Forum und ein Amphitheater. Im römischen Reich nannte man sie „Civitas Parisiorium" oder „Parisia", sie blieb aber im besetzten Gallien relativ unbedeutend. Viel später wurde die Herrschaft der Römer durch die Merowinger beendet und sie wurde die Hauptstadt des Merowingerreiches unter Chlodwig I. Während der Karolingerherrschaft überfielen die Normannen wiederholt die Stadt. Die Kapetinger machten Paris zur Hauptstadt Frankreichs. Unter Philipp II. Augustus (1165–1223) wurde die Stadt befestigt und es entstanden Schutzwälle am linken und rechten Ufer der Seine. Etwas später wurden der Louvre und eine überdachte Markthalle gebaut. Die Universität Sorbonne entwickelte sich aus mehreren kleinen Schulen. Unter Karl V. (1338–1380) wurde die Stadtbefestigung erneuert, die als Schutz vor den herumziehenden Engländern diente. Doch später – während des Hundertjährigen Krieges – war Paris von 1420 bis 1436 von englischen Streitkräften besetzt. Während der Hugenottenkriege zwischen 1562 und 1598 gehörte Paris der katholischen Kirche – in der Bartholomäusnacht am 24. August 1572 wurden Tausende Hugenotten ermordet.

Dies war ein Teil der Geschichte und des Werdegangs von Paris, der französischen Hauptstadt, die sich in einer gemäßigten Klimazone befindet und in der Region Île de France ihre Heimat hat, eine Region, die in Nordfrankreich liegt. Bis zu meinen Lebzeiten hatte sich die Stadt prächtig entwickelt und diente auf der ganzen Welt als Paradebeispiel für modernen Städtebau und für ihre Kultur – sie wurde zu einer der größten, bedeutendsten und einwohnerstärksten Metropolen überhaupt. Paris erklomm den Gipfel der Welt.

Und diese Stadt, wo so viele Menschen verschiedenster Klassen lebten, war ehemals die Hochburg und hauptsächliche Niederlassung der Tempelritter, die seit Jahrhunderten als komplett ausradiert galten. Der Templerorden war ein geistlicher Ritterorden, der offiziell von 1118 bis 1312 bestand. Sein voller Name lautete „Arme Ritterschaft Christi und des salomonischen Tempels zu Jerusalem".

Der Orden einer Eliteeinheit an Rittern wurde infolge des Ersten Kreuzzugs 1118 gegründet und war der erste Orden, der die Ideale des adeligen Rittertums mit denen der Mönche vereinte, zweier Stände, die bis dahin streng getrennt wurden. Diese Heerschar an exzellent ausgebildeten Kriegern, die ihre Gegner in Angst und Schrecken versetzen konnten, unterstand direkt dem Papst.

Der erste Kreuzzug war ein christlicher Feldzug zur Eroberung Palästinas, zu der Papst Urban II. im Jahre 1095 gerufen hatte. Ursprüngliches Ziel war die Unterstützung des byzantinischen Reiches gegen die Seldschuken. Der Kreuzzug begann zum einen als bewaffnete Pilgerfahrt von Laien, zum anderen als Zug mehrerer Ritterheere aus Frankreich, Deutschland und Sizilien und endete 1099 mit der Einnahme Jerusalems durch ein Kreuzritterheer, nachdem man die Stadt lange belagert hatte. Das Ziel war auch, die Wirkungsstätten Christi und das christliche Abendland zurückzugewinnen. Zu Beginn, 1096, brach eine unorganisierte Volksmasse, bestehend aus Bauern und einfachen Handwerkern, auf, um ins heilige Land zu ziehen. Es kam auf ihrem Weg zu unzähligen Judenpogromen, doch bereits in Kleinasien trafen sie auf die Seldschuken, die einen Großteil des bäuerlichen Heeres vernichteten. Im selben Jahr formierte sich ein gewaltiges Kreuzfahrerheer und brach ebenfalls ins heilige Land auf. Es bestand aus 7 000 Rittern, 22 000 bewaffnetem Fußvolk, etlichen Tausend unbewaffneten Mannen und 50 000 Pferden. Sie belagerten die Stadt Nicäa und trugen den ersten Sieg gegen die Seldschuken davon. Nun konnten sie sich ungehindert ihren Weg durch Kleinasien bahnen. Sie belagerten Antiochia und übernahmen diese Stadt – alle Bürger nicht christlichen Glaubens wurden umgebracht. Kurze Zeit später wurde das Ritterheer selbst belagert, als Heere von Mosul, Aleppo und Damaskus eintrafen. Man rief eine dreiwöchige Fastenzeit aus, da kaum mehr Nahrung vorhanden war. Doch die Belagerer wurden nach kurzem Kampf in die Flucht geschlagen und der Kreuzzug ging weiter. Viele kleinere Städte wurden eingenommen, Frauen und Kinder geschändet, Menschen ermordet. Die ausgehungerten Kreuzfahrer plünderten und brandschatzten, wo sie nur konnten. Es ging weiter nach Jerusalem, das sich unter der Herrschaft der ägyptischen Fatimiden befand. Das mittlerweile geschwächte Kreuzfahrerheer hatte aber jetzt mit einigen Problemen zu kämpfen: kaum Nahrung, schlechte Wasserversorgung, die Festungsmauern von Jerusalem, die als uneinnehmbar galten. Doch sie belagerten die Stadt, entschieden sich zum Angriff – und scheiterten! Man baute nun Katapulte, Rammen, Drehbasen, Belagerungstürme aus den umliegenden Wäldern, um ans Ziel zu gelangen. Und es klappte! Am 15. Juli 1099 eroberten die Kreuzfahrer die heilige Stadt, sie übernahmen Jerusalem nach langem, verlustreichem Kampf. Die muslimische und jüdische Bevölkerung wurde grausam niedergemetzelt, ganz Jerusalem lag im Blut – und der erste Kreuzzug war beendet. In der Folge bildeten sich mehrere Kreuzfahrerstaaten, die sich gegenseitig durch Streitigkeiten immer wieder schwächten. Der Zusammenschluss mit dem Orient führte aber zu einer raschen Weiterentwicklung des Abendlandes und auch der Orienthandel profitierte von einem gewaltigen wirtschaftlichen Aufschwung. Der Großteil des Kreuzritterheeres ging alsbald zurück in die Heimat, doch viele fromme Christen pilgerten nun ins heilige Land und wurden von unzähligen Banditen auf den Straßen dorthin überfallen. Aller Wahrscheinlichkeit waren es Hugo von Payns, Gottfried von Saint-Omer und sieben weitere Ritter, die somit nun den Templerorden gründeten, der die Menschen, die nach Jerusalem pilgerten, beschützen sollte. 72 Ordensregeln wurden erlassen und schon bald vergrößerte sich der Zirkel. 1127 kehrte ein Teil der Templer zurück nach Europa, der andere Teil bevölkerte Jerusalem und das heilige Land. Spanien, Italien, Oranien, Österreich – überall auf der Welt wurde dem Orden Land geschenkt, das sich im Besitz der Kirche befand und ihr Kreis begann schnell zu wachsen. 1139 bestätigte Papst Innozenz II. durch die Bulle „Omne datum Optimum" die Organisation und sie wurden direkt dem Papst unterstellt. Der Orden bildete faktisch einen Staat im Staat und war für weltliche Herrscher nahezu unantastbar. Sie versuchten, die hilflosen Bürger zu beschützen, vereinigten sich mit Geistlichen und Gelehrten und bauten immer größere eigene Macht auf. Auch bei den weiteren Kreuzzügen war der Templerorden direkt beteiligt. Schlachten gingen verloren, Schlachten wurden gewonnen – es war ein ständiges Wechselspiel. Der erste Kriegseinsatz war aber ein Fiasko, bei der Belagerung von Damaskus starben unzählige – wenn nicht sogar die meisten – Templer im Kampf. Dennoch hatten sie militärisch im heiligen Land auch einige Siege errungen und auch an der Vertreibung der Mauren (Reconquista) aus der iberischen Halbinsel beteiligte sich der Orden. Die Templer erfanden eine moderne Buchführung, Kreditbriefe und verfeinerten das Kriegshandwerk. Etwa 15 000 Ordensmitglieder verwalteten die 9 000 Besitzungen, die überall auf dem Planeten verstreut lagen. Zu den Hauptquartieren zählten der Temple-Bezirk in Paris und die Temple-Church in London, während es überall kleine, geheime Festungen und Bauten gab, die meist über Schenkungen und dubiose Geldflüsse finanziert wurden. Die Krieger mit dem roten Kreuz im Wappen besaßen aber immense Bildung, man munkelte auch, dass sie geheime und wertvolle Schätze horteten, die sie im heiligen Land gefunden hatten. Mysteriöse Schätze, Artefakte, unter denen auch der Heilige Gral sein sollte – ein Gefäß oder Kelch mit unschätzbarer Macht, die einem ewiges Leben spenden konnte, weil das Blut von Jesus Christus bei dessen Kreuzigung damit aufgefangen wurde. Man mutmaßte, dass die Templer mehr Wissen über das Leben als alle anderen Menschen auf dieser Welt hatten. Dies führte am Ende zur Auslöschung des Ordens, der prinzipiell viel Gutes im Sinn hatte und den Menschen in Europa auch viel Glück bescherte. Der französische König Philipp IV., der auch Schulden bei den Tempelrittern hatte, drängte auf die Verfolgung des Bundes. Papst Clemens V., der ebenfalls aus Frankreich stammte, lenkte ein und man machte die Sache quasi zu einer Staatsaffäre. 1307 wurde der Templerorden der Ketzerei und der Sodomie beschuldigt, genau von denen, die diese Ämter inne hatten, die den Orden einst ins Leben riefen. Die Verhaftungswelle begann und sie war ein gut durchdachtes, perfekt durchorganisiertes, polizeiliches Kommandounternehmen – das erste bekannte seiner Art in der Geschichte. Nach und nach wurden die Tempelritter verfolgt, viele von ihnen getötet und 1312 löste Papst Clemens V. den Orden vollständig auf. Am 18. März 1314 wurde der letzte bekannte Großmeister, Jacques de Molay, zusammen mit Geoffroy de Charnay in Paris auf dem Scheiterhaufen verbrannt. Die Tempelritter existierten nicht mehr, auch wenn viele von ihnen nicht zum Tode verurteilt worden waren und weiter unter den Lebenden verweilten. Diese zogen sich in die Schatten der hiesigen Welt zurück, tauchten unter, verschwanden. Zum Beispiel nach Portugal, denn dieses Land hatte sich nicht an der Templerverfolgung beteiligt. Aus diesen Resten entstand nach und nach ein Geheimbund, von dem die Öffentlichkeit nie erfahren sollte, dieser Rest operierte aus dem Schatten, um der Menschheit zu helfen, um Gutes zu tun – die Tempelritter existierten tatsächlich weiter! Nur ... die breite Masse der Menschheit sollte nie davon erfahren! Ihre Geheimnisse, Schätze und Artefakte wurden nie gefunden, der Orden hatte vorgesorgt – ihr Wissen verweilte an geheimen Orten, die nie ausfindig gemacht werden konnten, obwohl man jahrelang nach ihnen suchte. Sie waren vorbereitet, allen Gegnern überlegen.

Ihre Großmeister waren hochintelligente Menschen, die bereits im Vorfeld wussten, was passieren würde und somit begannen sie, alles in geheimen Katakomben zu verstauen und zu verschlüsseln. Der letzte bekannte Meister, Jacques de Molay, starb qualvoll auf dem Scheiterhaufen, doch er hatte die Zukunft des Ordens dennoch gesichert. Ehe er seinen Tod fand, brüllte er in die Massen hinein; bei seiner Hinrichtung, die hinter dem heutigen Palais de Justice zelebriert wurde, rief der alte, bärtige Mann folgendes in den Pulk: „Verräter! Schlangen! Ihr richtet die Welt zugrunde! Ihr könnt vielleicht mich richten, doch wir leben weiter! Papst Clemens ... noch vor Ende des Jahres werdet ihr vor dem Richtstuhl Gottes stehen! König Philipp ... für die schmachvolle Schändung unseres Tempels kann keine Bestrafung schrecklich genug sein. Verflucht sollt ihr sein! Verflucht bis in die dreizehnte Generation!" Danach verbrannte er schreiend in den Flammen – aber in seinen Worten steckte sehr viel Wahrheit! Die Templer lebten weiter, beschützten ihre Geheimnisse – Papst Clemens verstarb im selben Jahr und das Königshaus hatte viele Jahrhunderte lang sehr viel Pech. Doch woher wusste er das alles? Mein eigenes Leben sollte mir Aufschluss bringen, denn auch ich gehörte nun zu ihnen, während die Bevölkerung keine Ahnung davon hatte, dass der Templerorden weiter in ihrer Mitte verweilte. *Secrets!*

Nachbemerkung und Danksagung

Ich bedanke mich zuerst bei meinen wichtigsten Probelesern, Lesern und meinem Verlag. Vielen Dank! Ihr seid spitze und gebt mir erst die Möglichkeit, mich auf weißen Blättern so auszutoben, wie ich mir das vorstelle. Dieses fiktive Werk wurde inspiriert von historischen Persönlichkeiten, Ereignissen und Schauplätzen. Das ist ein ganz wichtiger Satz, denn wie viele meiner schreibenden Kollegen habe auch ich Fakten mit Fantasie gemischt und verbürge mich somit keinesfalls, dass alles so abgelaufen ist, wie ich es geschrieben habe. Dennoch war ich stets bemüht, so viel wie möglich auch historisch korrekt abzuhandeln und viele Fakten einzubauen. Dieses Werk kann man auch als eine Art geheime und verschollene Niederschrift einer der bedeutendsten Diebe in der Geschichte Frankreichs verstehen – deswegen habe ich es auch in Memoirenform geschrieben. Cartouche, der französische *Robin Hood*, der die Massen mit seinen spektakulären und amüsanten Raubzügen stets begeisterte, verstarb allerdings historisch korrekt 1721 am Rad; Pierre-Francois war zwar sein Partner, jedoch nicht der Bettlerkönig, der nur ein Pariser Mythos ist. Doch stimmt das wirklich, werter Leser? Oder hast du gerade die wahre Geschichte von Cartouche gelesen, die seit Jahrhunderten verschollen ist? Der zweite Teil seiner Memoiren hat sehr viel mit dem Templerorden und dem heiligen Gral zu tun, ist zu großen Teilen von mir bereits fertiggestellt worden, und steht bereits in den Startlöchern. Wie würde es weitergehen? Was würde Cartouche noch alles erleben und ergründen? Sei gespannt, werter Leser ...

Auf bald ...

Arnold Hiess

Inhaltsverzeichnis